高等院校会计学本科系列教材

基础会计学

余朝晖 主编

中国财经出版传媒集团

中国财政经济出版社

图书在版编目（CIP）数据

基础会计学/余朝晖主编 . —北京：中国财政经济出版社，2017.6
高等院校会计学本科系列教材
ISBN 978-7-5095-7481-2

Ⅰ.①基… Ⅱ.①余… Ⅲ.①会计学-高等学校-教材 Ⅳ.①F230

中国版本图书馆 CIP 数据核字（2017）第 108419 号

责任编辑：温彦君　　　　　　　　责任校对：杨瑞琦
封面设计：陈宇琰

中国财政经济出版社 出版

URL：http://ckfz.cfeph.cn
E-mail：cfeph@cfeph.cn

（版权所有　翻印必究）

社址：北京市海淀区阜成路甲28号　邮政编码：100142
营销中心电话：88190406
天猫网店：中国财政经济出版社旗舰店
网址：https://zgczjjcbs.tmall.com
北京财经印刷厂印刷　各地新华书店经销
710×1000 毫米　16 开　23.75 印张　500 000 字
2017 年 6 月第 1 版　2017 年 6 月北京第 1 次印刷
定价：68.00 元
ISBN 978-7-5095-7481-2

（图书出现印装问题，本社负责调换）
本社质量投诉电话：010-88190744
打击盗版举报热线：010-88190414　QQ：447268889

前 言

　　基础会计学是会计初学者的必修课程，也是所有其他会计课程的基础。其内容主要包括会计基础理论、复式记账、基本经济业务的核算、会计凭证、会计账簿、财产清查、财务报表、会计处理程序等方面。

　　本书从会计人员所需的会计基本知识、基本技能和基本方法出发，结合创新应用型经济管理人才培养的目标，遵循由浅入深、从形象到抽象、从感性到理性、从激发兴趣到自主学习的原则，以创新、应用为目标对该课程的教学内容进行取舍，重组教学模块，构建了以知识、能力和素质教育为核心的理论教学内容体系。该体系由会计基本理论模块、会计基本核算模块和会计组织管理模块三个部分组成。会计基本理论模块包括总论、会计要素与会计科目、账户和复式记账、账户分类；会计基本核算模块包括企业主要经济业务的核算、会计凭证、会计账簿、财产清查和财务会计报告；会计组织管理模块包括账务处理程序、会计工作组织和会计法规体系等。

　　本书体现了会计准则与相关财务会计政策的最新变化，不仅适用于培养创新应用型经济管理人才，也适用于培养其他应用型会计人才。

　　本书既吸收了会计最新研究成果，又借鉴了国内外同类教材的先进经验，同时结合编者多年的教学经验，以新的会计制度与会计准则为依据，按照学生由浅入深、循序渐进的认识规律来安排总体结构和各章内容，尽量用通俗易懂的语言来阐述会计学的基本原理、基本技术和基本方法，强调会计基本方法的整体性和应用性，同时尽量做到会计理论与实际会计工作相联系。

　　本书既可作为高等院校财务、会计及相关专业的教材，也可作为在职财会、企业管理干部的培训教材。每章附有相应的思考题和练习题，有助于学习者掌握本书内容。

  本书由余朝晖担任主编，王婷、曹筱春担任副主编。全书共十四章，其中，余朝晖编写第一、第二、第四章，王婷编写第九、第十三章，康松编写第三章，黄亿红编写第五章，赵雪艳编写第六章，何恩良编写第七章，曹筱春编写第八章，钟玲编写第十章，熊国经编写第十一章，刘亦陈编写第十二章，仇丹虹编写第十四章。

  本教材获得南昌大学教材出版资助，在编写过程中得到了南昌大学教务处及相关部门的大力支持，在此深表感谢！

  本教材的不足之处，敬请读者批评指正。

编者

2017 年 3 月

目 录

第一章　总论 …………………………………………………………………（ 1 ）
　　第一节　会计的含义和作用 ………………………………………………（ 1 ）
　　第二节　会计的对象 ………………………………………………………（ 3 ）
　　第三节　会计假设与会计基础 ……………………………………………（ 4 ）
　　第四节　会计信息质量要求 ………………………………………………（ 6 ）
　　第五节　会计计量属性与会计方法 ………………………………………（ 8 ）
　　第六节　相关案例、会计热点与本章小结 ………………………………（ 11 ）
　　第七节　思考题 ……………………………………………………………（ 16 ）

第二章　会计科目与账户 ……………………………………………………（ 20 ）
　　第一节　会计要素 …………………………………………………………（ 20 ）
　　第二节　会计等式 …………………………………………………………（ 28 ）
　　第三节　会计科目 …………………………………………………………（ 29 ）
　　第四节　账户及其基本结构 ………………………………………………（ 34 ）
　　第五节　相关案例、会计热点与本章小结 ………………………………（ 36 ）
　　第六节　思考题 ……………………………………………………………（ 41 ）

第三章　复式记账 ……………………………………………………………（ 45 ）
　　第一节　借贷记账法 ………………………………………………………（ 45 ）
　　第二节　总分类账户与明细分类账户 ……………………………………（ 56 ）
　　第三节　相关案例、会计热点与本章小结 ………………………………（ 62 ）
　　第四节　思考题 ……………………………………………………………（ 66 ）

第四章　基本经济业务的核算 ………………………………………………（ 69 ）
　　第一节　制造企业主要经济业务概述 ……………………………………（ 69 ）
　　第二节　筹集资金业务的核算 ……………………………………………（ 71 ）

第三节　采购供应业务的核算 …………………………………………（75）
　　第四节　产品生产业务的核算 …………………………………………（81）
　　第五节　产品销售业务的核算 …………………………………………（88）
　　第六节　财务成果业务的核算 …………………………………………（94）
　　第七节　资金退出业务的核算 …………………………………………（102）
　　第八节　相关案例、会计热点与本章小结 ……………………………（103）
　　第九节　思考题 …………………………………………………………（110）

第五章　成本计算 ………………………………………………………………（117）
　　第一节　成本计算概述 …………………………………………………（117）
　　第二节　成本计算的基本要求和一般程序 ……………………………（119）
　　第三节　制造企业经营过程主要成本的计算 …………………………（122）
　　第四节　相关案例、会计热点与本章小结 ……………………………（131）
　　第五节　思考题 …………………………………………………………（134）

第六章　账户分类 ………………………………………………………………（137）
　　第一节　账户分类的意义 ………………………………………………（137）
　　第二节　账户按经济内容的分类 ………………………………………（140）
　　第三节　账户按用途结构的分类 ………………………………………（143）
　　第四节　相关案例、会计热点与本章小结 ……………………………（154）
　　第五节　思考题 …………………………………………………………（158）

第七章　会计凭证 ………………………………………………………………（163）
　　第一节　会计凭证的概念与种类 ………………………………………（163）
　　第二节　原始凭证的取得与审核 ………………………………………（168）
　　第三节　记账凭证的填制与审核 ………………………………………（171）
　　第四节　会计凭证的传递与保管 ………………………………………（174）
　　第五节　会计热点与本章小结 …………………………………………（176）
　　第六节　思考题 …………………………………………………………（178）

第八章　会计账簿 ………………………………………………………………（182）
　　第一节　会计账簿概述 …………………………………………………（182）
　　第二节　会计账簿的设置与登记 ………………………………………（186）
　　第三节　会计账簿的启用与登记规则 …………………………………（192）
　　第四节　结账与对账 ……………………………………………………（198）
　　第五节　会计账簿的更换与保管 ………………………………………（203）

第六节　《会计基础工作规范》与本章小结 …………………………………………（204）
　　第七节　思考题 ……………………………………………………………………（218）

第九章　财产清查 …………………………………………………………………（223）
　　第一节　财产清查概述 ……………………………………………………………（223）
　　第二节　财产清查的内容与方法 …………………………………………………（227）
　　第三节　财产清查结果的处理 ……………………………………………………（235）
　　第四节　相关案例、会计热点与本章小结 ………………………………………（242）
　　第五节　思考题 ……………………………………………………………………（247）

第十章　财务会计报告 ……………………………………………………………（253）
　　第一节　财务会计报告概述 ………………………………………………………（253）
　　第二节　资产负债表 ………………………………………………………………（257）
　　第三节　利润表 ……………………………………………………………………（264）
　　第四节　现金流量表 ………………………………………………………………（268）
　　第五节　所有者权益（或股东权益）变动表 ……………………………………（271）
　　第六节　财务报表附注 ……………………………………………………………（272）
　　第七节　会计案例与本章小结 ……………………………………………………（273）
　　第八节　思考题 ……………………………………………………………………（277）

第十一章　会计核算组织程序 ……………………………………………………（280）
　　第一节　会计核算组织程序概述 …………………………………………………（280）
　　第二节　记账凭证核算组织程序 …………………………………………………（283）
　　第三节　汇总记账凭证核算组织程序 ……………………………………………（284）
　　第四节　科目汇总表核算组织程序 ………………………………………………（288）
　　第五节　多栏式日记账核算组织程序 ……………………………………………（290）
　　第六节　日记总账核算组织程序 …………………………………………………（292）
　　第七节　思考题 ……………………………………………………………………（294）

第十二章　会计信息化与内部控制 ………………………………………………（298）
　　第一节　会计信息系统 ……………………………………………………………（298）
　　第二节　会计信息化的发展历程 …………………………………………………（301）
　　第三节　会计信息系统的一般操作原理 …………………………………………（303）
　　第四节　内部控制 …………………………………………………………………（303）
　　第五节　思考题 ……………………………………………………………………（314）

第十三章　会计工作组织 (317)
- 第一节　会计工作组织的基本内容 (317)
- 第二节　会计机构与会计人员 (320)
- 第三节　会计规范体系 (333)
- 第四节　会计岗位责任制 (339)
- 第五节　会计档案管理 (342)
- 第六节　相关案例、会计热点与本章小结 (345)
- 第七节　思考题 (351)

第十四章　会计职业道德 (355)
- 第一节　会计职业道德概述 (355)
- 第二节　会计职业道德规范的主要内容 (360)
- 第三节　会计职业道德教育 (364)
- 第四节　相关案例、会计热点与本章小结 (367)
- 第五节　思考题 (369)

第一章

总　论

在本章中你将——

　　了解会计学的基础知识；理解会计的含义、作用和职能；掌握会计对象及其具体表现形式；理解和掌握会计四个方面假设、会计信息质量的八个要求、会计计量五大属性以及会计方法。

　　会计学的基础主要包括会计的含义和作用、会计的对象、会计假设与基础、信息质量要求、计量属性与方法等。本章从会计的基本概念引入，介绍会计的基本知识，初步了解会计这门学科。

　　开展会计工作必须具备基本四大假设，同时为了使财务报表提供的会计信息对使用者决策有用，要求会计信息符合八大信息质量要求，从而对其进行计量和记录。

第一节　会计的含义和作用

一、会计的含义

　　会计是以货币为主要计量单位，运用专门的方法，全面、连续、系统地反映和监督一个单位经济活动的管理工作，是企业管理的重要组成部分。具体而言，会计主要反映企业的财务状况、经营成果和现金流量，并对企业经营活动和财务收支进行监督。

　　在上述会计含义中，作为一种核算和监督企业经济活动的工作，"会计"具有两个明显的特征：第一，它是以货币为计量单位，因为货币计量单位可以统一反映不同种类财产物资的价值；第二，会计在记录和反映各项经济业务时，具有连续性、系统性和全面性。连续性，是指对每一项经济业务，按照其发生的先后顺序，连续地进行记录和反映。系统性，是指对每一项经济业务，按照科学的方法进行归类和整理，使输出的会计信息变得更加系统。全面性，是指对所有的经济业务都要进行完整的记录和反映，不得舍取和遗漏。

二、会计的职能

从前面会计的含义中，我们可以了解到会计具有监督和核算两项基本职能。

1. 会计核算职能

会计核算职能是指会计以货币为主要计量单位，对特定主体的经济活动进行确认、计量、记录和报告，为各有关方面提供会计信息。各单位必须根据实际发生的经济业务事项进行会计核算，填制会计凭证，登记会计账簿，编制财务会计报告。

会计核算的特征如下：（1）会计是以货币为主要计量单位，从价值方面反映各单位的经济活动状况；（2）会计是核算已经发生的事实，具有可验性；（3）会计核算具有完整性、连续性、系统性和综合性。

2. 会计监督职能

会计监督职能是指会计在其核算过程中对经济活动的合法性、合理性和有效性所进行的审查。其监督的内容主要有会计资料的真实可靠性、经济业务的合法性和企业账证、账账、账表、账实相符性。

会计监督的特征如下：（1）会计监督是一种经常性监督，具有完整性和连续性；（2）会计监督主要利用各种价值指标，以财务活动为主，具有综合性；（3）会计监督是以法律、法规和制度为依据的监督，具有强制性和严肃性。

三、会计的作用

会计是现代企业的一项重要基础性工作，通过一系列会计程序，提供决策有用的信息，并积极参与经营管理决策，提高企业经济效益，服务于市场经济使其健康有序发展。具体来说，会计的作用可以表现在以下三个方面：

1. 有助于提供决策有用的信息，提高企业透明度，规范企业行为

企业会计通过其反映职能，提供有关企业财务状况、经营成果和现金流量方面的信息，是包括投资者和债权人在内的各方面进行决策的依据。比如，对于作为企业所有者的投资者来说，他们为了选择投资对象、衡量投资风险、做出投资决策，不仅需要了解企业包括毛利率、总资产收益率、净资产收益率等指标在内的盈利能力和发展趋势方面的信息，也需要了解有关企业经营情况方面的信息及其所处的行业信息。总之，企业各个方面进行经济决策，都离不开会计信息。

2. 有助于加强企业经营管理，提高经济效益，促进企业可持续发展

企业经营管理水平的高低直接影响着企业的经济效益、经营成果、竞争能力和发展前景，在一定程度上决定着企业的前途和命运。为了满足企业内部经营管理对会计信息的需要，现代会计已经渗透到了企业内部经营管理的各个方面。会计通过真实地反映企业的财务信息，参与经营决策，为处理企业与各方面的关系、考核企业管理人员的经营业绩、落实企业内部管理责任奠定基础，有助于发挥会计工作在加强企业经营管理、提高经济效益方面的积极作用。

3. 有助于考核企业管理层经济责任的履行情况

企业接受了包括国家在内的所有投资者和债权人的投资，就有责任按照其预定的发展目标和要求，合理利用资源，加强经营管理，提高经济效益，接受考核和评价。比如，对于作为企业所有者的投资者来说，他们为了了解企业当年度经营活动成果和当年度的资产保值、增值情况，需要将其与同行业进行对比，以反映企业的盈利发展趋势。

即问即答 简要说明会计在企业经济活动中的主要作用。

第二节 会计的对象

会计对象是指会计核算和监督的内容，即会计工作的客体。具体而言，会计对象是指企业在日常经营活动或业务活动中所发生的能够以货币表现的经济活动。以货币表现的经济活动通常又称为价值运动或资金运动。

由于不同的会计主体在国民经济中所处的地位和作用不同，它们经济活动的内容和所应达到的目标也不一样，因此，每个会计主体的经济活动所包括的具体内容、形式也不相同，从而使具体核算和监督内容产生了差异。下面以产品制造企业来说明企业会计核算和监督的具体内容。

产品制造企业的主要经济活动是生产和销售产品，为社会提供商品和服务，同时也为投资者和企业自身赚取利润，以满足国家经济发展的需要以及企业自身扩大再生产的需要。产品制造企业的生产经营活动分为供应、生产和销售三个阶段，其资金运动主要有以下三种表现形式：

（1）资金进入企业。资金进入企业是企业筹集生产经营所需要资金的交易或事项引起的。企业通过吸收投资、银行借入、发行股票或债券来筹集资金，引起企业资金的增加，主要包括两种渠道：一是吸收所有者投资，这种交易或事项一方面引起货币资金等增加；另一方面引起所有者权益的增加；二是负债，这种交易或事项一方面引起货币资金等增加；另一方面引起负债增加。

（2）资金在企业中的周转。资金在企业内部循环周转是由企业经营活动的交易或事项引起的。企业用货币资金购买材料，形成储备资金。工人利用自己的生产技术，借助于机器设备对材料进行加工，发生的耗费形成生产资金。产品完工后形成成品资金。将产品销售，收回货款，得到新的货币资金。整个周转过程表现为：货币资金→储备资金→生产资金→成品资金→新的货币资金。

（3）资金退出企业。资金退出企业主要有以下两种方式：一是分配股利或利润，这是对投资者的回报，这种交易或者事项一方面引起货币资金的减少或负债的增加；另一方面引起所有者权益的减少；二是偿还债务，这是对债权人的承诺，这种交易一方面引起货币资金的减少；另一方面引起负债的减少。

即问即答 简要说明产品制造企业的资金运动形式。

第三节 会计假设与会计基础

一、会计假设

面对变化多样的社会经济环境，会计人员不得不作出一些合理的假设来规范会计核算的对象及环境，这就出现了会计假设，也称会计的前提。会计假设，是对提供会计信息过程所依赖的客观存在的时间范围、空间范围及计量单位等因素所作的合理设定，是会计确认、计量和报告的基本前提。

会计主要有会计主体、持续经营、会计分期、货币计量四个方面的假设。

1. 会计主体

会计主体是指企业会计确认、计量和报告的空间范围。要开展会计工作，首先应明确会计主体，只有那些影响企业本身经济利益的各项交易和事项才能加以确认、计量和报告。也就是说，会计所反映的是一个特定会计主体的经济业务，明确会计主体就是要求会计人员必须站在这个特定会计主体的立场上来开展工作，知道自己为"谁"做账，"谁"是会计主体。企业会计核算和财务报表的编制应当以企业发生的各项交易或者事项为对象，记录和反映企业本身的各项生产经营活动。明确界定会计主体是开展会计确认、计量和报告工作的重要前提。

会计主体与法律主体并不是同一概念，一般来讲，法律主体必然是一个会计主体，但会计主体不一定是法律主体。从财务会计的角度来看，会计主体应是一个独立核算的经济实体，特别是需要单独反映经营成果和财务状况，编制独立的财务会计报告的实体。例如，在企业集团的情况下，一个母公司拥有若干子公司，母子公司虽然是不同的法律主体，但是，母公司对子公司拥有控制权，为了全面反映企业集团的财务状况、经营成果和现金流量，就有必要将企业集团作为一个会计主体，编制合并报表。

2. 持续经营

持续经营是指在可以预见的将来，企业将会按当前的规模和状态继续经营下去，不会停业，也不会大规模削减业务。在持续经营前提下，会计确认、计量和报告应当以企业持续、正常的生产经营活动为前提。持续经营为会计工作的正常开展规定了时间范围，旨在解决资产估价、费用分配等重要会计问题。

会计核算上所使用的一系列会计处理方法都是建立在持续经营前提的基础上。如果一个企业在不能持续经营时还仍然按照持续经营进行会计处理、选择会计确认、计量和报告原则和方法，就不能客观地反映企业的财务状况、经营成果和现金流量，会误导会计信息使用者的经济决策。

3. 会计分期

会计分期是指将一个企业持续经营的生产经营活动划分为一个个连续的、长短相同的期间。对连续不断的经营活动过程进行划分，便于在一个较短的时间内对其进行考核和报告，这样有助于会计信息使用者及时了解企业的经营状况和财务状况，从而产生了会计分期的概念。我国企业的会计期间一般按年度划分，但也规定了一些会计中期，即短于一个完整的会计年度的报告期间，包括半年度、季度和月度。一般会计期间越短，会计信息就越及时，与决策就越相关。

由于会计分期，才产生了当期与以前期间、以后期间的差别，才产生了权责发生制与收付实现制，才使不同类型的会计主体有了记账的基础，进而出现了折旧、摊销等会计处理方法。只有正确地划分会计期间，才能准确地提供财务状况和经营成果的资料，才能进行会计信息的对比。

4. 货币计量

货币计量是指会计主体在财务会计确认、计量和报告时以货币计量，反映会计主体的生产经营活动。在商品经济条件下，货币是衡量商品价值的共同尺度，会计核算必然选择货币为计量单位，以货币形式来反映企业生产经营活动的全过程。业务收支以人民币以外的货币为主的企业，可以选定某种外币作为记账本位币，但是编报的财务会计报告应折算为人民币。

在货币计量假设下，我们还需要注意，在假设货币本身的价值是稳定不变的同时，还强调货币计量假设不排斥非货币化信息对决策的有用性。这就需要企业在财务报告中补充披露有关非财务信息，来弥补难以用货币计量的信息，如企业经营战略、市场竞争力等。

综上所述，会计假设虽然是人为确定的，但完全是出于客观的需要，有充分的客观必然性。否则，会计核算工作就无法进行。这四项假设缺一不可，既有联系，也有区别，共同为会计核算工作的开展奠定了基础。

二、会计基础

当一笔交易或者事项从开始到完成跨越了两个以上的会计期间，应当在哪个期间对该笔交易或事项进行会计确认、计量和报告？特别是发生的收入与收到的款项不在同一会计期间，发生的费用与付出的款项不在同一会计期间的情况下，选择不同的时间进行会计确认、计量和报告，不仅影响企业的财务状况，而且直接影响当期经营成果。

会计基础，是指会计确认、计量和报告的时间基础或称记账的基准，包括权责发生制和收付实现制两种。

1. 权责发生制

在权责发生制下，凡是当期已经实现的收入和已经发生的或应当负担的费用，无论款项是否收付，都应当作为当期的收入和费用确认；凡是不属于当期的收入和费用,即使款项已在当期收付,也不应当作为当期的收入和费用。因此,权责发生制属于会计要素确认计量方面的要求,它解决收入和费用何时予以确认及确认多少的问题。企业在会计确认、计量和报告时应当以权责发生制为基础。因此,我国《企业会计准则》规定,企业单位会计核算应采用权责发生制。

2. 收付实现制

在收付实现制下,以收到或支付的现金作为确认收入和费用等的依据,换言之,现金收支行为在其发生的期间全部记作收入和费用,而不考虑与现金收支行为相关的经济业务实质上是否发生。采用这种会计处理制度,本期的收入和费用缺乏合理的配比,所计算的财务成果也不够准确,因此,企业单位不宜采用收付实现制,主要适用于行政事业单位。

即问即答 区分权责发生制与收付实现制的不同。

第四节 会计信息质量要求

会计作为一项管理活动,主要目的之一是向企业的利益相关者提供反映经营者受托责任和供投资者决策有用的会计信息。我国《企业会计准则——基本准则》中提出了对会计信息质量的要求,包括可靠性、相关性、可理解性、可比性、实质重于形式、重要性、谨慎性、及时性八个方面。

一、可靠性

可靠性要求企业应当以实际发生的交易或者事项为依据进行确认、计量和报告,如实反映符合确认和计量要求的各项会计要素及其他相关信息,保证会计信息真实可靠、内容完整。即要求会计核算应当以实际发生的交易或事项,如实反映企业的财务状况、经营成果和现金流量。如果会计数据不能客观、真实地反映企业经济活动的实际情况,则无法满足各有关方面了解企业财务状况和经营成果以进行决策的需要,甚至可能导致错误的决策。

二、相关性

相关性要求企业提供的会计信息应当与财务报告使用者的经济决策需要相关,有助于财务报告使用者对企业过去、现在或者未来的情况作出评价或者预测。相关性是以可靠性为基础的,强调会计信息的相关性,就是要求企业会计信息在可靠性的前提下,要满足投资者、债权人等利益相关者进行经济决策的需要。相关的会计信息不仅应当有助于使用者评价企业过去的决策,还应当具有预测价值,有助于使用者根据所提供的会计信息预测企业未来的财务状况、经营成果和现金流量。

三、可理解性

可理解性要求企业提供的会计信息应当清晰明了,便于财务报告使用者理解和使用。会计信息的目的在于帮助有关方面进行经济决策,要运用会计信息就必须理解会计信息的内涵。财务报告只有提供清晰、明了、易于理解的会计信息,才能提高其有用性,满足向会计信息使用者提供决策有用信息的要求。会计信息是一种专业性很强的信息产品,会计信息满足可理解性的同时,还应假定使用者具有一定的有关企业经营活动和会计方面的知识,并愿意付出努力去研究这些内容。

四、可比性

可比性包括两层含义,即同一企业对于不同时期发生的相同或者相似的交易或事项,应当采用一致的会计政策,不得随意变更;不同企业同一会计期间发生的相同或者相似的交易或者事项,应当采用相同或相似的会计政策,确保会计信息口径一致、相互可比。无论纵向比较,还是横向比较,只要会计处理符合准则规定,就具有可比性。要做到这两方面的可比,就必须做到:同一企业不同时期发生的相同或者相似的交易或者事项,应当采用一致的会计政策,不得随意变更。

五、实质重于形式

实质重于形式要求企业应当按照交易或者事项的经济实质进行会计确认、计量和报告,不应仅以交易或者事项的法律形式为依据。交易或事项的实质,并非与它们的法律形式的外在形式相一致。实质重于形式就是要求在对会计要素进行确认和计量时,应重视交易的实质,而不管其采用何种形式。如:融资租入固定资产视同自有资产计提折旧、售后租回交易形成融资租赁,销售时不确认处置损益。

六、重要性

重要性要求企业提供的会计信息应当反映与企业财务状况、经营成果和现金流量有关的所有重要交易或者事项。强调会计信息的重要性,在很大程度上是出于对会计信息的效用与加工会计信息的成本这两个方面的考虑。如果把企业纷繁复杂的经济活动事无巨细地详细记录与报告,不但会提高会计信息的加工成本,而且会使会计信息使用者无法有所侧重或有针对性地选择所需的会计信息,反而不利于作出正确的经济决策。重要性的应用需要依赖职业判断,企业应当根据其所处环境和实际情况,从项目性质和金额大小两方面加以判断。

七、谨慎性

谨慎性要求企业对交易或者事项进行会计确认、计量和报告时应当保持应有的谨慎,不应高估资产或者收益、低估负债或者费用。也就是说,在处理不确定性经济业务时，应持谨慎态度，如果一项经济业务有多种方法可供选择时，应选择不导致夸大资产、虚增利润的方法。例如，对应收账款提取坏账准备，就是对预计不能收回的货款先行作为本期费用，计入当期损益，以后确实无法收回时冲销坏账准备。遵循谨慎性，对于企业存在的经营风险加以合理估计，对防范风险起到预警作用，有利于企业作出正确的经营决策，有利于保护投资者和债权人的利益，有利于提高企业在市场上的竞争力。但是谨慎性原则不能乱用，如：不允许企业计提秘密准备、符合条件的或有应付金额确认为负债等。

八、及时性

及时性要求企业对于已经发生的交易或者事项，应当及时进行确认、计量和报告，不得提前或者延后。及时性包括及时记录与及时报告两个方面：及时记录要求企业本期的经济业务应当在本期内进行会计处理；及时报告是指把会计资料及时地传送出去，将财务报告及时报出。信息的报告如果不适当地拖延，就可能失去其相关性。当然，及时提供可能会损坏可靠性，因此，企业需要权衡及时报告与提供可靠消息的优缺点。

上述八项要求，在实务中常常需要权衡或取舍，其目的是为了达到质量特征之间的适当平衡，以便实现财务报告的目标。质量特征在不同情况下的相对重要性，应借助会计人员的职业判断能力。

即问即答 简要说明在具体的会计确认、计量和报告中，会计信息质量要求是如何体现的？

第五节 会计计量属性与会计方法

一、会计计量

会计计量是为了将符合确认条件的会计要素登记入账并列报于财务报表而确定其金额的过程。企业应当按照规定的会计计量属性进行计量，确定相关金额。我国《企业会计准则——基本准则》规定，会计计量属性主要包括历史成本、重置成本、可变现净值、现值和公允价值。

1. 历史成本

历史成本又称实际成本，是指企业取得或建造某项财产物资时实际支付的现金及现金等价物。在历史成本计量模式下，资产按照其购置时支付的现金或现金等价物的金额，或者是按照购置资产时所付出的对价的公允价值计量。负债按照其因承担现时义务而实际收到的款项或者资产的金额或者承担现时义务的合同金额，或者按照日常活动中为偿还负债预期需要支付的现金或现金等价物的金额计量。

2. 重置成本

重置成本是指如果在现时重新取得相同的资产或与其相当的资产将会支付的现金及现金等价物，或者说是指本期重购或重置持有资产的成本，也叫现行成本。重置成本更具有相关性，有利于资本保全。在重置成本计量模式下，资产按照其正常对外销售所能收到现金或现金等价物的金额计量。负责按照现在偿付该项债务所需支付的现金或现金等价物的金额计量。

3. 可变现净值

可变现净值是指资产在正常经营状态下可带来的未来现金流入或将要支付的现金流出，又称为预期脱手价格。在可变现净值计量模式下，资产按照正常对外销售所能收到现金或现金等价物的金额扣减该资产至完工时估计将要发生的成本，估计的销售费用以及相关税金后的金额计量。

4. 现值

现值是指在正常经营状态下可带来的未来现金流入量的现值，减去为取得现金流入所需的现金流出现值。在现值计量模式下，资产按照预计从其持续使用和最终处置中所产生的未来净现金流入量的折现金额计量；负债按照预计期限内需要偿还的未来的净现金流出量的折现金额计量。该计量属性考虑了货币的时间价值，最能反映资产的经济价值，与经济决策更具有相关性，但其可靠性较差。

5. 公允价值

公允价值是指公平交易中，熟悉情况的双方自愿进行的资产交换和债务清偿的金额。公允价值既可以是基于事实性交易的真实市价，也可以是基于假设性交易的虚拟价格。公允价值应具备三个条件：

（1）信息公开，双方对于交易所了解的信息是对称的；

（2）双方自愿，若没有相反的证据表明所进行的交易是不公正的或非出自自愿的，市场交易价格即为资产或负债的公允价值；

（3）对资产或负债进行公平交易。

综上所述，在各种会计计量属性中，历史成本通常反映的是资产或负债过去的价值，而重置成本、可变现净值、现值和公允价值通常反映的是资产或负债的现实成本或者现实价值，是与历史成本相对应的计量属性。但它们之间具有密切关系，一般来说，历史成本可能是过去环境下某项资产或负债的公允价值，而在当前环境下某项资产或负债的公允价值也许就是未来环境下某项资产或负债的历史成本。公允价值可以是重置成本，也可以是可变现净值和以公允价值为计量目的的现值，但必须同时满足以公允价值的三个条件。

即问即答 简要说明各种会计计量属性之间的区别。

二、会计方法

会计方法是用来核算和监督会计对象、实现会计目标、完成会计任务的手段。广义的会计方法主要包括会计核算、会计分析、会计监督、会计预测、会计控制和会计决策六种具体方法。狭义的会计方法主要指会计核算方法。

1. 会计核算

会计核算方法是指对会计对象进行确认、计量、记录和报告时所应用的方法。在进行会计核算时，需要运用设置账户、复式记账、填制和审核会计凭证、登记账簿、成本计算、财产清查、编制会计报表七种会计核算的专门方法。

（1）设置账户：设置账户是对会计对象的具体内容进行归类、反映和监督的一种专门方法。它可以对会计对象复杂多样的具体内容进行科学的分类和记录，以便取得各种核算指标，并随时加以分析、检查和监督。

（2）复式记账：复式记账是指对所发生的每项经济业务，以相等的金额，同时在两个或两个以上相互联系的账户中进行登记的一种记账方法。采用复式记账方法，可以全面反映每一笔经济业务的来龙去脉，而且可以防止差错和便于检查账簿记录的正确性和完整性，是一种比较科学的记账方法。

（3）填制和审核会计凭证：会计凭证是记录经济业务，明确经济责任，作为记账依据的书面证明。正确填制和审核会计凭证，是核算和监督经济活动财务收支的基础，是做好会计工作的前提。

（4）登记账簿：登记会计账簿简称记账，是以审核无误的会计凭证为依据在账簿中分类，连续地、完整地记录各项经济业务，以便为经济管理提供完整、系统的会计核算资料。账簿是重要的会计资料，是进行会计分析、会计检查的重要依据。

（5）成本计算：成本计算是按照一定对象归集和分配生产经营过程中发生的各种费用，以便确定各该对象的总成本和单位成本的一种专门方法。产品成本是综合反映企业生产经营活动的一项重要指标。正确地进行成本计算，可以考核生产经营过程的费用支出水平，同时又是确定企业盈亏和制定产品价格的基础，并为企业进行经营决策提供重要数据。

（6）财产清查：财产清查是指通过盘点实物，核对账目，以查明各项财产物资实有数额的一种专门方法。通过财产清查，可以提高会计记录的正确性，保证账实相符。同时，还可以查明各项财产物资的保管和使用情况以及各种结算款项的执行情况，以便对积压或损毁的物资和逾期未收到的款项及时采取措施，进行清理和加强对财产物资的管理。

（7）编制会计报表：编制会计报表是以特定表格的形式，定期并总括地反映企业、行政事业单位的经济活动情况和结果的一种专门方法。会计报表主要以账簿中的记录为依据，经过一定形式的加工整理而产生一套完整的核算指标，用来考核、分析财务计划和预算执行情况，是编制下期财务预算的重要依据。

2. 会计分析

会计分析是利用会计核算提供的信息资料，结合其他有关信息，对企业财务状况和经营成果进行的分析研究。一般按以下程序进行：选定项目，明确对象；了解情况，收集资料；整理资料，分析研究；抓住关键，提出结论。常用的分析方法有指标对比法、因素对比法、比率分析法、趋势分析法等。

3. 会计监督

会计监督是通过会计核算及会计分析所提供的资料，以检查企业的生产经营过程或单位的经济业务是否合理合法及会计资料是否完整正确。可通过核对、审阅、分析性复核等方法进行。

4. 会计预测

会计预测作为经济管理的重要手段，其目的是定量或定性地判断、推测和规划经济活动的发展变化规律，并对其做出评价，以指导和调节经济活动，谋求最佳经济效果。会计预测的依据主要是会计资料，它是利用已取得的会计信息产生新的会计信息的过程，所以说，会计预测是一个信息处理和信息反馈的过程。会计预测的内容主要有：①资金预测；②销售预测；③成本预测；④利润预测；⑤价格预测；⑥财务状况及综合经济效益预测。会计预测的直接目的是为单位经济活动服务，为会计决策提供信息。

5. 会计控制

会计控制是指施控主体利用会计信息对资金运动进行的控制，具体而言，会计控制是指会计人员（部门）通过财务法规、财务制度、财务定额、财务计划目标等对资金运动（或日常财务活动、现金流转）进行指导、组织督促和约束，确保财务计划（目标）实现的管理活动。这是财务管理的重要环节或基本职能，与财务预测、财务决策、财务分析与评价一起成为财务管理的系统或全部职能。会计控制包括内部会计控制和外部会计控制。

6. 会计决策

会计决策是指会计人员为了解决企业资金运动过程中所出现的问题和把握机会而制定和选择活动方案的过程。由于企业资金运动的方向、方式、状态与效益等方面都具有多种发展可能性，这就在客观上要求企业在多种发展可能性中作出有利的选择。由于企业资金运动具有可控性，人们就可以通过决策和控制，促使企业的资金运动朝着有利的方向发展。

即问即答 说明会计核算方法的内容。

第六节 相关案例、会计热点与本章小结

一、会计案例 A：红光实业会计信息质量案例介绍

1. "红光实业"的上市过程

红光实业是成都红光实业股份有限公司的简称，1997 年 6 月在上海证券交易所

上市，代码为 600083。其前身是国营红光电子管厂，始建于 1958 年，是在成都市工商行政管理局登记注册的全民所有制工业企业，该厂是我国"一五"期间 156 项重点工程项目之一，是我国最早建成的大型综合性电子束器件基地，也是我国第一只彩色显像管的诞生地。

经成都市体改委（1992）162 号文批准，1993 年 5 月，由原国营红光电子管厂以其全部生产经营性净资产投入，联合四川省信托投资公司、中国银行四川省分行、交通银行成都分行作为发起人以定向募集方式设立本公司。红光公司于 1997 年 5 月 23 日以每股 6.05 元的价格向社会公众发行 7 000 万股社会公众股，占发行后总股本的 30.43%，实际筹得 4.1 亿元资金。

2. 上市前的相关信息披露

目前我国上市公司信息披露的方式与渠道中，"上市公告书"和"招股说明书"是主要部分。此外，相关渠道（从当时来看，主要是证券类报纸和电视、广播评论）的介绍与评论，也构成信息来源的一部分。但公司能否取得上市资格、公司新股发行价格的确定等，主要取决于由上市公司提供、经相关中介机构认定的财务资料等信息。而这部分信息也构成了"上市公告书"和"招股说明书"的主体。因此，下面对相关信息披露的介绍，主要基于红光实业上市前所公开披露的这两份文件。

在当时公司上市采取"总量控制，限报家数"的政策下，公司如果取得"稀缺"的"额度"，则财务资料成为后期上市运作最为关键的因素：顺利通过中国证监会的批准并取得较好的发行价格。红光实业披露的经成都市蜀都会计师事务所审计的上市前三年销售收入和利润总额情况，见表 1-1。

表 1-1　　　　　　　　　　　　　　　　　　　　　　　　　　　　单位：万元

项目＼年份	1996 年	1995 年	1994 年
主营业务收入	42 492	95 676	83 771
利润总额	633 111	11 685	9 042
净利润	54 287	7 860	6 076

红光公司在 1997 年 4 月（股票公开发行前一个月），进行了一次 1:0.4 的缩股，将原来 4 亿股的总股数缩为 1.6 亿股。然后按缩股后的股数对前三年净利润计算每股收益，倒算出 1994—1996 年的每股税后利润分别为 0.380 元、0.491 元、0.339 元；在此基础上，确定了每股 6.05 元的发行价格。

除财务信息外，关于拟上市公司的一些描述性信息也颇受关注，特别是关于该公司发展前景的信息。理论上，中国证监会不能也不应当批准一个没有发展前景的公司上市，因此，如何将拟上市公司的前景描述的"动听"且"诱人"，是招股说明书和上市公告书的主要任务之一。从红光实业所提供的"招股说明书"和"上市公告书"中，我们可以发现，该公司是一家"前途光明灿烂"的电子企业。同时，按照招股说明书的格式要求，红光公司还提供了经会计师事务所审核的盈利预测数字："预计公司 1997 年度全年净利润 7 055 万元，每股税后利润（全面摊薄）0.3063 元/股，每股税后利润（加权平均）0.3513 元/股。"部分由于上述信息包装，再配合当时整个股票市场的大势，红光实业（600083）的上市认购中签率不足 2.8%，锁定认购资金 133 亿元。

3. 中国证监会的调查结果

红光实业（600083）1997 年 6 月初股票上市发行，募集了 4.1 亿元资金；当年年报披露亏损 1.98 亿元、每股收益为 -0.86 元。当年上市、当年亏损，开中国股票市场之先河。为此，中国证监会进行了调查，并公布了调查结果：

（1）编造虚假利润，骗取上市资格。红光公司在股票发行上市申报材料中称 1996 年度盈利 5 400 万元。经查实，红光公司通过虚构产品销售、虚增产品库存和违规账务处理等手段，虚报利润 15 700 万元，1996 年实际亏损 10 300 万元。

（2）少报亏损，欺骗投资者。红光公司上市后，在 1997 年 8 月公布的中期报告中，将亏损 6 500 万元虚报为净盈利 1 674 万元，虚构利润 8 174 万元；在 1998 年 4 月公布的 1997 年年度报告中，将实际亏损 22 952 万元（相当于募集资金的 55.9%）披露为亏损 19 800 万元，少报亏损 3 152 万元。

（3）隐瞒重大事项。红光公司在股票发行上市申报材料中，对其关键生产设备彩玻池炉废品率上升，不能维持正常生产的重大事实未作任何披露。显然，如果红光公司在事先如实披露其亏损和生产设备不能正常运行的事实，它将无法取得上市资格；即便取得了上市资格，上市募股，也很难取得成功。

即问即答 会计信息质量有哪些要求？

二、会计案例 B：河南法盲会计隐匿会计凭证和账簿被判刑

为了逃避公安机关查处，河南省平顶山市一运输公司会计竟然把本公司会计资料藏匿，并拒不交出。日前，这名法盲会计因隐匿会计凭证、会计账簿罪被宝丰县人民法院判处有期徒刑三年零六个月。

杨某系平顶山市鹏源达货物运输服务有限公司汽车队会计。2003 年 11 月，为了逃避查处，他将依法应当保存的该公司的收入、支出原始票据等会计资料，用铁箱子锁住藏匿到王某家中，将公司的中国农业银行现金缴款单等原始票据、记账凭证以及公司为应付年检而做的账目、记账凭证、明细账等会计资料，于 2004 年 2 月 28 日晚藏匿到自己家中，拒不向侦查机关提供。后来，被告人卢某伙同郭某又将杨某藏匿于家中的相关会计资料取出，由卢某藏匿自己家中，拒不交出。2004 年 3 月 3 日，该资料被公安机关搜查时依法扣押。

宝丰县人民法院认为，被告人杨某、卢某为逃避查处，将依法应当保存的会计凭证、会计账簿等会计资料故意隐匿、拒不交出，致使大部分会计资料不知去向，严重影响了公安机关的调查活动，情节严重，依法判处杨某有期徒刑三年零六个月，并处罚金人民币 50 000 元；判处卢某有期徒刑二年，并处罚金人民币 30 000 元（来源于新华网）。

即问即答　简要说明会计凭证和账簿的作用？

三、会计热点：电子会计档案的规定

新修订的《会计档案管理办法》增加了电子会计档案的相关规定，将电子会计档案纳入了会计档案的范围，规定会计档案包括通过计算机等电子设备形成、传输和存储的电子会计档案。新《会计档案管理办法》还规定，满足一定条件时单位内部生成和外部接收的电子会计资料可仅以电子形式归档保存。

（一）新《会计档案管理办法》修订了哪些内容？

新《会计档案管理办法》共31条，与原《会计档案管理办法》相比，主要作了以下调整：一是完善了会计档案的定义和范围；二是增加并明确了电子会计档案的管理要求；三是完善了会计档案的销毁程序；四是明确了会计档案出境的管理要求；五是调整了会计档案的定期保管期限，并延长了会计档案向单位档案管理机构移交的期限。

（二）对电子会计档案的工作要求有哪些？

新《会计档案管理办法》的最大亮点就是增加了电子会计档案的相关规定，在会计档案的范围、保管、移交、销毁等方面对电子会计档案均进行了相应规定，主要有四个要求：

1. 将电子会计档案纳入了会计档案的范围，规定会计档案包括通过计算机等电子设备形成、传输和存储的电子会计档案。

2. 规定满足一定条件时单位内部生成和外部接收的电子会计资料可仅以电子形式归档保存。

3. 要求电子会计档案移交时将电子会计档案及其元数据一并移交，且文件格式应当符合国家档案管理的有关规定；特殊格式的电子会计档案应当与其读取平台一并移交。

4. 要求电子会计档案的销毁由单位档案管理机构、会计管理机构和信息系统管理机构共同派员监销。

（三）如何确保电子会计档案的真实、完整、可用、安全？

对于电子会计资料仅以电子形式归档保存的方式，新《会计档案管理办法》提出了如下要求：

1. 形成的电子会计资料来源真实有效，由计算机等电子设备形成和传输；

2. 使用的会计核算系统能够准确、完整、有效接收和读取电子会计资料，能够输出符合国家标准归档格式的会计凭证、会计账簿、财务会计报表等会计资料，设定了经办、审核、审批等必要的审签程序；

3. 使用的电子档案管理系统能够有效接收、管理、利用电子会计档案，符合电

子档案的长期保管要求,并建立了电子会计档案与相关联的其他纸质会计档案的检索关系;

4. 采取有效措施,防止电子会计档案被篡改;
5. 建立电子会计档案备份制度,能够有效防范自然灾害、意外事故和人为破坏的影响;
6. 形成的电子会计资料不属于具有永久保存价值或者其他重要保存价值的会计档案;
7. 电子会计资料附有符合《中华人民共和国电子签名法》规定的电子签名。

仅以电子形式归档保存的会计资料,一方面在制度上确定了电子会计档案的合法合规,方便会计档案的保存和保管;另一方面也让人不太放心,电子形式的会计资料平时看不见摸不着,机器故障、系统原因、人为错误等,都可能造成电子会计档案的丢失。那么,电子会计档案要怎样保管才安全呢?

首先,在计算机系统的物理安全方面要有保证,比如防水、防火、防震、防盗等,注意办公区域的锁禁和巡查等。其次,在计算机系统、会计核算系统和电子档案管理系统的安全、可靠方面要有保证。能够准确、完整、有效接收和读取电子会计资料,能够输出符合国家标准归档格式的会计凭证、会计账簿、财务会计报表等会计资料,设定了经办、审核、审批等必要的审签程序;符合电子档案的长期保管要求,并建立电子会计档案与相关联的其他纸质会计档案的检索关系。最后,针对电子会计档案要利用计算机技术完善相关内控制度,比如电子签名,禁止未经授权的访问,防篡改,建立灾后恢复的应急方案等等。

总之,电子会计档案是顺应当前信息技术的发展而产生的,其保管与安全问题也应当结合信息技术及内部控制制度而做好风险防范,尽量应用先进的技术和办法保证电子会计档案的安全。(资料来源:中国会计网,2016年6月15日)

四、本章小结

会计的含义及作用:会计是以货币为主要计量单位,运用专门的方法,全面、连续、系统地反映和监督一个单位经济活动的管理工作,是企业管理的重要组成部分。会计是现代企业的一项重要的基础性工作,通过一系列会计程序,提供决策有用的信息,并积极参与经营管理决策,提高企业经济效益,服务于市场经济的健康有序发展。

会计对象是指会计核算和监督的内容,即会计工作的客体。

会计的基本假设通常包括四个:会计主体、持续经营、会计分期、货币计量。

会计基础主要有权责发生制和收付实现制。

会计信息质量的要求,包括可靠性、相关性、可理解性、可比性、实质重于形式、重要性、谨慎性、及时性八个方面。

会计计量主要包括历史成本、重置成本、可变现净值、现值和公允价值。

广义的会计方法主要包括会计核算、会计分析、会计监督、会计预测、会计控制和会计决策六种具体方法。狭义的会计方法主要指会计核算方法。

第七节 思 考 题

一、思考题 A：基础知识题

1. （单选）下列项目中，会计主体不可以是（   ）。
   A. 单个工厂　　　　　　　　B. 企业内部的一个单位或部门
   C. 企业集团　　　　　　　　D. 不相关联的多个企业

2. （单选）企业资产以历史成本计价而不以现行成本或清算价格计价，依据的会计基本假设是（   ）。
   A. 会计主体　　　　　　　　B. 持续经营
   C. 会计分期　　　　　　　　D. 货币计量

3. （单选）会计上将销售产品确认为收入依据的会计基本假设是（   ）。
   A. 会计主体　　　　　　　　B. 持续经营
   C. 会计分期　　　　　　　　D. 货币计量

4. （单选）多应用于盘盈固定资产的计量属性是（   ）。
   A. 历史成本　　　　　　　　B. 重置成本
   C. 可变现净值　　　　　　　D. 公允价值

5. （单选）在会计核算中，产生权责发生制和收付实现制两种不同的记账基础所依据的会计基本假设是（   ）。
   A. 会计主体　　　　　　　　B. 持续经营
   C. 会计分期　　　　　　　　D. 货币计量

6. （单选）下列引起资产内部一个项目增加，另一个项目减少，而资产总额不变的经济业务是（   ）。
   A. 用银行存款偿还短期借款　　B. 收到投资者投入的机器一台
   C. 收到外单位前欠货款　　　　D. 预收购货单位货款

7. （单选）目前我国行政单位会计采用的会计基础，主要是（   ）。
   A. 权责发生制　　　　　　　B. 应收应付制
   C. 收付实现制　　　　　　　D. 统收统支制

8. （单选）下列关于会计职能的描述，不正确的是（   ）。
   A. 会计监督职能是指会计人员在进行会计核算的同时，对特定主体经济业务的合法性、合理性进行监督
   B. 会计核算是会计最基本的职能，也称控制职能
   C. 会计核算是会计监督的基础，而会计监督又是会计核算质量的保证
   D. 会计具有预测经济前景、参与经济决策、评价经营业绩等功能

9. （单选）会计对象是指（　　）。
   A. 生产经营过程
   B. 企业所有的以货币表现的经济活动
   C. 会计主体
   D. 资金运动的数量方面

10. （单选）企业销售商品时，如果没有将商品所有权上的风险和报酬转移给购货方，即使已经将商品交付给购货方，也不应当确认销售收入，体现了会计信息质量（　　）的基本要求。
    A. 谨慎性
    B. 实质重于形式
    C. 相关性
    D. 重要性

11. （多选）下列项目中，可以作为一个会计主体进行核算的有（　　）。
    A. 母公司
    B. 子公司
    C. 母公司和子公司组成的企业集团
    D. 销售部门

12. （多选）会计计量属性主要包括（　　）。
    A. 历史成本
    B. 重置成本
    C. 可变现净值
    D. 现值

13. （多选）企业收入的取得可能对下列会计要素产生影响的情况有（　　）。
    A. 资产的增加
    B. 负债的减少
    C. 费用的减少
    D. 所有者权益的增加

14. （多选）下列关于会计核算的基本前提，描述正确的有（　　）。
    A. 会计核算的四项基本前提具有相互依存、相互补充的关系
    B. 没有会计主体，就不会有持续经营
    C. 没有持续经营，就不会有会计分期
    D. 没有货币计量，就不会有现代会计

15. （多选）下列组织可以作为一个会计主体进行会计核算的有（　　）。
    A. 企业集团
    B. 民间非营利组织
    C. 分公司
    D. 子公司

16. （多选）下列属于会计核算方法的有（　　）。
    A. 设置会计科目和账户
    B. 复式记账
    C. 会计预测与决策
    D. 填制和审核会计凭证

17. （多选）下列有关会计的说法中，正确的包括（　　）。
    A. 本质上是一种经济管理活动
    B. 对经济活动进行核算和监督
    C. 以货币为主要计量单位
    D. 核算特定主体的经济活动

18. （多选）下列业务中，属于资金退出的有（　　）。
    A. 购买材料
    B. 缴纳税费
    C. 对外分配利润
    D. 归还银行借款

19. （多选）会计监督职能是指会计人员在进行会计核算的同时，对经济活动的（　　）进行审查。

A. 及时性   B. 合法性
C. 合理性   D. 时效性

20. （多选）下列说法中，正确的有（   ）。

A. 会计主体假设界定了从事会计工作和提供会计信息的空间范围

B. 会计人员可以核算和监督所在主体的经济业务，也可以核算和监督其他主体的经济业务

C. 法律主体一定是会计主体

D. 会计主体可以是企业中的一个特定部分，也可以是几个企业组成的企业集团

21. 明生商场按照一贯的权责发生制原则确认收入与费用。2016 年 6 月发生以下经济业务：（1）支付 5 月的水电费 1 000 元；（2）收回 5 月的应收账款 3 000 元；（3）收到本月的销售货款 4 000 元；（4）支付本月办公费用 600 元；（5）支付下季度仓库租金 2 000 元；（6）当月应收销售款 5 000 元；（7）预收客户款 4 000 元。

要求：（1）试按照权责发生制原则确认明生商场 6 月的收入与费用。

（2）试按照收付实现制原则确认明生商场 6 月的收入与费用。

二、思考题 B：课外延伸

央行计划三年内取消纸质票据 体制改革将陆续推进

2016 年 6 月 1 日，中国人民银行通过央视《朝闻天下》发布消息称，将用两到三年时间取消现行的纸质汇票，通过电子汇票系统、网上清算系统降低票据业务和资金清算业务的风险。

银行票据是一种由银行签发的、可以兑换现金或质押融资的票证，是目前广泛使用的一种金融工具，但现在普遍使用的纸质票据安全性较差，尤其是今年以来大案频发，有的涉案金额达几亿元甚至几十亿元，使票据业务成为一个新的金融风险点。

中国人民银行支付结算司司长谢众在 2016 年 5 月 31 日长沙召开的会议上表示，纸质票据在整个运作环境中问题非常多。"克隆、复制等票据案件在实际中非常多。电子票据系统到现在为止还没有发生一起案件或者欺诈。"

谢众指出，电子票据是一种电子符号，记录在人民银行的电子票据系统里（ECDS），伪造或者是篡改难度非常大，它的推广应用可以显著降低金融相关风险，此外，人民银行正在着手规范票据交易。

谢众首次通过央视明确表态，目前人民银行正在筹建一个票据交易所，要把金融市场功能跟票据结合起来，可以通过平台做票据的交易和买卖，充分发挥票据的支付功能和作为信用工具的融资功能。

正面回应票据融资功能

一股份制银行票据业内人士告诉 21 世纪经济报道记者，短期内全面取消纸质票据有难度。一方面，小银行与 ECDS 系统对接有困难，目前的系统仍有很大一部分没有对

接,开发需要周期;另一方面,小型企业支付便利性和票据本身具有的草根性很难短时间破除,特别是偏远地区和工程款一类。但不确定这里说的取消是否特指二级市场。

普兰金融票据法专家周政宇在接受21世纪经济报道记者采访时称,电子票据基本杜绝了假票、克隆票,也不存在丢失可能,安全性几乎是毫无疑问的。电子票据下信息清晰可查,流转情况一目了然,基本可以杜绝此前以假票据骗取银行资金案件发生的可能性。同时,也可以清晰地对比、核查票据流转和资金流转的情况。票据代持、代保管、代理贴现、不见票的资金过桥等做法会迅速减少。

但电子票据并非万无一失。票据电子化和票交所的筹建,更多是解决了银行间的票据业务风险。周政宇表示,企业更加要注意贴现风险的管理。市场上发生过多起案件,企业轻信能够以低利率贴现,将票据背书给"票贩子",收到票据后票贩子失联,或是款项被挪用,由于电子票据不受地域限制流转范围大、速度快,造成的损失几乎无法挽回。

周政宇告诉21世纪经济报道记者,央视报道中提到"票交所要把金融市场功能和票据结合起来"。结合其中提到央行承认票据作为信用工具,具有融资功能,意味着央行积极正面地回应了票据的融资属性。不仅将其视为一个支付结算工具。隐含着开放其他非银行金融机构参与票据市场的可能,例如允许证券、信托、资产管理计划等参与到转贴现市场,有可能产生众多新型的票据交易模式和交易产品,如票据资管计划、票据资产证券化等。

体制改革将陆续出台

中信建投固定收益部高级副总裁许轶超表示,ECDS系统2009年上线以来,人行就一直在考虑有关电票取代纸票的可行性问题,然而由于彼时纸质票据业务的套利空间巨大,对商业银行的利润贡献举足轻重,所以推行受到了自下而上的阻力。但是在商业银行经营利润快速下滑的背景下,越来越多的机构或是为了实现利润、满足考核、完成指标而展开内控与业务间的博弈,故而留给道德风险必然的可乘之机,纸质票据就是一个最好寄生的载体,这也是为何银行风险案件会发生在票据上的原因。

许轶超认为,关于纸票电子化的意义,媒介的转换可能只是人行主导票据市场整体改革的第一步,由于当前票据交易所的筹建已经板上钉钉,那么围绕着票据交易所这么一个大平台而探索的体制改革、体系建设、管理办法等也将陆续出台。同时商业票据在银行传统表内的记账方式、法律层面的定性问题、监管角度的风险属性等也都将引来改头换面的命运。如何发挥商业票据在市场经济体系中的金融功能,如何更好地服务实体经济和实现金融市场一体化建设,一定是人民银行改革票据市场的核心原则。

央行支付结算司曾下发"促进电子商业汇票业务发展"调研函,主要针对推广电票业务和电票系统(ECDS)。调研的内容包括,是否强制要求一定金额以上商业汇票必须使用电票办理、金额起点应该如何设置等问题。

央行数据显示,2013年,电票规模在整个商业汇票出票量中占比为8.3%,2014年达到16.2%,2015年上半年达到28.4%。(资料来源:《经济日报》,2016年6月18日)

思考题:结合上述内容并查阅有关资料,谈谈你对票据体制改革的认识。

第二章

会计科目与账户

在本章中你将——

了解会计要素的含义、特征、分类和确认条件；正确理解会计等式的经济含义和资金运动的平衡关系，掌握并运用会计等式；掌握会计科目设置方法，并了解其不同的分类情况；理解会计账户与会计科目的联系与区别，熟悉账户的基本结构。

会计是通过设置会计科目，对资产、负债、所有者权益、收入、费用和利润六大会计要素进行会计确认、计量和记录。本章介绍了会计要素、会计等式、会计科目以及会计账户及其结构等内容。

会计要素分为六大类，即资产、负债、所有者权益、收入、费用和利润。会计科目是指对会计要素的具体内容进行分类的项目。会计账户是根据会计科目设置的，具有一定的格式和结构，用于分类反映会计要素增减变动情况及其结果的载体。

第一节 会计要素

会计要素是对会计对象的基本分类，是会计核算对象的具体化，是反映会计主体财务状况、经营成果的基本单位。

会计有六大要素，分别为资产、负债、所有者权益、收入、费用和利润六项。其中，资产、负债和所有者权益三项会计要素表现资金运动的相对静止状态，反映企业的财务状况，在资产负债表中列示。收入、费用和利润三项会计要素表现资金运动的显著变动状态，反映企业的经营成果，在利润表中列示。

一、资产

1. 资产的含义与特征

资产是指企业过去的交易或者事项形成的，由企业拥有或控制的、预期会给企业带来经济利益的资源。

资产具有以下特征：

（1）资产是由企业过去的交易或者事项形成的。也就是说，资产是过去已经发生的交易或事项所产生的结果，资产必须是现实的资产，而不能是预期的资产。未来的交易或事项可能产生的结果不能作为资产确认。

（2）资产是企业拥有或者控制的资源。一项资源要作为企业资产予以确认，企业应该拥有此项资源的所有权，可以按照自己的意愿使用或处置资产。

（3）资产预期会给企业带来经济利益。所谓经济利益，是指直接或间接地流入企业的现金或现金等价物。资产都应该能够为企业带来经济利益，如企业通过收回应收账款、出售商品等直接获取利益，也可以通过对外投资获得股利等方式间接获得经济利益。按照这一特征，那些已经没有经济价值，不能给企业带来经济利益的项目，就不能继续确认为企业的资产。

即问即答　简要说明融资租入和经营租入设备是否属于企业资产。

2. 资产的确认条件

将一项资源确认为资产，不仅需要符合资产的定义，还应同时满足以下两个条件：

（1）与该资源有关的经济利益很可能流入企业。"很可能"是一种概率意义上的概念，可以理解为经济利益流入企业的概率很大。在会计实际工作中，对于资产所能产生的经济利益能否流入企业，需要会计人员作出合理的判断和预测。

（2）该资源的成本或者价值能够可靠地计量。货币计量是确认会计要素的一个基本前提。如果与资源有关的成本或价值不能可靠计量，就无法在会计账簿中登记，也无法在资产负债表中作为资产项目列示。

3. 资产的分类

资产按流动性进行分类，可以分为流动资产和非流动资产。

流动资产是指预计在一个正常营业周期中变现、出售或耗用，或者主要为交易目的而持有，或者预计在资产负债表日起一年内（含一年）变现的资产，以及自资产负债表日起一年内交换其他资产或清偿负债的能力不受限制的现金或现金等价物。流动资产主要包括货币资金、应收票据、应收账款、预付账款、应收利息、其他应收款、存货等。

非流动资产是指流动资产以外的资产。如果资产预计不能在一个正常营业周期中变现、出售或耗用，或者持有资产的主要目的不是为了交易，这些资产都应当归类为非流动资产，如可供出售金融资产、持有至到期投资、长期股权投资、投资性房地产、固定资产、无形资产等。

一个正常营业周期是指企业从购买用于加工的资产起至实现现金或现金等价物的期间。正常营业周期通常短于一年，在一年内有几个营业周期。但是，也存在正常营业周期长于一年的情况，在这种情况下，与生产循环相关的产成品、应收账款、原材料尽管是超过一年才变现、出售或耗用，仍应作为流动资产。当正常营业周期不能确定时，应当以一年（12个月）作为正常营业周期。

二、负债

1. 负债的含义与特征

负债是指企业过去的交易或者事项形成的,预期会导致经济利益流出企业的现时义务。

负债具有以下特征:

(1) 负债是由企业过去的交易或者事项形成的。负债是过去已经发生的交易或事项所产生的结果,是现实的义务,只有已经发生的交易或事项才能增加或减少企业的负债。

(2) 负债是企业承担的现时义务。所谓"现时义务"是指企业目前已经承担的义务,它是由企业过去的交易或者事项所形成的,未来发生的交易或者事项即将形成的义务,不属于企业的现时义务,不应当确认为负债。

(3) 负债预期会导致经济利益流出企业。虽然企业清偿债务的方式多种多样,但企业清偿债务一定会导致企业经济利益的流出。

2. 负债的确认条件

将一项现时义务确认为负债,不仅需要符合负债的定义,还应当同时满足以下两个条件:

(1) 与该义务有关的经济利益很可能流出企业。与资产的确认条件一样,这里的"很可能"也是一种概率意义上的概念,可以认为经济利益流出企业的概率很大。在会计实际工作中,对于负债所引起的经济利益能否流出企业,也需要会计人员作出合理的判断和预测。

(2) 未来流出的经济利益的金额能够可靠地计量。如前所述,货币计量是确认会计要素的一个基本前提。如果与负债有关的经济利益不能可靠地计量,就无法在会计账簿中登记该项负债,当然也就无法在资产负债表中作为负债列示。

3. 负债的分类

按偿还期限的长短,一般将负债分为流动负债和非流动负债。

流动负债是指预计在一个正常营业周期中偿还,或者主要为交易目的而持有,或者自资产负债表日起一年内(含一年)到期应予以清偿,或者企业无权自主地将清偿推迟至资产负债表日以后一年以上的负债。它一般包括短期借款、应付票据、应付账款、应付职工薪酬、其他应付款等。

非流动负债是指流动负债以外的长期负债,即指偿还期在一年或超过一年的一个营业周期以上的债务,它主要包括长期借款、应付债券、长期应付款等。

三、所有者权益

1. 所有者权益的含义及特征

所有者权益是指企业资产扣除负债后由所有者享有的剩余权益。公司的所有者权益又称为股东权益。

所有者权益具有以下特征：

（1）除非发生减资、清算或分派现金股利，企业不需要偿还所有者权益。所有者权益是企业的长期资金来源，企业可以长期使用，只有当投资者提出撤资或企业因各种原因决定实施清算时，才考虑偿还所有者权益。

（2）企业清算时，只有在清偿所有的负债后，剩余的资产才能返还给所有者。企业因经营不善或其他原因终止经营并进行清算时，首先应将企业的资产进行变现后偿还所有债务，只有当清偿完所有债务还有剩余资产时，才能按投资者所享有的所有权益比例向投资者分配剩余资产。

（3）所有者凭借所有者权益能够参与企业利润的分配。投资者将自己的资产投入到企业中，其根本目的是为了获得期望的投资回报。企业所实现的税后利润主要应分配给投资者。

2. 所有者权益的确认条件

所有者权益的确认、计量主要取决于资产、负债、收入、费用等其他会计要素的确认和计量。所有者权益在数量上等于企业资产总额扣除债权人权益后的净额，即为企业的净资产，反映所有者（股东）在企业资产中享有的经济利益。

3. 所有者权益的分类

所有者权益的来源包括所有者投入的资本、直接计入所有者权益的利得和损失、留存收益等，具体表现为实收资本（或股本）、资本公积（含资本溢价或股本溢价、其他资本公积）、盈余公积和未分配利润。

所有者投入的资本是指所有者投入企业的资本部分，它既包括构成企业注册资本（实收资本）或者股本部分的金额，也包括投入资本超过注册资本或者股本部分的金额，即资本溢价或者股本溢价，这部分投入资本在我国企业会计准则体系中被计入了资本公积，并在资产负债表中的资本公积项目反映。

直接计入所有者权益的利得和损失，是指不应计入当期损益、会导致所有者权益发生增减变动的、与所有者投入资本或者向所有者分配利润无关的利得或者损失。留存收益是盈余公积和未分配利润的统称。

四、收入

1. 收入的含义与特征

收入是指企业在日常活动中形成的、会导致所有者权益增加的、与所有者投入资本无关的经济利益的总流入。

收入具有以下特征：

（1）收入是企业在日常活动中形成的。企业的日常活动是指企业为完成其经营目标所从事的经常性活动以及与之相关的活动。对于那些既不是经常发生，也与企业的日常活动无关的交易或事项，不能作为企业的收入。

（2）收入可能表现为企业资产的增加或负债的减少，或兼而有之。收入为企业带来经济利益的形式多种多样，既有可能表现为资产的增加，也有可能表现为负债的减少，还可能表现为两者的结合。

（3）收入最终会导致企业所有者权益的增加。根据"资产－负债＝所有者权益"的会计等式，收入可能表现为企业资产的增加或负债的减少，或兼而有之，因此，收入一定能增加企业的所有者权益。这里所说的收入能增加所有者权益，仅指收入本身的影响，而收入扣除与之相配比的费用后的净额，既可能增加所有者权益，也可能减少所有者权益。

（4）收入与所有者投入资本无关。所有者投入资本主要是为谋求享有企业资产的剩余权益，由此形成的经济利益的总流入不构成收入，而应确认为企业所有者权益的组成部分。

2. 收入的确认条件

收入只有在经济利益很可能流入从而导致企业资产增加或者负债减少，且经济利益流入额能够可靠计量时才能予以确认。对于不同的收入来源，其收入的确认原则与计量有所不同。

销售商品取得的收入通常在销售成立时予以确认，并按实际交易金额计价入账。但是商品交易的方式多种多样，判断一项销售商品的收入是否可以确认入账或应于何时确认入账，应该同时满足下列五个条件：

（1）企业已将商品所有权上的主要风险和报酬转移给购货方。与商品所有权有关的主要风险和报酬同时转移，其中，与商品所有权有关的风险是指商品可能发生减值或损毁等形成的损失；与商品所有权有关的报酬，是指商品价值增值或通过使用商品等形成的经济利益。

判断企业是否已将商品所有权上的主要风险和报酬转移给购货方，应当关注交易的实质而不是形式，并结合所有权凭证的转移或实物的交付进行判断。如果与商品所有权有关的任何损失均不需要销货方承担，与商品所有权有关的任何利益也不归销货方所有，就意味着商品所有权上的主要风险和报酬转移给了购货方。

（2）企业既没有保留通常与所有权相联系的继续管理权，也没有对已售出的商品实施有效控制。如果企业在商品销售后保留了与商品所有权相联系的继续管理权，或能够继续对其实施有效控制，这说明商品所有权上的主要风险和报酬没有转移，销售交易不能成立，不应确认收入。

（3）相关经济利益很可能流入企业。在销售商品的交易中，与交易相关的经济利益主要表现为销售商品的价款。相关的经济利益很可能流入企业，是指销售商品价款收回的可能性大于不能收回的可能性，即销售商品价款收回的可能性超过50%。

（4）收入的金额能够可靠地计量。收入的金额能够可靠地计量，是指收入的金额能够合理地估计。收入金额能否合理地估计是确认收入的基本前提，如果收入的金额不能够合理估计，就无法确认收入。

(5) 相关的已发生或者将发生的成本能够可靠地计量。根据收入和费用配比原则，与同一项销售有关的收入和成本应在同一会计期间予以确认。因此，如果成本不能可靠地计量、相关的收入也不能确认，如已收到价款，收到的价款应确认为一项负债。

即问即答 简要说明售后租回或售后回购是否能确认收入。

3. 收入的分类

收入按企业从事日常活动的性质不同，分为销售商品收入、提供劳务收入和让渡资产使用权收入。

（1）销售商品收入，是指企业通过销售商品实现的收入。这里的商品包括企业为销售而生产的产品和为转售而购进的商品。企业销售的其他存货如原材料、包装物等也视同商品。

（2）提供劳务收入，是指企业通过提供劳务实现的收入。例如，企业通过提供旅游、运输、咨询、代理、培训、产品安装等劳务所实现的收入。

（3）让渡资产使用权收入，是指企业通过让渡资产使用权实现的收入，包括利息收入和使用费收入。利息收入，主要是指金融企业对外贷款形成的利息收入，以及同业之间发生往来形成的利息收入等。使用费收入，主要是指企业转让无形资产（如商标权、专利权、专营权、版权）等资产的使用权形成的使用费收入。企业对外出租固定资产收取的租金、进行债权投资收取的利息、进行股权投资取得的现金股利等，也构成让渡资产使用权收入。

收入按企业经营业务的主次不同，分为主营业务收入和其他业务收入。

（1）主营业务收入，是指企业为完成其经营目标所从事的经常性活动实现的收入。主营业务收入一般占企业总收入的比重较大，对企业的经济效益产生较大影响。不同行业企业的主营业务收入所包括的内容不同。例如，工业企业的主营业务收入主要包括销售商品、自制半成品、代制品、代修品，提供工业性劳务等实现的收入；商业企业的主营业务收入主要包括销售商品实现的收入；咨询公司的主营业务收入主要包括提供咨询服务实现的收入；安装公司的主营业务收入主要包括提供安装服务实现的收入。

（2）其他业务收入，是指企业为完成其经营目标所从事的与经常性活动相关的活动实现的收入。其他业务收入属于企业日常活动中次要交易实现的收入，一般占企业总收入的比重较小。不同行业企业的其他业务收入所包括的内容不同。例如，工业企业的其他业务收入主要包括对外销售材料，对外出租包装物、商品或固定资产，对外转让无形资产使用权等实现的收入。

五、费用

1. 费用的含义与特征

费用是指企业在日常活动中发生的、会导致所有者权益减少的、与向所有者分配利润无关的经济利益的总流出。

费用具有以下特征：

（1）费用是企业在日常活动中发生的。所谓日常活动，是指企业为完成其经营目标所从事的经常性活动以及与之相关的其他活动。工业企业制造并销售产品、商业企业购买并销售商品、咨询公司提供咨询服务、软件开发企业为客户开发软件、安装公司提供安装服务、租赁公司出租资产等活动中发生的经济利益的总流出构成费用。工业企业对外出售不需用的原材料结转的材料成本等，也构成费用。

费用形成于企业日常活动的特征，使其与产生于非日常活动的损失相区分。企业从事或发生的某些活动或事项也能导致经济利益流出企业，但不属于企业的日常活动。例如，企业处置固定资产、无形资产等非流动资产，因违约支付罚款，对外捐赠，因自然灾害等非常原因造成财产毁损等，这些活动或事项形成的经济利益的总流出属于企业的损失而不是费用。

（2）费用会导致所有者权益的减少。费用既可能表现为资产的减少，如减少银行存款、库存商品等；也可能表现为负债的增加，如增加应付职工薪酬、应交税费等。根据"资产－负债＝所有者权益"的会计等式，费用一定会导致企业所有者权益的减少。

企业经营管理中的某些支出并不减少企业的所有者权益，也就不构成费用。例如，企业以银行存款偿还一项负债，只是一项资产和一项负债的等额减少，对所有者权益没有影响，因此，不构成企业的费用。

（3）费用是与向所有者分配利润无关的经济利益的总流出。向所有者分配利润或股利属于企业利润分配的内容，不构成企业的费用。

2. 费用的确认条件

费用的确认除了应当符合定义外，还至少应当符合以下条件：（1）与费用相关的经济利益应当很可能流出企业；（2）经济利益流出企业的结果会导致资产的减少或者负债的增加；（3）经济利益的流出额能够可靠计量。

3. 费用的分类

费用包括生产费用与期间费用。

生产费用是指与企业日常生产经营活动有关的费用，按其经济用途可分为直接材料、直接人工和制造费用。生产费用应按其实际发生情况计入产品的生产成本；对于生产几种产品共同发生的生产费用，应当按照受益原则，采用适当的方法和程序分配计入相关产品的生产成本。

（1）直接材料。它是指产品生产过程中直接消耗的原材料和外购半成品，它们或构成产品的实体，或有助于产品的形成。

（2）直接人工（或工资及福利费）。它是指直接从事产品制造的生产工人工资及其所提的职工福利费。

（3）制造费用（或间接制造费用）。它主要包括间接用于产品生产的各项费用，如车间或分厂组织和管理生产所发生的费用,也包括直接用于产品生产但难以直接计入产品成本的费用,如机器设备折旧费等。这些费用在"制造费用"账户归集后,按一定标准分配计入有关产品生产成本的"制造费用"项目中。

期间费用是指企业本期发生的、不能直接或间接归入产品生产成本,而应直接计入当期损益的各项费用,包括管理费用、销售费用和财务费用。

(1) 销售费用,是指企业在销售商品和材料、提供劳务过程中发生的各项费用,包括企业在销售商品过程中发生的包装费、保险费、展览费和广告费、商品维修费、预计产品质量保证损失、运输费、装卸费等费用,以及企业发生的为销售本企业商品而专设的销售机构的职工薪酬、业务费、折旧费、固定资产修理费等费用。

(2) 管理费用,是指企业为组织和管理生产经营活动而发生的各种费用,包括企业在筹建期间发生的开办费,董事会和行政管理部门在企业经营管理中发生的或者应由企业统一负担的公司经费(包括行政管理部门职工薪酬、物料消耗、低值易耗品摊销、办公费和差旅费等),以及董事会费(包括董事会成员津贴、会议费和差旅费等)、聘请中介机构费、咨询费(含顾问费)、诉讼费、业务招待费、房产税、车船税、土地使用税、印花税、技术转让费、矿产资源补偿费、研究费用、排污费及企业行政管理部门发生的固定资产修理费等。

(3) 财务费用,是指企业为筹集生产经营所需资金等而发生的筹资费用。包括利息支出、汇兑损益以及相关的手续费、企业发生或收到的现金折扣。

六、利润

1. 利润的含义与特征

利润是指企业在一定会计期间的经营成果。通常情况下,如果企业实现了利润,表明企业的所有者权益将增加,业绩得到了提升;反之,如果企业发生了亏损(即利润为负数),表明企业的所有者权益将减少,业绩下降。利润是评价企业管理层业绩的指标之一,也是投资者等财务会计报告使用者进行决策时的重要参考依据。

2. 利润的确认条件

利润反映收入减去费用、直接计入当期利润的利得减去损失后的净额。利润的确认主要依赖于收入和费用,以及直接计入当期利润的利得和损失的确认,其金额的确定也主要取决于收入、费用、利得、损失金额的计量。

3. 利润的分类

利润包括收入减去费用后的净额、直接计入当期损益的利得和损失等。其中,收入减去费用后的净额反映企业日常活动的经营业绩;直接计入当期损益的利得和损失反映企业非日常活动的业绩。

直接计入当期损益的利得和损失,是指应当计入当期损益、最终会引起所有者权益发生增减变动的、与所有者投入资本或者向所有者分配利润无关的利得或者损失。企业应当严格区分收入和利得、费用和损失,以便全面反映企业的经营业绩。

第二节　会计等式

会计等式，又称会计恒等式、会计方程式或会计平衡公式，它是表明各会计要素之间基本关系的等式。会计等式是会计学原理中极为重要的内容，它是设置账户、复式记账、编制资产负债表和利润表的基本依据。

一、静态会计等式

静态会计等式，亦称静态会计方程式，是反映静态会计三要素之间数量关系的数学等式，即资产＝负债＋所有者权益。

在静态会计等式中，如果知道其中任意两项的数值，即可求出另一项的数值。因为静态会计等式具有方程等式的特征，所以亦称静态会计方程式。动态会计等式称动态会计方程式的解释亦同。

"资产＝负债＋所有者权益"基本会计原理是：任何一个企业单位的资金，总是要表现为资金的存在分布状况和资金取得来源两个方面。任何一项资金总有其存在分布具体状况，也必有其资金取得的具体渠道。任何资金有其来源必有其运用，不存在只有来源而没有具体运用的资金，也不存在只有具体运用而没有来源的资金。静态会计等式中的"资产"，表现为企业资金的存在分布状况；"负债＋所有者权益"表现为企业资金取得来源。资产和负债＋所有者权益是从两个方面观察同一资金，因此，两方面在量上具有恒等关系。

二、动态会计等式

动态会计等式，亦称动态会计方程式，是反映动态三要素之间数量关系的等式，即收入－费用＝利润。

企业的资金在循环周转中，一方面要耗费资金，发生各种费用；另一方面随着商品销售过程的进行，还会发生资金收回取得收入，一定期间的收入补偿成本费用后形成盈利。经营资金在循环周转中，具有资金补偿性和资金增值性。所谓资金补偿性，就是资金在循环周转中消耗的数额，必须从经营收入中获得补偿，这是经营资金运动的最低要求。所谓资金增值性，就是资金在循环周转中所获得的经营收入，发生的资金收回数额，除补偿耗费的资金数额以外，还应有多余，这种多余表现为企业盈利，盈利是经营资金运动的客观要求。如果经营资金在循环周转中所获得的经营收入不足以补偿耗费的资金数额，其差额为负数即亏损。经营资金不能实现补偿则企业经营发生亏损，若能实现增值则企业经营获得利润。

收入、费用、利润三要素的数值与资产、负债、所有者权益三要素的数值具有重要区别。静态三要素的数值是时点数，动态三要素的数值是期间数即期间累计数。

三、综合会计等式

综合会计等式,是指综合反映会计要素之间数量关系的数学等式。即:

资产 + 费用 = 负债 + 所有者权益 + 收入

企业经营资金运动是静、动结合的统一体,也就是说,会计六要素存在着有机联系。如费用的发生,会引起资产的减少,或引起负债的增加;收入的取得,会引起资产的增加,或负债的减少;所有者权益的增加既可能引起资产的增加,也可能引起负债的减少;负债的增加,可能引起资产的增加,或引起费用的增加。

即问即答 综合会计等式还有哪种变形等式形式?说出其理由。

四、经济业务对会计等式的影响

经济业务,又称会计事项,是指在经济活动中使会计要素发生增减变动的交易或者事项。

企业经济业务按其对财务状况等式的影响不同可以分为以下九种基本类型:

(1) 一项资产增加、另一项资产等额减少的经济业务。
(2) 一项资产增加、一项负债等额增加的经济业务。
(3) 一项资产增加、一项所有者权益等额增加的经济业务。
(4) 一项资产减少、一项负债等额减少的经济业务。
(5) 一项资产减少、一项所有者权益等额减少的经济业务。
(6) 一项负债增加、另一项负债等额减少的经济业务。
(7) 一项负债增加、一项所有者权益等额减少的经济业务。
(8) 一项所有者权益增加、一项负债等额减少的经济业务。
(9) 一项所有者权益增加、另一项所有者权益等额减少的经济业务。

上述九类基本经济业务的发生均不影响财务状况等式的平衡关系,具体分为三种情形:基本经济业务 (1)、(6)、(7)、(8)、(9) 使财务状况等式左右两边的金额保持不变;基本经济业务 (2)、(3) 使财务状况等式左右两边的金额等额增加;基本经济业务 (4)、(5) 使财务状况等式左右两边的金额等额减少。

第三节 会计科目

一、会计科目的含义

为了连续、系统、全面地核算和监督经济活动所引起的各项会计要素的增减变化,就有必要对会计要素的具体内容按照其不同的特点和经济管理要求进行科学的分类,并事先确定分类核算的项目名称,规定其核算内容。这种对会计要素的具体内容进行分类核算的项目,称为会计科目。会计科目是账户名称,同时也是各单位设置账户的重要依据。

会计科目的设置可以把各项会计要素的增减变化分门别类地归集起来,使之一目了然,以便为企业内部经营管理和向有关方面提供一系列具体分类核算指标,满足其制定要求。

二、会计科目设置的意义

会计科目的设置,对于正确地核算和监督企业、单位的经济活动具有重要意义。

1. 会计科目是对会计对象进行连续核算的重要工具

为了连续、系统、全面地核算企业、单位的经济活动,要求在进行会计处理时必须采用专门的方法,对各项经济业务科学地归类、整理和记录,最后提供系统化的数据和资料。通过设置会计科目,对会计要素的具体内容进行分类,可以为会计信息使用者提供各种分类的核算指标。

2. 会计科目是设置账户的依据

各单位在会计核算中必须根据规定的会计科目在账簿中开设账户,对各项经济业务进行连续、系统、分类的记录。会计科目是账户的名称,账户的设置依存于会计科目,没有会计科目就无法设置账户。可见,会计科目是设置账户的依据,设置账户则是会计科目在会计核算工作中的具体运用。

3. 会计科目是有效监督的重要手段

会计科目的核算内容和会计科目之间的相互关系都是会计准则规定的。一般说来,会计科目的名称、会计科目的分类、会计科目的内容等决定着企业单位会计核算的详略程度,决定着企业编制对外、对内会计报表的要求和内容。各个企业、单位原则上都必须按照有关会计科目的规定处理会计业务,防止会计核算内容上的混乱,防止不合理不合法的经济业务随意记入会计系统,以利于加强对会计工作的有效监督。

三、会计科目的设置原则

为了更好地设置和运用会计科目,提供高质量的会计信息,在设置会计科目时,应遵循以下原则:

1. 必须结合会计对象的特点

所谓结合会计对象的特点,就是根据不同单位经济业务的特点,本着全面核算其经济业务的全过程及结果的目的来确定应该设置哪些会计科目。首先,根据不同行业经济业务的主要性质特征设置会计科目,如在成本费用方面,工业企业需要设置"生产成本"、"制造费用"等会计科目,商业企业则不需设置这种会计科目。其次,要结合企业规模设置会计科目,大型工业企业经济业务量大,为了便于组织会计工作,会计科目的设置应全面、具体和详细,而单步骤生产的小型企业,经济业务量少,会计科目的设置应力求简单、直观和明了,不必追求又全又细。

2. 必须符合经济管理的需要

经济管理要求不同，会计科目的设置也有差别，设置会计科目应充分考虑各有关方面对会计信息的需求，不仅要符合国家宏观经济管理的需要，还要满足企业内部经济管理的需要，也要满足投资者、债权人和其他有关方面的需要，以利于有关方面进行经济决策。

3. 必须坚持统一性和灵活性相结合的原则

由于各企业的经济业务千差万别，在分类核算会计要素的增减变动时需要将统一性和灵活性相结合。统一性，就是设置会计科目时要符合会计准则的要求。灵活性，是在能提供统一核算指标的前提下，各个单位根据自己的具体情况及投资者的要求，以增减会计科目。

4. 必须使会计科目具备可操作性

为了便于理解和实际运用，必须对每一个会计科目都明确规定其特定的核算内容。企业设置的会计科目的名称要简单明确、字义相符、通俗易懂；同时，为了适应会计核算资料连续性和一致性的要求，会计科目要保持相对稳定。

企业在不违反会计准则确认、计量规定的前提下，可根据本企业的实际情况自行增设、分拆、合并会计科目。对于不存在的交易事项，可不设置相关科目。

四、会计科目的分类

为明确会计科目之间的相互关系，充分理解会计科目的性质和作用，进而更加科学规范地设置会计科目，以便更好地进行会计核算和会计监督，有必要对会计科目按一定的标准进行分类。对会计科目进行分类的标准主要有三个：一是会计科目核算的归属分类；二是会计科目核算信息的详略程度；三是会计科目的经济用途。

（1）按其归属的会计要素分类：

资产类科目：按资产的流动性分为反映流动资产的科目和反映非流动资产的科目。

负债类科目：按负债的偿还期限分为反映流动负债的科目和反映长期负债的科目。

所有者权益类科目：按权益的形成和性质可分为反映资本的科目和反映留存收益的科目。

成本类科目：包括"生产成本"、"劳务成本"、"制造费用"等科目。

损益类科目：分为收入性科目和费用支出性科目。收入性科目包括"主营业务收入"、"其他业务收入"、"投资收益"、"营业外收入"等科目。费用支出性科目包括"主营业务成本"、"其他业务成本"、"税金及附加"、"销售费用"、"管理费用"、"财务费用"、"所得税费用"等科目。

按照会计科目的经济内容进行分类，遵循了会计要素的基本特征，它将各项会计要素的增减变化分门别类地进行归集，清晰地反映了企业的财务状况和经营成果。

（2）按其核算信息详略程度分类：

为了使企业提供的会计信息更好地满足各会计信息使用者的不同要求，必须对会计科目按照其核算信息的详略程度进行级次划分。一般情况下,可以将会计科目分为总分类科目和明细分类科目。

总分类科目又称一级科目或总账科目,是对会计要素具体内容所做的总括分类,它提供总括性的核算指标,如"固定资产"、"原材料"、"应收账款"、"应付账款"等。明细分类科目又称二级科目或明细科目,是对总分类科目所含内容所作的更为详细的分类,它能提供更为详细、具体的核算指标,如"应收账款"总分类科目下按照具体单位名称分设的明细科目,具体反映应向该单位收取的货款金额。如果有必要,还可以在二级科目下分设三级科目、四级科目等进行会计核算,每往下设一级都是对上一级科目的进一步分类。

在我国,总分类科目一般由财政部统一制定,各单位可以根据自身特点自行增设、删减或合并某些会计科目,以保证会计科目的要求。

(3) 按其经济用途分类:

经济用途指的是会计科目能够提供什么经济指标。会计科目按照经济用途可以分为盘存类科目、结算类科目、跨期摊配类科目、资本类科目、调整类科目、集合分配类科目、成本计算类科目、损益计算类科目和财务成果类科目等。

表 2-1 为会计科目表(选取)。

表 2-1 会计科目表(选取)

编号	会计科目名称	编号	会计科目名称
一、资产类			
1001	库存现金	1461	存货跌价准备
1002	银行存款	1501	待摊费用
1015	其他货币资金	1521	持有至到期投资
1101	交易性金融资产	1522	持有至到期投资减值准备
1121	应收票据	1523	可供出售金融资产
1122	应收账款	1524	长期股权投资
1123	预付账款	1526	投资性房地产
1131	应收股利	1531	长期应收款
1132	应收利息	1541	未实现融资收益
1231	其他应收款	1601	固定资产
1241	坏账准备	1604	在建工程
1401	材料采购	1605	工程物资
1402	在途物资	1606	固定资产清理
1403	原材料	1701	无形资产
1404	材料成本差异	1702	累计摊销
1406	库存商品	1703	无形资产减值准备
1407	发出商品	1711	商誉
1410	商品进销差价	1801	长期待摊费用
1411	委托加工物资	1811	递延所得资产
1412	周转材料	1901	待处理财产损溢

续表

编号	会计科目名称	编号	会计科目名称
二、负债类			
2001	短期借款	2314	代理业务负债
2101	交易性金融负债	2401	预提费用
2201	应付票据	2411	预计负债
2202	应付账款	2501	递延收益
2205	预收账款	2601	长期借款
2211	应付职工薪酬	2602	长期债券
2221	应交税费	2801	长期应付款
2231	应付股利	2802	未确认融资费用
2232	应付利息	2811	专项应付款
2241	其他应付款	2901	递延所得税负债
三、所有者权益类			
4001	实收资本	4103	本年利润
4002	资本公积	4104	利润分配
4101	盈余公积	4201	库存股
四、成本类			
5001	生产成本	5201	劳务成本
5101	制造费用	5301	研发支出
五、损益类			
6001	主营业务收入	6411	利息支出
6051	其他业务收入	6602	手续费支出
6101	公允价值变动损益	6603	销售费用
6111	投资收益	6604	管理费用
6301	营业外收入	6701	财务费用
6401	主营业务成本	6711	勘探费用
6402	其他业务成本	6801	资产减值损失
6405	税金及附加	6901	营业外支出

即问即答 制造费用按照经济用途分类，应该属于哪一类会计科目？

第四节 账户及其基本结构

一、账户的含义与设置的意义

1. 账户的定义

账户是根据会计科目在账簿中开设的，分类反映会计对象的工具，是会计科目和账簿结合的产物。会计账户就是根据会计科目设立的，具有一定格式和结构，是用来分类记录会计要素增减变化及其结果的记账载体。

2. 设置的意义

会计科目只是为系统地提供会计信息而对经济业务内容的分类，而记录和反映企业经济业务的内容还必须按会计科目在账簿中开设账户，只要按科目设置了账户，每一账户中反映记录一类经济内容，企业的全部经济业务内容就能由账户体现出来。因此，设置会计科目后，还必须根据规定的会计科目开设一系列反映不同经济内容的账户，用来对各项经济业务进行分类记录。

二、账户的基本结构

1. 账户的结构

会计账户的基本结构一般分为左、右两方，分别登记增加数、减少数。在借贷记账法下，其左方一律称为"借方"，其右方一律称为"贷方"。

账户的基本结构应同时具备以下内容：①账户的名称，即会计科目；②日期和摘要，即记载经济业务的日期和概括说明经济业务的内容；③增加方和减少方的金额及余额；④凭证号数，即说明记载账户记录的依据。

一般用简化了的"T"型账户表示如下，见图2-1。

图2-1

2. 账户的四个金额要素

通过账户记录的金额可以提供期初余额、本期增加发生额、本期减少发生额和期末余额四个会计核算指标。

本期增加发生额、本期减少发生额均为本期的发生额合计数。本期发生额是一个动态指标，说明的是某一时期会计要素的增减变动情况；余额是一个静态指标，说明的是资产或权益在某一时日增减变动的结果。本期的期末余额就是下期的期初余额。

本期期初余额 + 本期增加发生额 - 本期减少发生额 = 本期期末余额

本期期初余额 + 本期增加发生额 = 本期期末余额 + 本期减少发生额

本期减少发生额 = 本期期初余额 + 本期增加发生额 - 本期期末余额

本期增加发生额和本期减少发生额是记在账户左方还是右方、账户的余额反映在左方还是右方取决于账户的性质和类型。参见图 2-2。

银行存款

期初余额:	100 000		
本期增加额:	50 000	本期减少额:	60 000
	40 000		
本期增加发生额:	90 000	本期减少发生额:	60 000
期末余额:	130 000		

图 2-2

三、会计账户的分类

账户的分类与会计科目的分类基本一致。

（1）根据所核算的经济内容不同，账户分为资产类账户、负债类账户、所有者权益类账户、成本类账户、损益类账户五类（同科目）。

（2）根据其所提供信息的详细程度及其统驭关系，账户分为总分类账户和明细分类账户。

总分类账户又叫总账账户，或一级账户，简称总账，它是根据总分类科目设置的。在总分类账户中，只使用货币计量单位，它可以提供概括的核算资料和指标，是对其所属的明细分类账户资料的综合，总账以下都统称为明细账户。

明细分类账户又称明细账户，简称明细账，是根据明细分类科目设置的。对于明细账的核算，除了用货币计量以外，必要时还需要用实物计量或者用劳动量单位来计量。明细账是提供明细核算资料的指标，它是对总账账户的具体化和补充说明。

总账和所属明细账核算的内容相同，都是核算和反映同一事物，只不过反映内容的详细程度有所不同。两者相互补充，相互制约，相互核对。总账统驭和控制明细账，明细账户从属于总账，是总账的从属账户。

（3）根据其经济用途分类的不同，账户分为盘存类账户、结算类账户、跨期摊配类账户、资本类账户、调整类账户等。

四、会计账户与会计科目的联系与区别

1. 会计账户与会计科目的联系

（1）两者都是对会计对象具体内容的科学分类，口径一致，性质相同，会计科

目是账户的名称,也是设置账户的依据,账户是会计科目的具体运用;

(2) 没有会计科目,账户便失去了设置的依据;没有账户,会计科目就无法发挥作用。

2. 会计账户与会计科目的区别

(1) 会计科目仅仅是账户的名称,不存在结构;而账户则具有一定的格式和结构。

(2) 会计科目仅说明反映的经济内容是什么,而账户不仅说明反映的经济内容是什么,而且系统反映和控制其增减变化及结余情况。

(3) 会计科目的作用主要是为了开设账户、填制凭证所运用;而账户的作用主要是提供某一具体会计对象的会计资料,为编制会计报表所运用。

即问即答 资产、负债增加分别记贷方还是借方?

第五节 相关案例、会计热点与本章小结

一、会计案例 A:三毛实业股份有限公司会计造假案例

兰州三毛实业股份有限公司(简称"ST 派神")是甘肃省兰州市的一家上市公司,公司注册及办公地址是甘肃省兰州市西固区。因披露虚假利润等违规行为,2008 年 4 月 14 日接到中国证监会行政处罚决定书:对公司处以 30 万元的罚款;对时任公司董事长张晨给予警告并处以 30 万元的罚款;对时任公司财务总监金明喜给予警告并处以 20 万元的罚款等。主要原因是公司在原控股股东控制期间,原董事长张晨蓄意犯罪,隐瞒董事会,未按规定披露公司的外贸业务、与关联股东的交易,特别是大额对外担保等重大信息。为此形成虚假利润 300 多万元,严重损害了中小股东的利益。

(一) 以资抵债的会计计量

在 2008 年年报中,ST 派神的无形资产增加了一项土地使用权,该项土地使用权"系根据本公司与三毛集团签订以资抵债协议,三毛集团以其所持有的土地抵偿欠付本公司的款项。该土地使用权的入账价值 44 242 500 元系根据甘肃方家不动产评估咨询有限公司甘方估字〔2008〕091 号评估报告为依据确定,评估方法为市场比较法和成本逼近法。三毛集团是 ST 派神的第一大股东。

根据上述信息,如果不存在债务重组的情况,会计处理比较容易,借记"无形资产",贷记"应收账款";如果以前年度计提了坏账准备,则借记"坏账准备",贷记"资产减值损失"。

(二) 以资抵债的会计确认

会计处理有两个很重要的步骤,即会计确认和会计计量。ST 派神在会计处理过

程中，会计计量没有问题，会计确认，尤其是无形资产的确认则需要进一步验证。这里主要分析土地使用权这一无形资产的会计确认问题。

为了保证"以资抵债"的合法性和合理性，ST 派神考虑得相当周全。在《兰州三毛实业股份有限公司关于股东兰州三毛纺织（集团）有限责任公司以资抵债的报告书（修正草案）》（以下简称"报告书"）作了详尽的披露。无论是董事会、独立董事，还是独立财务顾问，都对该交易事项的有效性和合理性发表了正面意见，这样看来，以资抵债的合理性是不容置疑的了。

由此看来，上述以资抵债交易的合理性，以及交易本身合法性，具有较高的可靠性。而且从会计计量上看，ST 派神的会计处理是没有瑕疵的。

但是，从交易事项的经济实质上判断，就不难发现，"以资抵债"的会计处理是站不住脚的。

百密一疏。ST 派神在 2008 年年报和报告书中都露出了以资抵债交易的瑕疵。

ST 派神"公司治理结构"部分披露："股东大会审议通过后，三毛集团立即按照甘肃省国土资源厅的批复，向兰州市国土资源局申报土地使用权等相关手续，同时积极筹措资金缴纳了土地使用权契税，于 2009 年 1 月 19 日取得了兰州市国土资源局的《土地登记通知书》，通知书下达给了兰州市国土资源局西固分局。通知书明确指出，三毛集团已办理土地使用权申请登记手续，通知西固分局接此通知后，完成土地登记注册发证工作。三毛集团已按有关规定将申请和相关文件提交兰州市国土资源局西固分局，兰州市国土资源局西固分局答复，按照土地管理有关规定，三毛集团该宗土地在取得宗地图四至单位盖章同意后，将进入土地公示阶段（一个月），在公示无异议后，方可取得土地证。"

在年报"董事会公告"部分披露"2008 年 12 月 16 日股东大会审议通过后，三毛集团即以现金方式一次性偿还了 219.05 万元欠款。三毛集团用于抵债的土地产权证手续正在办理中。"

由此看来，还没有明确的证据表明三毛集团获得以资抵债交易中被其转出的土地使用权。换言之，三毛集团在没有获得该项土地使用权的情况下，把这一貌似已经归属自己的资产转让出去，偿还自己的债务。更有甚者，ST 派神在根本就没有获得该项土地使用权控制权的情况下，将其确认为自己的无形资产，不仅如此，ST 派神还对该项资产进行了摊销；更让人迷惑不解的是，ST 派神堂而皇之、顺理成章地将以前的坏账损失冲回，金额与 2008 年利润表中的营业利润（3 365.92 万元）相差无几，超过了利润总额（2 929.17 万元）。

这样，就不难推出：如果没有前述的会计处理，ST 派神 2008 年年报中的净利润为负（不排除，其采用其他方法调节利润），那么，2007 年的盈利，对于脱帽来讲，可谓是功亏一篑。

（三）结论

ST 派神的这一做法，发人深思。

关于资产的定义、确认条件，《企业会计准则——基本准则》第二十条明确规定，资产是指企业过去的交易或者事项形成的、由企业拥有或者控制的、预期会给企业带来经济利益的资源。第二十一条规定，符合第二十条规定的资产定义的资源，在同时满足以下条件时，确认为资产：与该资产有关的经济利益很可能流入企业；该资产的成本或者价值能够可靠地计量。

关于无形资产的定义和确认条件，《企业会计准则第6号——无形资产》第三条规定，无形资产指企业拥有或者控制的没有实物形态的可辨认非货币资产。第四条规定，无形资产同时满足以下两个确认条件的，才能予以确认：与该资产有关的经济利益很可能流入企业；该无形资产的成本能够可靠的计量。

即问即答 回忆资产的确认条件包括哪些？

二、会计案例B：四年的财务凭证被当废纸收走了

"据说西南林业大学城市设计院很神秘！民间传闻设计院是院长樊某某的一个'独立王国'"。

云南省委第一巡视组进驻该大学后，干部群众反映樊某某长期"掌控"经营城市设计院，对外承接城市规划设计和园林绿化设计等项目"生意火爆"，收入不菲，其资产财务等情况从未公开过。

巡视组决定组织力量调阅城市设计院的相关财务资料，并协调省审计厅两名干部参与巡视。

"四年的财务凭证被当废纸收走了"

"我们是省委巡视组的干部，根据工作需要，到城市设计院调阅相关财务资料，请你支持配合。"

该院出纳段某某沉默许久："有些财务凭证丢失了。"

"什么时间、怎么丢失的、丢失了些什么？"

"你们来巡视的前一段时间，我原来用的办公室装修，同事将我的东西搬到另一间办公室，有四年的财务凭证被打扫卫生的人当废纸收走了。"

"这情况大大出乎我们的预料，但我们马上意识到她可能是故意隐匿或销毁财务凭证对抗巡视，因此更加坚定了我们揭开该设计院'神秘面纱'的决心。"巡视组同志表示。

"我们与你一起去财务室，请你立即提供现有财务资料。"

纯利润1 000万元仅上缴过76万元

在成功调取现有财务资料后，经过10多天的调查，巡视组从残缺的资料中发现了重大线索：仅累加尚未"丢失"的《合同》金额和查阅分析项目支出情况，就发现该设计院营业收入至少在6 000万元以上，纯利润至少在1 000万元以上。但该设计院历年累计仅向学校上缴过76万余元的"科研费"。

1 000万元以上的利润，仅上缴过76万元，利润究竟到哪里去了？通过深入查阅

核实现有财务凭证，巡视组又发现了该设计院在没有任何项目《合同》《协议》以及项目清单等财务手续的情况下，就向樊某某老家的某园林绿化公司转款近 350 万元。在记账凭证中，巡视组还发现了大量报销的发票涉嫌虚假。在对比项目《合同》中，巡视组又发现一个奇特现象：该设计院承接本校内园林规划设计项目时毫不手软，百分之百按国家物价局最高指导价收费，对外承接的规划设计项目则"善心大发"，很多项目优惠幅度达 50% 以上，有的优惠幅度甚至高达 80%。

由此可见，该设计院经营管理问题的严重程度非同一般。

乘胜追击　10 余名厅处级干部被查处

云南省高校纪工委接到巡视组移交的问题线索移后，对樊某某进行了纪律审查。初步查清了樊某某等人严重违纪事实，涉案金额特别巨大，高校纪工委及时将其移送检察机关立案侦查。昆明市盘龙区人民检察院决定，依法对樊某某涉嫌私分国有资产罪、贪污罪、受贿罪案件侦查并移送审查起诉。

巡视组还发现该大学存在的一些其他违纪违规问题，特别是许多教职工反映：某私企老板长期承包学校山林地，在学校园区后山非法堆放、填埋建筑垃圾，涉嫌违法经营等问题。巡视组协调昆明市森林公安局依法进行查处，从中又发现了数名领导干部涉嫌违纪的线索。

根据巡视组提供的线索，云南省纪检监察机关对该校 10 余名厅处级干部进行了查处。（资料来源：中央纪委监督部网站，2016 年 6 月 15 日）

即问即答　思考会计凭证的传递流程。

三、会计热点：《资产评估法》历经四审出台，资产评估将有法可依

2016 年 7 月 2 日，《资产评估法》迎来十二届全国人大常委会第二十一次会议审议通过结果的表决，这也是《资产评估法》经历的第四次审议，将填补资产评估行业无"基本法"的空白。

评估法的出台为经济发展提质增量

我国资产评估行业经过近 30 年的发展，尚未出台一部保护资产方面的评估法律，这是法律上的一处空白。资产评估业当前仍存在许多不完善的地方，比如行业还存在多头管理、多种标准现象，资产评估体系不完善，行业法律法规滞后等，这些都严重制约了资产评估业的发展。

《资产评估法》对从业人员为国有企业改制、上市公司并购重组、金融企业风险防范、中小企业改革、土地估价等经济行为提供了大量的价值鉴证服务，有效地维护了交易各方的合法权益，防止了国有资产流失，保障了资产交易的公平和公正。

此次《资产评估法》的出台将规范资产评估行业的发展，对推进评估行业依法执业、依法管理、健康发展产生重大影响。同时为市场在资源配置中起决定性作用提供重要保障，促进国企改革，增强民企信心，推动大众创业、万众创新，全面扩大对外开放水平，为经济发展提质增量。

无形资产评估将有法可依

"十三五"规划中指出,要加快发展现代服务业,作为服务业新的增长点的资产评估行业受到越来越多的关注。在 2016 年立法计划中,《资产评估法》被排在立法审议的重要位置,充分体现了国家对资产评估的重视。

第十二届全国人大代表周奕丰连续多年提出出台《资产评估法》的建议,今年两会上,他领衔联名 50 多位人大代表,提出了《关于加快制定中华人民共和国资产评估法的议案》。

周奕丰表示,《资产评估法》的出台将有助于规范无形资产评估行为,可增强轻资产型、科技型企业的发展信心。在以往的评估实践中,无形资产往往忽略不计,企业资产就像是"净重"物品,资产负债表上体现不出无形资产的价值,造成大多数企业资产负债率高,不利于企业的健康发展。而《资产评估法》的出台将会使企业的整体价值得到真实的体现,有利于企业增强自身竞争力。

贯彻实施评估法还需大力宣传

《资产评估法》表决通过,只是第一步,而如何贯彻实施《资产评估法》,规范资产评估行业发展,是下一步要思考的问题。

周奕丰建议要加大评估法的宣传力度,让大家充分认识到贯彻实施《资产评估法》的重要意义,评估机构应以法律为指引,规范资产评估行为,防范评估风险,在实践中不断完善资产评估体系。其次,周奕丰也呼吁国家尽快出台资产评估系列准则及指南等相关配套法规,以适应当前评估行业的发展。

作为市场经济的一支重要力量,资产评估行业已经成为我国经济发展不可或缺的组成部分,评估法的出台将促进资产评估行业健康蓬勃发展,在社会主义市场经济体制和经济发展中的作用将会更加显著。(资料来源:中国财经网,2016 年 7 月 4 日)

思考题:《资产评估法》的出台对当前经济有什么意义,谈谈你的看法。

四、本章小结

本章主要从四个方面讲述了会计理论基础知识。

会计要素是对会计对象进行的基本分类,是会计核算对象的具体化。会计有六大要素,分别为:资产、负债、所有者权益、收入、费用、利润。其中,资产、负债和所有者权益三项会计要素反映企业的财务状况,在资产负债表中列示。收入、费用和利润三项会计要素反映企业的经营成果,在利润表中列示。

会计等式有三种形式,静态等式:资产 = 负债 + 所有者权益;动态等式:收入 − 费用 = 利润;综合会计等式:资产 + 费用 = 负债 + 所有者权益 + 收入。

会计科目是对会计要素的具体内容进行分类核算的项目。对会计科目进行分类的标准主要有三个:一是会计科目核算的归属分类;二是会计科目核算信息的详略程度;三是会计科目的经济用途。

会计账目是根据会计科目在账簿中开设的,是分类反映会计对象的工具。其账户的基本结构一般分为左、右两方，分别登记增加数、减少数，一般用简化了的"T"型账户表示。会计账户中的金额存在如下关系：本期期初余额＋本期增加发生额＝本期期末余额＋本期减少发生额。

第六节 思 考 题

一、思考题 A：基础知识题

1. （单选）下列属于反映企业财务状况的会计要素是（   ）。
   A. 收入　　　　　　　　　　B. 资产
   C. 费用　　　　　　　　　　D. 利润
2. （单选）下列项目中，符合会计要素收入定义的是（   ）。
   A. 出售材料收入　　　　　　B. 出售无形资产净收益
   C. 出售固定资产净收益　　　D. 向购货方收取增值税销项税额
3. （单选）总分类的会计科目一般按（   ）进行设置。
   A. 企业管理的需要　　　　　B. 统一会计制度的规定
   C. 会计核算的需要　　　　　D. 经济业务的种类不同
4. （单选）在下列项目中，与管理费用属于同一类科目的是（   ）。
   A. 固定资产　　　　　　　　B. 盈余公积
   C. 应付账款　　　　　　　　D. 主营业务收入
5. （单选）下列会计科目中，属于损益类科目的是（   ）。
   A. 主营业务成本　　　　　　B. 生产成本
   C. 制造费用　　　　　　　　D. 其他应收款
6. （单选）账户的结构一般分为（   ）。
   A. 上下两部分　　　　　　　B. 发生额和余额两部分
   C. 前后两部分　　　　　　　D. 左右两部分
7. （单选）下列经济业务的发生不会引起会计等式两边总额发生变化的是（   ）。
   A. 收回客户前欠款存入银行　B. 从银行取得短期借款
   C. 收到投资者对企业的投资　D. 以银行存款偿还债务
8. （单选）累计折旧账户按照经济内容分类，是属于（   ）。
   A. 资产类账户　　　　　　　B. 负债类账户
   C. 费用类账户　　　　　　　D. 利润类账户
9. （单选）会计账户和会计科目的区别在于（   ）。
   A. 反映的经济内容不同　　　B. 记录资产和权益的增减变动情况不同

C. 记录资产和权益的结果不同　　　　D. 账户有结构而会计科目无结构

10.（单选）按照经济内容分类，资本公积账户属于（　　）。
A. 资产　　　　　　　　　　　　　　B. 负债
C. 所有者权益　　　　　　　　　　　D. 成本

11.（单选）下列（　　）项目属于企业的负债。
A. 赊销　　　　　　　　　　　　　　B. 赊购
C. 收回货款　　　　　　　　　　　　D. 用现金购买材料

12.（单选）引起资产和所有者权益同时增加的经济业务是（　　）。
A. 从银行提取现金　　　　　　　　　B. 购入材料货款未付
C. 收到外商投入资本金，存入银行　　D. 用银行存款购入固定资产

13.（单选）某企业资产总额是100万元，发生下列三笔经济业务：(1) 向银行借款20万元存入银行；(2) 用银行存款偿还债务5万元；(3) 收回应收账款4万元存入银行。三笔业务发生后其资产总额为（　　）万元。
A. 115　　　　　　　　　　　　　　　B. 119
C. 111　　　　　　　　　　　　　　　D. 71

14.（单选）某公司期初资产总额为500万元，当期期末负债比期初减少20万元，期末所有者权益比期初增加25万元。则该企业期末资产总额为（　　）万元。
A. 500　　　　　　　　　　　　　　　B. 480
C. 505　　　　　　　　　　　　　　　D. 525

15.（单选）某公司资产总额为20万元，负债总额为5万元，以银行存款2万元偿还短期借款并以银行存款2万元购买设备。则上述业务入账后该公司的负债总额为（　　）万元。
A. 2　　　　　　　　　　　　　　　　B. 3
C. 25　　　　　　　　　　　　　　　 D. 15

16.（多选）企业取得收入可能会影响到的会计要素有（　　）。
A. 资产　　　　　　　　　　　　　　B. 负债
C. 所有者权益　　　　　　　　　　　D. 费用

17.（多选）下列项目中，属于费用要素特点的有（　　）。
A. 企业在日常活动中发生的经济利益的总流入
B. 会导致所有者权益的减少
C. 与向所有者分配利润无关
D. 会导致所有者权益增加

18.（多选）企业一切经济业务的发生都会对会计等式产生影响，其类型有（　　）。
A. 资产增加，权益减少　　　　　　　B. 资产减少，权益增加
C. 资产和权益同时增加　　　　　　　D. 资产不变，权益有增有减

19. （多选）不影响资产总额的经济业务有（　　）。
   A. 用银行存款购入原材料　　　　B. 向供货单位赊购商品
   C. 从银行提取现金　　　　　　　D. 用银行存款归还应付账款
20. （多选）一项资产的减少的同时，引起另一方面变动的可能有（　　）。
   A. 另一项资产增加　　　　　　　B. 负债减少
   C. 负债的增加　　　　　　　　　D. 所有者权益减少
21. 练习会计等式。

资料：南海服务部是 A 公司投资开办的，南海服务部 20×7 年 3 月 1 日资产、负债、所有者权益各项目期初余额为：A 公司投资 15 000 元，现金 176 元，银行存款 8 800 元，应收甲商店款 2 000 元，库存物品 4 500 元，向银行借入短期借款 5 000 元，应付乙单位货款 900 元，各种办公用品 624 元，各种家具用具共计 4 800 元。

3 月份发生下列业务：

1. A 公司代服务部归还到期借款 5 000 元，作为增加投资。
2. 取得营业收入 8 500 元，存入银行。
3. 用银行存款偿还应付乙单位货款 800 元。
4. 赊购保险箱一只价值 1 000 元。
5. 用现金购入办公用品 140 元。
6. 收到甲商品前欠账款 1 500 元，存入银行。

要求：（1）列出期初会计等式。（2）列示经济业务发生对会计等式的影响，并计算金额，列出期末会计等式。

二、思考题 B：多国律师、会计师支招企业"走出去"

"中国企业要走向世界，必须先学好国际通行规则，而不是把国内一些潜规则带出去。"在 2016 年 6 月 24 日举行的"华创会"国际投资论坛上，来自国内外的律师、会计师和专业技术人士纷纷为企业"走出去"出谋划策。

"目前，一种新药的平均研发成本达到 29 亿美元，所以大型医药公司都是在资本密集的地方，比如波士顿、硅谷。"上海麦克生物医药技术有限公司董事长牛洪森表示，中国在新药研发上的投入比例目前位居全球第四，但还不是医药强国，更需要在引资、研发上实现国际化，在全球范围寻找合适的资本合作方。

大华会计师事务所高级合伙人张卓奇则为投资澳大利亚资本市场支招："企业到澳大利亚上市门槛低，企业最近 12 个月利润达到 50 万澳元就可以了，而在中国上市没有 5 000 万元利润几乎免谈；但在澳大利亚是'宽进严出'，企业上市以后面临着公司业务、财务、税务的全面协同审计，所以公司需要在投资战略上做好统筹规划、规避一些不必要的风险。"

在海外上市的公司遇到司法纠纷，在哪里提起诉讼最安全？刘和王律师事务所创始合伙人刘南平表示，跨国公司由于业务涉及多个国家，声称拥有管辖权的地区很多,"理论上都可以提起诉讼,但一般在司法管辖和法律适用上最合适的还是在中国大陆,建议尽量争取在大陆提起诉讼。"

海外华人华侨投资者到中国投资,哪些法律能提供保护?武汉大学法学院国际法研究所教授张庆麟介绍,除了《宪法》和《三资企业法》外,我国正在制定《外国投资法》,将为外国投资者和政府之间的争端提供特殊的解决渠道,通常是通过仲裁的方式允许外国投资者直接寻求国际上的仲裁机构,起诉东道国政府,从而获得相应的赔偿。

(资料来源:《湖北日报》,2016年6月28日)

思考题:结合上述内容谈谈你对中国企业"走出去"的认识。

第三章

复式记账

在本章中你将——

掌握记账方法与分类；了解复式记账原理；熟悉借贷记账法的记账符号、账户结构、记账规则；理解借贷记账法的试算平衡。

明确设置总分类账户和明细分类账户的意义，理解总分类账户和明细分类账户的关系，掌握平行登记方法。

第一节 借贷记账法

一、记账方法及分类

为了对会计要素进行核算与监督，在按一定原则设置会计科目，并以会计科目为户头开立账户后，就需要采用一定的记账方法将会计要素的增减变动登记在账户中。

记账方法是指按照一定的规则，使用一定的符号，在账簿中登记各项经济业务的技术方法。会计上最初采用的记账方法是单式记账法，随着社会经济的发展，人们逐渐对记账方法加以改进，从而演变为复式记账法。

（一）单式记账法（Simple - Entry System）

单式记账法是指对发生的经济业务，只在一个账户中进行记录的记账方法。它一般只限于对现金、银行存款的收付业务以及有关债权、债务进行记录。例如，以银行存款购买材料的业务，只在账户中记录银行存款的支付业务，而对材料的取得业务却不在账户中记录。又如，企业赊购一项设备，其所增加的固定资产不予登记，只是记录企业应付款的增加。

单式记账法是一种比较简单、不完整的记账方法。采用这种方法，只是记录库存现金和银行存款的收付以及债权、债务方面发生的经济业务，而不登记实物的收付业务。因此，单式记账法下不能反映经济业务的来龙去脉，不能全面、系统地反映经济业务，更不便于检查账户记录的正确性和完整性。随着社会经济活动的发展，经济活动越来越复杂，单式记账法已不能适应社会经济发展的需要，逐渐被复式记账法所取代。

（二）复式记账法（Double – Entry System）

复式记账法是指对发生的每一项经济业务，都必须以相等的金额，同时在两个或两个以上相互联系的账户中进行登记的一种记账方法。例如，用银行存款购买原材料的业务，不仅要在"银行存款"账户中登记银行存款的减少，而且要在"原材料"账户中记录原材料的增加，同时，要求两个账户中登记的金额要相等。这样，两个账户之间就形成了一种对应关系。又如，企业赊购一项设备，一方面要记录"固定资产"的增加；另一方面要记录"应付账款"的增加，于是在"固定资产"账户与"应付账款"账户之间也形成了一种对应关系。

与单式记账法相比，复式记账法不仅账户设置完整，而且相互联系地形成一个系统的账户体系。复式记账法是一种比较科学、完善的记账方法，现代会计核算均采用复式记账法。复式记账法按其记账符号、记账规则、账户分类和试算平衡方法的不同，可分为借贷记账法、收付记账法、增减记账法。其中，借贷记账法是世界上最早产生，也是目前世界各国通用的一种记账方法，而且是我国《企业会计准则》中明确规定的企业统一采用的记账方法。

二、复式记账原理

（一）复式记账的理论依据

复式记账法是一种科学的记账方法。它是建立在会计等式的基础上，并以此作为理论依据。

根据前述，基本的会计等式为：资产 = 负债 + 所有者权益。若加以扩展，将收入和费用进行综合，则会计等式变为：资产 = 负债 + 所有者权益 + （收入 – 费用）。会计等式反映了企业资金运动的内在规律性，任何经济业务的发生都会对会计要素产生影响，但都不会破坏会计等式的平衡，即遵循资金运动的规律。复式记账针对任何经济业务的发生都在两个或两个以上账户中以相等的金额加以记录，也同样遵循资金运动的规律。因此，复式记账的理论依据是会计等式。

（二）复式记账法的特点

复式记账法的主要特点有：

（1）对于每一项经济业务，都必须在两个或两个以上相互联系的账户中进行记录。需要强调说明的是，复式记账法所记录的对象是企业发生的任何一项经济业务，不能有所遗漏。每项业务所涉及的至少是两个账户，而这些账户之间存在着一种对应关系。也正因为如此，通过账户记录不仅可以全面、清晰地反映出经济业务的来龙去脉，还能够全面、系统地反映经济活动的过程和结果。

（2）对于每一项经济业务，必须以相等的金额进行记录。不仅要在相互联系的账户中记录，还要以相等的金额进行记录。这样，我们可以很容易检查账户记录是否正确。检查的方法是进行试算平衡。关于试算平衡，将在下面的内容中详述。

复式记账法由于具备上述特点,因而被世界各国公认为是一种科学的记账方法而被广泛采用。目前,我国的企业和行政、事业单位采用的记账方法都是复式记账法。复式记账法从其发展历史看,它曾经有"借贷记账法"、"增减记账法"、"收付记账法"等。但我国有关法规规定一律采用借贷记账法。一方面,因为借贷记账法经过多年的实践已被全世界的会计工作者普遍接受,是一种比较成熟、完善的记账方法;另一方面,从会计实务角度看,统一记账方法对企业间横向经济联系和加强国际交往等都会带来极大的方便,并且对会计核算工作的规范和更好地发挥会计的作用具有重要意义。因此,本书只详细阐述借贷记账法的规则。

即问即答 简要说明单式记账法与复式记账法的不同之处。

三、借贷记账法

(一)借贷记账法的产生和发展

借贷记账法最初产生于12世纪意大利的银行,"借"、"贷"两字的含义,最初是从借贷资本家的角度来解释的,即用来表示债权(应收款)和债务(应付款)的增减变动。

资本家对于收进的存款,记在贷主的名下,表示债务;对于付出的放款,记在借主的名下,表示债权。这时,"借"、"贷"两字表示债权、债务的变化。随着社会经济的发展,经济活动的内容日益复杂,记录的经济业务已不再局限于货币资金的借贷业务,而逐渐扩展到财产物资、经营损益等。为了使账簿记录保持统一,对于非货币资金借贷业务,也以"借"、"贷"两字记录增减变动情况。这样,"借"、"贷"两字就逐渐失去其原来的含义,而转化为纯粹的记账符号,用以表明记账的方向。

在现代会计中,"借"、"贷"两字仅作为一种记账的术语,它与原有的词义完全无关。由于借贷记账法在国际上的广泛流行,"借"、"贷"两字已成为通用的国际商业语言。

借贷记账法于清朝末年从日本传入我国,首先在官僚资本经营的铁路、邮局、银行等部门应用,随后大、中型民族工商业逐渐采用借贷记账法。19世纪50年代,我国许多企业和行政事业单位都广泛采用了借贷记账法,60年代以后,我国开始改革记账方法,先后出现了一些新的复式记账方法,如商品流通企业采用的增减记账法、银行采用的资金收付记账法、农村社队采用的钱物收付记账法,但许多制造业仍采用借贷记账法。

(二)借贷记账法的记账符号

借贷记账法以"借"、"贷"二字作为记账符号,最早的"借"、"贷"二字分别表示债权、债务的增减变化。随着商品经济的发展,借贷记账法得到了广泛的运用,记账对象不再局限于债权、债务关系,而是扩大到要记录财产物资的增减变化和计算经营损益。原来仅限于记录债权、债务的"借"、"贷"二字已不能概括经济活动的全部内容，它表示的内容应该包括全部会计要素的增减变化，于是它们逐渐脱离了其自身的含义，转化为纯粹的记账符号。

（三）借贷记账法的账户结构

借贷记账法的账户基本结构是：每一个账户都分为"借方"和"贷方"，一般来说规定账户的左方为"借方"，账户的右方为"贷方"。如果在账户的借方记录经济业务，可以称为"借记某账户"；在账户的贷方记录经济业务，则可以称为"贷记某账户"。采用借贷记账法时，账户的借贷两方必须做相反方向的记录，即对于每一个账户来说，如果规定借方用来登记增加额，贷方就用来登记减少额；如果规定借方用来登记减少额，贷方就用来登记增加额。究竟哪个账户的哪一方用来登记增加额，哪一方用来登记减少额，由账户反映的经济内容和账户的性质决定。

1. 资产类账户

资产类账户的结构是：账户的借方记录资产的增加额，贷方记录资产的减少额。在一个会计期间内（年、季、月），借方记录的合计数额称做借方发生额，贷方记录的合计数额称做贷方发生额，在每一会计期间的期末将借贷方发生额相比较，其差额称做期末余额。资产类账户的期末余额一般在借方，期末余额转到下一期就成为期初余额。用公式可以表示如下：

资产类账户借方期末余额 = 借方本期期初余额 + 借方本期发生额
　　　　　　　　　　　　－ 贷方本期发生额

如果用 T 字账户来表示，如图 3 - 1 所示。

借方	资产类账户	贷方
期初余额		
①增加额×××		①减少额×××
②增加额×××		②减少额×××
本期发生额×××		本期发生额×××
期末余额×××		

图 3 - 1　T 字式资产类账户

2. 负债及所有者权益类账户

根据会计恒等式"资产 = 负债 + 所有者权益"，负债及所有者权益类账户的结构与资产类账户正好相反，其贷方记录负债及所有者权益的增加额，借方记录负债及所有者权益的减少额，很明显贷方发生额要大于（或等于）借方发生额，期末余额一般应在贷方。用公式表示如下：

负债及所有者权益类账户贷方期末余额 = 贷方本期期初余额 + 贷方本期发生额 － 借方本期发生额

如果用 T 字账户来表示，如图 3 - 2 所示。

借方	负债及所有者权益类账户	贷方
		期初余额
①减少额×××		①增加额×××
②减少额×××		②增加额×××
本期发生额×××		本期发生额×××
		期末余额×××

图 3-2　T 字式负债及所有者权益类账户

3. 成本类账户

成本类账户的结构与资产类账户的结构基本相同，其借方登记生产费用增加额（即本期归集的生产费用），贷方登记生产费用的减少额（即本期转出完工产品的成本），如有期末余额在借方，表示的经济内容为期末未完工的在产品成本。其计算公式为：

成本类账户借方期末余额 = 借方本期期初余额 + 借方本期发生额
　　　　　　　　　　　－贷方本期发生额

或：期末在产品成本 = 期初在产品成本 + 本期生产费用增加额
　　　　　　　　　　－本期完工的产成品成本

如果用 T 字账户来表示，成本类账户的结构如图 3-3 所示。

借方	成本类账户	贷方
期初在产品成本×××		
本期生产费用增加额×××		
		完工产成品成本×××
本期发生额×××		本期发生额×××
期末在产品成本×××		

图 3-3　T 字式成本类账户

4. 费用类账户

企业在生产经营中要有各种耗费，有费用发生，在费用抵销收入以前，可以将其看做瞬间资产。因此，费用类账户的结构与资产类账户的结构基本相同，账户的借方记录费用的增加额，账户的贷方记录费用转出并抵销收入（减少）的数额，由于借方记录的费用增加额一般都通过贷方转出，转出后账户通常没有期末余额。如果因某种情况有余额，也表现为借方余额。如果用 T 字账户来表示，如图 3-4 所示。

借方	费用类账户	贷方
①增加额×××		①减少额×××
②增加额×××		②转出额×××
本期发生额×××		本期发生额×××

图 3-4　T 字式费用类账户

5. 收入类账户

企业在生产经营中实现的各种收入，在抵销费用以前，可以将其看做资产的来源。因此，收入类账户的结构与负债及所有者权益的结构基本相同，收入的增加额记入账户的贷方，收入转出（减少额）则应记入账户的借方，由于贷方记录的收入增加额一般要通过借方转出，所以该类账户通常也没有期末余额。如果因某种情况有余额，同样也表现为贷方余额。

如果用T字账户来表示，如图3-5所示。

借方	收入类账户	贷方
①减少额×××		①增加额×××
②转出额×××		②增加额×××
本期发生额×××		本期发生额×××

图3-5 T字式收入类账户

综上所述，可以看出，"借"、"贷"二字作为记账符号所表示的经济含义是不一样的。

"借"字表示：资产的增加，费用的增加，负债及所有者权益的减少，收入的转出。

"贷"字表示：资产的减少，费用的转出，负债及所有者权益的增加，收入的增加。

"借"、"贷"作为记账符号，指示着账户记录的方向是左方还是右方。一般地说，各类账户的期末余额与记录增加额的一方都在同一方向，即资产类账户的期末余额一般在借方，负债及所有者权益类账户的期末余额一般在贷方。因此，根据账户余额所在的方向来判定账户性质，成为借贷记账法的一个重要特点。

用T字账户表示全部账户结构，如图3-6所示。

借方	账户名称（会计科目）	贷方
资产增加		资产减少
负债及所有者权益减少		负债及所有者权益增加
成本增加		成本减少
费用增加		费用转出
收入转出		收入增加
期末余额：资产余额、成本余额		期末余额：负债及所有者权益余额

图3-6 T字式账户结构

为了便于理解和运用借贷记账法下的各类账户结构，也可将图3-6的情形采用表3-1的形式表示。

表 3-1　　　　　　　　　　　各类账户的结构

账户类别	账户的借方	账户的贷方	账户余额
资产类	增加	减少	借方
负债及所有者权益类	减少	增加	贷方
成本类	增加	减少	借方
费用类	增加	减少	一般无余额
收入类	减少	增加	一般无余额

即问即答

1. 简要说明借贷记账法的账户结构。
2. 不同类型账户中"借"、"贷"记账符号所表示的经济含义一样吗？

（四）借贷记账法的记账规则

借贷记账法的记账规则可以概括为：有借必有贷，借贷必相等。借贷记账法的记账规则是根据以下两个方面的原理来确定的：

（1）根据复式记账的原理，对任何一项经济业务都必须以相等的金额，在两个或两个以上相互联系的账户中进行登记。

（2）根据借贷记账法账户结构的原理，每一项经济业务都应当做借贷增减相反的记录。因此，借贷记账法要求对每一项经济业务都要按借贷相反的方向，以相等的金额，在两个或两个以上相互联系的账户中进行登记。具体地说，如果在一个账户中记借方，必须同时在另一个或几个账户中记贷方；或者在一个账户中记贷方，必须同时在另一个或几个账户中记借方；记入借方的总额与记入贷方的总额必须相等。

在实际运用借贷记账法的记账规则登记经济业务时，一般要按两个步骤进行：

首先，需要分析经济业务的内容，确定它所涉及的要素是增加还是减少，是资产要素的变化还是负债或所有者权益要素的变化；哪些要素增加，哪些要素减少，等等。

其次，根据上述分析，确定该项业务应记入相关账户的借方或贷方以及各账户应记金额。凡是涉及资产及费用的增加，负债及所有者权益的减少，收入的减少或转出，都应该记入各该类账户的借方；凡是涉及资产及费用的减少或转出，负债及所有者权益的增加，收入的增加，都应该记入各该类账户的贷方。

为了说明借贷记账法的记账规则，下面举例说明。

【例 3-1】A 公司 12 月 1 日收到投资者追加的投资 600 万元，款项存入银行。

这笔业务使得资产及所有者权益两个会计要素发生变化。一方面，收到外来投资使得所有者权益增加，应该在"实收资本"账户的贷方做记录；另一方面，款项存入银行使得资产增加，应该在"银行存款"账户的借方做记录，如图 3-7 所示。

借方	实收资本	贷方	借方	银行存款	贷方
		6 000 000	6 000 000		

图 3-7

【例3-2】A公司12月3日从银行取得短期借款200万元,银行通知款项已划入银行存款户。

这笔业务使得资产类要素中的"银行存款"和负债类要素中的"短期借款"发生变化,两类要素同时增加。一方面应该在"短期借款"账户中的贷方做记录;另一方面款项划入本企业账户,使得银行存款增加,应该在"银行存款"账户的借方做记录,如图3-8所示。

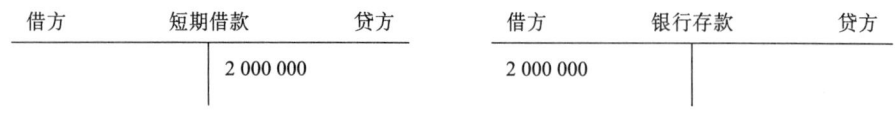

图3-8

【例3-3】A公司12月3日购入新机器设备10台,共计100万元,已安装完毕,价款已开支票付讫。

这笔业务使得资产类要素中的"固定资产"和"银行存款"发生变化,资产要素有关项目一增一减。一方面购入机器设备使得固定资产增加,应该在"固定资产"账户的借方做记录;另一方面付出款项使得银行存款减少,应该在"银行存款"账户的贷方做记录,如图3-9所示。

借方	固定资产	贷方		借方	银行存款	贷方
1 000 000						1 000 000

图3-9

【例3-4】A公司12月5日以银行存款30 000元交纳税金。

这笔业务使得资产类要素中的"银行存款"和负债类要素中的"应交税费"发生变化,两类要素同时减少。应该一方面在"银行存款"账户的贷方做记录;另一方面在"应交税费"账户的借方做记录,如图3-10所示。

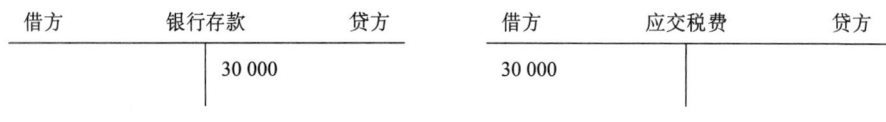

图3-10

【例3-5】A公司12月7日的应付账款到期,向银行借款1 000 000元直接偿还应付款。

这笔业务使得负债类的"短期借款"和"应付账款"发生变化,负债要素同时出现一增一减。一方面偿还应付款使得应付账款减少,应在"应付账款"账户的借方做记录;另一方面向银行借款使得借款增加,应在"短期借款"账户的贷方做记录，如图 3-11 所示。

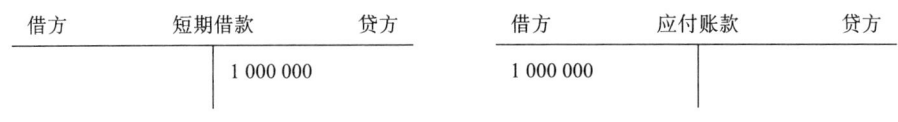

图 3-11

【例 3-6】A 公司 12 月 8 日销售产品取得销售收入 3 000 000 元，款项已全部存入银行。

这笔业务使得资产类要素中的"银行存款"和收入类要素中的"主营业务收入"发生变化，两类要素同时增加。一方面银行存款因存入而增加，应该在"银行存款"账户的借方做记录；另一方面主营业务收入增加，应该在"主营业务收入"账户的贷方做记录，如图 3-12 所示。

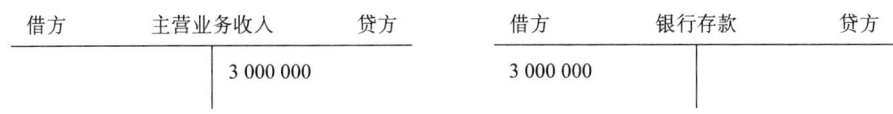

图 3-12

【例 3-7】A 公司 12 月 10 日接到银行通知，已用企业存款支付水电费 5 000 元。

这笔业务使得资产类要素中的"银行存款"和费用类要素中的"管理费用"发生变化。一方面因用存款支付而使得银行存款减少，应该在"银行存款"账户的贷方做记录；另一方面支付水电费使得管理费用增加，应在"管理费用"账户的借方做记录，如图 3-13 所示。

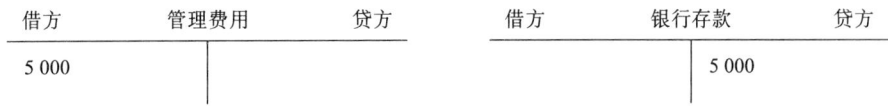

图 3-13

通过上述例题可以看出，不管是资产类与负债及所有者权益类要素同增或同减的业务，还是在资产要素内部或者负债及所有者权益类要素内部此增彼减的业务，都同样适用"有借必有贷，借贷必相等"的记账规则。

采用借贷记账法，在某项经济业务发生时，总会在有关账户之间形成应借、应贷的关系。我们把账户之间应借、应贷的相互关系，称为账户的对应关系，把形成对应关系的账户，称为对应账户。例如，用库存现金 1 000 元购买原材料，就要在"原材料"账户的借方和"库存现金"账户的贷方进行记录。这样"原材料"与"库存现金"账户就发生了对应关系，两个账户也就成了对应账户。通过账户的对应关系可以了解经济业务的内容，检查对经济业务的处理是否合理合法。

会计分录是表明某项经济业务应借、应贷账户的名称及其金额的记录。在各项经济业务登记到账户之前，都要先根据经济业务的内容，运用借贷记账法的记账规则，确定所涉及的账户及其应借、应贷的方向和金额。在实际工作中，这项工作是通过在记账凭证上编制会计分录来完成的。会计分录的编制步骤：①分析经济业务涉及哪些账户，并确定账户的性质及其结构，如资产类应借方记录增加，贷方记录减少，负债类应贷方记录增加，借方记录减少。②分析经济业务对会计要素变化的影响是增加还是减少。③将账户的性质结构与发生的经济业务对应起来，确定应记录的账户方向，即经济业务发生后，应记录在相应账户的借方还是贷方。④确定金额。借贷记账法下会计分录的格式：借方的账户写在上面偏左，贷方的账户写下面偏右，左右错开一个字。如本例编制会计分录如下：

借：原材料　　　　　　　　　　　　　　　　　　　　1 000
　　贷：库存现金　　　　　　　　　　　　　　　　　　1 000

会计分录有简单会计分录与复合会计分录之分。简单会计分录是由一个账户与另一个账户相对应组成的会计分录，上述分录就属于简单会计分录。复合会计分录是由两个以上账户相对应组成的分录。复合分录实际上是由几个简单分录组合而成。编制复合分录，可以集中、全面地反映某项经济业务的全面情况，简化记账手续。简单分录反映问题直观，便于检查。在实际工作中，如果一项经济业务涉及多借多贷的科目，为全面地反映此项经济业务，可以编制多借多贷的复合分录，但不允许将几项经济业务合并编制复合分录。

即问即答

1. 不同类要素的业务，都同样适用"有借必有贷，借贷必相等"的记账规则吗？
2. 编制下列经济业务的会计分录：
（1）用银行存款20 000元支付应付账款；
（2）将资本公积100 000元转增资本；
（3）借入短期借款200 000元，存入银行。

（五）借贷记账法的试算平衡

试算平衡是根据"资产＝负债＋所有者权益"的平衡关系，按照记账规则的要求，通过汇总计算和比较，检查账户记录的正确性、完整性。

经济业务发生后，按照借贷记账法的记账规则记账，借贷两方的发生额必然是相等的。不仅是每一笔会计分录借贷发生额相等，而且当一定会计期间（年、季、月）的全部经济业务的会计分录都记入相关账户后，所有账户的借方发生额与贷方发生额的合计数也必然相等。以此类推，全部账户的借方期末余额与贷方期末余额的合计数也必然相等。用借贷记账法记账，就要根据借贷必相等的规则进行试算平衡，检查每笔经济业务和会计分录是否正确，全部账户的本期发生额是否正确，因此有会计分录试算平衡公式和发生额试算平衡公式。

通过前面账户结构的说明，可以得出结论：凡是有借方余额的账户都是资产类账户，凡是有贷方余额的账户都是负债或所有者权益类账户。由于"资产＝负债＋所有者权益"，所以账户借方余额的合计数等于贷方余额的合计数。因此有余额试算平衡公式。

采用借贷记账法进行试算平衡，可以按照下列公式试算平衡：

（1）会计分录试算平衡公式：

借方科目金额＝贷方科目金额

（2）发生额试算平衡公式：

全部账户借方发生额合计＝全部账户贷方发生额合计

（3）余额试算平衡公式：

全部账户借方余额合计＝全部账户贷方余额合计

每个月结束时，在已经结出各个账户的本月发生额和月末余额后，试算平衡一般是通过编制试算平衡表来进行。试算平衡表分两种：一种是将本期发生额和期末余额试算平衡分别列表编制，如表 3-2 和表 3-3 所示；另一种是将本期发生额和期末余额合并在一张表上进行试算平衡，如表 3-4 所示。

表 3-2　　　　　　　　　　总分类账户余额试算平衡表

年　月　　　　　　　　　　　　　　　　　　　单位：元

会计科目	借方余额	贷方余额
…		
合计		

表 3-3　　　　　　　　　　总分类账户本期发生额试算平衡表

年　月　　　　　　　　　　　　　　　　　　　单位：元

会计科目	借方余额	贷方余额
…		
合计		

表 3-4　　　　　　　　　　总分类账户本期发生额余额试算平衡表

年　月　　　　　　　　　　　　　　　　　　　单位：元

会计科目	期初余额		本期发生额		期末余额	
	借方	贷方	借方	贷方	借方	贷方
…						
合计						

其具体的编制如表 3-5 所示。

表 3-5　　　　　　　　总分类账户本期发生额、余额试算平衡表

年　月　　　　　　　　　　　　　　　　　单位：元

会计科目	期初余额		本期发生额		期末余额	
	借方	贷方	借方	贷方	借方	贷方
银行存款	260 000		680 000	520 000	320 000	
合计	16 230 500	16 230 500	42 850 120	42 850 120	26 625 600	26 625 600

银行存款

期初余额	260 000		
本期发生额	680 000	本期发生额	520 000
期末余额	320 000		

通过试算平衡表来检查账簿记录是否平衡并不是绝对的，如果借贷不平衡，就可以肯定账户的记录或计算有错误。

即问即答　采用借贷记账法进行试算平衡，有哪几种公式？

第二节　总分类账户与明细分类账户

在会计核算工作中，为充分发挥会计的职能，全面提供经济管理需要的总括会计资料和明细会计资料，既需要设置总分类账户，以进行总分类核算，又需要设置明细分类账户，以进行明细分类核算。

一、设置总分类账户和明细分类账户的意义

在一定会计时期内，企业发生的经济业务各种各样，任何一项经济业务都需要在有关账户中进行登记，通过对有关账户的登记，既要提供企业总括的会计核算资料，又要提供企业详细的会计核算资料。

一般而言，总括的会计核算资料主要包括经济业务涉及会计要素的基本内容和货币金额。例如，某项经济业务涉及的资产是原材料还是固定资产，其总金额是多少；某项经济业务涉及的负债是应付账款还是应付票据，其总金额是多少。企业只有设置总分类账户，才能据以进行总分类核算，反映经济业务的货币指标和总括情况。

明细的会计核算资料主要包括经济业务涉及会计要素的具体内容和实物数量。例如，某项经济业务涉及的资产如果是原材料，具体品名、种类、规格是什么，每种原材料的单价、数量和金额各是多少；某项经济业务涉及的负债如果是应付账款，债权人是谁、有几个、应当偿还每个债权人的债务金额分别是多少。企业只有在设置一定

的总分类账户下继续设置相应的明细分类账户，才能据此进行明细分类核算，反映经济业务的实物数量指标和其他详细情况。

总分类账户也称"总账账户"或"一级账户"，它是根据总分类科目设置的，用来提供总括核算资料的账户。例如，"原材料"、"应付账款"和"固定资产"等账户均属于总分类账户。通过总分类账户，可以总括反映企业在一定时期内各项资产、负债、所有者权益、收入、费用和利润的增减变动情况及结果，促使企业全面掌握和有效控制自身的生产经营活动及资金运动。但是，总分类账户也有一定的局限性，它只能反映经济业务涉及的货币指标，无法反映经济业务涉及的实物种类和数量指标以及其他详细信息，难以满足经济管理上的具体需要。因此，企业应当在设置总分类账户的同时，结合经济管理和编制财务会计报告的实际需求，为某些总分类账户设置相应的明细分类账户。

明细分类账户是按照明细分类科目设置的用来提供详细核算资料的账户。企业应当对不同总分类账户采用不同的方法设置相应的明细分类账户。例如，企业在"原材料"总分类账户下按照材料的具体品名设置"钢材"、"木材"等明细分类账户，进而可以在"原材料"账户的各个明细分类账户中登记各种材料的数量和金额，详细了解各种原材料的收入、发出和结存情况；企业在"应付账款"总分类账户下按照债权人的名称设置如"华城公司"、"龙兴公司"等明细分类账户，从而可以运用这些明细分类账户登记企业应当向每个债权人偿还的债务金额，详细了解各项债务及偿还情况。通过明细分类账户，不仅可以较为详细地反映企业在一定时期内各项资产、负债、所有者权益、收入、费用和利润的增减变动情况及结果，而且可以反映某些实物资产的数量指标，以便掌握相关资产要素的价值与使用价值。

由于各企业经营规模的大小和经济业务内容的繁简程度不同，明细分类账户的具体设置情况也不相同。有些总分类账户包含的内容很多，若用一个总分类账户直接控制众多的所属明细分类账户，容易造成记账差错且不便查找。因此，为了满足经营管理和编制财务会计报告的实际需求，应当在总分类账户和明细分类账户之间设置一些类别账户，进行分层控制。通常，人们将类别账户称为"二级账户"，其所属的明细分类账户则称为"三级账户"，二级账户与三级账户之间存在着控制与被控制的关系。例如，企业在"固定资产"一级账户下，按照大类设置"生产用固定资产"和"管理用固定资产"等二级账户，并在"生产用固定资产"二级账户下设置"机器"、"厂房"等三级账户。大多数的总分类账户都需要设置相应的明细分类账户，但是，设置明细分类账户的层次和数目应当从实际出发，既不能过于简化，也不能过细过多。极少数的总分类账户的核算内容比较单一，可以不设置明细分类账户，如"库存现金"账户等。

二、总分类账户和明细分类账户的关系及其平行登记

总分类账户与所属明细分类账户之间具有统驭与被统驭的关系，两者在会计核算工作中相互联系，共同发挥作用。具体而言，总分类账户是所属明细分类账户的统驭

账户,对所属明细分类账户起着控制作用;明细分类账户是特定总分类账户的从属账户,对其对应的总分类账户起着补充说明的作用。

总分类账户与所属明细分类账户核算的经济内容相同,只是提供资料的详细程度不同。因此,在会计核算工作中,应当对两者进行平行登记。所谓平行登记是指对同一项经济业务,应当在同一会计期间内,既登记相应的总分类账户,又登记所属的有关明细分类账户,并做到两者的登记方向相同,金额相等。

(一)平行登记的要点

具体而言,总分类账户和明细分类账户平行登记的要点主要有以下四个方面:

(1)依据相同。对于同一项经济业务,应当由不同的会计人员根据相同的会计凭证分别登记总分类账户和明细分类账户,以便相互核对与控制。应当注意,不能根据总分类账户登记所属的明细分类账户;反之,也不能根据明细分类账户登记其总分类账户。

(2)期间相同。对于同一项经济业务,应当在同一会计期间登记总分类账户与所属的明细分类账户,不能在一个会计期间仅登记总分类账户,而在另一个会计期间仅登记该总分类账户所属的明细分类账户。由于目前我国对外提供财务会计报告的会计期间至少是月度,因此,这里的同一会计期间,一般是指同一月。应当注意,同一会计期间并非同一会计日期。在会计实务中,企业通常可以定期汇总登记总分类账户,例如,每隔5天或10天汇总登记一次。但是,对明细分类账户则应当随时逐笔进行日常登记。

(3)方向相同。对于同一项经济业务,应当在总分类账户与所属明细分类账户相同的方向进行登记。如果在总分类账户的借方进行了登记,其明细分类账户也应当登记在借方;反之,两者都应当在贷方进行登记。

(4)金额相等。对于同一项经济业务,登记在总分类账户的金额应当与登记在所属各明细分类账户的金额之和相等。

(二)平行登记的方法

为便于理解,下面将以"原材料"账户为例,说明总分类账户和明细分类账户的平行登记方法。

【例3-8】假设龙翔实业有限公司在会计核算工作中,设置了"原材料"总分类账户,并在"原材料"总分类账户下,按照材料的名称设置了"A材料"和"B材料"两个明细分类账户。2015年11月30日,该公司"原材料"总分类账户及明细分类账户的资料见表3-6。

表3-6

名称	数量	单价	金额
A材料	600千克	200元	120 000元
B材料	2 000吨	40元	80 000元
合计			200 000元

2015年12月，该公司发生有关原材料收入与发出的经济业务如下（假定不考虑相关税费）。

（1）12月3日，向甲公司购入价值为640 000元的材料一批，已验收入库，材料价款尚未支付：其中：A材料3 000千克，单价200元，金额600 000元；B材料1 000吨，单价40元，金额40 000元。

（2）12月9日，向本公司生产车间发出材料一批，用于制造产品。其中：A材料3 500千克，单价200元，金额700 000元；B材料2 500吨，单价40元，金额100 000元。

（3）12月22日，向乙公司购入A材料一批，数量1 000千克，单价200元，金额200 000元。材料已验收入库，价款尚未支付。

1. 分别编制上述三项经济业务的会计分录

（1）12月3日，购入材料。

借：原材料——A材料	600 000	
原材料——B材料	40 000	
贷：应付账款——甲公司		640 000

（2）12月9日，发出材料。

借：生产成本	800 000	
贷：原材料——A材料		700 000
原材料——B材料		100 000

（3）12月22日，购入材料。

借：原材料——A材料	200 000	
贷：应付账款——乙公司		200 000

2. 进行平行登记

会计人员应当根据龙翔实业有限公司2015年11月末的资料和12月发生的三项经济业务及编制的会计分录，于2015年12月对"原材料"总分类账户及所属明细分类账户进行平行登记。具体登记方法如下。

（1）在"原材料"总分类账户的余额栏中，登记期初余额200 000元，并在"A材料"和"B材料"明细分类账户的余额栏中，分别登记期初余额120 000元和80 000元。

（2）根据12月3日的经济业务及编制的会计分录，一方面在"原材料"总分类账户的借方金额栏中，登记12月3日的发生额640 000元；另一方面将购买A、B两种材料的数量、单价和金额分别登记在"A材料"和"B材料"明细分类账户的相关栏。

（3）根据12月9日的经济业务及编制的会计分录，一方面在"原材料"总分类账户的贷方金额栏中，登记12月9日的发生额800 000元；另一方面将发出的A、B两种材料的数量、单价和金额分别登记在"A材料"和"B材料"明细分类账户的相关栏。

（4）根据12月22日的经济业务及编制的会计分录，一方面在"原材料"总分类账户的借方金额栏中，登记12月22日的发生额200 000元；另一方面将购买的A材料的数量、单价和金额登记在"A材料"明细分类账户的相关栏。

（5）根据上述登记，分别结出"原材料"总分类账户及各明细分类账户的本期发生额和期末余额，以便进行核对。

按照上述平行登记方法，龙翔实业有限公司2015年12月对"原材料"总分类账户及所属明细分类账户的登记结果分别见表3-7、表3-8和表3-9。

表3-7　　　　　　　　　　　总分类账户

账户名称：原材料金额

2015年		凭证字号	摘要	借方	贷方	借或贷	余额
月	日						
12	1		月初余额			借	200 000
12	3		购入	640 000		借	840 000
12	9		发出		800 000	借	40 000
12	22		购入	200 000		借	240 000
12	31		发生额及期末余额	840 000	800 000	借	240 000

表3-8　　　　　　　　　　　明细分类账户

账户名称：原材料——A材料

2015年		凭证字号	摘要	收入			发出			结存		
月	日			数量	单价	金额	数量	单价	金额	数量	单价	金额
12	1	略	月初余额							600	200	120 000
12	3		购入	3 000	200	600 000				3 600	200	720 000
12	9		发出				3 500	200	700 000	100	200	20 000
12	22		购入	1 000	200	200 000				1 100	200	220 000
12	31		发生额及期末余额	4 000	200	800 000	3 500	200	700 000	1 100	200	220 000

表3-9　　　　　　　　　　　明细分类账户

账户名称：原材料——B材料

2015年		凭证字号	摘要	收入			发出			结存		
月	日			数量	单价	金额	数量	单价	金额	数量	单价	金额
12	1	略	月初余额							2 000	40	80 000
12	3		购入	1 000	40	40 000				3 000	40	720 000
12	9		发出				2 500	40	100 000	500	40	20 000
12	31		发生额及期末余额	1 000	40	40 000	2 500	40	100 000	500	40	20 000

为了便于理解,也可以将上述总分类账户和明细分类账户之间的平行登记情况,以"T"形账户的形式简单表示,如图3-14、图3-15和图3-16所示。

借方	原材料		贷方
期初余额 200 000			
(1) 购入 640 000		(2) 发出	800 000
(3) 购入 200 000			
本期发生额 840 000		本期发生额	800 000
期末余额 240 000			

图 3-14 原材料总账

借方	原材料A		贷方
期初余额 120 000			
(1) 购入 600 000		(2) 发出	700 000
(3) 购入 200 000			
本期发生额 800 000		本期发生额	700 000
期末余额 220 000			

图 3-15 原材料明细账(A材料)

借方	原材料B		贷方
期初余额 80 000			
(1) 购入 40 000		(2) 发出	100 000
本期发生额 40 000		本期发生额	100 000
期末余额 20 000			

图 3-16 原材料明细账(B材料)

从上述举例中不难发现,通过平行登记,"原材料"总分类账户的期初、期末余额和本期借方、贷方发生额,均分别与其所属的两个明细分类账户的期初、期末余额和本期借方、贷方发生额的合计数相等,即:

账户	总分类账户	明细分类账户(A)	明细分类账户(B)
期初余额	200 000	=120 000	+80 000
本期借方发生额	840 000	=800 000	+40 000
本期贷方发生额	800 000	=700 000	+100 000
期末余额	240 000	=220 000	+20 000

总之,在一定的会计期间,平行登记的结果能够使得任何一个总分类账户的期初、期末余额和本期借方、贷方发生额,均分别与其所属的各个明细分类账户的期初、期末余额和本期借方、贷方发生额的合计数相等。利用这种相等的结果,可以检

查总分类账户和明细分类账户的登记是否正确、完整。如不相等，则表明记账有错误，应当及时查明原因并予以更正。

值得说明的是，总分类账户和明细分类账户平行登记的依据虽然相同，但核算程序并不相同。因此，为了做到账账相符，以保证会计核算质量，应当经常对总分类账户和明细分类账户中登记的金额以及其他内容进行相互核对。

第三节 相关案例、会计热点与本章小结

一、案例 A：科目平衡表不是万能的

小张从某财经大学会计系毕业刚刚被聘任为启明公司的会计员。今天是他来公司上班的第一天。会计科里那些同事们忙得不可开交，一问才知道，大家正忙于月末结账。"我能做些什么？"会计科长看他那急于投入工作的表情，也想检验一下他的工作能力，就问："试算平衡表的编制方法在学校学过了吧？""学过。"小张很自然地回答。

"那好吧，趁大家忙别的时候，你先编一下我们公司这个月的试算平衡表"。科长帮他找到了本公司所有的总账账簿，让他在早已为他准备的办公桌前开始了工作。不到一个小时，一张"总分类账户发生额及余额试算平衡表"就完整地编制出来了。看到表格上那相互平衡的三组数字，小张激动的心情很难予以言表。兴冲冲地向科长交了差。

"呀，昨天车间领材料的单据还没记到账上去呢，这也是这个月的业务啊！"会计员李媚说到。还没等小张缓过神来，会计员小王手里又拿着一些会计凭证凑了过来，对科长说，"这笔账我核对过了，应当记入'原材料'和'生产成本'的是10 000元，而不是9 000元。已经入账的那部分数字还得改一下。"

"试算平衡表不是已经平了吗？怎么还有错账呢？"小张不解地问。

科长看他满脸疑惑的神情，就耐心地开导说："试算平衡表也不是万能的，像在账户中把有些业务漏记了，借贷金额记账方向彼此颠倒了，还有记账方向正确但记错了账户，这些都不会影响试算表的平衡。小张才发现把两个账户的金额同时记多了或记少了，也不会影响试算表的平衡。"

小张边听边点头，心里想："这些内容好像老师在上《基础会计》课的时候也讲过。以后在实践中还得好好琢磨呀。"

经过一番调整，一张真实反映本月试算平衡的表又在小张的手里诞生了。

案例提示：

本案例中的事例表明，"总分类账户发生额及余额试算平衡表"只是用来检查一定会计期间全部账户的登记是否正确的一种基本方法，只有在所试算期间的经济业务

全部登记入账的基础上才能利用该表进行试算平衡。但试算平衡表并不是万能的，试算表编制完毕，如果期初余额、本期发生额和期末余额三组数字是相互平衡的，只能说明账务处理过程基本正确，而不能保证账务处理过程万无一失。这是由于通过编制"总分类账户发生额及余额试算平衡表"可能会发现账务处理过程中的某些问题，如在登记账户过程中，漏记了一笔经济业务的借方或贷方某一方的发生额，将借方或贷方某一方的发生额写多或写少，以及在记账或从账户向试算平衡表抄列金额的过程中将数字的位次搞颠倒等等。但有些在账务处理过程中发生的错账，如把整笔经济业务漏记或重记了，在登记账户过程中将借方、贷方金额的记账方向彼此颠倒了，或者记账方向正确但记错了账户等情况，并不会影响试算表的平衡关系。

因而，一定要细心地处理好每一笔经济业务，只有保证每一笔经济业务处理的准确性，才有可能保证"总分类账户发生额及余额试算平衡表"编制上的正确性。

即问即答　回忆检验试算平衡表的编制方法。

二、会计热点：营业税改征增值税

自2016年5月1日起，我国全面实施营改增，营业税将退出历史舞台，增值税制度将更加规范。这是自1994年分税制改革以来，财税体制的又一次深刻变革。

李克强总理在2016年3月5日政府工作报告中明确提出2016年全面实施营改增。

此次营改增改革涉及数量多，有近1 000万户纳税人。"营改增"2016年5月1日在金融业、建筑业、不动产业和生活服务业全面推开。

（一）增值税怎么收取

基本税率为17%；纳税人销售粮食、自来水、暖气、图书等货物时，实行13%的低税率；提供交通运输业服务的，实行11%的低税率；提供现代服务业服务的，实行6%的低税率；纳税人出口货物，税率为0，但是国务院另有规定的除外。

（二）转型后应纳税额计算规则

转型后认定为一般纳税人的，可按取得的增值税专用发票计算抵扣进项税额，如取得外地或本市非试点纳税人的原属于营业税可差额征收范围的发票，可按发票金额在销售额中扣除；如取得税务机关代开的专用发票可按发票注明的税款抵扣销项税额。

转型后认定为小规模纳税人的，交通运输业、国际货运代理业务纳税人取得的外省市和本市非试点纳税人的原属于营业税可差额征收范围的发票，可按发票金额在销售额中扣除；其他行业如取得外省市和本市非试点纳税人的原属于营业税可差额征收范围的发票，也可按发票额在销售额中扣除，但取得的本市试点一般纳税人或试点小规模纳税人的发票，不可扣除销售额。

（三）试点纳税人差额征税的会计处理

1. 一般纳税人的会计处理

一般纳税人提供应税服务，试点期间按照营业税改征增值税有关规定允许从销售额中扣除其支付给非试点纳税人价款的，应在"应交税费——应交增值税"科目下增设"营改增抵减的销项税额"专栏，用于记录该企业因按规定扣减销售额而减少的销项税额；同时，"主营业务收入"、"主营业务成本"等相关科目应按经营业务的种类进行明细核算。

企业接受应税服务时，按规定允许扣减销售额而减少的销项税额，借记"应交税费——应交增值税（营改增抵减的销项税额）"科目，按实际支付或应付的金额与上述增值税额的差额，借记"主营业务成本"等科目，按实际支付或应付的金额，贷记"银行存款"、"应付账款"等科目。

对于期末一次性进行账务处理的企业，期末，按规定当期允许扣减销售额而减少的销项税额，借记"应交税费——应交增值税（营改增抵减的销项税额）"科目，贷记"主营业务成本"等科目。

2. 小规模纳税人的会计处理

小规模纳税人提供应税服务，试点期间按照营业税改征增值税有关规定允许从销售额中扣除其支付给非试点纳税人价款的，按规定扣减销售额而减少的应交增值税应直接冲减"应交税费——应交增值税"科目。

企业接受应税服务时，按规定允许扣减销售额而减少的应交增值税，借记"应交税费——应交增值税"科目，按实际支付或应付的金额与上述增值税额的差额，借记"主营业务成本"等科目，按实际支付或应付的金额，贷记"银行存款"、"应付账款"等科目。

对于期末一次性进行账务处理的企业，期末，按规定当期允许扣减销售额而减少的应交增值税，借记"应交税费——应交增值税"科目，贷记"主营业务成本"等科目。

3. 增值税期末留抵税额的会计处理

试点地区兼有应税服务的原增值税一般纳税人，截止到开始试点当月月初的增值税留抵税额按照营业税改征增值税有关规定不得从应税服务的销项税额中抵扣的，应在"应交税费"科目下增设"增值税留抵税额"明细科目。

开始试点当月月初，企业应按不得从应税服务的销项税额中抵扣的增值税留抵税额，借记"应交税费——增值税留抵税额"科目，贷记"应交税费——应交增值税（进项税额转出）"科目。待以后期间允许抵扣时，按允许抵扣的金额，借记"应交税费——应交增值税（进项税额）"科目，贷记"应交税费——增值税留抵税额"科目。

"应交税费——增值税留抵税额"科目期末余额应根据其流动性在资产负债表中的"其他流动资产"项目或"其他非流动资产"项目列示。

4. 取得过渡性财政扶持资金的会计处理

试点纳税人在新老税制转换期间因实际税负增加而向财税部门申请取得财政扶持资金的，期末有确凿证据表明企业能够符合财政扶持政策规定的相关条件且预计能够收到财政扶持资金时，按应收的金额，借记"其他应收款"等科目，贷记"营业外收入"科目。待实际收到财政扶持资金时，按实际收到的金额，借记"银行存款"等科目，贷记"其他应收款"等科目。

（四）对财务分析的影响

按照当前的会计准则，损益表中"主营业务收入"核算的金额是含营业税的"含税收入额"，而营改增后"主营业务收入"核算的内容就应该是不含增值税的"税后收入额"，假设实际税负变化不大，即使净收益数据的绝对水平不受很大影响，企业的利润率（利润/主营业务收入）数值也会由于主营业务收入额的减少而上升。

此外，增值税不反映在损益表中，在账务处理上也与现行营业税的记账方法不同，都会影响企业财务报表的数据结构，从而影响企业的财务数据。

另外，对企业所得税的影响如下：

1. 可扣除的流转税减少

"营改增"之前，企业缴纳的营业税可以在企业所得税税前全额扣除。"营改增"之后，企业缴纳增值税不能在税前扣除，应纳税所得额增加。这是"营改增"对企业所得税最明显，也是最简单的影响。

2. 可扣除的成本费用减少

"营改增"之前，企业支付的运费或其他劳务费用，可以作为企业的成本费用在税前扣除。"营改增"之后，企业支付的运费或其他劳务费用，由于可以抵扣增值税进项税额，包含进项税额的那部分，就不能再作为成本费用在企业所得税前扣除。

3. 购进固定资产计税基础的变化

"营改增"还会带来购进固定资产计税基础的变化。比如交通运输业，原来按照3%税率缴纳营业税，现在按照11%税率缴纳增值税，但购进的运输汽车、汽油等生产工具和原料可以抵扣进项税额。

（五）全面展开

财政部和国家税务总局发布的通知，2016年5月1日"营改增"全面试点之后，届时除北京、上海、广州、深圳以外地区，个人购买不足两年的住房对外销售的，按照5%的征收率全额缴纳增值税；个人将购买两年以上（含两年）的住房对外销售的，免征增值税。

从相关税收部门了解到，"营改增"全面推开，原营业税相关减免优惠仍然可以延续，即房产购入满两年再出让可免征，提交的减免备案所需资料参照原规定。

此外，"营改增"后，产权方在出售名下房产时，需要按照有关规定向房产所在地主管地税机关办理增值税纳税申报、税收优惠备案和申请代开增值税发票等业务。

另外，根据税务总局相关文件规定，个人出租住房，应按照5%的征收率减按1.5%计算应纳税额，向不动产所在地主管地税机关申报纳税。不过，据记者了解，营改增之前，个人出租住房不论是缴纳营业税还是增值税，实际都是按照1.5%来进行，没有变化。

试点改革全面扩围后，增值税抵扣链条更加完整。相关不动产、房租、物业管理、金融服务、建筑安装等纳入抵扣链条，将进一步消除重复征税，普遍惠及多数上下游产业。房产、装修改造等纳入抵扣范围后，部分纳税人短期内可能进项大于销项而无需缴税。因此相关试点政策实施后，预期对商业地产的去库存有一定的激励作用。

李克强说，全面实施营改增，是深化财税体制改革、推进经济结构调整和产业转型的"重头戏"。他在此前多个场合表示，营改增不只是简单的税制转换，它有利于消除重复征税，减轻企业负担，促进工业转型、服务业发展和商业模式创新，是一项"牵一发而动全身"的改革。

思考题：营改增的出台对当前经济有什么意义，谈谈你的看法。

三、本章小结

记账方法分为单式记账法和复式记账法，复式记账法又分为借贷记账法、收付记账法和增减记账法，我国规定企业采用借贷记账法。借贷记账法的记账规则可以概括为：有借必有贷，借贷必相等。

总分类账户是所属明细分类账户的统驭账户，对所属明细分类账户起着控制作用；明细分类账户是特定总分类账户的从属账户，对其对应的总分类账户起着补充说明的作用。

第四节 思 考 题

一、思考题：基础知识题

1. （单选）会计科目和账户之间的区别在于（   ）。
   A. 记录资产和权益的增减变动情况不同
   B. 记录资产和负债的结果不同
   C. 反映的经济内容不同
   D. 账户有结构而会计科目无结构

2. （单选）用来记录费用的账户期末（   ）。
   A. 无余额   B. 余额在借方
   C. 余额在贷方   D. 余额不固定

3. （单选）账户借方登记增加额的有（   ）。
   A. 所有者权益   B. 负债
   C. 成本   D. 收入

4. （单选）借贷记账法试算平衡的方法是（   ）。
   A. 总账及所属明细账的余额平衡   B. 差额平衡
   C. 所有资产类和负债类的余额平衡   D. 发生额平衡、余额平衡

5. （单选）从金额上看，总分类账户与明细分类账户之间的关系是（　　）。
A. 总分类账户的期初余额＝所属各明细分类账户的期初余额之和
B. 总分类账户的本期发生额＝全部明细分类账户的本期发生额之和
C. 全部总分类账户的期末余额＝明细分类账户的期末余额之和
D. 全部总分类账户的期末余额之和＝全部明细分类账户的期末余额之和

6. （单选）借贷记账法的贷方表示（　　）。
A. 资产增加，负债及所有者权益减少　　B. 资产增加，负债及所有者权益增加
C. 资产减少，负债及所有者权益减少　　D. 资产减少，负债及所有者权益增加

7. （单选）用来记录收入的账户期末（　　）。
A. 无余额　　　　　　　　　　　　　　B. 余额在借方
C. 余额在贷方　　　　　　　　　　　　D. 余额不固定

8. （单选）账户贷方登记增加额的有（　　）。
A. 资产　　　　　　　　　　　　　　　B. 负债
C. 成本　　　　　　　　　　　　　　　D. 费用

9. （单选）下列可以作为总分类科目的有（　　）。
A. 钢材　　　　　　　　　　　　　　　B. 库存现金
C. 材料　　　　　　　　　　　　　　　D. 票据

10. （单选）对会计对象具体内容进行总括分类的科目是（　　）。
A. 总分类科目　　　　　　　　　　　　B. 总括科目
C. 明细科目　　　　　　　　　　　　　D. 二级科目

11. （多选）关于借贷记账法，下列说法正确的有（　　）。
A. 经济业务所引起的资产增加和权益减少应计入账户的借方
B. 借贷记账法下，不能设置双重性质的账户
C. 记账规则是：有借必有贷，借贷必相等
D. 所有账户的借方余额之和等于所有账户的贷方余额之和

12. （多选）编制会计分录时，要确定的要素内容有（　　）。
A. 确定记账规则　　　　　　　　　　　B. 确定会计科目
C. 确定记账方向　　　　　　　　　　　D. 确定应计金额

13. （多选）下列各项目中，属于借贷记账法的试算平衡公式是（　　）。
A. 全部账户的本期借方发生额合计＝全部账户的本期贷方发生额合计
B. 资产＝负债＋所有者权益
C. 全部账户的期初借方余额合计＝全部账户的期初贷方余额合计
D. 全部账户的期末借方余额合计＝全部账户的期末贷方余额合计

14. （多选）总账和明细账平行登记时，必须做到（　　）。
A. 记账依据相同　　　　　　　　　　　B. 记账方向相同
C. 记账详略相同　　　　　　　　　　　D. 记账金额相同

15.（多选）借贷记账法的借方表示（　　）。
  A. 所有者权益减少　　　　　　B. 资产增加
  C. 负债减少　　　　　　　　　D. 收入减少
16.（多选）在进行试算平衡时，下列哪些错误不会影响借贷双方的平衡关系（　　）。
  A. 重计漏记某项经济业务　　　B. 某项经济业务借贷金额不一致
  C. 某项经济业务记错有关账户　D. 某项经济业务颠倒了记账方向
17.（多选）借贷记账法的平衡公式有（　　）。
  A. 每个账户借方发生额等于每个账户贷方发生额
  B. 所有账户的借方期末余额合计等于所有账户的贷方期末余额
  C. 所有账户的期初余额等于所有账户的期末余额
  D. 所有账户的借方本期发生额等于所有账户的贷方本期发生额
18.（多选）向银行借款存入银行，涉及的账户有（　　）。
  A. 银行存款　　　　　　　　　B. 短期借款
  C. 其他货币资金　　　　　　　D. 库存现金
19.（多选）总分类账户和明细分类账户平行登记的要点包括（　　）。
  A. 依据相同　　　　　　　　　B. 方向相反
  C. 期间相同　　　　　　　　　D. 方向相同
20.（多选）总分类账户和明细分类账户平行登记的要点有（　　）。
  A. 对每笔经济业务，既要记入有关的总分类账户，又要在同一会计期间记入所属的明细分类账户
  B. 对每笔经济业务，记入总分类账户的方向须与记入所属的各明细分类账户的方向相同
  C. 对每笔经济业务，记入总分类账户的方向须与记入所属的各明细分类账户的金额之和相等
  D. 对于某一企业来说，其全部总分类账户的本期发生额之和等于全部明细分类账户的本期发生额之和

二、综合题

宏大公司某年 6 月发生的经济业务如下：
1. 职工张明出公差，预借差旅费 1 000 元，出纳员以现金支付。
2. 购入材料一批，金额 5 000 元，材料已验收入库，货款尚未支付。
3. 职工张明报销差旅费 940 元，收回现金 600 000 元。
4. 购买设备一台，买价 80 000 元，款项已通过银行存款支付。
5. 向银行申请三个月临时借款 200 000 元，借款已划入企业。
要求：编制相关会计分录。

第四章

基本经济业务的核算

在本章中你将——

了解账户设置方法及主要业务的账户对应关系；掌握企业资金筹措、材料采购业务、产品生产业务、产品销售业务、财务成果的形成与分配等主要经济业务的核算方法；熟悉制造企业的业务循环；理解企业经济活动各步骤之间的内在联系。

企业主要经济业务的发生，都来自于企业的生产经营活动中。工业企业的资金运动主要包括资金投入、资金循环周转和资金退出三个方面的内容，资金循环周转主要包括供应过程、生产过程和销售过程三个阶段。

企业是从事生产、流通或服务性活动的独立核算的经济组织。制造企业的生产经营活动最具代表性，其涉及的会计业务也是最全面的，因此，本章以制造企业的经济业务核算为例，具体说明采用借贷记账法的情况下，如何建立一套完整的账户体系以及如何利用账户体系来进行日常的会计处理。

第一节 制造企业主要经济业务概述

制造企业为了进行生产经营活动，必须要拥有一定数量的财产、物资，随着生产经营活动的进行，企业需要以这些财产物资来购买固定资产和原材料、雇佣工人，工人利用固定资产和各种生产工具对原材料进行加工，将原材料加工成库存商品，企业再通过一定的销售活动，将产品销售出去，收回货币资金，货币资金再投入下一次生产循环过程，如此循环往复。因此，产品制造企业的主要经济业务包括资金筹措、材料采购业务、产品生产业务、产品销售业务、财务成果的形成、资金退出等五个方面，每一经济业务环节对应着相应的核算内容。

一、资金筹集业务

资金的筹集主要源于以下三个方面：

1. 投资者投入企业的资本。包括代表国家投资的政府部门或机构以固定资产投入企业形成的国家资本，其他法人单位以其法定财产投入企业形成的法人资本，社会个人以其个人合法财产投入企业形成的个人资本,外国投资者以及我国港、澳、台同胞以其法定财产投入企业形成的外商资本等四部分。

2. 企业向外部借入的资本。包括向银行或其他金融机构借入的借款,以及经批准发行的债券等。

3. 外部对企业的捐赠。包括母公司对子公司的捐赠、政府对企业的捐赠、外商对国内企业的捐赠等。

因此,企业收到投资者投入资本、向银行或其他金融机构借入资本、经批准发行债券、接受捐赠等形成了企业的资金筹集业务,是企业会计核算的重要内容。

二、采购供应业务

企业筹集资金的目的是为了运用资金,实现其经营目标。将筹集的资金投放于企业,包括建造厂房、建筑物,购买机器设备等劳动资料和购买原材料、燃料、辅助材料、包装物等劳动对象。前者为生产经营活动创造必要的条件,后者为产品生产做准备。

因此,企业购买固定资产、材料物质,支付买价和采购费用,发生同供货单位和其他单位的货款结算等业务形成了企业的采购供应业务。

三、产品生产业务

产品生产是产品制造企业生产经营过程的主要业务。产品的生产过程,既是产品的制造过程,又是生产资料和活劳动的耗费过程。生产过程中,企业为了生产产品,要消耗各种材料物资,发生固定资产磨损,支付职工工资,支付水电费等其他费用。企业为生产所发生费用最终都要归集和分配到一定种类的产品上,形成各种产品的成本,即产品的生产成本或制造成本。处在生产过程的某个阶段尚未最后完工的产品,称为在产品。随着产品完工入库,企业的在产品存货便转化为产成品存货。

因此,在企业产品生产过程中费用的发生、归集和分配,产品成本的形成,企业同其他单位、职工个人以及企业内部有关部门之间的结算等业务形成了产品生产业务。

四、产品销售业务

企业生产的产品,只有销售出去,并按销售价格向购买单位收取货款,才能实现企业的经营目标。产成品从验收入库到销售给购买单位为止的过程称为销售过程。这一过程是产品价值和使用价值的实现过程,在这一过程中,企业要发出各种商品,要发生各种销售费用,如包装费、广告费、推销费等,还要同银行、购货单位发生结算关系。此外,企业还要按照国家规定的税率计算销售税金。

因此,销售产品、办理结算、收回货款、支付各种销售费用、计算和缴纳销售税金等业务形成了产品销售业务。

五、财务成果业务

企业在产品销售以后，还要把销售收入减去销售税金后同销售成本进行比较，计算营业利润或亏损，即销售成果。企业财务成果即利润或亏损，是企业生产经营活动的最终成果，它是综合反映企业工作质量的一个重要指标。企业的财务成果除了销售成果外，还有营业外收入、营业外支出、投资收益等，这些都是财务成果的组成部分。企业实现的财务成果，如果是盈利，还要按照国家税法规定的所得税税率计算缴纳所得税，并将税后利润按照规定提取盈余公积、按企业章程或决议向投资者分配利润。

因此，利润的形成、所得税的计算及缴纳、盈余公积金的提取，向投资者分配利润等业务形成了企业的财务成果业务。

即问即答 简要说明工业企业资金运动中形成的主要经济业务。

第二节 筹集资金业务的核算

产品制造企业为了进行生产经营活动必须拥有一定数量的资金或资本。除去少数情况下发生的企业捐赠业务，企业筹集资金的渠道主要分为两大类：一是接受投资人投入的资本，在会计上投入资本一般表现为实收资本或股本，是所有者权益的范畴；二是从企业债权人处借入的资金，在会计上表现为短期借款、长期借款、应付债券等，是企业的负债。

一、投入资本业务的核算

投资者投入的资本就是实收资本。投入资本是投资者投入企业生产经营活动的各种财产物资。其可以采用不同的形式，既可以用货币性资产投资，也可以用实物资产或无形资产作价投资。

1. 账户设置

为了反映企业实际收到的投入资本增减变化情况及其结果，应设置的主要账户是"实收资本"（在股份有限公司设"股本"）、"资本公积"账户。同时为了反映企业实际收到的投入资本所形成资产的增减变动情况及其结果，还应设置"银行存款"、"固定资产"、"无形资产"等账户。

"实收资本"属于所有者权益性质的账户。其主要用途是反映和监督企业实收资本的增减变化及实有数。贷方登记投资者投入企业的实收资本增加数；借方登记投资者投入企业的实收资本减少数；期末余额在贷方，表示投资者投入资本的实有数额。该账户应按投资人设置明细账，进行明细分类核算。

"资本公积"属于所有者权益性质的账户。其主要用途是反映和监督企业资本公积增减变化及实有数。贷方登记资本或股本的溢价以及其他原因形成的资本公积；借方登记企业按规定将资本公积转增资本或股本等原因引起的资本公积的减少额；期末余额在贷方，表示资本公积实有数额。该账户应按资本公积形成的类别设置明细账，进行明细分类核算。

"银行存款"属于资产性质的账户。其主要用途是反映和监督企业银行存款增减变动及实有数。借方登记企业银行存款增加额；贷方登记企业银行存款的减少额；期末余额在借方，表示银行存款实有数额。

"固定资产"属于资产性质的账户。其主要用途是反映和监督企业固定资产（包括房屋、建筑物、机器、设备、运输工具、器具等）原值增减变动及实有数。借方登记企业通过各种形式取得的固定资产原值的增加额；贷方登记企业固定资产原值的减少额；期末余额在借方，表示企业所拥有的固定资产原始价值。该账户应按固定资产的类别、使用部门和每项固定资产设置明细账，进行明细分类核算。

"无形资产"属于资产性质的账户。其主要用途是反映和监督企业无形资产（包括专利权、非专利技术、商标权、著作权、土地使用权、特许权、商誉等）增减变动及实有数。借方登记企业无形资产的增加额；贷方登记企业无形资产的减少额；期末余额在借方，表示无形资产的实有数额（摊余价值）。该账户应按无形资产的类别设置明细账，进行明细分类核算。

即问即答 如何进行实收资本和资本公积的核算？

2. 会计处理

【例4-1】 光明制造厂2011年6月份发生的投入资本的经济业务为：

（1）企业收到国家投入货币资金600 000元，收到银行的收款通知，该款项已存入企业存款账户。

【解析】 该笔业务发生后，引起银行存款增加600 000元，应记入"银行存款"账户借方，同时引起投入资本增加600 000元，应记入"实收资本"账户贷方。其会计分录为：

借：银行存款　　　　　　　　　　　　　　　　600 000
　　贷：实收资本——国家资本金　　　　　　　　　　600 000

（2）企业收到A公司投入专利技术一项，账面净值为50 000元，双方确认价为50 000元。

【解析】 该笔业务发生后，企业接受的投资为专利技术属于无形资产，应按双方确认价计价入账。一方面引起企业无形资产增加50 000元，应记入"无形资产"账户借方；另一方面引起投入资本增加50 000元，记入"实收资本"账户贷方。其会计分录为：

借：无形资产　　　　　　　　　　　　　　　　50 000
　　贷：实收资本——A公司　　　　　　　　　　　　50 000

（3）企业收到B公司投入新机器5台，价值300 000元。

【解析】该笔业务发生后,企业接受的投资为新机器,一方面引起企业固定资本增加,应记入"固定资产"账户借方;另一方面引起投入资本增加,记入"实收资本"账户贷方。其会计分录为:

借:固定资产　　　　　　　　　　　　　　　　　　　300 000
　　贷:实收资本——B公司　　　　　　　　　　　　　　300 000

【例4-2】嘉明股份有限公司发行普通股股票100 000股,每股面值1元,每股售价4元。股票全部售完,款项存入银行。发行的手续费及印刷成本等略。

【解析】该笔业务发生后,一方面引起银行存款增加400 000元,记入"银行存款"账户借方;另一方面发行股票筹资,增加企业股本,按面值100 000元,记入"股本"账户贷方,实际收到的款项与面值的差额,即股本溢价300 000元,按规定作为企业资本公积,记入"资本公积"账户贷方。其会计分录为:

借:银行存款　　　　　　　　　　　　　　　　　　　400 000
　　贷:股本　　　　　　　　　　　　　　　　　　　　100 000
　　　　资本公积　　　　　　　　　　　　　　　　　　300 000

二、借入资金业务的核算

借入资金是企业向银行或非银行金融机构等债权人借入的款项。借入资本必须偿还并支付利息。在此主要讲述企业向银行或其他金融机构借入资金的核算,向其他债权人借入的资金将在后续相关课程中介绍。

企业向银行或其他金融机构借入的款项,按其借款时间长短划分为短期借款和长期借款。短期借款是指企业向银行或其他金融机构借入的偿还期限在一年(含一年)或超过一年的一个营业周期以内的各种借款;长期借款是企业向银行或其他金融机构借入的期限在一年(不含一年)或超过一年的一个营业周期以上的各种借款。

1. 账户设置

短期借款的核算内容包括取得借款、支付利息和偿还本金三项主要业务。为了反映短期借款的取得、负担的利息和偿还等情况,应设置"短期借款"、"财务费用"和"应付利息"等账户。

长期借款的核算内容包括借款取得、利息计提和到期还本付息等业务。为了反映长期借款的取得、负担的利息和偿还等情况,应设置"长期借款"等账户。

"短期借款"账户是负债性质的账户。该账户的主要用途是反映和监督企业短期借款的增减变化及实有数。其贷方登记借入数,借方登记偿还数;期末余额在贷方,表示尚未归还的短期借款的实有数额。在该账户下,一般按借款人和借款种类设置明细账,进行明细分类核算。

"财务费用"账户是损益性质的账户。该账户是用来归集和结转本期发生的各项财务费用的专门账户。该账户的借方登记各项利息支出和支付给金融机构的手续费;贷方登记存款利息收入;月末将借贷方的差额转入"本年利润"账户;若借方金额大于贷方金额为净支出，应自"财务费用"账户的贷方转入"本年利润"账户的借方；若贷方金额大于借方金额为净收入，应自"财务费用"账户的借方转入"本年利润"账户的贷方；期末经结转后该账户无余额。

"应付利息"账户是负债性质的账户。该账户贷方登记预先提取应计入本期利息费用的金额；借方登记已经支付的费用；期末余额在贷方，表示已经预提但尚未支付的利息费用的数额。

"长期借款"账户是负债性质的账户，该账户的主要用途是反映和监督企业长期借款的增减变化及实有数。其贷方登记长期借款增加额和按期计提的利息；借方登记偿还长期借款的本金和利息额；期末余额在贷方，表示尚未归还的长期借款本金和利息的实有数额。

2. 会计处理

【例4-3】光明制造厂2012年发生的有关短期借款业务如下：

（1）企业向某商业银行借入期限为半年，年利率为4%的借款60 000元，到期一次还本付息。所借款项存入银行。

【解析】该笔业务发生后，一方面引起资产类的银行存款增加60 000元，记入"银行存款"账户借方；另一方面引起负债类的短期借款增加60 000元，记入"短期借款"账户贷方。其会计分录为：

借：银行存款　　　　　　　　　　　　　　　　　　　　　60 000
　　贷：短期借款　　　　　　　　　　　　　　　　　　　　60 000

（2）预提本月应负担的短期借款利息（企业本月短期借款仅为上述60 000元）。本月应负担的短期借款利息 = 60 000 × 4% ÷ 12 = 200（元）

【解析】该笔业务发生后，一方面引起损益类费用中财务费用增加200元，记入"财务费用"账户借方；另一方面引起负债类的应付利息费用增加200元，记入"应付利息"账户贷方。其会计分录为：

借：财务费用　　　　　　　　　　　　　　　　　　　　　　200
　　贷：应付利息　　　　　　　　　　　　　　　　　　　　　200

【例4-4】光明制造厂2012年12月份发生的有关长期借款业务如下：

（1）企业向某商业银行借入期限为3年，年利率为6%的借款100 000元，到期一次还本付息。所借款项存入银行。

【解析】该笔业务发生后，一方面引起资产类的银行存款增加100 000元，记入"银行存款"账户借方；另一方面引起负债类的长期借款增加100 000元，记入"长期借款"账户贷方。其会计分录为：

借：银行存款　　　　　　　　　　　　　　　　　　　　　100 000
　　贷：长期借款——本金　　　　　　　　　　　　　　　　100 000

（2）计提本月长期借款的利息（本月该企业长期借款仅为上述100 000元）。

【解析】本月应负担的长期借款利息 = 100 000 × 6% ÷ 12 = 500（元）

该笔业务发生后,一方面引起损益类费用中财务费用的增加 500 元,记入"财务费用"账户借方;另一方面引起负债类的长期借款增加 500 元,记入"长期借款"账户贷方。其会计分录为:

借:财务费用　　　　　　　　　　　　　　　　　　　　500
　　贷:长期借款——应计利息　　　　　　　　　　　　　　　500

三、接受捐赠业务的核算

企业通过接受捐赠的方式,也可以获得资产的增加,如母公司对子公司的捐赠、政府对企业的捐赠、外商对国内企业的捐赠等。企业接受资产捐赠后,企业的资产增加;在借记相关资产账户的同时,贷记"营业外收入"账户。

"营业外收入"是损益类账户,用来核算非流动资产处置利得、出售无形资产收益、债务重组利得、盘盈利得、因债权人原因确实无法支付的应付款项、政府补助、教育费附加返还款、罚款收入、捐赠利得等。其贷方核算营业外收入的增加,借方核算营业外收入的减少或转销,期末无余额。

【例 4-5】光明制造厂 2012 年 12 月份接受的捐赠业务如下:接受众望公司捐赠现金 80 000 元,款项已通过银行转账汇入企业账户(不考虑所得税因素)。

【解析】光明制造厂接受现金捐赠,款项已通过开户银行转入其账户,故"银行存款"增加,记借方;同时,企业因接受捐赠而增加的利得记入营业外收入的贷方。企业会计人员应根据上述业务内容编制会计分录如下:

借:银行存款　　　　　　　　　　　　　　　　　　　80 000
　　贷:营业外收入　　　　　　　　　　　　　　　　　　　80 000

即问即答　企业筹集资金的主要方式有哪些?如何对其进行会计核算?

第三节　采购供应业务的核算

企业筹集资金是为了运用资金实现其经营目标。将筹集的资金投放一定的用途,如购建固定资产、购买原材料,为生产准备必要的劳动资料和劳动对象。所以企业采购供应业务核算的主要内容包括固定资产购建业务和材料采购业务。

一、固定资产购建业务的核算

固定资产是指使用期限较长,单位价值较高,并且在使用过程中保持原有实物形态的资产。具体包括企业使用期限超过一年的房屋、建筑物、机器、机械、运输工具以及其他与生产、经营有关的设备、器具、工具等。

外购取得的固定资产应按取得时的实际成本(即原始价值)作为入账价值,取得时的实际成本包括买价、相关税费、运输费和保险费等相关费用,以及为使固定资产达到预定可使用状态之前所进行的必要支出（如安装费、调试费等）。

1. 账户设置

为了反映和监督固定资产原始价值的增减变化及其结存情况，需设置"固定资产"账户，同时为了反映和监督购建固定资产的实际支出，还需设置"在建工程"账户。在建工程是指企业正在施工、安装中的尚未达到预计可使用状态的基建工程、安装工程等。

"在建工程"属于资产类账户。该账户用来核算企业进行基建工程、安装工程、技术改造工程、大修理工程等发生的实际支出，包括需要安装设备的价值。借方登记各项工程发生的实际支出以及转入的需要安装设备的价值和发生的安装费用；贷方登记各项工程完工转出的实际成本；期末余额在借方，表示尚未完工的工程（包括需要安装的设备）所发生的实际支出。在该账户下应按照在建工程种类设置明细账，进行明细核算。

企业购入的固定资产，有的不需要安装，就可以直接交付使用，有的则需要安装后才能交付使用。购入不需要安装的固定资产，直接计入"固定资产"账户；购入需要安装的固定资产，应先通过"在建工程"账户归集其发生的各项成本支出，待安装完毕交付使用时再转入"固定资产"账户。

2. 会计处理

【例4-6】泰安公司2012年10月20日购入一台不需要安装的设备，买价200 000元，增值税34 000元，运杂费和包装费16 000元，全部款项以转账支票支付。该设备已运达企业并投入使用。

【解析】该笔业务发生后，一方面使得泰安公司的资产（固定资产）增加了216 000（200 000 + 16 000）元，应记入"固定资产"账户的借方；同时，产生增值税进项税额34 000元，应记入"应交税费——应交增值税（进项税额）"账户的借方；另一方面又使得泰安公司的资产（银行存款）减少了250 000元，应记入"银行存款"账户的贷方。其会计分录为：

借：固定资产　　　　　　　　　　　　　　　　　　　　　216 000
　　应交税费——应交增值税（进项税额）　　　　　　　　 34 000
　　贷：银行存款　　　　　　　　　　　　　　　　　　　 250 000

【例4-7】承上例，假定上例中的设备运回后需要安装才能使用，且用银行存款支付的安装调试费为50 000元。

【解析】该设备在达到预定可使用状态前的支出共计266 000（216 000 + 50 000）元。所以，泰安公司在购入该设备时，应做如下会计处理：

①购入时：

借：在建工程　　　　　　　　　　　　　　　　　　　　　216 000
　　应交税费——应交增值税（进项税额）　　　　　　　　 34 000
　　贷：银行存款　　　　　　　　　　　　　　　　　　　 250 000

②以银行存款支付安装调试费时：
借：在建工程　　　　　　　　　　　　　　50 000
　　贷：银行存款　　　　　　　　　　　　　　　50 000
③安装完毕交付使用时：
借：固定资产　　　　　　　　　　　　　　266 000
　　贷：在建工程　　　　　　　　　　　　　　　266 000

二、材料采购业务的核算

材料是生产产品不可缺少的物资。在生产过程中，生产者利用先进的生产技术，借助于机器设备和厂房，对材料进行加工并改变其原来的实物形态，从而生产出企业需要的产品。因此，企业应组织好材料的采购工作，既要保证能够及时、按量、按质地满足生产上的需要，又要避免储备过多，不必要地占用资金。

1. 材料采购会计处理的主要内容

在材料采购过程中，一方面是企业从供应商购入各种材料并运回企业验收入库；另一方面是企业要为所购材料支付各种费用，并与供应商发生货款结算关系。因此，材料采购会计处理的主要内容包括计算材料采购的实际成本、货款的结算和材料的验收入库三方面。

（1）计算材料的采购成本。材料的采购成本由买价和采购费用组成。买价是指企业采购材料时，按发票价格支付的货款。采购费用是指企业在采购材料过程中所支付的各项费用，包括材料的运输费、装卸费、保险费、包装费、仓储费、运输途中的合理损耗以及入库前的挑选整理费等。但在会计实际工作中，为了简化核算，常把某些本应计入材料采购成本的采购费用，如采购人员的差旅费、市内采购材料的运输费、专设采购机构的经费等，不计入材料采购成本，而是列作管理费用支出。在计算材料采购成本时，凡能分清是为采购哪种材料所支付的费用，应直接计入该种材料的采购成本；凡不能分清的，如为运输多种材料所支付的运费，应采用合理的分配标准（如按各种材料的重量比例或价格比例等），分配计入各种材料的采购成本。

（2）与供应商的货款结算。企业采购材料后，与供应商之间的货款结算是必不可少的一项活动。货款结算的方式是多种多样的，常见的方式有以下几种：

第一，现款交易，即钱货两清。此种方式表现为企业购入材料后，即以现金或银行存款支付货款；

第二，票据结算。即企业购入材料后，以商业票据（如支票、商业汇票等）支付货款；

第三，赊购。即企业购入材料后，货款暂欠；

第四，从预付款中抵扣。此种方式表现为企业在购买材料之前，先向供应商预付部分货款，待到以后购入材料时，其实际货款再从中进行抵扣。

（3）材料的验收入库。企业所购材料运回后，应根据事先签订好的购销合同进行验收,如符合合同要求,则应将材料放入仓库中储备保管。同时还应确认入库材料的价值,并在账面上予以反映。对于已验收入库的材料,其采购成本可以在平时的每一批材料入库时进行结转,也可以平时不结转而在月末时将本月所有的已入库材料的采购成本一次性地进行结转,这样可以简化会计核算手续。

即问即答　原材料实际采购成本包括哪些内容?采购费用如何计入材料采购成本?

2. 账户设置

为了反映和监督企业材料采购经济业务的发生和完成情况,应设置如下账户:

(1)"在途物资"账户。该账户是用来反映材料实际采购成本的账户,它属于资产类账户。该账户的借方登记所购材料的实际采购成本,即不论材料是否运达企业和是否验收入库,其采购成本都要先记入该账户的借方;贷方登记已验收入库材料的实际采购成本;期末该账户可能有余额,也可能没有余额。如果有余额的话,则期末余额在借方,表示已结算货款但尚未运达企业或虽已运达企业而尚未办理验收入库手续的在途材料的实际采购成本。该账户应按供应单位和材料的类别设置明细账,进行明细分类核算。

(2)"原材料"账户。该账户是用来反映和监督企业库存材料增减变动和结存情况的账户,它属于资产类账户。该账户的借方登记已验收入库材料的实际成本;贷方登记发出材料的实际成本;期末余额在借方,表示期末结存材料的实际成本。该账户应按材料的保管地点、材料的类别、品种和规格设置明细账,进行明细分类核算。

(3)"应交税费——应交增值税(进项税额)"账户。该账户是用来反映和监督企业应交和实交增值税情况的账户,它属于负债类账户。增值税是国家税务部门就企业的货物或劳务的增值部分征收的一种税,增值税的计算采用抵扣的方式,即:应交增值税=销项税额-进项税额。企业购买材料时向供应商支付的增值税称为进项税额,计入该账户的借方;企业在销售商品时向购买单位收取的增值税称为销项税额,计入该账户的贷方;期末余额如果在贷方,表示企业应交而未交的增值税;期末余额如果在借方,则表示企业本期尚未抵扣完的可留待下期抵扣的增值税。

(4)"应付票据"账户。该账户是用来核算企业购买材料、商品或接受劳务供应等而开出的、承兑的商业汇票(包括银行承兑汇票和商业承兑汇票)的账户,它属于负债类账户。商业汇票实际上是企业延期付款的一种书面契约。企业开出承兑的商业汇票时,应按其面值计入该账户的贷方;商业汇票到期偿还票款时,计入该账户的借方;期末余额在贷方,则表示企业尚未到期的应付票据。企业应当设置"应付票据备查簿",详细登记每一应付票据的种类、号数、签发日期、到期日、票面金额、票面利率、合同交易号、收款人以及付款日期和金额等资料。

(5)"应付账款"账户。该账户是用来核算企业因购买材料、商品或接受劳务供应等而应付给供应单位款项的账户,它属于负债类账户。该账户的贷方登记应付给供应单位的款项(包括买价、供应单位代垫的运杂费、增值税等);借方登记已向供应单位偿还的款项；期末余额在贷方，表示企业尚未归还的应付账款。该账户应按供应单位的名称设置明细账，进行明细分类核算。

（6）"预付账款"账户。该账户是用来反映和监督企业按照购货合同规定预付给供应单位的款项以及购货后款项抵扣情况的账户，它属于资产类账户。企业向供应单位预付货款，应计入该账户的借方；收到供应单位提供的货物时，冲销预付款，应计入该账户的贷方；期末如有余额，一般在借方，表示尚未结算的预付款项。该账户应按供应单位的名称设置明细账，进行明细核算。

即问即答 说明材料采购业务核算的主要内容，试写出相应的会计分录。

3. 会计处理

【例4-8】2013年12月，泰安公司发生的采购经济业务如下：

（1）12月5日，泰安公司从荣华工厂购入A材料1 000公斤，并收到荣华工厂开出的增值税，专用发票上注明：价款20 000元，增值税税率17%，增值税额3 400元；购入材料的运杂费2 000元。上述款项共计25 400元，以一张支票支付，材料已运达企业并验收入库。

【解析】这项经济业务的发生，一方面使得泰安公司的材料采购支出增加了22 000元（其中买价20 000元、运杂费2 000元），应作为材料采购成本记入"在途物资"账户的借方；同时产生了增值税的进项税额支出3 400元，应记入"应交税费——应交增值税（进项税额）"账户的借方；另一方面使得泰安公司的资产（银行存款）减少了25 400元，应记入"银行存款"账户的贷方。这项经济业务应编制会计分录如下：

借：在途物资——A材料　　　　　　　　　　　　　　　22 000
　　应交税费——应交增值税（进项税额）　　　　　　　 3 400
　　贷：银行存款　　　　　　　　　　　　　　　　　　25 400

（2）12月6日，泰安公司分别从大华公司和红安公司购入B材料共600公斤。其中从大华公司购入100公斤，价款1 000元，增值税税款1 700元；从红安公司购入500公斤，价款50 000元，增值税税款8 500元。全部款项共计70 200元，尚未支付。材料已运达企业并验收入库。

【解析】这项经济业务的发生，一方面使得泰安公司的材料采购支出增加了60 000（10 000+50 000）元，应作为材料采购成本记入"在途物资"账户的借方；同时产生了增值税的进项税额支出10 200（1 700+8 500）元，应记入"应交税费——应交增值税（进项税额）"账户的借方；另一方面因购料款项尚未支付而使得泰安公司的负债（应付供应商的款项）增加了70 200元，应记入"应付账款"账户的贷方。这项经济业务应编制会计分录如下：

借：在途物资——B材料　　　　　　　　　　　　　　　60 000
　　应交税费——应交增值税（进项税额）　　　　　　　10 200
　　贷：应付账款——大华公司　　　　　　　　　　　　11 700

——红安公司　　　　　　　　　　　　　　　　　　　　　58 500

(3) 12月7日，泰安公司从广发工厂购入A、C两种材料，广发工厂代垫材料的运杂费为3 600元。全部款项共计85 500元，泰安公司以开出并承兑的商业汇票来支付，两种材料均未到达企业（材料的运杂费按材料的重量比例分配计入各种材料成本）。A、C两种材料的买价和增值税如表4-1所示：

表4-1

材料	数量（公斤）	金额	税款	合计
A	2 000	30 000	5 100	35 100
C	4 000	40 000	6 800	46 800
总计		70 000	11 900	81 900

【解析】泰安公司购入A、C两种材料时发生了共同的运杂费3 600元，不能直接确认该计入哪种材料的采购成本，因此应进行分配，其分配标准为材料的重量比例。所以：

费用分配率 = 运杂费/材料重量总额 = 3 600 ÷ (2 000 + 4 000) = 0.6（元/公斤）

A材料应分配的运杂费 = A材料的重量 × 费用分配率 = 2 000 × 0.6 = 1 200（元）

B材料应分配的运杂费 = B材料的重量 × 费用分配率 = 4 000 × 0.6 = 2 400（元）

由以上计算可知，A材料的采购成本为31 200元（其中买价30 000元、运杂费1 200元）；C材料的采购成本为42 400元（其中买价40 000元、运杂费2 400元）。这项经济业务的发生，一方面使得泰安公司的材料采购支出增加了73 600元，应作为材料采购成本记入"在途物资"账户的借方；产生增值税进项税额支出11 900元，应记入"应交税费——应交增值税（进项税额）"账户的借方；另一方面使得泰安公司的负债（应付票据）增加了85 500元，应记入"应付票据"账户的贷方。这项经济业务应编制会计分录如下：

借：在途物资——A材料　　　　　　　　　　　　　　　　31 200
　　　　　　——C材料　　　　　　　　　　　　　　　　42 400
　　应交税费——应交增值税（进项税额）　　　　　　　　11 900
　贷：应付票据　　　　　　　　　　　　　　　　　　　　85 500

(4) 12月9日，泰安公司向宏远公司预定C材料一批，并用银行存款70 000元预付材料的货款。

【解析】这项经济业务发生后，一方面使得泰安公司获得了一项债权（要求对方提供C材料的权利）50 000元，应记入"预付账款"账户的借方；另一方面有使得泰安公司的银行存款减少了50 000元，应记入"银行存款"账户的贷方。该项经济业务应编制的会计分录如下：

借：预付账款——宏远公司　　　　　　　　　　　　　　　50 000
　贷：银行存款　　　　　　　　　　　　　　　　　　　　50 000

(5) 12月28日,泰安公司收到宏远公司发运来的部分预定C材料2 000公斤,并验收入库。该材料的买价为20 000元,增值税进项税额3 400元。全部款项从其预付的货款中抵扣。

【解析】这项经济业务的发生,一方面使得泰安公司的材料采购支出增加了20 000元,应记入"在途物资"账户的借方;同时产生了增值税的进项税额支出3 400元,应记入"应交税费——应交增值税(进项税额)"账户的借方;另一方面又使得泰安公司因抵扣而减少预付账款23 400元,应记入"预付账款"账户的贷方。该项经济业务应编制的会计分录如下:

借:在途物资——C材料　　　　　　　　　　　　　　　　20 000
　　应交税费——应交增值税(进项税额)　　　　　　　　 3 400
　　贷:预付账款——宏远公司　　　　　　　　　　　　　　23 400

(6) 12月29日,泰安公司开出现金支票一张,偿还所欠华星公司的购料款468 000元。

【解析】这项经济业务的发生,一方面泰安公司因开出现金支票而使得银行存款减少了468 000元,应记入"银行存款"账户的贷方;另一方面使得泰安公司的债务(所欠货款)也减少了468 000元,应记入"应付账款"账户的借方。该项经济业务应编制的会计分录如下:

借:应付账款——华星公司　　　　　　　　　　　　　　　468 000
　　贷:银行存款　　　　　　　　　　　　　　　　　　　　468 000

(7) 12月31日,计算并结转本月已验收入库材料的实际采购成本。

【解析】本月采购材料共4次,其中已验收入库的有3次:12月5日购入的A材料,成本22 000元;12月6日购入的B材料,成本60 000元;12月28日购入的C材料,成本20 000元。因此,仓库的材料共增加了102 000元,应记入"原材料"账户的借方;入库材料采购成本的结转,应记入"在途物资"账户的贷方。该项经济业务应编制的会计分录如下:

借:原材料——A材料　　　　　　　　　　　　　　　　　22 000
　　　　　——B材料　　　　　　　　　　　　　　　　　60 000
　　　　　——C材料　　　　　　　　　　　　　　　　　20 000
　　贷:在途物资　　　　　　　　　　　　　　　　　　　102 000

月末将入库材料的采购成本进行结转之后,我们可以发现,"在途物资"账户在月末出现了借方余额73 600元,表示企业在途材料的实际成本,即泰安公司已在12月7日购入的但到月末还尚未运达企业的A、C两种材料的采购成本。

第四节　产品生产业务的核算

制造业企业的主要经营活动就是生产出符合市场需求的产品,然后将其销售以便获得收益。在产品的生产过程中，会发出各种各样的耗费，这些耗费都是为产品的生产而发生的，被称为生产费用。它主要包括：直接材料费用、直接人工费用和制造费用三种。这些费用都构成了产品的生产成本。因此，在产品生产过程中生产费用的发生、归集和分配，以及产品成本的形成，便是产品生产业务会计处理的主要内容。

一、直接材料费用归集和分配的会计处理

直接材料，是指直接用于产品生产、构成产品实体的原料、主要材料以及有助于产品形成的辅助材料。原材料一旦被产品的生产所耗用，其价值就一次性地转移到产品中去，并构成产品成本的一个组成部分。一般而言，凡属于某种产品单独耗用的直接材料，其价值应直接归集到该产品的成本中；凡属于几种产品共同耗用的直接材料，则应采用适当的分配方法将其价值分配计入到各产品的成本中。

1. 账户设置

为了正确地核算企业生产过程中产品的生产成本，应设置"生产成本"账户。该账户是用来归集和分配企业在产品生产过程中所发生的各项费用，并正确计算产品生产成本的账户，它属于成本类账户。该账户的借方登记生产过程中所发生的各项费用，包括直接材料费用、直接人工费用和经过分配计入产品生产成本的制造费用；贷方登记完工产品的生产成本；期末该账户可能有余额，也可能没有余额。如果有余额，则余额在借方，表示企业尚未完工产品（即在产品）的生产成本。该账户应按产品名称设置明细账，进行明细分类核算。

2. 会计处理

【例4-9】2013年12月31日，泰安公司经汇总计算，当月生产领用材料共计60 000元，其中：1 000公斤的A材料20 000元全部用于甲产品的生产，400公斤的B材料40 000元全部用于乙产品的生产。

【解析】这项经济业务的发生，一方面使得泰安公司的材料费用支出增加了60 000元，其中：直接用于甲产品生产的A材料20 000元，应作为其生产成本直接记入"生产成本——甲产品"账户的借方；直接用于乙产品生产的B材料40 000元，应作为生产成本直接记入"生产成本——乙产品"账户的借方；另一方面使得泰安公司的库存材料减少了60 000元，应记入"原材料"账户的贷方。这项经济业务应编制会计分录如下：

借：生产成本——甲产品　　　　　　　　　　　　　　　20 000
　　　　　　——乙产品　　　　　　　　　　　　　　　40 000
　　贷：原材料——A材料　　　　　　　　　　　　　　　20 000
　　　　　　——B材料　　　　　　　　　　　　　　　40 000

二、直接人工费用归集和分配的会计处理

直接人工，是指直接参加产品生产的工人的职工薪酬，包括生产工人工资及其职工福利费、社会保险费、住房公积金、工会经费、职工教育经费等。由于生产工人直接从事产品的生产，所以企业付给他们的薪酬，都应构成产品成本的一个组成部分。同样地，单独生产某一产品的生产工人的薪酬，应直接归集到该产品的成本中；而同时生产多种产品的生产工人的职工薪酬，则应采用适当的分配方法进行分配后再计入到各产品的成本中。

1. 账户设置

"应付职工薪酬"账户，该账户是用来反映和监督企业应付给在职职工的薪酬以及企业与职工薪酬结算情况的账户。该账户应按照"工资"、"职工福利"、"社会保险费"、"住房公积金"、"工会经费"、"职工教育经费"等应付职工薪酬项目进行明细核算，以下主要介绍其中的两个明细账户。

（1）"应付职工薪酬——工资"账户。该账户是用来反映和监督企业应付给在职职工的工资总额以及企业与职工工资结算情况的账户。该账户的贷方登记企业月末计算出来的本月应付职工的工资总额；借方登记本月实际支付给职工的工资数；月末该账户可能有余额，也可能无余额。如果本月实际支付给职工的工资数是按照上月考勤记录计算确定的，则本月实发工资与本月应付工资之间的差额，即为该账户的余额。若为贷方余额，表示本月应付工资大于本月实发工资，为应付而未付的工资；若为借方余额，表示本月实发工资大于本月应付工资，为多付的工资。如果企业各月应付工资的总额相差不大的情况下，则本月实发工资与本月应付工资相同，这样该账户便无期末余额。该账户应设置"应付工资明细账"，根据企业具体情况，按职工类别、工资总额的组成内容等进行明细核算。

（2）"应付职工薪酬——职工福利"账户。职工福利费，是指企业向职工提供的生活困难补助、丧葬补助费、抚恤费、职工异地安家费、防暑降温费等职工福利支出。企业发生的职工福利费，应当在实际发生时根据实际发生额计入当期损益或相关资产成本。为了反映企业职工享受的福利的情况，应设置"应付职工薪酬——职工福利"账户。该账户借方登记福利费的支用数，贷方登记企业分配的福利费，期末无余额。企业实际发生福利支出时，应借记"应付职工薪酬——职工福利"，贷记"银行存款"等科目；月末，企业应按照用途对发生的职工福利费进行分配，借记"生产成本""制造费用""管理费用"等科目，贷记"应付职工薪酬——职工福利"科目。

2. 会计处理

【例4-10】2013年12月31日，经结算本月应付生产工人工资30 000元，其中：生产甲产品工人工资10 000元，生产乙产品工人工资20 000元。

【解析】这项经济业务的发生，一方面使得泰安公司本月应负担的工资费用增加了30 000元，这些工资费用应计入企业当期的成本或费用，其中：生产甲产品工人工资10 000元，应直接记入"生产成本——甲产品"账户的借方；生产乙产品工人工资20 000元，应直接记入"生产成本——乙产品"账户的借方；另一方面使得泰安公司的债务（应付职工的工资）增加了 30 000 元，应记入"应付职工薪酬——应付工资"账户的贷方。这项经济业务应编制会计分录如下：

借：生产成本——甲产品　　　　　　　　　　　　　　　10 000
　　　　　　——乙产品　　　　　　　　　　　　　　　20 000
　　贷：应付职工薪酬——工资　　　　　　　　　　　　　　30 000

【例 4-11】2013 年 12 月 31 日，泰安公司分配本期职工福利费 4 200 元。其中，生产甲产品工人的福利费为 1 400 元，生产乙产品工人的福利费为 2 800 元。

【解析】这项经济业务的发生，是泰安公司将本月发生的职工福利方面的支出 4 200 元计入企业当期的成本或费用，其中：生产甲产品工人的福利费 1 400 元，应直接记入"生产成本——甲产品"账户的借方；生产乙产品工人福利费 2 800 元，应直接记入"生产成本——乙产品"账户的借方。这项经济业务应编制会计分录如下：

借：生产成本——甲产品　　　　　　　　　　　　　　　1 400
　　　　　　——乙产品　　　　　　　　　　　　　　　2 800
　　贷：应付职工薪酬——职工福利　　　　　　　　　　　4 200

【例 4-12】2013 年 12 月 20 日，泰安公司从银行提取现金 47 000 元并于当日发放职工工资。

【解析】该项经济业务包括两方面的内容：一是从银行提现，一是用现金发放工资。从银行提现时，一方面使得泰安公司的现金增加了 47 000 元，应记入"库存现金"账户的借方；另一方面使得泰安公司的银行存款减少了 47 000 元，应记入"银行存款"账户的贷方。同时，以现金发放工资时，一方面使得泰安公司的资产（现金）减少了 47 000 元，应记入"库存现金"账户的贷方；另一方面使得泰安公司的债务（应付工资）也减少了 47 000 元，应记入"应付职工薪酬——工资"账户的借方。这项经济业务应编制会计分录如下：

①提取现金的会计分录如下：

借：库存现金　　　　　　　　　　　　　　　　　　　　47 000
　　贷：银行存款　　　　　　　　　　　　　　　　　　　47 000

②发放工资的会计分录如下：

借：应付职工薪酬——工资　　　　　　　　　　　　　　47 000
　　贷：库存现金　　　　　　　　　　　　　　　　　　　47 000

【例 4-13】2013 年 12 月 22 日，泰安公司以现金支付某职工生活困难补助费 1 000 元。

【解析】这项经济业务的发生，一方面使得泰安公司的资产（现金）减少了 1 000 元，应记入"库存现金"账户的贷方；另一方面泰安公司因实现了对职工在福利待遇方面的承诺，应记入"应付职工薪酬——职工福利"账户的借方。这项经济业务应编制会计分录如下：

借：应付职工薪酬——职工福利　　　　　　　　　　　　1 000

贷：库存现金　　　　　　　　　　　　　　　　　　　　　　　1 000

三、制造费用归集和分配的会计处理

制造费用，即间接费用，是指应计入企业产品生产成本的，但在其发生时还不能够直接计入产品生产成本的有关费用。在一般情况下，这些费用需要将它们先予汇总，然后再用一定的方法在各种产品之间进行分配后才能计入各产品的成本。制造费用与直接材料费用和直接人工费用的区别在于：制造费用不像直接材料费用和直接人工费用那样，在发生时能直接计入各产品的成本，它是需要采用适当的分配方法进行分配后才能计入到各产品的成本。也就是说，制造费用是间接计入产品生产成本的。

1. 账户设置

（1）"制造费用"账户。该账户是用来核算企业的生产车间为生产产品而发生的各项间接费用，包括职工薪酬、折旧费、修理费、办公费、水电费、机物料消耗、劳动保护费、季节性和修理期间的停工损失等，但不包括企业行政管理部门为组织和管理生产经营活动而发生的费用。它是一个成本类账户。该账户借方登记实际发生的各项制造费用，贷方登记经过分配而转入"生产成本"账户的制造费用，期末该账户在结转后一般无余额。该账户应按不同的车间部门设置明细账，进行明细分类核算。

即问即答　为什么要分别设置"生产成本"和"制造费用"账户来归集生产费用？

（2）"累计折旧"账户。累计折旧是用来核算企业固定资产累计折旧情况的账户，它属于资产类账户，同时又是固定资产的备抵账户。由于固定资产在较长的使用期内仍保持原有的实物形态，但其价值却随着使用中发生的损耗而逐渐减少。固定资产这种因损耗而减少的价值，就是固定资产的折旧。必须指出的是，固定资产因折旧而减少的价值，并不能直接记入"固定资产"账户的贷方。这是因为固定资产能多次使用且不改变其原有形态，为了体现固定资产这一特点，"固定资产"账户的借贷方是按照固定资产的原始价值来反映其增减变动情况的。那么对于固定资产因折旧而减少的价值，就必须单设一个账户来反映，即设置"累计折旧"账户。该账户的贷方登记企业每月月末计提的固定资产折旧，借方登记固定资产折旧的减少或注销，期末余额在贷方，表示现有的固定资产已提取的累计折旧额。将"固定资产"账户的期末借方余额减去"累计折旧"账户的期末贷方余额，即可求得期末固定资产的净值。

即问即答　月末应如何进行制造费用的分配？其分配的标准有哪些？

2. 会计处理

【例4-14】2013年12月13日，泰安公司以银行存款支付车间办公费600元、水电费800元、劳动保险费500元，共计1 900元。

【解析】这项经济业务的发生，一方面使得泰安公司本月制造费用增加了1 900元，应记入"制造费用"账户的借方；另一方面使得泰安公司的银行存款减少了

1 900 元，应记入"银行存款"账户的贷方。这项经济业务应编制会计分录如下：

借：制造费用　　　　　　　　　　　　　　　　　　　　　1 900
　　贷：银行存款　　　　　　　　　　　　　　　　　　　　　1 900

【例4-15】2013年12月24日，车间管理耗用仓库C材料310公斤，价值3 100元。

【解析】这项经济业务的发生，一方面使得泰安公司车间的材料消耗增加了3 100元，应记入"制造费用"账户的借方；另一方面使得泰安公司库存的材料减少了3 100元，应记入"原材料"账户的贷方。这项经济业务应编制会计分录如下：

借：制造费用　　　　　　　　　　　　　　　　　　　　　3 100
　　贷：原材料——C材料　　　　　　　　　　　　　　　　　3 100

【例4-16】泰安公司本月生产车间租入机器设备一台，租期半年，每月租金1 700元。按合同规定，全部租金在租期满时一次性支付。2013年12月31日，泰安公司预提本月应由车间负担的机器设备租金1 700元。

【解析】这项经济业务的发生，一方面泰安公司本月因使用了租入设备，因此应负担租金1 700元，应记入"制造费用"账户的借方。另一方面根据合同规定，企业本月并不需要用现款来支付，但租期满时仍需支付，因此使得企业本月的债务（应付而未付的租金）增加1 700元，应记入"其他应付款"账户的贷方。这项经济业务应编制会计分录如下：

借：制造费用　　　　　　　　　　　　　　　　　　　　　1 700
　　贷：其他应付款　　　　　　　　　　　　　　　　　　　1 700

【例4-17】2013年12月31日，泰安公司摊销年初已支付而应由本月车间负担的保险费400元。

【解析】这项经济业务的发生，一方面使得泰安公司本月须负担的车间保险费增加了400元，应记入"制造费用"账户的借方；另一方面因摊销而使得泰安公司的预付账款减少了400元，应记入"预付账款"账户的贷方。这项经济业务应编制会计分录如下：

借：制造费用　　　　　　　　　　　　　　　　　　　　　400
　　贷：预付账款　　　　　　　　　　　　　　　　　　　　400

【例4-18】2013年12月31日，经计算泰安公司本月应付车间管理人员工资共计5 000元。

【解析】这项经济业务的发生，一方面使得泰安公司本月车间应负担的工资费用支出增加了5 000元，应记入"制造费用"账户的借方；另一方面使得泰安公司的债务（应付工资）也增加了5 000元，应记入"应付职工薪酬——工资"账户的贷方。这项经济业务应编制会计分录如下：

借：制造费用　　　　　　　　　　　　　　　　　　　　　5 000
　　贷：应付职工薪酬——工资　　　　　　　　　　　　　　5 000

【例 4-19】 2013 年 12 月 31 日，泰安公司根据车间管理人员工资总额的 14% 分配职工福利费。

【解析】 这项经济业务的发生，一方面使得泰安公司应负担的职工福利方面的支出增加了 700 元，应记入"制造费用"账户的借方；另一方面也会增加泰安公司的债务（应让职工享受的福利待遇）700 元，应记入"应付职工薪酬——职工福利"账户的贷方。这项经济业务应编制会计分录如下：

借：制造费用　　　　　　　　　　　　　　　　　　　　　　　　700
　　贷：应付职工薪酬——职工福利　　　　　　　　　　　　　　　　　　700

【例 4-20】 2013 年 12 月 31 日，计提本月车间使用的房屋、机器设备等固定资产的折旧 8 000 元。

【解析】 这项经济业务的发生，一方面使得泰安公司当月制造费用增加了 8 000 元。从本质上讲，折旧是一种费用，它是固定资产价值发生转移的一种表现形式。因此，折旧费应计入各期产品的成本和当期的期间费用，从而使固定资产被损耗的价值从相应的收入中获得补偿。所以，车间发生的固定资产折旧费应记入"制造费用"账户的借方；另一方面表明泰安公司本月固定资产在使用过程中发生损耗 8 000 元，从而使得固定资产价值减少，即折旧增加了 8 000 元，应记入"累计折旧"账户的贷方。这项经济业务应编制会计分录如下：

借：制造费用　　　　　　　　　　　　　　　　　　　　　　　　8 000
　　贷：累计折旧　　　　　　　　　　　　　　　　　　　　　　　　　8 000

【例 4-21】 2013 年 12 月 31 日，泰安公司汇总结转本月制造费用 20 800 元，其中甲产品应负担 8 500 元，乙产品应负担 12 300 元。

【解析】 这项经济业务的发生，一方面使得泰安公司产品的成本增加了 20 800 元，应记入"生产成本"账户的借方；另一方面使得泰安公司的制造费用因分配结转而减少了 20 800 元，应记入"制造费用"账户的贷方。这项经济业务应编制会计分录如下：

借：生产成本——甲产品　　　　　　　　　　　　　　　　　　　　8 500
　　　　　　——乙产品　　　　　　　　　　　　　　　　　　　　12 300
　　贷：制造费用　　　　　　　　　　　　　　　　　　　　　　　　　20 800

即问即答 直接材料、直接人工、制造费用如何进行归集与分配？

四、完工产品的会计处理

按照产品品种来计算产品的生产成本，一般是在月末进行。到了月末，企业生产的某一产品可能会出现全部完工，也可能只是部分完工，还有可能是全部未完工。完工的产品称为产成品，未完工的产品称为在产品。如果月末某种产品全部完工，那么本月为该产品归集的生产费用总额，即为该种完工产品的总成本，再除以该种产品的总产量即可计算出该种产品的单位成本；如果月末某种产品全部未完工，那么本月为该产品归集的生产费用总额,即为该种产品的月末在产品的总成本;如果月末某种产品出现部分完工和部分未完工,那么本月为该产品归集的生产费用总额,则应采用适当的分配方法在完工产品和在产品之间进行分配,然后才能计算出完工产品的总成本和单位成本。

1. 账户设置

产成品,是指企业已经完成全部生产过程并已验收入库合乎标准规格和技术条件,可以按照合同规定的条件送交订货单位,或者可以作为商品对外销售的产品。为了反映和监督企业产成品的增减变动和结存情况,应设置"库存商品"账户,它属于资产类账户。该账户借方登记已完工并验收入库的产成品的实际成本,贷方登记出库产品的实际成本,期末余额在借方,表示企业库存产品的实际成本。该账户应按产成品的种类、品种和规格设置明细账,进行明细分类核算。

2. 会计处理

【例 4-22】2013 年 12 月 31 日,泰安公司本月投产的甲产品和乙产品全部完工,并验收入库,结转其实际成本。

【解析】泰安公司本月生产的甲产品的总生产成本为 39 900 元(其中直接材料费用 20 000 元,直接人工费用 11 400 元,制造费用 8 500 元),因其全部完工验收入库,所以库存的甲产品的价值也为 39 900 元;乙产品的总生产成本为 85 100 元(其中直接材料费用 50 000 元,直接人工费用 22 800 元,制造费用 12 300 元),因其全部完工验收入库,所以库存的乙产品的价值也为 85 100 元。完工产品验收入库时,一方面应记入"库存商品"账户的借方;另一方面应记入"生产成本"账户的贷方。这项经济业务应编制会计分录如下:

借:库存商品——甲产品　　　　　　　　　　　　　　　　39 900
　　　　　　——乙产品　　　　　　　　　　　　　　　　85 100
　　贷:生产成本　　　　　　　　　　　　　　　　　　　125 000

假定泰安公司的甲产品在月末全部未完工,则形成企业的月末在产品,其实际成本为 39 900 元,即"生产成本"账户应出现月末借方余额 39 900 元。因此,泰安公司在月末只需结转已完工验收入库的乙产品的成本 85 100 元即可,即会计分录为:

借:库存商品——乙产品　　　　　　　　　　　　　　　　85 100
　　贷:生产成本　　　　　　　　　　　　　　　　　　　 85 100

第五节　产品销售业务的核算

销售过程是企业产品价值和经营成果的实现过程,企业只有将生产出来的产品通过销售提供给消费者,才能将产品资金形态转换为货币资金形态,完成资金的一次循环,从而为企业的持续经营和再生产规模的扩大提供物质保障。因此,企业需加强和重视销售过程的管理组织工作和会计核算。

一、销售过程核算的主要内容

追求利润最大化是企业开展生产经营活动的主要目标，而收入是利润的来源，没有收入就无所谓盈利。企业只有通过产品的对外销售获取的收入，来补偿为此而发生的支出后，才可能获得一定的利润。因此，在产品销售过程中，企业确认产品销售收入的实现、与购货方办理款项结算并收回货款、结转产品销售成本、支付产品销售费用、计算和缴纳产品销售税金、确定产品销售利润等事宜，便构成了销售业务会计处理的主要内容。

1. 产品销售收入的确认

产品销售收入的确认，主要是两方面的问题：一是什么时候确认收入，二是收入确认多少，即时间和金额的确认。产品的销售收入是在收到款项或获取收款权利时确认、还是在发出产品时确认，这必须根据经济交易的实质和收入确认的条件来判断和确定。一般来说，产品销售收入的时间确认，因销售方式的不同而有以下几种情况：

（1）交款提货销售。在收到货款或获取收款权利并将发票账单和提货单交给买方后确认收入，这是最一般的销售方式下的收入确认。

（2）预收货款销售。在向订货方提供产品，即产品发出时确认收入。

（3）委托他人销售产品。在收到受托方的代销清单时确认收入。

（4）分期收款销售。按合同规定的收款日确认收入。

在确认产品销售收入的金额时，应按企业与购货方签订的合同或协议金额或双方都可以接受的金额确定。企业在销售产品的过程中，有时会代第三方或客户收取一些款项（如代国家收取的增值税），这些代收款项应作为暂收款记入相关的负债类科目，不作为企业的收入处理。

2. 与购货方的款项结算

企业将产品销售给购货方后，应及时办理款项的结算并收回货款。货款结算的方式是多种多样的，常见的方式有以下几种：

（1）现款交易。即钱货两清，此种方式表现为企业销售产品后，马上收到购货方支付的现款。

（2）票据结算。即企业销售产品后，收到购货方提交的商业票据（如支票、商业汇票等）来结算货款。

（3）赊销。即企业销售产品后，货款暂未收到。

（4）从预收货款中抵扣。此种方式表现为企业在销售产品之前，已向购货方预收部分货款，待到根据合同规定向购货方发出产品时，其实际销货款再从中进行抵扣。

3. 产品销售成本、费用的确认

根据会计核算的配比原则，一个会计期间的产品销售收入与其相关的成本和费用，应当在同一个会计期间进行确认、计量和记录。

产品的销售成本、销售过程中发生的费用和税金支出，都是企业为获取销售收入而必须付出的代价。因此这些支出也就必须从销售收入中获得补偿，并在销售收入确认的会计期间内同时予以确认。

企业只有正确地核算产品的销售成本、销售费用以及销售税金，并将它与销售收入相配比，才能合理地计算出当期销售利润，从而为企业的生产经营决策提供必要的信息。

即问即答　何时确认商品销售收入？如何核算？

二、销售过程的会计处理

1. 账户设置

为了反映和监督企业销售产品和提供劳务所发生的收入，以及因销售产品而与购买单位之间发生的货款结算业务，应设置以下账户：

（1）"主营业务收入"账户。该账户用来核算企业根据收入准则确认的销售商品、提供劳务等主营业务的收入。该账户属于损益类中的收入账户，其贷方登记企业销售商品、提供劳务等主营业务实现的收入，借方登记主营业务收入的减少和转销。期末应将该账户的贷方余额转入"本年利润"账户，结转后该账户应无余额。为了反映主营业务收入的具体情况，该账户应按主营业务的种类设置明细账分类核算。

（2）"主营业务成本"账户。该账户核算企业根据收入准则确认销售商品、提供劳务等业务时应结转的成本。工业企业的主营业务成本就是指产品的销售成本。该账户属于损益类中的费用账户，其借方登记企业计算确定的已销产品的实际成本，贷方登记需冲减的产品销售成本和期末转入"本年利润"账户的产品销售成本，结转后该账户应无期末余额。该账户应按主营业务的种类设置明细账分类核算。

（3）"税金及附加"账户。该账户核算企业经营活动发生的消费税、城市维护建设税、资源税和教育费附加等相关税费。该账户属于损益类中的费用账户，其借方登记企业按照规定计算确定的与经营活动相关的税费，贷方登记冲减的税费和期末转入"本年利润"账户的税费，结转后该账户应无期末余额。

（4）"销售费用"账户。该账户核算企业销售商品和材料、提供劳务的过程中发生的各种费用，包括保险费、包装费、展览费和广告费、商品维修费、预计产品质量保证损失、运输费、装卸费等费用，以及为销售本企业商品而专设的销售机构（含销售网点、售后服务网点等）的职工薪酬、业务费、折旧费等经营费用。该账户属于损益类中的费用账户，其借方登记企业发生的各种销售费用；贷方登记期末转入"本年利润"账户的销售费用，结转后该账户应无期末余额。该账户应按费用项目设置明细账分类核算。

（5）"应交税费"账户。该账户核算企业按照税法规定计算应交纳的各种税费，包括增值税、消费税、所得税、资源税、土地增值税、城市维护建设税、房产税、土地使用税、车船税、教育费附加、矿产资源补偿费等。该账户属于负债类账户,贷方登记企业按规定计算出来的各种应交纳的税费,借方登记企业实际向税务部门交纳的各种应交税费。该账户期末如为贷方余额,反映企业尚未交纳的税费;期末如为借方余额,反映企业多交或尚未抵扣的税金。该账户应按应交税费的种类设置明细账分类核算。应交增值税还应设置"进项税额"、"销项税额"、"进项税额转出"、"已交税金"等专栏分类核算。

(6)"应收账款"账户。该账户用来核算企业因销售商品、产品、提供劳务等经营活动应收取的款项。该账户属于资产类账户,其借方登记企业因销售商品、产品、提供劳务等经营活动应收回的款项,贷方登记已收回的应收账款和已确认为坏账的应收账款。期末余额在借方,表示企业尚未收回的应收账款。该账户应按不同的购货单位或接受劳务单位设置明细账分类核算。

(7)"应收票据"账户。该账户用来核算企业因销售商品、产品、提供劳务等而收到的商业汇票,包括银行承兑汇票和商业承兑汇票。该账户属于资产类账户,其借方登记企业因销售商品、产品、提供劳务等而收到商业汇票的票面金额,贷方登记企业因商业汇票到期时收回票款或背书转让等情况而减少的商业汇票的票面金额。期末余额在借方,表示企业持有的尚未到期的商业汇票的票面金额。企业应设置"应收票据备查簿",逐笔登记每一商业汇票的种类、号数和出票日、票面金额、交易合同号和付款人、承兑人、背书人的姓名或单位名称等详细资料,商业汇票到期结清票款或退票后,应在备查簿内逐笔注销。

(8)"预收账款"账户。该账户用来核算企业按照合同规定向购货单位预收的款项。该账户属于负债类账户,其贷方登记企业向购货单位的预收款项,借方登记企业按合同规定用产品或劳务抵偿的预收账款。期末余额在贷方,表示企业已预收还尚未抵扣的款项。该账户应按不同的购货单位设置明细账分类核算。

即问即答 企业销售过程的核算包括哪些内容?一般需要涉及哪些账户?

2. 会计处理

现以泰安公司2013年12月份的经济业务为例说明销售过程的核算方法(注:泰安公司产品适用增值税税率为17%)。

【例4-23】2013年12月9日,泰安公司收到南华公司预定乙产品的货款30 000元存入银行。

【解析】这项经济业务的发生引起泰安公司资产和负债两个要素发生变化,一方面使银行存款增加30 000元,应记入"银行存款"账户的借方;另一方面使预收账款增加30 000元,预收款项是一种负债,应记入"预收账款"账户的贷方。这项经济业务应编制会计分录如下:

借:银行存款　　　　　　　　　　　　　　　　　　30 000
　　贷:预收账款——南华公司　　　　　　　　　　　　　30 000

【例4-24】2013年12月13日,泰安公司向某公司销售100件01产品,每件售价 300 元。开出的增值税专用发票上注明：价款 30 000 元，税款 5 100 元；全部款项共计 35 100 元已通过银行转账收讫。

【解析】 这项经济业务的发生引起泰安公司资产、收入和负债三个要素发生变化，一方面使银行存款增加了 35 100 元，应记入"银行存款"账户的借方；另一方面因销售产品而获得 30 000 元的收入，应记入"主营业务收入"账户的贷方；另外，泰安公司代国家向某公司收取的 5 100 元的增值税，则应作为一项负债记入"应交税费"账户的贷方。这项经济业务应编制会计分录如下：

借：银行存款　　　　　　　　　　　　　　　　　　　　　35 100
　　贷：主营业务收入　　　　　　　　　　　　　　　　　　30 000
　　　　应交税费——应交增值税（销项税额）　　　　　　　 5 100

【例 4 - 25】 2013 年 12 月 17 日，向飞鸿公司销售甲产品 50 件，增值税专用发票上注明：价款 15 000 元，税款 2 550 元；并在产品发运时以银行存款代垫运杂费 500 元，上述款项暂未收到。

【解析】 这项经济业务的发生引起泰安公司资产、收入和负债三个要素发生变化，一方面因赊销而使债权增加了 18 050（15 000 + 2 550 + 500）元，应记入"应收账款"账户的借方；另一方面因销售产品而获得收入 15 000 元，应记入"主营业务收入"账户的贷方。而泰安公司代国家向飞鸿公司收取的 2 550 元的增值税，则应作为一项负债记入"应交税费"账户的贷方，因代垫运杂费而使银行存款减少的 500 元应记入"银行存款"账户的贷方。这项经济业务应编制会计分录如下：

借：应收账款——飞鸿公司　　　　　　　　　　　　　　　18 050
　　贷：主营业务收入　　　　　　　　　　　　　　　　　　15 000
　　　　应交税费——应交增值税（销项税额）　　　　　　　 2 550
　　　　银行存款　　　　　　　　　　　　　　　　　　　　　 500

【例 4 - 26】 2013 年 12 月 24 日，泰安公司采用商业汇票结算方式向南宁公司销售乙产品 150 件，每件售价 240 元，共计价款 36 000 元，应收取的增值税销项税额 6 120 元，收到南宁公司签发的一张包含全部应收款项的期限为 6 个月的商业承兑汇票。

【解析】 这项经济业务的发生引起泰安公司资产、收入和负债三个要素发生变化，一方面因销售收到票面金额 42 120（36 000 + 6 120）元的商业汇票，应记入"应收票据"账户的借方；另一方面因销售产品而获得收入 36 000 元，应记入"主营业务收入"账户的贷方；而泰安公司代国家向南宁公司收取的 6 120 元的增值税，则应作为一项负债记入"应交税费"账户的贷方。这项经济业务应编制会计分录如下：

借：应收票据　　　　　　　　　　　　　　　　　　　　　42 120
　　贷：主营业务收入　　　　　　　　　　　　　　　　　　36 000
　　　　应交税费——应交增值税（销项税额）　　　　　　　 6 120

【例 4 - 27】 2013 年 12 月 26 日泰安公司按合同规定，向华远公司发运其预定的乙产品100件，每件售价250元，开具的增值税专用发票注明：价款25 000元，税款4 250元，价税合计29 250元。上述款项从华远公司预付的货款30 000元中抵扣，同时以现金退还多收货款750元。

【解析】这项经济业务的发生引起泰安公司资产、收入和负债三个要素发生变化，一方面因抵扣销货款29 250元和退还预收的余款750元而减少了预收货款30 000元，应记入"预收账款"账户的借方；另一方面使得泰安公司因销售产品而获得收入25 000元，应记入"主营业务收入"账户的贷方；而泰安公司代国家向华远公司收取的4 250元的增值税，则应作为一项负债记入"应交税费"账户的贷方，因退还多收货款而使现金减少了750元，应记入"库存现金"账户的贷方。这项经济业务应编制会计分录如下：

借：预收账款——华远公司　　　　　　　　　　　　　　　　30 000
　　贷：主营业务收入　　　　　　　　　　　　　　　　　　　25 000
　　　　应交税费——应交增值税（销项税额）　　　　　　　　4 250
　　　　库存现金　　　　　　　　　　　　　　　　　　　　　　750

【例4-28】2013年12月31日，泰安公司持有的一张商业汇票到期，收回票款70 000元存入银行。

【解析】这项经济业务的发生引起泰安公司资产要素结构的变化，一方面使银行存款增加了70 000元，应记入"银行存款"账户的借方；另一方面因商业汇票到期而使债权减少了70 000元，应记入"应收票据"账户的贷方。这项经济业务应编制会计分录如下：

借：银行存款　　　　　　　　　　　　　　　　　　　　　　70 000
　　贷：应收票据　　　　　　　　　　　　　　　　　　　　　70 000

【例4-29】2013年12月22日，泰安公司开出现金支票一张，支付产品的电视广告费4 000元。

【解析】这项经济业务的发生引起泰安公司资产和损益两个要素发生变化，一方面使损益类账户的销售费用增加4 000元，应记入"销售费用"账户的借方；另一方面使资产类账户的银行存款减少4 000元，应记入"银行存款"账户的贷方。这项经济业务应编制会计分录如下：

借：销售费用　　　　　　　　　　　　　　　　　　　　　　 4 000
　　贷：银行存款　　　　　　　　　　　　　　　　　　　　　 4 000

【例4-30】2013年12月31日，泰安公司按规定计算出本月应负担的产品销售税金5 300元。

【解析】这项经济业务的发生引起泰安公司损益和负债两个要素发生变化，一方面泰安公司本月应负担的销售税金增加了5 300元，应记入"税金及附加"账户的借方；另一方面泰安公司因销售税金尚未交纳而增加了负债，应记入"应交税费"账户的贷方。这项经济业务应编制会计分录如下：

借：税金及附加　　　　　　　　　　　　　　　　　　　　　　　5 300
　　贷：应交税费　　　　　　　　　　　　　　　　　　　　　　　5 300

【例4-31】 2013年12月31日，经计算泰安公司本月应付给销售机构人员工资2 000元。

【解析】 这项经济业务的发生引起泰安公司损益和负债两个要素发生变化，一方面泰安公司本月需负担的销售机构经费增加了2 000元，应记入"销售费用"账户的借方；另一方面泰安公司对销售人员的债务增加了2 000元，应记入"应付职工薪酬"账户的贷方。这项经济业务应编制会计分录如下：

借：销售费用　　　　　　　　　　　　　　　　　　　　　　　2 000
　　贷：应付职工薪酬——工资　　　　　　　　　　　　　　　　2 000

【例4-32】 2013年12月31日，计提本月销售机构的固定资产折旧1 200元。

【解析】 这项经济业务的发生引起泰安公司损益和资产两个要素发生变化，一方面泰安公司当月销售费用增加1 200元，应记入"销售费用"账户的借方；另一方面泰安公司本月固定资产在使用过程中发生损耗，价值减少1 200元，即折旧增加了1 200元，应记入"累计折旧"账户的贷方。这项业务应编制会计分录如下：

借：销售费用　　　　　　　　　　　　　　　　　　　　　　　1 200
　　贷：累计折旧　　　　　　　　　　　　　　　　　　　　　　1 200

【例4-33】 2013年12月31日，经计算，泰安公司本月已销的甲产品150件，其单位成本为100元；已销的乙产品250件，其单位成本为80元。

【解析】 在计算本月已销产品的成本时，由于所销售的产品不一定都是本月生产完工的，而各月份生产的同一种产品的单位生产成本也不一定完全相同，所以应采用一定的计价方法（如先进先出法、加权平均法等）来确定本月产品的销售成本。结转已销产品的成本，一方面销售成本增加了35 000元，应记入"主营业务成本"账户的借方；另一方面库存商品由于销售而减少了35 000元，应记入"库存商品"账户的贷方。这项经济业务应编制会计分录如下：

借：主营业务成本　　　　　　　　　　　　　　　　　　　　　35 000
　　贷：库存商品——甲产品　　　　　　　　　　　　　　　　　15 000
　　　　　　　——乙产品　　　　　　　　　　　　　　　　　　20 000

即问即答　说明销售业务核算中收入账户与费用账户之间的关系。

第六节　财务成果业务的核算

企业作为独立的经济实体，应当以自己的经营收入抵补其支出，并为投资者提供一定的投资报酬。企业盈利的多少很大程度上反映企业生产经营的经济利益，表明企业在某一会计期间的最终财务成果，即利润或亏损，统称为盈亏。财务成果是一个计算的结果，而正确计算盈亏的关键在于合理地确认企业的收入和费用，并使二者正确地配比。企业实现的利润，要按照国家的有关规定进行分配。因此，利润形成和利润分配，便成了财务成果核算的主要内容。

一、利润形成的会计处理

1. 利润总额的计算

企业在生产经营过程中，通过销售过程将产品卖给购买方，实现收入。收入扣除与其相配比的费用，再加减非经营性质的收支及投资收益（或损失），即为企业的利润总额或亏损总额。其有关的计算公式为：

（1）利润的计算：

营业利润 = 营业收入 – 营业成本 – 税金及附加 – 销售费用 – 管理费用 – 财务费用
　　　　 – 资产减值损失 + 公允价值变动损益 + 投资收益

利润总额 = 营业利润 + 营业外收入 – 营业外支出

营业收入 = 主营业务收入 + 其他业务收入

营业成本 = 主营业务成本 + 其他业务成本

（2）净利润的计算：

净利润 = 利润总额 – 所得税费用

所得税费用 = 利润总额（或应纳税所得额）× 所得税税率

从以上计算过程可以发现，企业在一定会计期间形成的利润（或发生的亏损）取决于该期间全部收入和全部费用的对比，因而，正确计算某一会计期间盈亏的关键在于合理确认该会计期间的收入和费用。本节主要介绍管理费用、财务费用、营业外收入、营业外支出以及利润总额和净利润的会计处理。

即问即答 反映企业利润的指标有哪些？如何计算？

2. 账户设置

为了反映和监督企业利润的构成部分、形成过程以及分配情况，应设置如下账户：

（1）"管理费用"账户。该账户核算企业为组织和管理生产经营所发生的费用，包括企业在筹建期间内发生的开办费、董事会和行政管理部门在企业的经营管理中发生的或者应由企业统一负担的公司经费（包括行政管理部门职工薪酬、物料消耗、低值易耗品的摊销、办公费和差旅费等）、工会经费、董事会费（包括董事会成员津贴、会议费和差旅费等）、聘请中介机构费、咨询费（含顾问费）、诉讼费、业务招待费、技术转让费、矿产资源补偿费、研究费用、排污费等。该账户属于损益类中的费用账户。其借方登记企业发生的各项管理费用，贷方登记需冲减的管理费用和期末转入"本年利润"账户的管理费用，结转后该账户应无期末余额。该账户应按费用项目设置明细账分类核算。

（2）"财务费用"账户。该账户核算企业为筹集生产经营所需资金而发生的筹资费用，包括利息支出（减利息收入）、汇兑差额以及相关的手续费、企业发生的现金折扣或收到的现金折扣等。该账户属于损益类中的费用账户。其借方登记企业发生的各项财务费用，贷方登记需冲减的财务费用（如利息收入）和期末转入"本年利润"账户的财务费用，结转后该账户应无期末余额。该账户应按费用项目设置明细账分类核算。

（3）"营业外收入"账户。该账户核算企业发生的与经营活动无直接关系的各项净收入，主要包括处置非流动资产利得、非货币资产交换利得、债务重组利得、罚没利得、政府补助利得、确实无法支付而按规定程序经批准后转作营业外收入的应付款项、捐赠利得、盘盈利得等。该账户属于损益类中的收入账户。营业外收入并不是由企业经营资金耗费所产生的，不需要企业付出代价，实际上是一种纯收入，不可能也不需与有关费用配比。该账户的贷方登记企业发生的各项营业外收入，借方登记期末转入"本年利润"账户的营业外收入，结转后该账户应无期末余额。该账户应按收入项目设置明细账分类核算。

（4）"营业外支出"账户。该账户核算企业发生的与经营活动无直接关系的净支出，包括处置非流动资产损失、非货币资产交换损失、债务重组损失、罚没支出、捐赠支出、非常损失等。该账户属于损益类中的费用账户。该账户的借方登记企业发生的各项营业外支出，贷方登记期末转入"本年利润"账户的营业外支出，结转后该账户应无期末余额。该账户应按支出项目设置明细账分类核算。

（5）"所得税费用"账户。该账户核算企业根据所得税准则确认的应从当期利润总额中扣除的所得税费用。该账户属于损益类中的费用账户。企业所得税是企业在生产经营过程中的一部分耗费，是企业的一项费用支出。企业所得税通常是按年计算，分期预交的。该账户的借方登记企业应计入本期损益的所得税额，贷方登记期末转入"本年利润"账户的所得税额，结转后该账户应无期末余额。

（6）"本年利润"账户。该账户核算企业当年实现的净利润（或发生的净亏损）。该账户属于所有者权益类账户，其借方登记从损益账户转入的本期发生的各种费用；贷方登记从损益账户转入的本期发生的各种收入；将收入与费用相抵后，若收入大于费用，即为贷方差额，表示本期实现的净利润，若收入小于费用，即为借方差额，表示本期发生的净亏损。在年度的1—11月份，该账户余额不予转账，反映截至本期末本年度累计实现的净利润（或发生的净亏损）；年度终了，应将该账户的余额转入"利润分配"账户，结转后该账户应无余额。

即问即答　什么是营业外收入和营业外支出？它们之间是否存在配比关系？

3. 会计处理

【例 4-34】 2013 年 12 月 11 日，泰安公司的行政管理部门耗用仓库的 A 材料 50 公斤，价值为 950 元。

【解析】 这项经济业务的发生引起泰安公司损益和资产两个要素发生变化，一方面行政管理部门耗用了材料 950 元，应记入"管理费用"账户的借方；另一方面库

存材料减少了 950 元,应记入"原材料"账户的贷方。这项经济业务应编制会计分录如下:

  借:管理费用   950
    贷:原材料——A 材料   950

【例 4-35】2013 年 12 月 13 日,泰安公司用现金支票购入行政管理部门需要的办公用品 500 元。

【解析】这项经济业务的发生引起泰安公司损益和资产两个要素发生变化,一方面行政管理部门办公用品费用增加了 500 元,应记入"管理费用"账户的借方;另一方面因开出现金支票而使得银行存款减少 500 元,应记入"银行存款"账户的贷方。这项经济业务应编制会计分录如下:

  借:管理费用   500
    贷:银行存款   500

【例 4-36】2013 年 12 月 20 日,李经理预借差旅费 1 000 元,以现金支付。

【解析】这项经济业务引起泰安公司资产要素内部发生结构性变化,一方面公司获得了一项债权(应收李经理的借款)1 000 元,应记入"其他应收款"账户的借方;另一方面公司的现金减少了 1 000 元,应记入"库存现金"账户的贷方。这项经济业务应编制会计分录如下:

  借:其他应收款——李经理   1 000
    贷:库存现金   1 000

【例 4-37】2013 年 12 月 20 日,泰安公司用现金支付离退休人员工资 850 元。

【解析】这项经济业务的发生引起泰安公司损益和资产两个要素发生了变化,一方面公司负担的离退休人员工资增加了 850 元,应记入"管理费用"账户的借方;另一方面公司现金减少了 850 元,应记入"库存现金"账户的贷方。这项经济业务应编制会计分录如下:

  借:管理费用   850
    贷:库存现金   850

【例 4-38】2013 年 12 月 23 日,泰安公司的李经理报销差旅费 750 元和医药费 150 元(原借支 1 000 元),余款退回。

【解析】这项经济业务的发生引起泰安公司损益和资产两个要素发生变化,一方面李经理报销的差旅费 750 元应记入"管理费用"账户的借方;他报销的医药费意味着他享受了职工福利 150 元,应记入"应付职工薪酬"账户的借方;同时他退回的现金 100 元,应记入"库存现金"账户的借方。另一方面公司因李经理的报销而减少了债权 1 000 元,应记入"其他应收款"账户的贷方。这项经济业务应编制会计分录如下:

  借:管理费用   750
    应付职工薪酬——职工福利   150

```
        库存现金                                         100
    贷：其他应收款——李经理                             1 000
```

【例 4-39】2013 年 12 月 31 日，泰安公司计提本月行政管理部门所使用的固定资产的折旧 2 000 元。

【解析】这项经济业务的发生引起泰安公司损益和资产两个要素发生变化，一方面使得泰安公司须负担的行政管理部门固定资产的折旧费增加了 2 000 元，应记入"管理费用"账户的借方；另一方面使得泰安公司的固定资产的损耗增加了 2 000 元，应记入"累计折旧"账户的贷方。这项经济业务应编制会计分录如下：

```
    借：管理费用                                     2 000
        贷：累计折旧                                 2 000
```

【例 4-40】2013 年 12 月 31 日，泰安公司结算和分配本月应付行政管理人员工资 11 400 元。

【解析】这项经济业务的发生引起泰安公司损益和资产两个要素发生变化，一方面使得泰安公司须负担的行政管理部门职工的工资费用增加了 11 400 元，应记入"管理费用"账户的借方；另一方面使得泰安公司对行政管理部门职工的债务增加了 11 400 元，应记入"应付职工薪酬"账户的贷方。这项经济业务应编制会计分录如下：

```
    借：管理费用                                    11 400
        贷：应付职工薪酬——应付工资                  11 400
```

【例 4-41】2013 年 12 月 31 日，泰安公司预提本月银行短期借款的利息 600 元。

【解析】这项经济业务的发生引起泰安公司损益和负债两个要素发生变化，一方面公司借款的利息支出增加了 600 元，应记入"财务费用"账户的借方；另一方面公司的债务（欠银行的利息）增加了 600 元，应记入"应付利息"账户的贷方。这项经济业务应编制会计分录如下：

```
    借：财务费用                                      600
        贷：应付利息                                  600
```

【例 4-42】2013 年 12 月 27 日，泰安公司在一项经济交易中因对方违约而获罚款收入 10 000 元存入银行。

【解析】这项经济业务的发生引起泰安公司资产和损益两个要素发生了变化，一方面使公司银行存款增加了 10 000 元，应记入"银行存款"账户的借方；另一方面使公司增加了收入 10 000 元，应记入"营业外收入"账户的贷方。这项经济业务应编制会计分录如下：

```
    借：银行存款                                    10 000
        贷：营业外收入——罚没利得                    10 000
```

【例 4-43】2013 年 12 月 29 日，泰安公司开出转账支票一张，向希望工程捐款 2 000 元。

【解析】这项经济业务的发生引起泰安公司资产和损益两个要素发生了变化,一方面泰安公司因开出转账支票而使得银行存款减少了 2 000 元,应记入"银行存款"账户的贷方;另一方面泰安公司的无偿捐赠支出增加了 2 000 元,应记入"营业外支出"账户的借方。这项经济业务应编制会计分录如下:

借:营业外支出——捐赠支出　　　　　　　　　　　　　　　2 000
　　贷:银行存款　　　　　　　　　　　　　　　　　　　　　　2 000

【例 4 - 44】2013 年 12 月 31 日,为了计算本月损益,泰安公司将本月实现的主营业务收入 106 000 元、营业外收入 10 000 元转入"本年利润"账户。

【解析】这项经济业务的发生,要求泰安公司进行月末收入的结转,即从"主营业务收入"账户和"营业外收入"账户的借方转入"本年利润"账户的贷方。这项经济业务应编制会计分录如下:

借:主营业务收入　　　　　　　　　　　　　　　　　　　106 000
　　营业外收入　　　　　　　　　　　　　　　　　　　　　10 000
　　贷:本年利润　　　　　　　　　　　　　　　　　　　　　116 000

【例 4 - 45】2013 年 12 月 31 日,为了计算本期损益,泰安公司将本月发生的主营业务成本 35 000 元、税金及附加 5 300 元、销售费用 7 480 元、管理费用 16 450 元、财务费用 600 元和营业外支出 2 000 元转入"本年利润"账户。

【解析】这项经济业务的发生,要求泰安公司进行月末费用的结转,即从"主营业务成本"、"税金及附加"、"销售费用"、"管理费用"、"财务费用"和"营业外支出"账户的贷方转入"本年利润"账户的借方。这项经济业务应编制会计分录如下:

借:本年利润　　　　　　　　　　　　　　　　　　　　　66 830
　　贷:主营业务成本　　　　　　　　　　　　　　　　　　　35 000
　　　　税金及附加　　　　　　　　　　　　　　　　　　　　5 300
　　　　管理费用　　　　　　　　　　　　　　　　　　　　　16 450
　　　　销售费用　　　　　　　　　　　　　　　　　　　　　7 480
　　　　财务费用　　　　　　　　　　　　　　　　　　　　　　600
　　　　营业外支出　　　　　　　　　　　　　　　　　　　　2 000

【例 4 - 46】2013 年 12 月 31 日,泰安公司按规定计算本期应交所得税 16 266 元。

【解析】这项经济业务的发生引起泰安公司损益和负债两个要素发生了变化,一方面使得泰安公司须承担的所得税费用增加了 16 266 元,应记入"所得税费用"账户的借方;另一方面使得泰安公司应交纳的税金增加了 16 266 元,应记入"应交税费"账户的贷方。这项经济业务应编制会计分录如下:

借:所得税费用　　　　　　　　　　　　　　　　　　　　16 266
　　贷:应交税费——应交所得税　　　　　　　　　　　　　　16 266

【例 4 - 47】2013 年 12 月 31 日,泰安公司将本期应计入损益的所得税费用 16 266 元转入"本年利润"账户。

【解析】这项经济业务的发生，要求泰安公司进行月末费用的结转，即从"所得税费用"账户的贷方转入"本年利润"账户的借方。这项经济业务应编制会计分录如下：

　　借：本年利润　　　　　　　　　　　　　　　　　　　　　　16 266
　　　　贷：所得税费用　　　　　　　　　　　　　　　　　　　　　16 266

【例4-48】通过期末对应计入损益的收入、费用进行结转后，我们可以发现，本月实现的全部收入和本月发生的全部费用都汇集在"本年利润"账户，将收入和费用对比，其差额即为本月实现的净利润或发生的净亏损。根据以上数字计算，泰安公司本月实现的利润总额为49 170（116 000 - 66 830）元，扣除所得税16 266元后，本月实现的净利润为32 904元。对此，在实际工作中应作一笔结转分录：

　　借：本年利润　　　　　　　　　　　　　　　　　　　　　　32 904
　　　　贷：利润分配　　　　　　　　　　　　　　　　　　　　　　32 904

二、利润分配的会计处理

企业实现的净利润，应当按照国家的有关规定进行分配。利润的分配过程和结果，不仅关系到所有者的合法权益是否得到保障，而且还关系到企业能否长期、稳定地发展。

1. 利润分配的内容和程序

企业当期实现的净利润，加上年初未分配利润（或减去年初未弥补亏损）和其他转入后的余额，为可供分配的利润。可供分配的利润，按以下顺序分配：

（1）提取盈余公积；

（2）向投资者分配利润。

企业可供分配的利润经过上述分配后，为未分配利润（或未弥补亏损）。未分配利润可留待以后年度进行分配。企业若发生亏损，可以按规定由以后年度实现的利润进行弥补，也可以用以前年度提取的盈余公积弥补。

2. 账户设置

（1）"利润分配"账户。企业进行利润分配，意味着企业所实现的利润的减少，应该直接冲减本年实现的利润，即记入"本年利润"账户的借方。但是，这样一来就会使得"本年利润"账户的期末余额只能表示未分配利润，不能提供本年实现的累计利润额。为了既能反映企业实现利润的原始数据，又能提供企业未分配利润的数额，会计核算中单独设置"利润分配"账户，用来反映企业利润的分配（或亏损的弥补）和历年分配（或弥补）后的结存余额，它属于所有者权益类账户。该账户的借方登记企业实际分配的利润数额，贷方登记企业实现的利润数额（即从"本年利润"账户转入的净利润数额）。因企业的利润分配是一年分配一次，平时只进行利润的预分，所以该账户的贷方平时一般不作登记，因而在年度的1—11月份该账户出现月末借方余额，表示截至本期企业累计已分配的利润数额，将"本年利润"账户的月末贷方余额减去"利润分配"账户的月末借方余额,即为各月的未分配利润余额。年末,企业将全年实现的净利润(或净亏损),从"本年利润"账户转入"利润分配"账户。结转后,"利润分配"账户如为贷方余额,表示企业年末未分配利润数额;如为借方余额,表示企业年末未弥补的亏损数额。

(2)"盈余公积"账户。该账户核算企业从净利润中提取的盈余公积。该账户属于所有者权益类账户,其贷方登记从净利润中提取的盈余公积;借方登记盈余公积的支用,如弥补亏损或转增资本等。期末余额在贷方,表示企业盈余公积的结存数。该账户应按盈余公积的种类(如法定盈余公积、任意盈余公积等)设置明细账分类核算。

(3)"应付股利"账户。该账户用来核算企业向投资者分配的现金股利或利润。该账户属于负债类账户,其贷方登记企业根据股东大会或类似机构通过的利润分配方案应向投资者支付的现金股利或利润,借方登记企业实际向投资者支付的现金股利或利润。期末贷方余额,反映企业尚未支付的现金股利或利润。

即问即答 会计上应怎样反映利润分配情况?平时和年末有何区别?

3. 会计处理

【例4-49】 2013年12月31日,泰安公司按照税后利润的10%提取盈余公积。

【解析】 泰安公司2013年12月份实现净利润(即税后利润)32 904元,所以应提取的盈余公积为3 290.4(32 904×10%)元。这项经济业务的发生,一方面使得企业的利润减少了3 290.4元,即实际分配利润3 290.4元,应记入"利润分配"账户的借方;另一方面使得泰安公司的盈余公积增加了3 290.4元,应记入"盈余公积"账户的贷方。这项经济业务应编制会计分录如下:

借:利润分配——提取盈余公积　　　　　　　　　　　　　3 290.4
　　贷:盈余公积　　　　　　　　　　　　　　　　　　　　　　3 290.4

【例4-50】 2013年12月31日,泰安公司决定向投资者分配利润24 000元。

【解析】 这项经济业务的发生引起泰安公司所有者权益和负债两个要素发生了变化,一方面泰安公司的所有者权益减少了24 000元,即实际分配利润24 000元,应计入"利润分配"账户的借方;另一方面泰安公司应向投资者分配的利润增加了24 000元,应记入"应付股利"账户的贷方。应编制会计分录如下:

借:利润分配　　　　　　　　　　　　　　　　　　　　　　24 000
　　贷:应付股利　　　　　　　　　　　　　　　　　　　　　　24 000

【例4-51】 假定泰安公司在以后年度内,决定用60 000元的盈余公积转增资本。

【解析】 这项经济业务的发生引起泰安公司所有者权益要素发生了结构的变化,一方面使得公司的盈余公积减少了60 000元,应记入"盈余公积"账户的借方;另一方面公司的资本增加了60 000元,应记入"实收资本"账户的贷方。这项经济业务应编制会计分录如下:

借:盈余公积　　　　　　　　　　　　　　　　　　　　　　60 000
　　贷:实收资本　　　　　　　　　　　　　　　　　　　　　　60 000

第七节 资金退出业务的核算

由于种种原因，企业的某些资金将不再参加周转，这时要按照规定的程序使资金退出企业，从而形成企业资金退出的业务，如银行借款的偿还、税金的解交、利润或股利的分派等。

一、银行借款偿还的会计处理

企业在到期偿还银行借款时，根据借款合同的规定，企业需要用货币资金来归还借款的本金和一定期限内的利息。这种业务的发生，一般会使得企业资产减少，同时又使得企业的债务减少。会计处理时所设置的账户主要有"短期借款"、"长期借款"、"应付利息"、"银行存款"、"库存现金"等账户。

【例4-52】2013年12月28日，泰安公司开出转账支票一张，用以支付5个月前所借的现已到期的银行借款本金40 000元和全部已预提的利息800元。

【解析】这项经济业务的发生，一方面使得泰安公司的银行存款共减少了40 800元，应记入"银行存款"账户的贷方；另一方面又使得泰安公司借款本金减少了40 000元，应记入"短期借款"账户的借方，同时也使得泰安公司所欠银行的借款利息800元减少了，应记入"应付利息"账户的借方。这项经济业务应编制会计分录如下：

借：短期借款　　　　　　　　　　　　　　　　　　　　40 000
　　应付利息　　　　　　　　　　　　　　　　　　　　　　800
　　贷：银行存款　　　　　　　　　　　　　　　　　　　40 800

【例4-53】2013年12月30日，接银行通知，泰安公司向银行借入的长期借款已到期，本金和利息共计95 200元已直接从存款户中划转。

【解析】这项经济业务的发生，一方面使得泰安公司用于偿还借款本息的银行存款共减少了95 200元，应记入"银行存款"账户的贷方；另一方面又使得泰安公司所欠银行的长期借款的本金和利息共减少了95 200元，应记入"长期借款"账户的借方。这项经济业务应编制会计分录如下：

借：长期借款　　　　　　　　　　　　　　　　　　　　95 200
　　贷：银行存款　　　　　　　　　　　　　　　　　　　95 200

二、税金交纳的会计处理

企业在生产经营过程中，根据国家税收法规的规定，应依法向国家缴纳各种应缴纳的税金，以保证国家的财政收入。企业纳税的过程中，一般是先根据税法的规定计算出应纳税额，然后再按确定的税额将货币资金支付给税务部门。由于纳税的义务是贯穿在企业的整个生产经营期间的，而且是强制性的，因此企业也有可能是在确定应纳税额之前先向税务部门预缴税金。但不管怎样，企业在依法纳税时都会引起资产的减少，进行会计处理时设置的账户主要有"应交税费"、"银行存款"、"库存现金"等账户。

【例4-54】2013年12月31日，泰安公司开出现金支票一张，用于缴纳本月的所得税16 266元。

【解析】这项经济业务的发生，一方面使得泰安公司因纳税而减少了债务16 266元，应记入"应交税费"账户的借方；另一方面使得泰安公司的存款减少了16 266元，应记入"银行存款"账户的贷方。这项业务应编制会计分录如下：

借：应交税费——应交所得税　　　　　　　　　　　　　　　16 266
　　贷：银行存款　　　　　　　　　　　　　　　　　　　　　16 266

三、利润支付的会计处理

前已述及，企业资金的来源主要是两方面：一是吸收投资，二是向银行借款。也就是说，投资者和债权人是企业资产的提供者，它们对企业都有不同的要求（即权益），其中投资者的权益主要表现为要分享企业的利润。因此，企业在生产经营中取得利润之后，根据协议的规定应该向投资者分配利润，即满足投资者的要求权，这也是企业的一种责任和义务。这样一来，就会使得资金从企业中退出，从而减少企业的资金。但需注意的是，这种资金的减少并不是因为企业向投资者归还其投入的本金，而是向投资者分配其投入的货币资金在企业生产经营过程中所产生的增值。这类业务进行会计处理时设置的账户主要是"应付股利"、"银行存款"、"库存现金"等账户。

【例4-55】2013年12月31日，泰安公司以存款向投资者支付本年应付股利200 000元。

【解析】这项经济业务的发生，一方面使得泰安公司因向投资者支付利润而减少债务200 000元，应记入"应付股利"账户的借方；另一方面也使得泰安公司的存款减少了200 000元，应记入"银行存款"账户的贷方。这项经济业务应编制会计分录如下：

借：应付股利　　　　　　　　　　　　　　　　　　　　　200 000
　　贷：银行存款　　　　　　　　　　　　　　　　　　　　200 000

即问即答　企业资金退出企业一般包含哪些业务？如何进行会计核算？

第八节　相关案例、会计热点与本章小结

一、会计案例：万福生科的财务造假术

（一）公司简介

万福生科（湖南）农业开发股份有限公司由有限责任公司整体变更而来，其前身为成立于 2003 年 5 月 8 日的桃源湘鲁万福。2009 年 10 月 7 日，湘鲁万福按经审计的净资产整体变更为万福生科（湖南）农业开发股份有限公司。

万福生科（湖南）农业开发股份有限公司根植于美丽富饶的潇湘大地。自成立以来，公司致力于成为国内领先的粮油加工企业和健康食品的供应商，利用洞庭湖区丰富的稻谷资源为消费者提供营养健康的食品和高品质的生活服务。万福生科集大米结晶葡萄糖、大米高蛋白、高麦芽糖浆等淀粉糖系列产品生产、销售，粮食收购、储备及科技研发为一体，是稻米深加工副产品综合利用循环经济企业，是废水、废渣无害化处理与综合利用的绿色环保企业。公司坚持走产、学、研相结合的道路，与湖南农业大学、中南林业科技大学、长沙理工大学等高校建立了长期的技术联系，并与湖南农业大学联合建立了稻米精深加工研究所。公司不仅持续提升健全经营治理结构、完善财务结构以及风险管理能力，而且始终将人才作为未来最核心的资源，通过竞赛来选拔人才。

万福生科于 2011 年 9 月 27 日上市成功，保荐机构为平安证券。

（二）财务造假

万福生科最先被发现的造假行为是 2012 年半年报。在 2012 年半年度报告中，该公司虚增营业收入 1.88 亿元，虚增营业成本 1.46 亿元、虚增净利润 4 023.16 万元，前述数据金额较大，且导致该公司 2012 年上半年财务报告盈亏方向发生变化，情节严重。因此万福生科被湖南省证监局立案调查，并在 2012 年 11 月 23 日被深交所公开谴责。

随着监管部门调查的深入，万福生科以往的"恶行"终于被揭露出来。万福生科 2012 年 3 月 2 日公告称，经公司自查发现 2008 年至 2011 年定期报告财务数据存在虚假记载，初步自查结果如下：2008 年至 2011 年累计虚增收入 7.4 亿元左右，虚增营业利润 1.8 亿元左右，虚增净利润 1.6 亿元左右。据万福生科招股说明书及 2012 年年报披露，2008—2011 年，该公司净利润分别是 2 565.82 万元、3 956.39 万元、5 555.4 万元和 6 026.86 万元，四年内净利润总数为 1.81 亿元。可是其中有 1.6 亿元净利润是虚构的，实际上四年合计净利润数只有 2 000 万元左右，近九成为"造假"所得。

证监会 2012 年 5 月 10 日召开新闻通气会，专门通报万福生科涉嫌欺诈发行及相关中介机构违法违规案的行政处罚结果，拟对万福生科罚款 30 万元，对平安证券、中磊会计师事务所、博鳌律师事务所分别罚没 7 650 万元、414 万元、210 万元。

证监会新闻发言人表示，万福生科案的行政调查现已终结。涉及刑事处罚部分的，证监会已于 2011 年 4 月份将万福生科及两名涉嫌犯罪的人员移送公安机关处理。而涉及行政处罚部分的，现已进入行政处罚预先告知阶段。

由于涉嫌欺诈发行股票和信息披露违法，万福生科被证监会给予警告，并处以 30 万元罚款；对公司董事长兼总经理龚永福给予警告，并处以 30 万元罚款；对其他

19 名高管给予警告，并处以 25 万元至 5 万元罚款。此外，拟对龚永福以及万福生科原财务总监覃学军采取终身证券市场禁入措施。

而平安证券在万福生科上市保荐工作中，未能勤勉尽责并存在虚假记载，证监会拟对其给予警告，没收其该保荐业务收入 2 550 万元，并处以 2 倍的罚款，暂停其保荐机构资格 3 个月；对保荐代表人吴文浩、何涛处以 30 万元罚款，撤销保荐代表人资格和证券从业资格，采取终身证券市场禁入措施。

另外，证监会拟对中磊会计师事务所没收业务收入 138 万元，并处以 2 倍的罚款，撤销其证券服务业务许可；对湖南博鳌律师事务所没收业务收入 70 万元，并处以 2 倍的罚款，且 12 个月内不接受其出具的证券发行专项文件。同时，证监会也对两家机构的涉案人员进行依法处罚。

造假之一：虚增收入

承认财务造假，在创业板上市公司中尚属首例。在此前的 2012 年 9 月 18 日，证监会对此立案进行调查。

万福生科本是一家业内寂寂无名的稻米加工企业，坐落在湖南常德沅江边上。2011 年 9 月 27 日，它以每股 25 元的发行价成功登陆创业板，加上超募资金，共募集 4.25 亿元，曾被多家券商誉为"新兴行业中的优质企业"。《南方周末》记者对万福生科进行长达 3 周的追踪调查后发现，在公告中轻描淡写的数据背后，是一连串令人触目惊心的造假骗局，产品收入最高虚增 100 倍。

万福生科收入造假集中在麦芽糊精、葡萄糖粉、麦芽糖浆等所谓稻米精深加工产品，以配合该公司在资本市场包装和炒作"稻米精深加工和循环经济模式"。"参与假账的普通财务人员都非常害怕，迫于龚永福和财务总监的压力，也为了保住饭碗，无奈、违心地参加了这次财务做假。"一位参与造假的万福生科前财务员工程至平（化名）小心翼翼地对《南方周末》记者说。在准备出中报那段时间里，近二十名财务人员每天都要在办公室和会议室里挑灯夜战。"天天编假资料、做假账，自己都弄迷糊了，连跟家人讲话的时候都分不清自己说的是假话还是真话。"根据年报显示，万福生科的主要产品有：大米淀粉糖、大米蛋白粉（饲料级、食用级）、米糠油和食用米等系列产品。"万福生科销售大米、麦芽糖等十几种产品，大多数产品的销售收入被随意编造，比真实收入虚增四五倍是平常事，有的产品根本没有销售也凭空虚造收入。"程至平说。

在万福生科十多种产品中，收入造假最离谱的是麦芽糊精。在公司中报中，该产品的销售收入达到 1 124 万元。但《南方周末》记者从多个渠道证实，万福生科今年没有销售过麦芽糊精。"这是无中生有，就算有销售过麦芽糊精，那也是年初把剩余的一点库存尾货清理卖掉，收入不超过 10 万元。"程至平说。这意味着麦芽糊精收入虚增超过 100 倍。

同样，荒诞造假的是万福生科另一品种的淀粉糖产品——葡萄糖粉。半年报显示上半年葡萄糖粉卖了 1 400 万元人民币，但程至平透露说，葡萄糖粉今年销路不畅，营收大幅下滑，只卖了 40 多万元左右。而《南方周末》记者获得的一份查账工作底稿显示，葡萄糖粉收入的数字为 43 万元，虚增 30 多倍。

万福生科曾经高调宣称卖得最好的淀粉糖产品——麦芽糖浆，2012 年上半年销售高达 1.22 亿元人民币。而公司的更正公告称，麦芽糖浆的真实收入在 2 000 万元左右，万福生科在麦芽糖浆收入上虚增了 5 倍。

蛋白粉是万福生科另一项稻米精深加工产品，半年报显示该产品收入为 2 754 万元人民币，根据查账底稿显示，实际收入仅为 352 万元，虚增了将近 7 倍。大米加工生意是龚永福和万福生科赖以起家的老本行。但其大米销售收入也存在严重造假行为。万福生科上半年的优质米销售收入为 5 112 万元，但根据其发布的中报更正数据，实际仅为 1 120 万元，虚增了将近 4 倍。

从万福生科发布的中报更正数据也可看出，此前造假的中报显示上半年营业收入为 2.7 亿元，更正后此项数据仅为 8 217 万元人民币，收入总额虚增 1.8 亿元。更令人吃惊的是，万福生科 2011 年下半年成功上市从股市圈走近 4.25 亿元资金，仅仅过了 9 个月业绩就"变脸"——亏损 1 117 万元。

上述产品的毛利率也严重造假。从万福生科中报更正数据可以看出，葡萄糖粉、麦芽糖浆、蛋白粉的实际毛利率为 5.75%、10.88%、14.07%，而此前造假中报的毛利率高达 22.08%、21.84%、25.99%。

"万福生科中报更正数据出来以后，内行看笑话，外行很失望。"常德粮食系统一位人士对《南方周末》记者说。该人士介绍，万福产品收入造假集中在麦芽糊精、葡萄糖粉、麦芽糖浆等所谓稻米精深加工产品，以配合该公司在资本市场包装和炒作"稻米精深加工和循环经济模式"等概念，"现在泡泡戳破了，还不知老龚如何收拾残局"。从一开始就开始撒谎的万福生科，通过造假上市，并为日后一连串的弥天大谎埋下祸根。

手段之一：虚构收入

万福生科在招股说明书中公布了从 2008 年以来三年半的前五名客户销售情况。《南方周末》记者翻阅了所有公开资料后发现，从 2008 年到 2012 年上半年，万福生科所披露的 10 家主要客户中，有 6 家存在或涉嫌虚假交易、虚增销售收入等行为。在这些客户中，一家名为"东莞樟木头华源粮油经营部"的客户显得扑朔迷离。根据招股说明书的披露，2008 年和 2009 年，万福生科向该客户销售 950 万元和 1 191 万元大米，在前五名客户中排名第四；2010 年"华源粮油经营部"从万福生科前五名客户消失，随后在 2011 年上半年重新出现，并以 1 056 万元的销售额继续位列第四名客户，累计销售额 3 197 万元。2012 年 11 月 15 日，《南方周末》记者来到东莞市樟木头镇百果洞铁路货场，这里集中了上百家粮油店铺，是当地主要的大米市场。在运载大米的三轮车、手推车和货车往来穿梭的货场中，华源粮油经营部位于货场入口通道旁边。这是一家 40 平方米的米铺，门口竖着泰国香米、江西大米等两排大米，并没有万福生科的阪福牌大米。华源粮油经营部一位员工告诉《南方周末》记者，

"我们不卖湖南米。我在这家米店工作五六年了,从来没有卖过畈福牌大米。"2012年11月19日,樟木头华源粮油经营部老板林汉亮透露了万福生科的销售情况:"2007年以后就没有跟他们(万福生科)做生意了。"当被问及在2007年与万福生科终止生意的原因时,林汉亮表示是对方出价太高。"你也看到了,我们根本有没放万福生科的米,东莞这一带都很少。"林汉亮说。他2005年左右还和万福生科做过生意,"万福生科在2004年、2005年和2006年早稻卖得还可以,转做优质稻以后,在这边市场不好卖了,他们优质稻加工工艺不行,生产出来的米不适合我们卖,价格也不适合我们卖。"这意味着,万福生科招股说明书所披露的有关华源粮油经营部的销售情况涉嫌虚假陈述和虚增收入。主要客户早已基本停产,还如何采购数以千万计的麦芽糖浆,傻牛食品厂是向万福生科采购麦芽糖浆的主要客户之一。但实际上,《南方周末》记者实地走访后发现,傻牛食品厂已经停产达数年之久。傻牛食品厂位于邵阳市高沙镇,奶糖生产规模曾是当地最大。但现在,偌大厂房空空荡荡,曾经一千多工人上班的热闹场景不复存在,生产线也基本停顿,只有十多名工人在维护设备。一名工人告诉《南方周末》记者,六七年前,傻牛食品厂生产的奶糖在全国供不应求,产值近亿元。2008年"三聚氰胺"事件曝光后,奶糖产业也受波及,厂里最近几年效益下滑很厉害。傻牛食品厂老板娘叶女士向《南方周末》记者证实:"我们已经停产好几年了,几乎不生产了,只有几个人维持一下厂房设备。"当问及傻牛食品厂负责人是否采购麦芽糖浆时,叶女士明确答复:"没有,我们都不生产了,还怎么采购。"傻牛食品厂另一位员工肯定地告诉《南方周末》记者,即使偶尔接到订单零星生产,该厂所采购的麦芽糖浆也来自山东鲁洲集团,并非万福生科。该名员工还透露,在生意最兴旺的那几年,傻牛食品厂确实是购买麦芽糖浆的大户,那时厂门口可以看见整卡车拉来麦芽糖浆。"2008年、2009年傻牛厂开始走下坡路了。现在只相当于一个小小的作坊了,一年营业额不足百万元,麦芽糖浆的采购量大大减少。"但万福生科IPO招股说明书中,2008年其向傻牛食品厂销售金额1 078万元,2011年上半年向傻牛食品厂销售1 100万元。已基本停产的企业,还如何采购以千万元计算的麦芽糖浆?

手段之二:虚构合同

万福生科在"销售合同"一节中披露了与华源粮油经营部签订的两份合同:

2011年6月5日,公司与东莞樟木头华源粮油经营部签订《采购合同》(合同编号:201106014)。合同有效期为合同签订之日起至2011年6月30日,合同已履行。

2011年7月3日,公司与东莞樟木头华源粮油经营部签订《采购合同》(合同编号:201107006)。合同有效期为合同签订之日起至2011年7月31日,合同已履行。

同样,与傻牛食品厂也有三份合同被一同披露:

2011年6月4日,公司与湖南省傻牛食品厂签订《采购合同》(合同编号:201106010)。合同有效期为合同签订之日起至2011年6月30日,合同已履行。

2011年7月2日,公司与湖南省傻牛食品厂签订《采购合同》(合同编号:

201107003)。合同有效期为合同签订之日起至 2011 年 7 月 31 日,合同已履行。

2011 年 9 月 1 日,公司与湖南省傻牛食品厂签订《采购合同》 (合同编号:201109011)。合同有效期为合同签订之日起至 2011 年 9 月 30 日,合同已履行。

这两家企业的老板或老板娘均向《南方周末》记者证实,与万福生科早已无生意往来,采购合同又从何而来?

"外行人以为客户收入可以随意编造,其实并不容易。"一位熟悉上市公司造假的财务专家说。编制假合同目的,是让虚假业务看起来真实合理。据其介绍,伪造客户收入的工作相对繁琐,需要私刻客户假公章、编造销售假合同、虚开销售发票、编制银行单据、假出库单等一系列造假工序的配合,才能让虚增销售收入看起来合理。"要让虚增的销售额没有破绽,甚至要到税务部门为假收入纳税。"上述财务专家称。

造假之二:虚增资产

万福生科选择了虚增在建工程和预付账款来虚增资产,它的募集资金建设项目正在建设中,这样做不至于引人注目,按照会计的相互影响作用,在建工程的增加一般会引起银行存款或者现金的减少,预付账款的减少,应付账款的增加。

万福生科的高明之处,在于选择了将虚拟资产装入"预付账款"以及非流动资产中的"在建工程"。因为万福生科刚上市,有大量募投项目,在建工程项目放大不至于引人注意。另外一个深层次原因是,国内上市公司募投项目存在大量资金挪用、项目承诺不兑现情况,但被追责者寥寥。所以,募投项目是上市公司财务"洗白"的上佳道具。

根据其 2012 年中期财务更正公告,截至 2012 年 6 月底,万福生科在建工程虚增 8 036 万元,预付款项虚增 4 469 万元。仅仅 2012 年上半年,万福生科在建工程项目账面余额从 8 675 万元增至 1.8 亿元,增加了 9 323 万元。

而万福生科大量的预付款项,是支付给个人的,交易原因为"预付工程设备款"。而这些个人都是虚拟的,方便把钱流出去。

不过,但凡造假,必有破绽。万福生科造假故事的破绽,正是被大家所忽略的现金流量表开始的。

2012 年上半年,尽管万福生科在建工程增加了 9 323 万元,但现金流量表中,公司构建固定资产、无形资产和其他资产支付的现金只有 5 883 万元。按理说,这中间 3 444 万元的差额,会造成预付款的减少,但预付款不减反增。如此一来,万福生科的整体逻辑很清楚:虚增销售额,但客户的银行流水进账不做假。

但接下来,公司要想办法把多收客户的钱给退回去。如果直接银行流水退回,会引起怀疑,于是以大量在建工程支出以及采购为由,将钱还给客户,形成看似合理的银行流水。

即问即答 回忆资产和收入的确认条件包括哪些?

二、会计热点

(一)神秘大盗偷走账本

资本市场，无奇不有。A 股有"扇贝跑了"，港股有"账本丢了"。2014 年 12 月 28 日晚间，一则港股公司的公告，惊呆了市场。

中国动物保健品（00940，HK）12 月 28 日晚间公告称，12 月 4 日公司在河北省保定市清苑区丢了一辆卡车，卡车上装载有截至 2014 年 12 月 31 日止四个财政年度及 2015 年度的所有财务文件正本。

公告详细叙述了卡车丢失的经过：遗失文件原先储存于公司石家庄办事处，12 月 3 日公司安排运送遗失文件返回北京总办事处以供汇编。当日中午，卡车出现故障，被拖行至清苑区的汽车修理车间进行修理。次日上午约 11 时 30 分，卡车司机从车间取回修好的卡车，前往附近餐厅吃午饭。吃完午饭后，卡车司机发现卡车遭盗窃。

公告显示，在该事故发生后，公司向当地公安局报警，并根据当地公安局的道路监察系统，派遣人员前往卡车曾途经的方向搜寻卡车。由于事故严重，公司还成立了特别调查小组，但并未在事故中发现可疑人士。而当地公安局表示，"类似盗窃在清苑区经常发生。"

不过，奇迹还是出现了。12 月 12 日公司获当地公安局通知，卡车已寻回！虽然卡车被找回，但公司所有的财务文件却找不回来了。公司表示，虽然"寻回遗失文件的可能性不大"，但公司仍在调配所有可用资源以搜寻遗失文件，并从不同渠道寻找副本，以减少遗失文件的影响。所以，公司将继续停牌，直到另行通知为止。自 2015 年 3 月 30 日停牌算起，公司股票已经 9 个月没有交易了。

对此，投资者纷纷吐槽："亏他想得出"、"这个资本市场真是比电视剧都精彩"、"干得漂亮，如果是在账房里放几窝蚂蚁就更完美了"……

《每日经济新闻》记者昨日几次致电公司，但电话一直无人接听。

（二）执董、审计纷纷辞职

中国动物保健品官网显示，公司是保吉安（集团）以兽用生物制品和化学药品两个板块组建的境外企业，总部位于北京经济技术开发区，自 1996 年成立至今，已拥有技术研究院、两家生物制品公司和多家化学药品公司，于 2010 年 12 月在香港联交所上市，是内地首家海外上市的动物保健品公司。

2015 年 3 月 30 日，公司忽然发布公告称，由于核数师（会计师）未能在规定时间出具审计报告，所以无法在 3 月 31 日前刊登 2014 年全年业绩。此举违反了上市规则，因此公司股票将从 3 月 30 日起开始停牌。

3 个月后的 6 月 26 日，公司执行董事兼副首席执行官孙金国辞任，同时辞职的还有独立非执行董事、审计委员会主席梁显治；6 个月后的 9 月 25 日，德勤华永会计师事务所提出辞任公司审计师，原因是德勤宣称公司员工存在不恰当行为，以及德勤所要求进行的额外审计程序未能与公司达成一致。10 月 8 日，公司聘任了国卫作为新的审计师。

思考题：什么是上市公司的停牌？

三、本章小结

工业企业的主要业务包括资金筹集阶段业务、供应阶段业务、生产阶段业务、销售阶段业务及利润形成与分配阶段业务。

资金筹集阶段的核算主要包括投入资本业务、借入资本业务等的核算。

供应阶段的核算包括固定资产购入、材料采购业务的核算、材料采购成本的确定,主要掌握"在途物资"账户、"原材料"账户以及往来账户的性质、用途和结构及供应过程主要经济事项的会计处理。

生产阶段的核算主要是产品生产成本的确定,主要掌握"生产成本""制造费用"等账户的性质、用途和结构及生产过程主要经济事项的会计处理。

销售阶段的核算,主要掌握与收入业务有关的各个损益类账户的具体运用及会计处理。

利润形成与分配阶段的核算包括利润形成业务和利润分配业务的核算,掌握"本年利润"和"利润分配"等账户的内容及会计处理。

第九节 思 考 题

一、思考题 A:基础知识题

1.(单选)企业结转销售原材料的成本应计入( )账户。
   A. 主营业务收入 B. 主营业务成本
   C. 其他业务成本 D. 生产成本

2.(单选)下列项目中,不属于产品生产成本的是( )。
   A. 直接材料 B. 直接人工
   C. 管理费用 D. 制造费用

3.(单选)企业购买原材料发生的采购费用应计入( )。
   A. 制造费用 B. 管理费用
   C. 在途物资 D. 财务费用

4.(单选)生产成本的期末借方余额表示( )。
   A. 库存商品成本 B. 期末在产品成本
   C. 期初在产品成本 D. 已售商品成本

5.(单选)反映固定资产因磨损而导致价值减少的账户是( )。
   A. 固定资产 B. 累计折旧
   C. 制造费用 D. 管理费用

6.(单选)"税金及附加"账户按其经济内容分类应属于( )。

A. 损益类账户 B. 费用计算类账户
C. 结算类账户 D. 成本类账户

7. （单选）管理费用期末应（   ）。
   A. 无余额 B. 有借方余额
   C. 有贷方余额 D. 余额可能在借方也可能在贷方

8. （单选）实收资本是指企业实际收到的投资者投入的并形成注册资本金的资本，它是企业（   ）的主要组成部分。
   A. 资产 B. 负债
   C. 所有者权益 D. 收入

9. （单选）下列费用中应计入产品成本的是（   ）。
   A. 业务招待费 B. 医药费
   C. 生产车间水电费 D. 厂部水电费

10. （单选）与"制造费用"账户不可能发生对应关系的账户是（   ）。
    A. 银行存款 B. 原材料
    C. 应付职工薪酬 D. 库存商品

11. （单选）下列费用中不属于销售费用的是（   ）。
    A. 广告费 B. 销售机构经费
    C. 失业保险费 D. 产品展览费

12. （单选）"固定资产"账户反映的是企业固定资产的（   ）。
    A. 磨损价值 B. 累计折旧
    C. 原始价值 D. 净值

13. （单选）下列不应计入营业利润的是（   ）。
    A. 管理费用 B. 财务费用
    C. 销售费用 D. 营业外收支净额

14. （单选）下列不应计入当期损益的是（   ）。
    A. 管理费用 B. 所得税费用
    C. 财务费用 D. 制造费用

15. （单选）年末结转后，"利润分配"账户的贷方余额表示（   ）。
    A. 实现的利润总额 B. 净利润额
    C. 利润分配总额 D. 未分配利润额

16. （多选）下列（   ）项目应计入材料采购成本。
    A. 买价 B. 外地运杂费
    C. 市内零星运杂费 D. 入库前的挑选整理费

17. （多选）营业利润的组成内容包括（   ）。
    A. 主营业务利润 B. 其他业务利润
    C. 销售费用 D. 营业外收入

18. （多选）关于"制造费用"账户，说法正确的有（　　）。
A. 借方登记实际发生的各项制造费用
B. 贷方登记分配计入产品成本的制造费用
C. 期末余额有时在借方，有时在贷方
D. 期末结转后一般无余额

19. （多选）"税金及附加"账户可核算（　　）等税费。
A. 增值税　　　　　　　　B. 印花税
C. 教育费附加　　　　　　D. 城市维护建设税

20. （多选）下列账户，在期末结转利润后，无余额的有（　　）。
A. 应交税费　　　　　　　B. 税金及附加
C. 所得税费用　　　　　　D. 主营业务成本

21. （多选）下列项目中，应记入"营业外收入"账户贷方的（　　）。
A. 结转无法支付的应付账款　　B. 出售原材料的收入
C. 罚款收入　　　　　　　　D. 租金收入

22. （多选）下列表述正确的有（　　）。
A. "本年利润"账户在年度中间有余额
B. "本年利润"账户在年终结转后无余额
C. "利润分配"账户在年度中间有借方余额
D. "利润分配"账户在年终可能有借方余额，也可能有贷方余额

23. 练习资金筹集业务的核算。

资料：某企业8月份发生以下经济业务：
（1）接受A公司投入现款120 000元，存入银行。
（2）收到国家增拨的投资200 000元，存入银行。
（3）收到B公司投入的设备，评估价80 000元；材料10吨，价值100 000元。
（4）接受C公司投入一项专利权，双方确认价格400 000元。
（5）向商业银行借入一年期临时性借款500 000元，存入银行。
（6）向建设银行借入五年期借款10 000 000元，存入银行。
（7）经决定用资本公积40 000元转增企业资本。

要求：根据以上资料编制会计分录。

24. 练习物资采购业务的核算。

资料：
（1）公司购入甲材料3 500千克，单价8元，增值税进项税额4 760元，材料已验收入库，款项未付。
（2）购入乙材料1 000吨，单价400元，增值税进项税额68 000元，材料已验收入库，款项均通过银行付清。
（3）公司购进甲材料2 000千克，单价10元，丙材料1 000千克，含税单价

5.85元,增值税税率17%,另外供应单位代垫运费3 000元(按重量分配)。材料已验收入库,款项均已通过银行付清。

(4) 用银行存款100 000元预付订购丁材料款。

(5) 企业以前已预付款的丁材料本月到货,价款72 000元,增值税进项税额为12 240元。材料已验收入库。

要求:根据上述资料编制本月业务的会计分录。

25. 练习产品生产业务的核算。

资料:某企业20×2年8月生产A,B两种产品,有关部门的经济业务如下:

(1) 本月生产车间领用材料及用途如表4-2所示:

表4-2　　　　　　　　　　　　　　　　　　　　　　　　　　　　　　　　　　　　单位:元

	甲材料	乙材料	丙材料	合计
生产产品耗用	50 000	40 000	10 000	100 000
其中:A产品	35 000	12 000	4 000	51 000
B产品	15 000	28 000	6 000	49 000
车间一般耗用	700		200	900
合计	50 700	40 000	10 200	100 900

(2) 计算出本月应付职工工资64 000元,具体分配如表4-3所示:

表4-3

生产工人工资	54 000元(A产品34 000元,B产品20 000元)
车间管理人员工资	6 000元
厂部管理人员工资	4 000元
合计	64 000元

(3) 开出现金支票一张64 000元,提取现金准备发放工资。

(4) 以现金64 000元发放本月工资。

(5) 以银行存款购入车间用办公用品1 200元。

(6) 李某出差归来,报销差旅费800元,原已预借1 000元,收回200元。

(7) 月末,计提本月生产车间房屋折旧费1 300元,行政管理部门房屋折旧费800元。

要求:根据上述资料编制本月业务的会计分录。

26. 练习产品销售业务的核算。

资料:某公司6月份发生下列经济业务:

(1) 销售A产品100件,每件售价400元,增值税销项税额6 800元,价税合计46 800元,对方暂欠货款。

(2) 销售B产品200件,每件售价500元,增值税销项税额17 000元,款项已收存银行。

（3）以银行存款支付电视广告费用 10 000 元。

（4）销售 A 产品 200 件，每件售价 380 元，B 产品 100 件，每件售价 480 元，增值税销项税额 21 080 元，款项已收存银行。

（5）结转本月已售产品的销售成本，其中 A 产品的单位成本为每件 280 元，B 产品的单位成本为每件 360 元。

要求：根据以上资料编制相应的会计分录。

27. 练习财务成果的形成与分配业务的核算。

资料：某公司 2013 年 12 月份发生下列经济业务：

（1）采购员回公司报销差旅费 1 600 元（原借支 2 000 元），余款退回现金。

（2）以银行存款向税务机关缴纳上月的增值税 54 000 元和所得税 70 000 元。

（3）用现金从税务机关购入印花税票 400 元。

（4）以银行存款支付本季度短期借款利息 12 000 元（其中已计提 10 000 元）。

（5）以银行存款支付产品的广告费 20 000 元。

（6）交易中因对方违约，公司获取罚款收入 5 000 元，存入银行。

（7）以银行存款支付因违约而发生的罚款支出 3 000 元。

（8）经计算，本月应交城市维护建设税 3 400 元。

（9）本月所销售产品 400 000 元，增值税税款 68 000 元，全部款项收存银行。

（10）经计算，本月已销产品的成本 270 000 元，予以结转。

（11）月末将本月应计入损益的收入予以结转。

（12）月末将本月应计入损益的费用予以结转。

（13）根据利润总额和 25% 的所得税税率计算本月应缴纳的所得税。

（14）月末结转本月的所得税费用。

（15）按照本月实现净利润的 10% 提取盈余公积。

（16）经股东大会决议，应向投资者分配利润 50 000 元。

（17）以银行存款支付上年度应向投资者分配的利润 280 000 元。

要求：根据以上资料编制相应的会计分录。

二、思考题 B：名校历年考研真题

1. （单选）某企业 2007 年所发生的营业收入为 1 000 万元，营业成本 600 万元。销售费用 20 万元，管理费用 50 万元，财务费用 10 万元，投资收益 40 万元，资产减值损失 70 万元（损失），公允价值变动损益 80 万元（收益），营业外收入 25 万元，营业外支出 15 万元，该企业 2007 年的营业利润为（ ）万元。

A. 370 B. 330
C. 320 D. 390 （东北财经大学 2011 研）

2. （多选）下列事项中，影响利润表中营业利润的有（ ）。

A. 营业外收入 B. 财务费用
C. 投资收益 D. 公允价值变动损益
E. 资产减值损失（东北财经大学 2011 研）

3.（业务题）某企业为增值税一般纳税企业，增值税税率为 17%，2004 年与销售现金流量有关的业务如下：

（1）销售商品一批，增值税发票表明销售价 300 000 元（不含应取得的增值税），货款未收到；

（2）销售产品一批，销售价 700 000 元，应收的增值税额 119 000 元，贷款银行已收妥；

（3）公司将到期的一批面值为 180 000 元的无息银行汇票（不含增值税），进账单交银行办理转账，款项已收妥；

（4）收到应收账款 51 000 元；

（5）公司采用商业承兑汇票结算方式销售产品一批，价款 250 000 元，增值税税额为 42 500 元，收到 292 500 元的商业承兑汇票一张，公司已将上述承兑汇票到银行办理贴现，贴现息为 20 000 元；

要求：计算销售商品，提供劳务收到的资金（东北财经大学 2011 研）。

三、思考题 C：课外延伸　会计数据变革在即

在互联网时代背景下，会计信息的获取对人类而言是轻而易举的。在能够轻松获得会计信息的前提下，人们便不会再满足于财务部门提供的有限会计信息，人类需要的是比现有会计信息内涵与外延均广泛得多的综合信息。会计工作者必须很努力地去适应数字原住民一些令人费解的习惯，来满足其决策的需要。

1. 大数据之大

数据专家 John Raser 认为：大数据就是一台电脑难以处理的数据量。著云台的分析师团队的观点是：大数据通常用来形容一个公司创造的大量非结构化和半结构化数据；而笔者更喜欢"从各种各样类型的数据中，快速获得有价值信息的能力，就是大数据技术"这一解释，并期待将这种能力应用到会计信息化平台中。

我国对大数据的研究还没有引起足够的重视，从谷歌趋势分析上可以看出，以大数据为关键词的趋势不断上升，而国内大数据却呈下降的趋势。

数据包括结构化数据、半结构化数据和非结构化数据。大数据时代的主要特征就是实现结构化数据处理和分析到半结构化和非结构化数据的大数据处理和分析的转变。

由于有了搜索引擎技术，在互联网上，能够轻松地处理非结构化信息资源。即使是个人的信息资源，也多是以非结构化数据为主，存在个人计算机设备中。信息资源不存在直接的关联关系，依赖潜在的逻辑关系，各个信息源不存在直接耦合关系。即使是这样，机器中的信息资源通过文件夹或查找等技术，可以对非结构化信息资源进

行管理。这种对各种类型数据的综合管理说明我们已经进入了大数据时代。

2. "漏斗式"数据处理磨损信息价值

会计数据已经历了手工会计数据阶段和信息化会计数据阶段。手工会计系统中会计数据的处理流程是：原始凭证—记账凭证—登账—结账；信息化会计信息系统下则是：记账凭证—审核—记账—结账。

手工会计采用的源数据是原始凭证，包括结构化会计数据和非结构化会计数据，包含了大量经济业务发生的具体事件（如时间、地点、过程、参与人）。由于手工处理的困难，只选取了会计关注的要素转换成结构化会计数据——记账凭证，舍弃了原始凭证中的非结构化数据。实际上，在转换过程中，已经丢弃了很多反映经济业务的信息，根源是受手工处理的困难所限，相应地，这些信息中所包含的价值也被大规模忽略了。信息化会计目前使用的是传统的会计信息系统，它仅是手工会计的模拟过程，是手工会计的翻版。它选取结构化会计数据——记账凭证作为数据源，不再关注原始凭证中的其他信息，能够较好地表现经济业务事项的原始凭证不包含在会计信息系统中，只是作为打印的记账凭证的附件，用于装订存档。而记账凭证又是原始凭证压缩后的结果，直接造成会计信息系统中的数据源——记账凭证无法较完整地反映经济活动事项。

由上所述，传统信息化会计和传统的手工会计为信息使用者提供信息时都采用了"经济业务→数据压缩→会计数据→数据处理→会计信息→财务报告"的过程，所以都是典型的漏斗式数据处理过程，使经济业务信息的价值大打折扣。所以，传统信息化会计虽然有了计算机的协助，克服了手工处理的困难，但由于包含非结构化数据的原始凭证没有进入会计信息系统，使得计算机对非结构化数据无从下手。这样一来，传统的信息化会计在手工会计的基础上仅提高了工作效率，在会计数据不断损失方面并没有有所改进，非结构化的会计数据仍然损失了。

从量上看，日常工作中，结构化的数据只占20%，而非结构化的数据则占80%；从本质上看，非结构化数据中蕴含着的巨大信息量是结构化数据所不能比拟的。

由此看来，忽略对非结构化数据的处理，就等于放弃了其中所蕴含的巨量信息，这对于实现满足前文所提到的会计信息使用者多变的个性化需求的目标相差甚远。由于数据采集和数据处理过程的缺陷，使会计信息使用者只能看到冰山一角，信息不对称，无法全面地了解企业的经济业务情况，从而对其进行正确的决策极为不利，使会计信息的质量备受争议。所以，要满足大数据时代下人们对会计信息的更广泛的需求，必须对其会计数据进行变革。（资料来源：《中国会计报》，2013年8月9日）

思考题： 结合上述内容并查阅有关XBRL的文章，谈谈你对大数据时代的认识。

第五章

成本计算

在本章中你将——

了解成本的概念和作用以及成本计算的概念和作用；熟悉成本计算的基本要求和一般程序；掌握资产取得成本、耗用资产成本的产品成本的计算和会计处理。

第一节 成本计算概述

一、成本的含义

成本是会计理论中一个重要的概念，并且其内涵出于不同的使用目的，具有不同的含义。广义的成本概念是指企业在生产经营过程中对象化的，以货币表现的为达到一定目的而应当或可能发生的各种经济资源的价值牺牲或代价。狭义的成本概念，也是本章所用的概念是会计主体为某个特定的目的（对象）而发生的耗费，即对象化的费用。如企业购入原材料发生的买价、运杂费等构成该原材料的取得成本；购入一台设备发生的买价、运杂费、安装费用、相关税金等构成该设备的取得成本；生产过程中为生产产品所发生的材料、人工费用、制造费用等构成产品的成本等，这些成本分别是对象于原材料、设备和产品发生的费用。

成本的概念来源于马克思的成本价格理论。马克思认为商品价值由以下三部分组成：一是生产经营过程中耗费的物化劳动价值（c），即已耗费的劳动工具和劳动对象的价值；二是劳动者为自己劳动所创造的价值（v），即活劳动消耗中的必要劳动部分；三是劳动者为社会劳动创造的价值（m），其中 c＋v 即商品价值中物化劳动转移价值和活劳动中必要劳动的价值所创造价值的货币表现，即是成本构成的理论基础。

即问即答 成本、费用与支出的区别与联系。

二、成本计算的定义

成本计算是指企业在生产经营过程中，按照成本计算对象将一定时期发生的全部费用进行归集、计算，并确定各该对象的总成本和单位成本的会计方法。通过成本计算可以正确地对会计核算对象进行计价，可以考核经济活动过程中各项劳动耗用，为正确地核算损益提供资料；通过成本计算也可以反映和监督企业的费用支出水平揭露企业经营管理中存在的问题，以便及时采取有效措施，改善经营管理，最大限度地降低费用支出；通过成本计算也要为企业进行成本预测提供所需的参考数据。

在16—18世纪之间，由于资本主义风暴席卷了欧洲大地，欧洲各国的会计先驱者纷纷根据企业中价值的流向问题以及期末损益的计算问题，提出了直接费用和间接费用的概念，提出了间接费用的摊销问题，并将复式记账法引入成本计算中，设置成本计算的账户体系，以货币和实物作为计量单位，对单个产品的形成价值进行成本计算。但那时的成本计算方法、核算体系还不成熟。直到进入20世纪以后，会计学者们才开始在成本计算的体系化和标准化上下功夫，形成了现在的成本会计体系。从会计的发展来看，在会计核算的诸多方法中，成本计算法是形成较晚的一种方法。

三、成本计算的内容

成本计算实际上是一种会计计量活动，它所要解决的是会计核算对象的货币计价问题，因此，广义的成本计算存在于企业经济活动的全过程，只要一项经济活动要纳入会计核算系统，就要涉及成本入账的问题，如材料采购活动，就涉及材料采购成本的计算；固定资产的购建活动，就涉及固定资产取得成本计算；生产产品活动，就涉及产品成本计算。制造企业主要的成本计算主要包括以下内容：

1. 资产取得成本的计算

资产作为企业的重要会计核算要素，在将其纳入会计核算系统时，首先要解决的是资产的初始计量问题，即取得资产的成本计算。资产取得成本计算的正确性关系到能否正确地反映企业的财务状况、所有者对企业投资的规模、所有者的权利、企业的生产经营能力。因此，每一个企业都应重视资产取得成本的计算。

2. 资产耗用成本的计算

企业取得的资产投入使用后，资产会以各种形式转化为费用，而费用又是影响计算各期损益的重要因素。要正确地计量各期的损益，就必须准确地计量各期的费用，费用的计量又转化为耗用资产成本的计算，所以为了正确地计量损益，企业必须对耗用资产的成本进行计算，或称为后续计量。

3. 生产成本的计算

产品的生产需要耗用原材料、人工费用、设备的折旧等制造费用，这些耗用虽然也是资产的转化形式，但不同于一般资产的成本计算，有其自身的特点。因此，生产成本的计算应作为制造企业成本计算的一项重要内容。

4. 主营业务成本的计算

当产品对外销售时，需根据销售的数量及单位生产成本结转已售完工产品的生产成本到主营业务成本中去，以便正确地计算当期该产品的盈利情况。

四、成本计算的作用

从成本计算的产生和发展以及成本计算的内容来看,成本计算在企业经营管理过程中起着重要的作用。

1. 成本计算是真实反映企业财务状况的基础

财务状况通常是指企业资产、负债、所有者权益总额及其构成。企业取得资产涉及成本计算问题,如果能够准确地计算取得资产的成本,则能够真实地反映资产总额。同样,负债和所有者权益的形成也涉及成本计算问题,对成本按何种价值计量,同时影响着企业的负债总额和所有者权益总额。而且正确地计算成本,可以真实地反映各权益持有人的权利,因为通过成本计算,可以确定资产、负债的价值,而资产减去负债后的净额为所有者的权益。

2. 成本计算是确定耗用补偿尺度的重要方法

为了保证企业再生产的不断进行,必须对生产经营过程中的耗用进行补偿。补偿的标准是什么,补偿的金额是多少,需要通过成本计算来完成。通过成本计算,正确地计量耗用,不仅确定了补偿的标准,而且也为正确地确定企业损益奠定了基础。如果成本计算不准确,将直接影响损益计量的正确性。

3. 成本计算的结果是企业进行决策的重要依据

成本计算的结果是会计核算的各有关对象的成本。成本是对耗用的补偿,是确定产品价格的一个重要因素,是反映企业财务成果、财务状况的基础,因此,成本指标是企业进行经营决策时需要考虑的重要因素,也是进行决策的重要依据。

第二节　成本计算的基本要求和一般程序

一、成本计算的基本要求

成本计算是会计核算中一项重要的工作。成本计算的正确与否,不仅影响到企业资产的计价,还直接影响到企业损益的正确计算,为了充分发挥成本计算的作用,正确计算成本,会计人员必须遵守如下基本要求:

1. 严格执行国家规定的成本开支范围和费用开支标准

成本开支范围是根据企业在生产过程中发生的生产费用的不同性质,根据成本的内容以及加强经济核算的要求,由国家综合经济管理部门在有关的财经法规中制定的。企业发生的费用是多种多样的,而这些不同用途的费用应由不同的渠道开支。企业严格遵守国家规定的成本开支范围和费用开支标准,既能保证产品成本的真实性,使同类企业以及企业本身不同时期之间的产品成本内容一致,具有分析对比的可能,又能正确计算企业的利润并进行分配。

严格遵守成本开支范围和费用开支标准这一财经纪律,是国家对企业核算产品成本时提出的一项最基本的要求,每个企业都应遵照执行。

2. 正确划分各种产品成本的界线

首先,要根据资本性支出和收益性支出划分的原则,合理分清计入产品成本和不应计入产品成本的费用界线。企业发生的各种费用支出,不是全部都计入成本的。对于企业在生产经营过程中发生的一些资本性支出,如购建固定资产、构成无形资产的支出,不应列入产品成本,而应计入购入资产的价值中。对于与生产经营无关的营业外支出,也不能计入企业成本。而对于收益性支出,则应根据其发生的地点和用途,计入各产品成本或期间费用中。

其次,要根据权责发生制原则,分清本期成本费用和下期成本费用的界线。凡应由本期产品成本负担的费用,不论是否在本期发生,都应全部计入本期产品成本;不应由本期产品成本负担的费用,即使在本期支付,也不能计入本期产品成本。

再次,要分清各种产品成本的界线。属于哪一种产品成本负担的费用,就应计入那一种产品成本;对于不能直接计入各种产品成本的费用,应采用合理的分配标准,在有关产品之间进行分配。

最后,要分清在产品成本和产成品成本的界线。对需要计算在产品成本的某些产品,要采用适当的方法,将生产费用在产成品和在产品之间进行分配,不得人为地任意压低或提高在产品的成本,保证成本计算的真实性。为了保证准确地将费用在完工产品和在产品之间进行分配,使各期的成本指标具有可比性,在产品的成本计算方法一经确定,一般不应经常改变。

3. 做好成本核算的各项基础工作

在进行成本核算时,要正确计算成本,各项基础工作是非常重要的。如果基础工作做的不好,就会影响成本计算的准确性。要做好成本核算的各项基础工作,需要会计部门和其他各部门密切配合,共同做好这项工作。成本核算的基础工作主要有:制定各种定额并及时地进行修订;建立健全财产物资的计量、收发、领退制度;建立各种原始记录的收集整理制度;制定厂内内部结算价格;建立各责任单位的责任成本等。

4. 选择适当的成本计算方法

企业在进行成本核算时,应根据本企业的具体情况,选择适合于本企业特点的成本计算方法进行成本计算。成本计算方法的选择,应同时考虑企业生产类型的特点和管理的要求两个方面。在同一个企业里,可以采用一种成本计算方法,也可以采用多种成本计算方法,即多种成本计算方法同时使用或多种成本计算方法结合使用。成本计算方法一经选定,一般不应经常变动。

即问即答 权责发生制与收付实现制的区别。

二、成本计算的一般程序

尽管不同的成本计算对象需要采用不同的成本计算方法,但无论采用哪种成本计算方法，它们计算的基本程序是大致相同的，一般来说，主要包括以下基本步骤：

1. 收集、整理成本计算资料

成本计算的前提就是收集、整理成本计算资料。因此，对企业诸如购、领材料、购建固定资产等各项经济活动，要分别取得或填制不同格式的原始凭证，它们既是会计核算的基础，也是成本计算所需的原始记录。这些原始记录正确与否，提供的是否及时，直接影响到成本计算的正确性和及时性。因此，成本计算资料的收集、整理是一项很重要的工作。

2. 确定成本计算对象

成本计算对象就是承担和归集费用的对象，是整个成本计算活动的中心和最终归属点。由于每个企业单位的经营活动特点、规模大小、复杂程度等方面都可能不同，因此各个单位的成本计算对象也可能不同。如制造企业，成本计算对象可能是以某种产品为计算对象；也可能是以各步骤为计算对象；还可能是以某批次生产的产品为计算对象。总之，企业应根据自身的特点来选择合适的成本计算对象，以便能正确及时地归集和分配费用，合理地计算成本，为企业成本核算和决策提供有益的帮助。

3. 确定成本计算期

成本计算期就是确定什么时候、多长时间将发生的相关费用计入到成本计算对象中。理论上讲，一般对制造企业而言，当产品从原材料投入生产到产品完工这段时间，即产品生产期是该产品的成本计算期。但由于每种产品生产周期长短不一致，生产组织方式不同。成本计算期并一定与产品生产周期相同。实践中，一般以一个月作为产品成本计算期。

即问即答　成本计算期如何确定？

4. 确定成本项目

生产中发生的各项费用，可以按不同的标志进行分类。若按经济内容来分类，在会计上称为费用要素，它表明企业为进行生产发生了什么费用，发生了多少数额，以便用来分析企业各个生产时期发生费用的水平。但这种分类不能与成本计算联系起来说明生产费用的用途。为了取得更好的会计信息，还要将生产费用按经济用途进行分类。会计上将生产发生的各项费用按经济用途来分类，称为成本项目。成本项目一般包括直接材料、直接人工及制造费用。通过成本项目的确定，可以为分析、决算提供更多有用的成本信息。

5. 正确地归集和分配各项费用

要正确地归集和分配各项费用，一方面要求企业根据真实的原始数据，按照权责发生制和配比原则，正确确定各项费用的收益期限及因果关系；另一方面，也要遵守相关性会计原则的要求，遵守国家相关法律法规的要求。

6. 设置和登记有关账户

在成本计算过程中，为系统地归集、分配各种应计入成本计算对象的费用，应按成本计算对象和成本项目分别设置和登记费用、成本明细账，对不同成本计算对象发生的各项费用进行登记。

7. 编制成本计算表

为了正确计算出各种成本计算对象的总成本和单位成本,还需要根据相关成本费用类账户中所登记的数据进一步加工编制所需的成本计算表,以便企业全面、系统地反映各项成本指标的经济构成和形成情况。

第三节 制造企业经营过程主要成本的计算

一、资产取得成本的计算

资产取得成本的计算,实际上是选择被计算对象的计量属性,确定应记录的各项资产金额的会计处理过程。按照资产的内容确定,应记录的资产项目包括应收款项、存货、固定资产、股权投资等。本章主要讲述材料和固定资产的成本计算。

1. 外购材料取得成本的计算

正确地计算材料取得成本,能够使计算的结果清楚地反映企业对材料的投资,进而反映一定期间的现金流出量,同时它是计算净损益的基础,也是进入会计核算系统的标志。企业材料来源主要有外购和自制两种;材料的来源不同,其成本计算也不同。本章主要讲述外购材料的成本计算。

按照实际成本计价原则分析,材料取得成本包括买价和其他采购成本。买价是材料的供应单位所开发票上填列的价款;采购成本是在采购材料过程中发生的各种相关费用,包括运杂费、定额内的途中损耗、入库前的整理挑选费等。其构成可用公式表示为:

外购材料取得成本 = 买价 + 其他采购成本

企业在购进材料时,不论购进多少种,供应单位所开的发货票中都会列明各种材料的买价。这种能够直接确定为某一成本计算对象的费用,会计上称为直接费用。直接费用可以直接计入该种材料的取得成本。采购成本中有些属于直接费用,有些属于间接费用。直接费用同买价一样,可以直接列入该种材料的取得成本;间接费用是不能直接确定为某一成本计算对象的费用,应采用一定的方法分配计入某种材料的取得成本。

【例 5-1】祥云公司以银行存款购进 A、B、C 三种材料,有关资料如表 5-1 所示。

表 5-1　　　　　　　　　　　　　　　　　　　　　　　　　　　　　　　　单位:元

品种	买价	其他采购成本
A	800 000	
B	300 000	
C	1 500 000	
合计	2 600 000	6 240

根据上述资料,计算 A、B、C 三种材料的取得成本,如表 5-2 所示。

表 5-2
单位:元

品种	买价	其他采购成本	采购成本
A	800 000	6 240÷2 600 000×800 000=1 920	801 920
B	300 000	6 240÷2 600 000×300 000=720	300 720
C	1 500 000	6 240÷2 600 000×1 500 000=3 600	1 503 600
合计	2 600 000	6 240	2 606 240

由于外购材料的取得成本包括的内容较多,而且各项费用发生的时间可能不一致,加之遵守实际成本原则要求,各项财产物资一旦入账后,一般不能调整其账面价值。因此,会计核算时,应设置"材料采购"账户,专门归集材料的取得成本,待取得成本归集完毕,再将其全部转入有关的材料账户。根据上述计算编制的会计分录如下(相关税费略):

借:材料采购　　　　　　　　　　　　　　　　　　　2 606 240
　　贷:银行存款　　　　　　　　　　　　　　　　　　2 606 240
借:原材料——A　　　　　　　　　　　　　　　　　　801 920
　　　　——B　　　　　　　　　　　　　　　　　　　300 720
　　　　——C　　　　　　　　　　　　　　　　　　1 503 600
　　贷:材料采购　　　　　　　　　　　　　　　　　　2 606 240

2. 固定资产取得成本的计算

固定资产取得成本的计算,对企业一定期间损益的确定和企业财务状况有着十分重要的影响。固定资产取得有外购和自制两种,其来源不同,成本计算也不同。本章主要讲述外购固定资产的情况。

企业外购固定资产时,除支付买价外,还会发生运输费、装卸费、包装费、保险费、相关税金等。按照实际成本计价原则,这些费用均应构成固定资产的取得成本,相应计算公式为:

固定资产取得成本=买价+运输费+装卸费+包装费+保险费+相关税金

由于外购固定资产的取得成本包括的内容较多,同时各项费用发生的时间也可能不一致,并且在一般情况下,固定资产一旦入账后不得调整其账面价值,因此,对固定资产取得成本核算,一般应设置"在建工程"账户,用于归集固定资产的取得成本,待其归集完毕,达到可使用状态后,再将其全部成本转入"固定资产"账户。

【例 5-2】大和公司购进一台制造设备,买价 70 000 元,运输费 3 000 元,保险费 2 000 元,安装费 2 500 元。各项费用均以银行存款支付。此项经济业务的计算和核算如下:

固定资产取得成本=70 000+3 000+2 000+2 500=77 500(元)
借:在建工程　　　　　　　　　　　　　　　　　　　77 500

　　　　贷：银行存款　　　　　　　　　　　　　　　　　　　　77 500
　　　借：固定资产　　　　　　　　　　　　　　　　　　　　　77 500
　　　　贷：在建工程　　　　　　　　　　　　　　　　　　　　77 500

如果固定资产取得时，不需要发生安装费用，且可以同时归集完毕，也可以不通过"在建工程"账户，直接记入"固定资产"账户。

即问即答　是不是所有固定资产取得时发生的税金都应计入固定资产的取得成本中？

二、资产耗用成本的计算

资产耗用成本的计算涉及资产价值的确定和当期损益的正确计算。资产账户各金额的关系可用下式表示：

期末余额 = 期初余额 + 本期增加额 − 本期减少额

从资产账户各金额的关系式可以看出，当期初余额和本期增加额一定时，本期减少额和期末余额是互为消长的。本期减少额增加，则期末余额减少；反之，期末余额增加。一般情况下，期末余额构成资产总额，本期减少额构成成本费用的一个重要内容。因此，期末资产价值的多计，必然会使成本费用偏低，夸大本期利润，从而夸大了企业的资产，也使下一会计期间的期初资产价值多计，对下一个会计期间的资产和利润也有一定的影响；如果期末资产价值少计，则会使成本费用偏高，减少了企业的资产和本期的利润，并对下一会计期间的资产和利润产生一定影响。总之，发出资产价值的正确计算影响着企业的财务状况和经营成果。

资产金额的确定，取决于资产的数量和单价，一定的数量乘以一定的单价即可得出资产的金额，因此确定资产的数量是非常重要的。当数量确定后，选择何种单价也是非常重要的，选择不同的单价，就会形成资产的不同计价方法。耗用资产的成本计算包括存货、固定资产等项目，本书以材料数量和单价确定说明耗用资产的成本计算方法。

1. 存货盘存制度

确定各项存货账存数量的方法有两种：永续盘存制和实地盘存制。

永续盘存制。永续盘存制又称永续盘存法、账面盘存制，是根据账簿增减变化的记录来计算账面结存数量的一种盘存方法。在这种方法下，对存货的增加和减少，平时都要根据会计凭证连续登记入账，因此随时可以根据账簿记录结出账面结存数。账面结存数量的计算公式如下：

发出存货价值 = 发出存货数量 × 存货单价

期末账面结余数量 = 期初账面结余数量 + 本期增加数量 − 本期减少数量

【例 5 − 3】 某企业 A 材料的有关资料如下：

5 月 1 日，结存 2 000 件，单价 100 元，金额 200 000 元。

5 月 5 日，发出 1 000 件。

5月10日，购进3 000件，单价100元，金额300 000元。
5月20日，购进2 000件，单价100元，金额200 000元。
5月23日，发出5 000件。
根据上述资料，采用永续盘存制，在材料明细账上的记录如表5-3所示。

表5-3　　　　　　　　　　　　　　材料明细账

材料名称：A材料

日期	凭证号	摘要	收入			发出			结存		
			数量（件）	单价（元）	金额（元）	数量（件）	单价（元）	金额（元）	数量（件）	单价（元）	金额（元）
5月1日		结存							2 000	100	200 000
5月5日		发出				1 000	100	100 000	1 000	100	100 000
5月10日		购进	3 000	100	300 000				4 000	100	400 000
5月20日		购进	2 000	100	200 000				6 000	100	600 000
5月23日		发出				5 000	100	500 000	1 000	100	100 000
5月31日		合计	5 000	100	500 000	6 000	100	600 000	1 000	100	100 000

通过上例可以看出，采用永续盘存制度，可以在账簿中及时反映存货的收入、发出和结存情况，并从数量和金额两方面进行管理控制；账簿上的结存数量同时可以通过盘点加以核对。如果账簿上的结存数量与实存数量不符，可及时查明原因。但是，这种盘存制度要求每种存货都要开设一个明细账，存货的明细分类核算的工作量较大。

实地盘存制。实地盘存制又称实地盘存法，是根据实地盘点或技术推算所得的实存数量，作为各项存货账面结存数量的一种盘存方法。在这种方法下，平时只是对存货的增加业务，使用会计凭证连续登记入账。但对于存货的领用等正常减少的业务，平时不登记入账，因此，也不能及时结算账面结存数，而是期末根据实地盘点或技术推算所得的实存数量作为账面结存数量，最后倒挤计算出本期财产物资的减少数。计算本期减少数的计算公式如下：

期末存货价值 = 期末存货盘点数量 × 存货单价

本期存货减少数量 = 期初账面结存数量 + 本期增加数量 − 期末实际结存数量

【例5-4】续【例5-3】。期末盘点，该种材料的结存数量为1 000件。采用实地盘存制，登记材料明细账，见表5-4。

通过上例可以看出，采用实地盘存制度，平时只逐笔记录购进等增加存货的成本，不记录发出等存货减少的数量、金额。因此，这种盘存制度方法可以简化存货的核算工作。但它不能从账面上随时反映存货的收入、发出和结存情况，只能通过定期盘点，计算、结转发出存货的成本。由于倒挤发出存货的成本，使结转的发出成本中可能包含有非正常耗用的成本。

表 5-4　　　　　　　　　　　　　　　材料明细账

材料名称：A 材料

日期	凭证号	摘要	收入			发出			结存		
			数量（件）	单价（元）	金额（元）	数量（件）	单价（元）	金额（元）	数量（件）	单价（元）	金额（元）
5月1日		结存							2 000	100	200 000
5月10日		购进	3 000	100	300 000				5 000	100	500 000
5月20日		购进	2 000	100	200 000				9 000	100	900 000
5月31日		盘存							9 000	100	900 000
5月31日		发出				6 000	100	600 000	1 000	100	100 000
5月31日		合计	5 000	100	500 000	6 000	100	600 000	1 000	100	100 000

通过上面的实例可知，两种盘存制度各有利弊，但二者相比较，永续盘存制因能够加强对存货的管理，能够随时提供有用的资料。因此，在实际工作中，绝大部分存货都采用永续盘存制，只有一些价值低、品种多、收发频繁的存货采用实地盘存制。

2. 存货发出的计价方法

企业的各项存货由于购进时间不同、批量大小差异及地点远近等种种原因形成不同的购进单价。依据国际惯例，常用的存货计价方法有先进先出法、后进先出法、加权平均法、移动平均法和个别计价法等。

（1）先进先出法。先进先出法是以最先购进的存货最先发出为假定前提。在这种方法下，日常发出材料等存货的实际成本，要按库存存货中最先购进的那批存货的实际成本计价。如果发出的存货属于最先购入的两三批且单价不同，就要用两三个不同的单价计价。这种计价方法的特点是使结存存货的账面结存价值接近于近期市场价格。表 5-5 以材料收发为例说明了采用先进先出法时存货期末账面结存价值的计算过程。

表 5-5　　　　　　　　　　　　　　　材料明细账

类别：有色金属类　　材料名称：A 材料

日期	凭证号	摘要	收入			发出			结存		
			数量（件）	单价（元）	金额（元）	数量（件）	单价（元）	金额（元）	数量（件）	单价（元）	金额（元）
7月1日		结存							2 000	100	200 000
7月10日		购进	2 000	105	210 000				2 000	100	200 000
									2 000	105	210 000
7月11日		发出				2 000	100	200 000	2 000	105	210 000
7月18日		购进	4 000	110	440 000				2 000	105	210 000
									4 000	110	440 000
7月30日		发出				2 000	105	210 000	1 000	110	110 000
						3 000	110	330 000			
7月30日		合计	6 000		650 000	7 000		740 000	1 000	110	110 000

（2）后进先出法。后进先出法是假定以最后入库的存货最先发出为前提。在这种方法下，日常发出材料等存货的实际成本要按库存存货中最后购进的那批存货的实际成本计价。如果发出的材料等存货属于最后购入的不少于通过两批次购买的材料等存货且每次购买单价不同，就要用不同的单价计价。这种计价方法的特点是使发出存货的价值接近于近期市场价格。在通货膨胀条件下，能保证成本、费用的有效补偿，符合会计核算谨慎性原则的要求。表5-6在表5-5的基础上说明了采用后进先出法时存货期末账面结存价值的计算过程。目前，我国企业会计准则取消了后进先出法，取消的主要原因在于：后进先出法将更早期形成的成本留在企业存货中，将最近形成的价格分配给销售成本，这样由于通货膨胀的原因长期累积会低估企业存货的公允价值，降低各期的当期利润。同时这种方法也使得企业应交所得税减少。

表5-6　　　　　　　　　　　　　　材料明细账

类别：有色金属类　　材料名称：A材料

日期	凭证号	摘要	收入			发出			结存		
			数量（件）	单价（元）	金额（元）	数量（件）	单价（元）	金额（元）	数量（件）	单价（元）	金额（元）
7月1日		结存							2 000	100	200 000
7月10日		购进	2 000	105	210 000				2 000	100	200 000
									2 000	105	210 000
7月11日		发出				2 000	105	210 000	2 000	100	200 000
7月18日		购进	4 000	110	440 000				2 000	100	200 000
									4 000	110	440 000
7月31日		发出				4 000	110	440 000	1 000	100	100 000
						1 000	100	100 000	1 000	100	100 000
7月31日		合计	6 000		650 000	7 000		750 000	1 000	100	100 000

（3）加权平均法。在加权平均法下，发出存货的单价是以本期收入数和期初结存数进行加权平均计算的，即以本期收入存货的实际成本与期初结存存货的实际成本之和，除以本期实际增加的存货数量与期初结存存货数量之和，求得存货平均单价。其计算公式如下：

存货平均单价 =（期初结存存货实际成本 + 本期增加存货实际成本）/（期初结存存货数量 + 本期增加存货数量）

采用这种方法，平时只能计算结余存货数量，但金额却只有期末才能根据上述数字计算存货的平均单价，并对发出存货进行计价，进而计算存货结存的金额。因此，使用这种方法时，平时从存货明细账中看不出存货的结存价值，这不利于存货的日常管理工作，但这种计价方法能够减少计价的工作量。表5-7在表5-5的基础上说明了采用加权平均法时存货期末账面结存价值的计算过程。

表 5-7　　　　　　　　　　　　　　　材料明细账

类别：有色金属类　　　材料名称：A 材料

日期	凭证号	摘要	收入			发出			结存		
			数量（件）	单价（元）	金额（元）	数量（件）	单价（元）	金额（元）	数量（件）	单价（元）	金额（元）
7月1日		结存							2 000	100	200 000
7月10日		购进	2 000	105	210 000				4 000		
7月11日		发出				2 000			2 000		
7月18日		购进	4 000	110	440 000				6 000		
7月31日		发出				5 000			1 000		
7月31日		成本				7 000	106.25	743 750			
7月31日		合计	6 000		650 000	7 000	106.25	743 750	1 000	106.25	100 625

材料平均单价 = (200 000 + 650 000) ÷ (2 000 + 6 000) = 106.25（元）

（4）移动平均法。在移动平均法下，发出存货的单价是以最近一次购进的材料等存货计算的平均单价为基础，即用以前结存存货的实际成本加上本批增加的材料等存货的实际成本，除以以前结存存货的数量加上本批增加的材料等存货的数量，求得存货的平均单价，作为发出存货的计价标准。其计算公式如下：

存货平均单价 =（以前结存存货实际成本 + 本批增加的存货实际成本）/（以前结存存货数量 + 本批增加的存货数量）

采用这种方法，每购进一批存货，就要重新计算一次单价，每发出一次存货，都要以上次结存存货的平均单价作为本次发出存货的单价，因而存货的计价工作量较大。但其优点是存货计价工作可以分散在月内进行。表 5-8 在表 5-5 的基础上说明了采用移动平均法时存货期末账面结存价值的计算过程。

表 5-8　　　　　　　　　　　　　　　材料明细账

类别：有色金属类　　　材料名称：A 材料

日期	凭证号	摘要	收入			发出			结存		
			数量（件）	单价（元）	金额（元）	数量（件）	单价（元）	金额（元）	数量（件）	单价（元）	金额（元）
7月1日		结存							2 000	100	200 000
7月10日		购进	2 000	105	210 000				4 000		
7月11日		发出				2 000	102.5	205 000	2 000	102.5	205 000
7月18日		购进	4 000	110	440 000				6 000		
7月31日		发出				5 000	107.5	537 500	1 000		
7月31日		合计	6 000		650 000	7 000		742 500	1 000	107.5	107 500

7月11日发出材料平均单价=(200 000+210 000)÷(2 000+2 000)=102.5(元)

7月31日发出材料平均单价=(205 000+440 000)÷(2 000+4 000)=107.5(元)

(5)个别计价法。个别计价法以某批存货收入时的实际单位成本作为该批存货发出的实际成本,即发出某批存货要根据该批存货购入时的实际单位成本计算。这种方法的优点是能正确地计算发出存货的实际成本,并随时掌握实际库存情况。但采用这种方法,要求确认发出存货和期末结存存货所属购进的批别。为此,必须按购进批别设置存货明细账,对其进行详细记录。入库时,应挂上标签,分别存放,分别保管,以便发出时容易识别是哪批购进的。这种计价方法一般只适用于价值高、数量少的存货。在采用个别计价法时,期末账面价值根据下式计算:

发出存货价值=发出存货数量×该批存货实际单位成本

期末存货价值=期末存货数量×该批存货实际单位成本

3. 存货结转的账务处理

企业可以根据每一种存货的特点,选择其中一种或几种计价方法计算存货的发出成本和期末存货的价值。发出存货成本的结转视存货的用途而定。如果车间领用材料用于产品制造,根据上述计算结果,借记"生产成本"科目,贷记"原材料"科目。如果管理部门领用材料作为一般耗用,根据计算结果,借记"管理费用"科目,贷记"原材料"科目。如果将库存商品销售出去,根据计算结果,借记"主营业务成本"科目,贷记"库存商品"科目。将发出或销售存货的成本结转后,在存货账户中保留的为期末存货的价值。将其数额与盘点结果核对,可说明账实是否相符。假设上述领用的材料用于产品生产,根据表5-7计算的结果,编制的会计分录如下:

借:生产成本　　　　　　　　　　　　　　　　　　743 750
　　贷:原材料　　　　　　　　　　　　　　　　　　　　743 750

三、生产成本的计算

1. 产品成本计算概述

企业在生产过程中会发生各种各样的耗用,如耗用材料、人工等。企业在一定时期内发生的生产过程的耗用称为生产费用;当这些生产费用具体到一定的对象和数量上时,就形成制造产品的成本,即产品成本。产品成本包括直接材料、直接人工和制造费用。直接材料是指构成产品实体的所有主要原料、材料及辅助材料、燃料等等;直接人工是指直接从事产品制造的工人工资及福利费;制造费用是指除直接材料、直接人工以外的、为企业组织和管理生产过程中发生的各项间接费用,如固定资产折旧、间接材料、为组织和管理车间生产发生的车间管理人员工资及其他管理费用等。只有为制造产品发生的生产费用才能构成产品成本,除此以外发生的其他各项耗用,通常作为期间费用,如厂部为组织和管理全厂生产而发生的材料费用、工资费用等作为管理费用处理,并直接冲减当期收入。

企业为制造产品而发生的各项费用,通过"生产成本"总账和明细账进行归集、分配、核算。其中生产成本明细账应按产品品种、批次等分别设置,并采用一定成本计算方法,计算、确认产品成本的总成本和单位成本。

2. 产品成本计算原理

"生产成本"账户的借方发生额归集了本期为制造产品而发生的直接材料、直接人工及期末分配转入的制造费用,加上该账户的期初余额,构成本期生产费用合计数。如果生产的产品全部完工,本期生产费用合计全部作为完工产品成本转出,期末生产成本无余额;如果本期生产的产品全部未完工,本期生产费用合计全部作为在产品成本,留在"生产成本"账户借方期末余额中;如果本期生产的产品一部分完工,一部分没有完工,则要采用一定的方法,将本期生产费用合计在完工产品与在产品之间进行分配,完工产品包括的生产成本转出到"库存商品"账户中,未完工的产品生产成本,留在"生产成本"账户借方期末余额中。上述生产费用与生产成本的关系如图 5 - 1 所示。

生产成本

期初生产费用	
本期发生的直接材料费用	
本期发生的直接人工费用	
期末结转分配来的制造费用	完工产品成本转出
期末在产品成本	

图 5 - 1

【例 5 - 5】某企业生产甲产品,本期领用生产用材料 180 000 元,应付生产工人工资 70 000 元。期末结转分配来的制造费用为 14 000 元。甲产品成本归集的相关会计分录如下:

借:生产成本　　　　　　　　　　　　　　　　　　　　264 000
　　贷:原材料　　　　　　　　　　　　　　　　　　　　180 000
　　　　应付职工薪酬　　　　　　　　　　　　　　　　　 70 000
　　　　制造费用　　　　　　　　　　　　　　　　　　　 14 000

设"生产成本"账户的期初余额为 22 500 元,则本期各项耗用合计为 286 500 元。产品制造成本的计算有以下三种情况。

(1) 本期生产的产品全部完工。如果本期生产的产品全部完工,则完工产品的生产成本为各项耗用的合计数 286 500 元。产品制造完工后,验收入库,同时为制造产品的成本也随之转入"库存商品"账户,编制如下会计分录:

借:库存商品　　　　　　　　　　　　　　　　　　　　286 500
　　贷:生产成本　　　　　　　　　　　　　　　　　　　286 500

（2）本期生产的产品全部未完工。如果本期生产的产品全部未完工，即在产品的成本为本期生产费用合计数 286 500 元。在产品的制造成本留在"生产成本"账户。其账簿记录见图 5-2。

生产成本

期初生产费用	22 500
本期发生的直接材料费用	180 000
本期发生的直接人工费用	70 000
期末结转分配来的制造费用	14 000
期末在产品成本	286 500

图 5-2

（3）本期生产的产品部分完工。如果本期生产的产品一部分完工，一部分未完工，则本期为制造产品发生的各项耗用的合计数 286 500 元，应在完工产品和在产品之间进行分配，完工产品验收入库，完工产品应承担的制造成本也同时随之转入"库存商品"账户；在产品应承担的制造成本留在"生产成本"账户。设本例中完工产品应分配的产品制造成本为 240 000 元，在产品应分配的制造成本为 46 500 元。完工产品制造成本结转的会计分录如下：

借：库存商品　　　　　　　　　　　　　　　　　　　　240 000
　　贷：生产成本　　　　　　　　　　　　　　　　　　　　　240 000

"生产成本"账户的登记见图 5-3。

生产成本

期初生产费用	22 500		
本期发生的直接材料费用	180 000		
本期发生的直接人工费用	70 000		
期末结转分配来的制造费用	14 000	完工产品成本转出	240 000
期末在产品成本	46 500		

图 5-3

第四节　相关案例、会计热点与本章小结

一、会计案例

20×6 年 6 月，王先生投资 400 万元注册了一家有限责任公司，并购买了必要的办公设备 20 万元，生产设备 160 万元。会计人员根据相关的原始凭证记账。到了当年 12 月 31 日，办公设备降价 8 000 元，同类生产设备价格上涨到 180 万元。王先生认为资产取得成本应按公允价值计算，要求会计人员将已入账的设备按年末的公允价

值进行调整。会计人员认为年末按公允价值对已入账的资产进行调整，不符合企业会计准则的规定。你认为谁的说法有道理？为什么？

即问即答 回忆资产的记账金额。

二、会计热点

为加强企业产品成本核算，保证产品成本信息真实、完整，促进企业和经济社会的可持续发展，根据《中华人民共和国会计法》《企业会计准则》等国家有关规定，财政部制定了《企业产品成本核算制度（试行）》，自 2014 年 1 月 1 日起在除金融保险业以外的大中型企业范围内施行。

企业产品成本核算既是企业的一项重要会计工作，也是企业的一项重要管理活动。制定成本制度是规范和加强企业产品成本核算的一项重要制度安排，对于加强企业内部管理、提高竞争力具有重要意义，也是不断完善企业会计准则体系、推进管理会计体系建设的一项重要任务。

该成本核算制度共五章五十三条，主要内容可以概括为：衔接两大体系，体现两个结合，实现三大突破。

1. 衔接两大体系

两大体系，即企业会计标准体系和管理会计体系。目前，企业会计标准体系基本建成并在大中小型企业全面实施，管理会计体系已列为今后会计改革与发展的重点方向。成本制度一方面与企业会计标准体系保持了衔接，有机整合了企业会计准则中关于产品成本核算的零散内容；另一方面，成本制度与管理会计体系建设进程保持了衔接，突出体现了企业内部管理对产品成本核算多维度、多层次的需要，明确规定企业应当根据内部管理要求确定成本核算对象、成本核算项目，并在此基础上对有关费用进行归集、分配和结转，同时，适度加入作业成本法等，为管理会计体系的建设迈出了坚实步伐。

2. 体现两个结合

一是和规范化、科学化、信息化管理的需求相结合。规范化、科学化、信息化是财政管理的基本要求。成本制度贯穿了这一要求。二是和目前行之有效的规定和做法相结合。

3. 实现三大突破

在体现两个结合的基础上，实现了以下三大突破：

一是建立制造业和非制造业企业统一适用的产品成本核算体系，兼顾制度的普遍适用性和可操作性。

二是以国民经济分类标准划分的 20 大类行业为基础，并结合财政部以往发布的行业会计制度和核算办法所涉及的 13 个行业，科学、系统地整合划分了 11 个行业类别。

三是体现企业管理发展的新需要，适度引入现代企业成本核算的新实践，促进发挥成本信息在管理中的基础作用。

最新成本制度规定，企业可以按照"多维度"、"多层次"的管理需求进行产品成本核算。又如，随着企业 IT 技术的运用，企业使用现代信息技术来管理经营与生产，是产品成本核算和管理的趋势。作业成本法作为管理会计的重要内容之一，适时予以引入，将有助于引导企业将产品成本核算与成本信息的分析和应用结合起来，促进企业降本增效。调研显示，目前信息传输、软件及信息技术服务行业的有关企业，已经具备了较好的作业成本法操作基础和成功实践。成本制度据此做出了适度规定。

思考题：营改增的出台对当前经济有什么意义，谈谈你的看法。

三、本章小结

成本计算的内容按形成分类，可以分为资产取得成本的计算、资产耗用成本的计算、产品成本的计算、主营业务成本的计算。

资产取得成本的计算是选择被计算对象的计量属性，确定应予记录的各项资产金额的会计处理过程。它涉及两方面的内容：（1）确认应予记录的资产项目。按照资产的内容确定，应予记录的资产项目包括应收款项、存货、固定资产、股权投资等；（2）对应予记录的资产项目进行货币计价。

外购材料取得成本 = 买价 + 其他采购成本

外购固定资产成本计价的原则有：（1）按历史成本计价。（2）划分资本性支出和收益性支出。（3）考虑成本—效益原则。其公式为：

固定资产取得成本 = 买价 + 运输费 + 装卸费 + 包装费 + 保险费 + 相关税金

耗用资产成本的计算涉及资产价值的确定和当期损益的正确计算。资产账户各金额的关系式为：

期末余额 = 期初余额 + 本期增加额 − 本期减少额

确定各项存货账存数量的方法有两种：永续盘存制和实地盘存制。永续盘存制是根据账簿记录计算账面结存数量的方法。在这种方法下，对存货的增加和减少，平时都要根据会计凭证连续登记入账，因此随时可以根据账簿记录结出账面结存数。实地盘存制是根据实地盘点或技术推算所得的实存数量，作为各项存货账面结存数量的方法。

存货发出的计价方法有先进先出法、后进先出法、加权平均法、移动平均法和个别计价法等。

企业为制造产品而发生的各项费用，通过"生产成本"账户的借方进行归集。将属于制造产品的生产费用，借记"生产成本"账户，以使"生产成本"账户的借方归集全部制造产品的生产费用；将不属于制造产品而发生的各项费用，借记"管理费用"科目。

第五节 思 考 题

一、思考题：基础知识题

1.（单选）某企业购进一台设备的买价为 50 000 元，运输费为 500 元，保险费为 50 元，安装费为 1 000 元。如果不考虑其他因素的影响，该项设备的入账成本为（　　）元。

　　A. 50 000　　　　　　　　　　B. 50 500
　　C. 50 550　　　　　　　　　　D. 51 550

2.（单选）下列各项中，属于购进材料发生的间接费用的是（　　）。

　　A. 材料买价　　　　　　　　　B. 材料入库前的挑选整理费
　　C. 市内运杂费　　　　　　　　D. 甲、乙材料的运输费

3.（单选）在存货采用实地盘存制时，计算本期存货数量减少的公式是（　　）。

　　A. 资产＝负债＋所有者权益
　　B. 本期减少额＝期初余额＋本期增加额－期末余额
　　C. 期末结存数量＝期初结存数量＋本期增加数量－本期减少数量
　　D. 本期减少数量＝期初结存数量＋本期增加数量－期末实际结存数量

4.（单选）企业采用实地盘存制对存货进行核算时，存货账簿中平时记录的内容是（　　）。

　　A. 在存货账簿中根据原始凭证登记存货增加和减少数量
　　B. 只在存货账簿中登记存货增加数量，不登记存货减少数量
　　C. 只在存货账簿中登记存货减少数量，不登记存货增加数量
　　D. 通过财产清查确定存货的增加数量、减少数量、结存数量，并据此登记账簿

5.（单选）企业通过"生产成本"账户核算生产产品的制造成本。下列各项中，属于"生产成本"账户贷方反映内容的是（　　）。

　　A. 期初在产品成本　　　　　　B. 本期生产费用合计数
　　C. 完工产品成本　　　　　　　D. 期末在产品成本

6.（单选）下列各项中，（　　）公式是材料发出成本计算依据的公式。

　　A. 期末余额＋本期减少额＝期初余额＋本期增加额
　　B. 总账期末余额的合计数＝所属明细账期末余额的合计数
　　C. 总账借方余额的合计数＝总账贷方余额的合计数
　　D. 资产＝负债＋所有者权益

7.（单选）某企业生产 A 产品，本期领用材料 50 000 元，直接人工工资 20 000 元，提取折旧 10 000 元，其他制造费用 15 000 元。设期初在产品成本为 15 000 元，

期末在产品成本为 20 000 元。如果不考虑其他因素的影响,A 产品的完工产品成本为( )元。

A. 95 000
B. 80 000
C. 90 000
D. 110 000

8.(多选)存货发出计价是企业会计核算的重要内容。企业采用不同的存货发出计价方法,影响的因素有( )。

A. 资产期末价值
B. 负债期末价值
C. 所有者权益期末价值
D. 收入
E. 费用

9.(多选)下列各项中,属于确定固定资产取得成本的有( )。

A. 买价
B. 安装费
C. 保险费
D. 运输费
E. 采购费

10.(多选)固定资产取得成本的计量是企业重要的核算内容。下列各项中,属于确定固定资产取得成本依据的原则有( )。

A. 谨慎性原则
B. 历史成本
C. 成本—效益原则
D. 权责发生制
E. 划分资本性支出和收益性支出

11.(多选)在销售收入一定的情况下,如果多计了销售成本,产生的影响有( )。

A. 增加资产价值
B. 减少资产价值
C. 增加利润
D. 减少利润
E. 减少所有者权益

12.(多选)发出存货有不同的计价方法,各种计价方法有不同的应用条件。下列各项中,属于采用个别计价法应具备的应用条件有( )。

A. 入库时应分别存放、分别保管
B. 成本流转与实物流转相一致
C. 准确计算发出存货的实际成本
D. 发出时标明所属的购进批别

13.(多选)下列各项中,属于成本计算账户的有( )。

A. 生产成本
B. 制造费用
C. 在建工程
D. 材料采购
E. 主营业务成本
F. 管理费用

14.(多选)存货采用永续盘存制进行核算时,下列各项中,能够体现其优点的有( )。

A. 简化核算的工作量
B. 期末准确地倒计发出存货成本
C. 账簿记录比较完整

D. 便于从数量和金额两方面对存货进行管理

E. 便于将账面结存数与实存数进行核对

15. （多选）存货采用实地盘存制时，下列各项中包含在发出存货成本中的有（　　）。

A. 结存的存货　　　　　　　　B. 毁损的存货

C. 增加的存货　　　　　　　　D. 减少的存货

E. 正常耗用的存货　　　　　　F. 非正常耗用的存货

16. （多选）下列各项中，构成产品生产成本要素的有（　　）。

A. 制造费用　　　　　　　　　B. 直接材料费用

C. 管理费用　　　　　　　　　D. 直接人工费用

E. 销售费用

17. （多选）下列各项中，属于成本计算作用的有（　　）。

A. 成本计算的结果是决策的重要依据

B. 成本计算可以确定耗用的补偿尺度

C. 成本计算的结果是确定销售价格的依据

D. 成本计算是真实反映企业财务状况的基础

E. 成本计算是登记账簿的依据

二、综合题

某企业 A 材料的期初结存数量为 1 000 件，单价 50 元；期初在产品成本为 30 000 元，期末在产品成本为 20 000 元。本期发生下列经济业务：

1. 购进 A 材料 800 件，单价 54 元。全部款项以银行存款付清，另外以库存现金支付运杂费 160 元。

2. 发出 A 材料 1 200 件，用于产品生产。

3. 购进 A 材料 1 500 件，单价 58 元。全部款项以银行存款付清。

4. 发出 A 材料 2 000 件，用于产品生产。

5. 以库存现金发放直接人工工资 30 000 元。

6. 以银行存款支付车间一般费用 20 000 元。

7. 期末盘点，A 材料毁损 10 件，属于非正常毁损。

8. 计算并结转本期完工产品成本。

要求：1. 根据上述经济业务编制会计分录，其中对于材料的业务分别按永续盘存制和实地盘存制编制有关会计分录（不通过"材料采购"账户）。

2. 根据上述资料，分别采用先进先出法和移动加权平均法计算发出材料成本并登记 A 材料的明细账。

第六章

账户分类

在本章中你将——

了解账户按经济内容进行的分类；熟悉账户按用途和结构进行的分类；掌握各类账户的用途、结构及特点；理解并进一步熟悉账户的设置和运用。

账户是会计科目在会计账簿中的具体运用，作为一种工具在处理企业日常经济业务过程中有着非常重要的作用。

不同的会计要素之间存在着各种对应关系，作为反映各种会计要素手段的账户之间必然也不是孤立存在的，它们之间也存在着相互依存、互为条件、增减变动，在数量金额上互相关联的有机联系。研究账户的分类，就是要研究不同账户之间的个性和共性，为了更好地把握账户的具体内容，在掌握各个账户特性的基础上，还应掌握各种账户的共性，探讨各账户之间的内在联系，理解各个账户在整个账户体系中的地位和作用，以及各类账户在提供会计信息方面的规律性，以达到正确设置和运用账户的目的。

账户的分类标志一般有按账户的经济内容分类，按账户的用途结构分类等。按经济内容的分类是基础，按用途结构的分类是重点。

第一节 账户分类的意义

账户分类是为了正确地运用账户，根据一定的标志，对账户进行合理的归类。账户分类首先，有利于从理论上加深对账户全面认识，了解账户体系的设置和运用在会计核算体系中的地位和作用，正确运用设置账户这种会计核算的专门方法，建立起更加完善的会计核算体系；其次，能够使我们正确认识各会计要素的经济内容，进一步了解账户体系中各个账户内容之间的联系和区别，从而做到正确、熟练地使用账户；最后，能够揭示全部账户在反映会计对象的具体内容上存在的既分工又协作的关系。

一、账户分类的目的

为了满足会计信息使用者使用会计信息的需求，就要根据会计科目在账簿中开设一系列账户。账户是对经济业务分类记录的"门户"，每一个账户都有其特定的核算内容，只能对特定的经济业务进行核算，只能对某项经济业务中某一方面的会计数据进行分类记录，只从某一个侧面来反映会计要素的变化过程及其结果，一般不能用其他账户来替代，正因为这样，每个账户才有区别于其他账户的特征。

账户与账户之间又有其共性，不同的账户群有不同的共性，构成不同的账户类别。我们知道，就某一个会计要素而言，它不是孤立存在的，它与自身同要素的对应账户或其他五个会计要素中的对应账户是不可分割的统一体。六大会计要素之间虽有区别，但联系密切，无论是在静止状态还是在运动状态，会计要素内部或相互之间都存在着联系。对六大会计要素的科学核算，能提供完整而系统的会计信息。因此，作为反映各种会计要素手段的账户之间，也必然不是相互孤立的，它们的增减变动在数量金额上是互相关联的。也就是说，账户之间存在着某种共性。账户的整体集合，构成一个完整的有机体系。只有完整地运用这个体系，才能完整地反映和监督会计对象的全部内容。没有分类就无法认识账户体系的内在联系，必然影响账户的作用以及对账户的深入认识和运用。

要正确地使用账户进行会计管理，就必须弄清各个账户的性质和作用以及同其他账户的关系。研究账户分类，弄清不同账户群的共性和个性，有助于更好地掌握和运用账户，提高对经济业务核算的效率。此外，研究账户分类，弄清如何设置账户体系，确定各账户的核算范围和使用方法，对于会计制度设计显然也是十分重要的。总之，掌握账户分类的规律性，用以指导实践，是我们研究账户分类的主要目的。

二、账户分类的原则

企业单位设置的各个账户共同构成一个完整而严密的账户体系，它们之间既有区别又有联系。为了对账户进行更科学、更有意义的分类，在对账户进行分类时，应遵循以下几个原则：

第一，账户分类标志的确定应能准确体现账户的共性。账户可以选择不同的标志对其进行分类。分类的目的本来就是为了寻找事物的规律性，以便于对纷纭复杂的事物加以整理，使其清晰，这就要求所确定的账户分类标志必须应能体现其规律性，类别之间的界限清楚。

第二，必须适应会计对象的特点。账户是用来核算和控制会计对象的，从本质上说，账户是对会计对象分类的结果，所以，对账户进行分类就必须考虑会计对象的特点。我们对账户按其经济内容这个标志进行分类，也就是账户按会计对象的经济特征所进行的分类。

第三，便于应用。设置账户的目的是为了及时、完整地反映企业发生的经济业务，更好地加强经济管理，为有关方面提供所需信息。为此，账户的分类应当简明扼要，做到适用性强，便于应用。

三、账户分类的标志

研究账户分类，首先就要确定分类的标志。关于账户分类，从不同的角度可以有不同的分类标志，运用不同的分类标志，也就可以把账户划分为不同的类别。确定账户分类的标志实质上就是从什么角度去寻找它们的共性。凡在提供核算指标方面有共同性的账户，就它们的共同性而言属于一类账户。而它们之间的共性也成为该类账户的共同性标志。为了进一步研究账户各自的特性和它们的共性，应研究和掌握账户的分类标志。账户的分类标志一般有三类：按经济内容分类，按用途和结构分类，按与会计报表的关系分类。

四、账户分类的作用

任何一个会计主体在其会计数据的收集和处理过程中，都要使用多个账户，而这些账户既有联系，又有一定的区别，所以，我们要研究账户分类的问题。科学地进行账户分类，具有以下作用：

（一）便于正确地设置和运用账户，全面反映企业经营活动和资金运动情况

正确地设置和运用账户是会计核算的一种专门方法，只有在了解了各个账户特性的基础上，进一步了解和掌握各种账户的共性及其相互关系，才能根据会计核算的具体要求，充分利用账户这一重要工具为有关方面提供完整、系统、有用的会计信息。由于各单位的经营活动的特点不同，资金运动的内容不同，所设置的账户体系也就不同。就是说，要全面地反映企业的经济业务，就必须针对不同类型、不同规模的企业，在账户设置上应有所区别。要想有效地反映和监督单位的经营活动，就要从本单位经营活动的特点出发，选择能够反映本单位经营活动的账户体系。使它们能全面、系统地记录本单位的经济活动过程和结果，为会计信息使用者提供所需的信息。

（二）有利于掌握各账户在提供会计核算指标方面的规律性

我们知道，每个账户都有其相应的结构，以不同的方式提供会计核算所需要的各种指标。如果再作进一步的考察，还会发现有些账户在结构上有其相同之处，如"原材料"账户和"固定资产"账户，它们的借方都登记增加额，贷方都登记减少额，余额也都在借方；再如"股本"账户和"资本公积"账户，它们的贷方都登记增加额，借方都登记减少额，余额也都在贷方，等等。这说明账户在提供诸如增加额、减少额和结余额等会计核算指标方面具有一定的规律性。对账户按其不同的标志进行分类，有助于我们更好地把握这个规律，从而更好地理解和运用账户。

（三）便于编制会计报表

从本质上讲，账户是对会计要素的再划分，而会计六要素的增减变动过程及其结果，最终要以会计报表的形式反映出来。编制会计报表所需的相关数据资料是由各个相应的账户提供的。不同的会计报表，反映的经济内容不同（会计要素不同），其相关数据资料的来源也不相同。为了及时、正确地编制会计报表，要根据特定会计报表所反映的经济内容，正确确定编制每张会计报表所需的数据资料是来自于哪些账户，这些账户能提供什么样的会计信息。例如，资产负债表是用来反映某一时点财务状况的，是对某一时点企业现存经济资源和它们的来源的说明。它的数据资料由资产、负

债和所有者权益三类账户提供。若不能正确确定为编制会计报表提供数据资料的账户，就不能正确编制会计表。因此，掌握账户分类及账户的经济内容、用途和结构，有利于正确地编制会计报表。

即问即答　简述为什么要对账户按照不同标志进行分类，分类的原则及作用有哪些。

第二节　账户按经济内容的分类

账户按经济内容分类的实质是明确各类账户所反映的各项具体经济内容，正确使用借贷记账法，是理解账户其他分类方法的基础。账户按经济内容分类可分为资产类账户、负债类账户、所有者权益类账户、收入类账户、费用类账户、利润类账户六大类。

一、账户按经济内容分类的意义

账户最基本、最主要的分类是按经济内容分类。账户的经济内容，是指账户所反映的会计对象的具体内容，而会计对象的具体内容实质上就是会计要素的内容。所以，按账户的经济内容对账户进行分类，就是按账户所反映的会计对象的具体内容对账户进行分类，也就是按账户所反映的会计要素的具体内容进行分类。在借贷记账法下，不同会计对象增减变动的记账方向是不同的，不同的会计对象有不同的账户结构和用途。账户的经济内容决定了账户的用途和结构，分别渗透在账户的用途和结构之中，明确了账户的经济内容，就为明确账户的用途和结构打下了一个良好的基础；另外，不同的会计报表，包含不同的会计要素，明确了账户的经济内容，就能正确掌握会计账户和相应会计报表之间的关系。因此，通过对账户按经济内容的分类，可以为更好地运用借贷记账法，确切地了解每类和每个账户具体应核算和监督的内容，设置出适应本单位的经营管理需要的、科学完整的账户体系，同时为学习账户的其他分类打下基础。

二、账户按经济内容的分类

如前所述，按账户的经济内容分类，实质上是按会计对象的具体内容的分类。企业的会计对象就是资金运动，资金运动可以分为静态运动和动态运动两种形式。资产、负债、所有者权益构成资金运动的静态形式，而收入、费用和利润则构成资金运动的动态形式，于是按经济内容分类建立的账户体系，应包括反映资金运动的静态账户和反映资金运动的动态账户两类。反映资金运动的静态账户应由反映资产的账户、反映负债的账户和反映所有者权益的账户所组成；反映资金运动的动态账户应由反映收入的账户、反映费用的账户和反映利润的账户所组成。现分别说明如下：

（一）资产类账户

资产类账户，是核算企业各种资产的增减变动及结余额的账户。资产按流动性不同，可以分为流动资产和非流动资产两类，因而资产类账户也相应地分为反映流动资产的账户和反映非流动资产的账户两类。反映流动资产的账户主要有"库存现金"、"银行存款、"应收账款"、"其他应收款"、"原材料"、"库存商品"和"待摊费用"等；反映非流动资产的账户主要有"长期股权投资"、"固定资产"、"累计折旧"、"无形资产"和"长期待摊费用"等。

（二）负债类账户

负债类账户，是核算企业各种负债的增减变动及结余额的账户。按照负债的还款期不同，可以分为核算流动负债的账户和核算非流动负债的账户两类。核算流动负债的账户主要有"短期借款"、"应付账款"、"应付票据"、"预收账款"、"其他应付款"、"应付股利"和"预提费用"等；核算非流动负债的账户主要有"长期借款"、"应付债券"、"长期应付款"等。

（三）所有者权益类账户

所有者权益类账户，是核算企业所有者权益的增减变动及结余额的账户。按照所有者权益的来源和构成的不同，又可以分为核算所有者原始投资的账户、核算经营积累的账户以及核算所有者权益其他来源的账户三类。核算所有者原始投资的账户主要有"股本"账户等；核算经营积累的账户主要有"盈余公积"账户等；核算所有者权益其他来源的账户主要有"资本公积"账户等。

（四）收入类账户

收入类账户，是核算企业在生产经营过程中所取得的各种经济利益的账户。这里的收入，是指广义的收入。按照收入的不同性质和内容，又可以分为核算营业收入的账户和核算非营业收入账户的两类。核算营业收入的账户主要有"主营业务收入"、"其他业务收入"账户等，核算非营业收入的账户主要有"营业外收入"、"投资收益"账户等。

（五）费用类账户

费用类账户，是核算企业在生产经营过程中发生的各种费用支出的账户。这里的费用，是指广义的费用。按照费用的不同性质和内容，费用类账户又可以分为核算经营费用的账户和核算非经营费用的账户两类。核算经营费用的账户主要有"生产成本"、"制造费用"、"主营业务成本"、"税金及附加"、"其他业务成本"、"管理费用"、"销售费用"、"财务费用"、"所得税费用"等；核算非经营费用的账户主要有"营业外支出"等。

（六）利润类账户

利润类账户，是核算利润的形成和分配情况的账户。这类账户又可以分为核算利润形成情况的账户和核算利润分配情况的账户两类。核算利润形成情况的账户主要有"本年利润"等，核算利润分配情况的账户主要有"利润分配"等。

下面将制造业企业按经济内容分类建立的账户体系列示如图6-1所示：

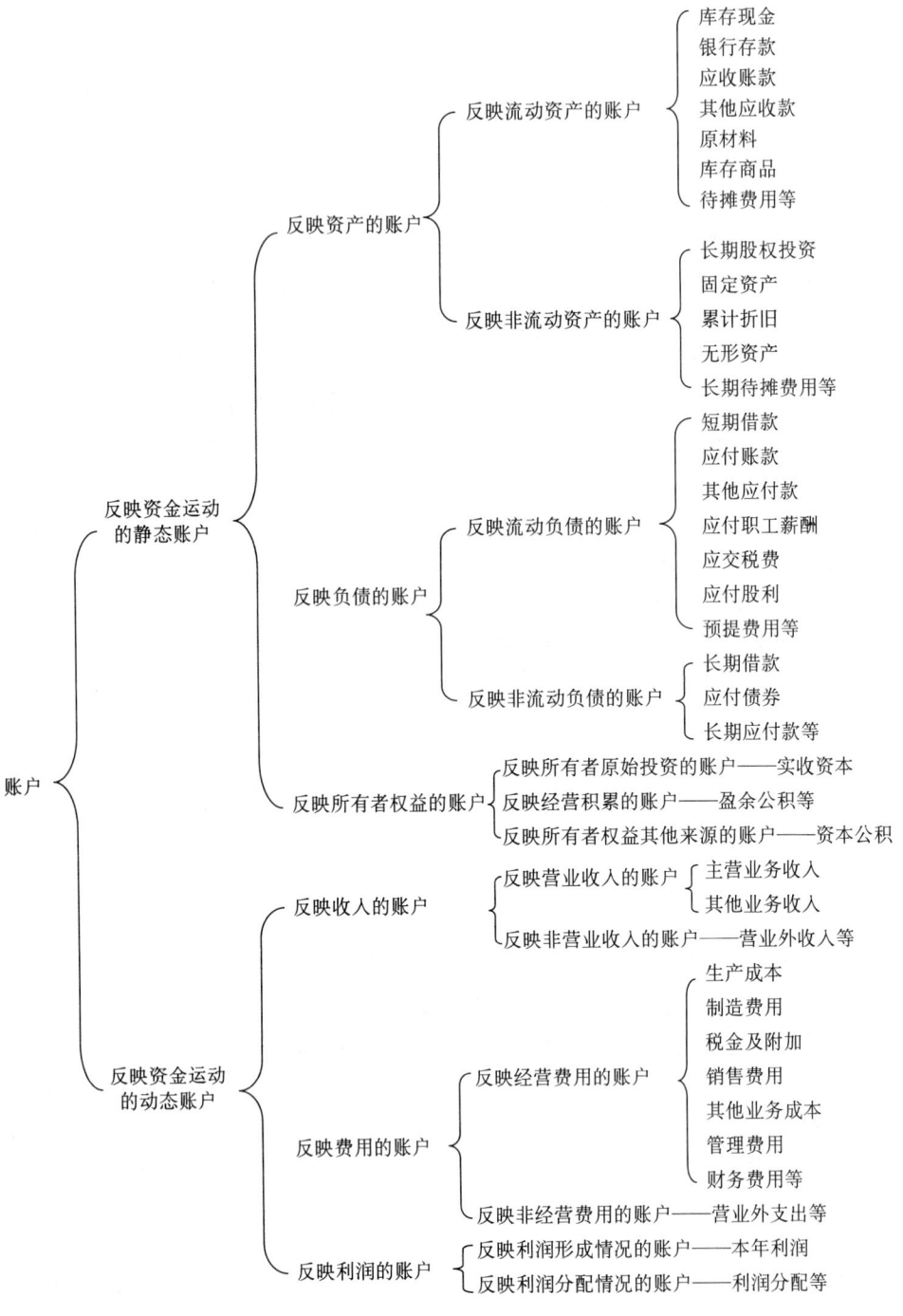

图6-1 按经济内容分类的账户示意图

即问即答 简述账户按经济内容可分为哪些类别。

第三节 账户按用途结构的分类

账户按用途结构分类的实质是详细说明各类账户的用途、结构、作用以及它们如何提供企业经营管理和对外报告时需要的各种核算指标,把所有在用途和结构上相互联系,并具有某些共同特点的账户加以归类,从个别到一般,从特性到共性,总结了同类账户在结构上和用途上的共同特点。这种分类,对于正确认识和掌握账户的使用规律,科学地管理运用账户具有十分重要的意义。

一、账户按用途结构分类的意义

通过对账户按经济内容分类,可以使我们了解完整的账户体系包括哪些账户,各类账户所核算的会计对象的具体内容是什么。这对于正确区分账户的经济性质,合理地设置和运用账户,以满足经营管理的需要具有重要的意义。但是,仅按经济内容对账户进行分类,还不能使我们了解各种账户的作用,以及它们是如何向会计信息的使用者提供信息的。为了理解和掌握账户在提供核算指标方面的规律性以及账户结构上的规律性,以便正确地运用账户,就需要在对账户按经济内容分类的基础上,进一步研究账户按用途和结构分类的问题。

账户的用途,是指设置和运用账户的目的是什么,通过账户记录能够提供什么核算指标。如我们设置"固定资产"、"原材料"等实物资产账户的目的是为了反映相应的实物资产,通过这些账户记录能够提供相应的实物资产的增减变动及结余额方面的核算指标。

账户的结构,是指在账户中如何记录经济业务,以取得各种必要的核算指标。在不同的记账方法下,记录经济业务的具体方法是不同的,即反映会计要素的增减变动及结余额(如果有余额的话)的方法不同。在借贷记账法下,账户的结构具体是指账户借方核算什么内容,账户的贷方核算什么内容,期末余额(如果有余额的话)在哪一方,具体表示什么内容。

企业错综复杂的经济活动所涉及的会计数据资料都需要通过账户来加以记录和反映,而每一个账户都是根据经营管理和对外报告会计信息的需要而设置的,都有其特定的用途和结构。因而按账户的用途和结构分类的账户体系与按经济内容分类的账户体系,就可能不完全一致。一方面,按经济内容归为一类的账户,可能具有不同的用途和结构;另一方面,具有相同或相似用途和结构的账户,就其反映的经济内容而言可能归属于不同的类别。因此,尽管账户的用途和结构都直接或间接地依存于账户的经济内容,但按账户的经济内容分类的账户体系并不能代替按用途和结构分类的账户体系。按经济内容分类是账户的基本分类方法,按用途和结构分类的账户体系是对按经济内容分类的账户体系的必要补充。

二、账户按用途结构的分类

现以制造业企业为例，说明在借贷记账法下，按用途结构分类的账户体系。按用途和结构分类的账户体系，包括基本账户、调整账户、成本账户和损益计算账户四大类。基本账户具体又可以分为盘存账户、投资权益账户、结算账户和跨期摊配账户；调整账户根据调整方式不同，又可以分为备抵调整账户和备抵附加调整账户；成本账户具体又可以分为集合分配账户、成本计算账户和对比账户；损益计算账户具体又可以分为收入计算账户、费用计算账户和财务成果计算账户。以下简要说明各类账户的用途、结构和特点：

（一）盘存账户

盘存账户是用来反映和监督各项财产物资和货币资金（包括库存有价证券）的增减变动及其实有数的账户。它是任何企业单位都必须设置的基本账户。在这类账户中，借方登记各项财产物资和货币资金的增加数，贷方登记其减少数，余额总是在借方，表示期末各项财产物资和货币资金的实有数。这类账户一般都可以通过盘点的方式进行清查，核对账实是否相符。盘存账户的基本结构如图6-2所示：

借方	盘存账户	贷方
期初余额：财产物资、货币资金的期初实有数 本期发生额：财产物资、货币资金的本期增加数		本期发生额：财产物资、货币资金的本期减少数
期末余额：财产物资、货币资金的期末实有数		

图6-2

属于盘存类的账户主要有："库存现金"、"银行存款"、"原材料"、"库存商品"、"固定资产"等账户。盘存账户的特点是：可以通过财产清查的方法，即实际盘点或对账的方法，核对货币资金和实物资产的实际结存数与账面结存数是否相符，并检查其经营管理上存在的问题；除"库存现金"和"银行存款"账户外，其他盘存账户普遍运用数量金额等明细分类账，可以提供实物和价值两种指标。

（二）投资权益账户

投资权益账户，是用来反映和监督投资者投资的增减变动及其实有额的账户。它是任何企业单位都必须设置的基本账户。在这类账户中，贷方登记投资者投资的增加数或其他所有者权益的增值额，借方登记投资者投资的减少数或其他所有者权益的抵减额，其余额若在贷方，表示投资者权益的实有数额，没有余额或其余额在借方，在有限责任公司的企业组织形式下，表示投资者的权益已降至零。"投资权益"类账户的基本结构如图6-3所示：

属于这一类的账户主要有："实收资本"、"资本公积"、"盈余公积"等。

企业的资本公积包括资本溢价、拨款转入等原因形成的公积金，资本公积产生的

借方	投资权益账户	贷方
本期发生额：本期所有者权益的抵减数		期初余额：期初所有者权益余额
		本期发生额：本期所有者权益的增加数
		期末余额：期末所有者权益结余额

图 6 - 3

根本原因在于为维持投资者的原有股权结构，是资本的非经营性积累；盈余公积是留存收益而形成的公积金，是企业经营活动中产生的资本增值。这两部分，由于所有权属于企业的投资者，本质上是投资者对企业的一种权益性投入。因此，将"资本公积"、"盈余公积"等账户归入投资权益类账户。

投资权益账户的特点是：应按照企业的投资者分别设置明细分类账户，以便反映各投资者对企业实际拥有的所有者权益数额；由于投资权益账户是反映投资人对企业净资产的所有权，所以投资权益账户的总账和明细账只提供价值指标。

（三）结算账户

结算账户，是用来反映和监督企业与其他单位和个人之间往来账款结算业务的账户。由于结算业务性质的不同，决定了结算账户具有不同的用途和结构，结算账户按用途和结构分类，具体又可分为债权结算账户、债务结算账户和债权债务结算账户三类。

1. 债权结算账户

债权结算账户，也称资产结算账户，是用来反映和监督企业债权的增减变动和实有数额的账户。在这类账户中，借方登记债权的增加数，贷方登记债权的减少数，期末余额在借方，表示债权的实有数。债权结算账户的基本结构如图 6 - 4 所示：

借方	债权结算账户	贷方
期初余额：债权的期初实有数		
本期发生额：债权的本期增加数		本期发生额：债权的本期减少数
期末余额：债权的期末实有数		

图 6 - 4

属于这一类的账户主要有："应收账款"、"其他应收款"、"应收票据"、"预付账款"等。

2. 债务结算账户

债务结算账户，也称负债结算账户，是用来反映和监督本企业债务的增减变动和实有数额的账户。在这类账户中，贷方登记债务的增加数，借方登记其减少数；期末余额在贷方，表示债务的实有数。债务结算账户的基本结构如图 6 - 5 所示：

借方	债务结算账户	贷方
		期初余额：债务的期初实有数
本期发生额：债务的本期减少数		本期发生额：债务的本期增加数
		期末余额：债务的期末实有数

图 6 - 5

属于债务结算账户的有："应付账款"、"其他应付款"、"应付股利"、"短期借款"、"长期借款"、"应付债券"等。

3. 债权债务结算账户

债权债务结算账户，也称资产负债结算账户，是用来反映和监督本企业与其他单位或个人以及企业内部各单位之间相互往来结算业务的账户。由于这种相互之间往来结算业务经常发生变动，企业有时处于债权人的地位，有时则处于债务人的地位。为了能在同一个账户中反映本企业与其他单位的债权、债务的增减变化，借以减少会计科目的使用，简化核算手续，在借贷记账法下，可设置同时能反映债权债务的双重性质结算账户，在这类账户中，借方登记债权的增加或债务的减少数，贷方登记债务的增加或债权的减少数，期末余额如果在借方，为企业债权减去债务后的净债权；如果期末余额在贷方，为企业债务减去债权后的净债务。债权债务结算账户的基本结构如图6-6所示：

借方	债权债务结算账户	贷方
期初余额：期初债权大于债务的差额		期初余额：期初债务大于债权的差额
本期发生额：本期债权增加或债务减少数		本期发生额：本期债务增加或债权减少数
期末余额：净债权（债权大于债务的差额）		期末余额：净债务（债务大于债权的差额）

图6-6

这类账户所属的各明细账，有时是借方余额，表示尚未收回的净债权；有时是贷方余额，表示尚未收回的净债务。所有明细账借方余额之和与贷方余额之和的差额，应同有关总账的余额相等。由于在总分类账户中，债权和债务能自动抵减，所以总分类账户的余额不能明确反映企业与其他单位债权债务的实际结余情况。这样，在编制资产负债表的有关项目时，必须根据总分类账户所属明细账的余额分析计算填列，将属于债权部分的余额列在资产负债表的资产方，将属于债务部分的余额列在资产负债表的负债和所有者权益方，以便如实反映债权、债务的实际状况。

在借贷记账法下，可以将"其他应收款"账户和"其他应付款"账户合并，设置一个"其他往来"账户，用来核算其他应收款和其他应付款的增减变动情况和结果，此时，"其他往来"账户就是一个债权债务结算账户。在企业不单独设置"预付账款"、"预收账款"账户时，"应付账款"、"应收账款"账户同样可以成为债权债务结算账户。

结算账户的特点是：按照结算业务的对方单位或个人，设置明细分类账户，以便及时进行结算和核对账目；结算账户只提供价值指标；结算账户要根据期末的方向来判断其性质，当余额在借方时，是债权结算账户，当余额在贷方时，是债务结算账户。

（四）跨期摊配账户

跨期摊配账户，是用来反映和监督应由若干个会计期间共同负担的费用，并将这些费用摊配于各个相应的会计期间的账户。企业在生产经营过程中所发生的费用，有些是应由几个会计期间共同负担的，按权责发生制原则要求，必须严格划分费用的归属期，把应由若干个会计期间共同负担的费用，合理地分摊到各个会计期间。为此，需要设置跨期摊配账户来实现权责发生制原则的要求。跨期摊配账户有"待摊费用"账户和"预提费用"账户。这两个账户的性质虽然不同（"待摊费用"账户属于反映资产类账户，"预提费用"账户属于负债类账户），但它们都涉及跨期费用问题。它们的借方都是用来登记跨期费用的实际支出数，贷方都是用来登记由各个会计期间负担的费用的摊配数。跨期摊配账户的基本结构如图6-7所示：

借方	跨期摊配账户	贷方
期初余额：已支付但尚未摊配的待摊费用数		期初余额：已预提但尚未支付的费用数
本期发生额：本期增加的待摊费用数 或预提费用的支付数		本期发生额：本期增加的预提费用 或待摊费用的摊销数
期末余额：已支付但尚未摊配的待摊费用数		期末余额：已预提但尚未支付的预提费用数

图 6-7

跨期摊配账户的特点是：设置跨期摊配账户是用来解决费用支付期和归属期不一致的问题，而先支付后归属和先归属后支付是不同的，这必然导致跨期摊配账户的性质是不同的；跨期摊配账户只提供价值指标。需要说明的是，根据《企业会计准则——应用指南》的规定，"待摊费用"和"预提费用"科目不再单独设置，企业在日常核算中发生与预提和待摊性质相关的支出，可根据需要自行设置这两个账户，也可以分别用"预付账款"、"其他应收款"和"应付利息"、"其他应付款"等代替。

（五）调整账户

在会计核算过程中，由于管理上的需要，对某些会计要素内容的增减变化和结余情况，需要用两个不同的账户来反映：一个账户反映某项经济业务的原始数据，另一个账户反映对原始数据的调整数据，将原始数据与调整数据相加或相减，就可以求得调整后的实有数额。反映原始数据的账户称为被调整账户或主账户，反映原始数据调整数额的账户称为调整账户。调整账户按调整方式的不同，又可以分为备抵调整账户和备抵附加调整账户两种。

1. 备抵调整账户

备抵调整账户，亦称抵减调整账户，是用抵减的方式对被调整账户金额进行调整，以求得被调整账户的实际余额的账户。其调整方式可用下列公式表示：

被调整账户余额 - 备抵调整账户余额 = 被调整账户的实际余额

由于备抵调整账户对被调整账户的调整，实际上是对被调整账户余额的抵减，因此，被调整账户余额的方向与备抵调整账户的余额方向必定相反。如果被调整账户的余额方向在借方（或贷方），则备抵账户的余额方向一定在贷方（或借方）。按照被调整账户的性质，备抵调整账户又可以分为资产备抵调整账户和权益备抵调整账户两种。

（1）资产备抵调整账户。资产备抵调整账户是用来抵减某一资产账户的余额，以求得调整后实际余额的账户。"累计折旧"、"固定资产减值准备"、"坏账准备"和"存货跌价准备"等账户是比较典型的资产备抵调整账户,"累计折旧"、"固定资产减值准备"账户是用来调整"固定资产"账户的。用"固定资产"账户的账面余额(原始价值)与"累计折旧"、"固定资产减值准备"账户的账面余额相抵减,就可以取得有关固定资产耗损和减值后的数据,其差额就是固定资产现有的实际价值(净额)。通过这三个账户余额的对比分析,可以了解固定资产的新旧程度、资金占用状况、减值情况和生产能力等信息。"坏账准备"是用来抵减"应收账款"账户的,用"应收账款"账户的账面余额与"坏账准备"账户的账面余额相抵减,就可以取得有关可收回应收账款方面的数据,其差额就是可收回的应收账款金额。"存货跌价准备"账户是用来抵减存货项目的,用存货项目的账面余额与"存货跌价准备"账户的账面余额相抵减,就可以取得有关存货的实际价值方面的数据,其差额就是存货的实际价值。被调整账户与资产备抵调整账户之间的关系,如图6-8所示:

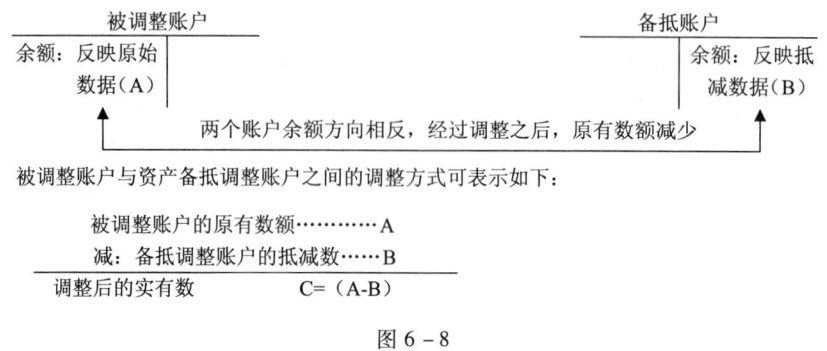

图 6-8

(2) 权益备抵调整账户。权益备抵调整账户是用来抵减某一权益账户的余额,以求得该权益账户实际余额的账户。"利润分配"账户就属于"本年利润"账户的权益备抵调整账户。"本年利润"账户是被调整账户,其期末贷方余额反映期末已实现的利润额,"利润分配"账户的期末借方余额反映企业期末已分配的利润额。将"本年利润"账户的贷方余额抵减"利润分配"账户的借方余额,其差额表示企业期末尚未分配的利润额。权益备抵调整账户与被调整账户之间的关系可用图6-9表示如下:

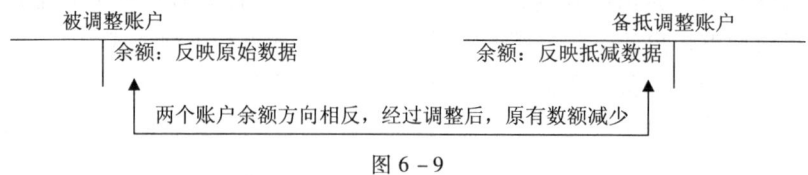

图 6-9

2. 备抵附加调整账户

备抵附加调整账户亦称抵减附加调整账户,是既用来抵减、又用来增加被调整账户的余额,以求得被调整账户实际余额的账户。备抵附加调整账户既可以作为抵减账户,又可以作为附加账户来发挥作用,兼有两种账户的功能(所谓附加账户,是用来增加被调整账户的余额,以求得被调整账户的实际余额的账户。在实际工作中,很少使用单纯的附加账户)。这类账户在某一时刻执行的是哪种功能,取决于该账户的余额与被调整账户的余额在方向上是否一致,余额与被调整账户余额在相反方向时,它所起的是抵减作用;当其余额与被调整账户余额在相同方向时,它所起的是附加作用。备抵附加调整账户与被调整账户之间的关系可用图6-10表示如下:

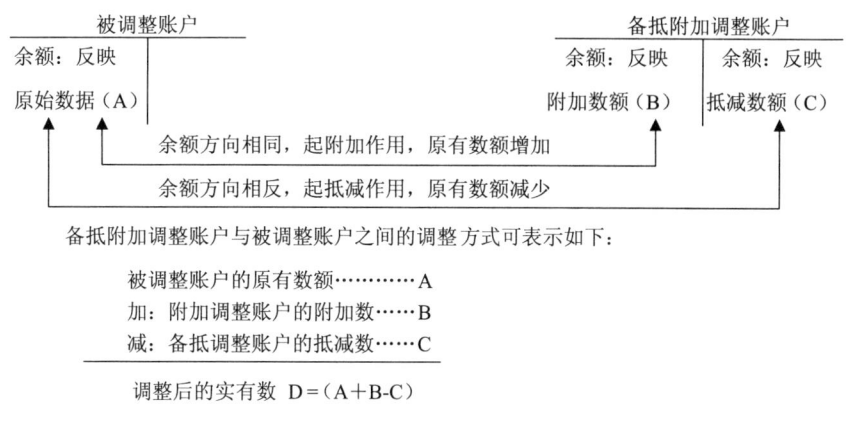

图 6-10

"材料成本差异"账户是"原材料"账户的备抵附加调整账户。当"材料成本差异"账户是借方余额时,表示实际成本大于计划成本的超支数。用"原材料"账户的借方余额加上"材料成本差异"账户的借方余额,就是库存材料的实际成本;当"材料成本差异"账户是贷方余额时,表示实际成本小于计划成本的节约数,用"原材料"账户的借方余额减去"材料成本差异"账户的贷方余额,其差额为库存材料的实际成本。

"材料成本差异"账户与其被调整账户"原材料"之间的关系如图6-11:

借 材料成本差异——甲类 贷		借 原材料 贷	
期初余额:1 200		期初余额:260 000	
本期发生额 8 000	本期发生额 5 000	本期发生额	本期发生额
		甲类 160 000	甲类 80 000
期末余额 4 200		乙类 50 000	乙类 20 000
		期末余额 370 000	

借 材料成本差异——乙类 贷	
	本期发生额 4 800
	2 200
	期末余额 2 600

"原材料"账户的借方余额(计划成本)	370 000
加:"材料成本差异"账户的借方余额(超支差)	4 200
减:"材料成本差异"账户的贷方余额 (节约差)	2 600
库存原材料的实际成本	371 600

图 6-11

调整账户具有以下特点：

1. 调整账户与被调整账户反映的经济内容相同，也就是性质相同，但用途结构不同；

2. 被调整账户反映会计要素的原始数字，而调整账户反映的是同一要素的调整数字，所以，调整账户不能离开被调整账户而独立存在；

3. 调整方式是将原始数字与调整数字相加或相减，以求得具有特定含义的数字。当调整账户与被调整账户余额方向相同时，调整的方式是相加，反之，则相减。

（六）集合分配账户

集合分配账户，是用来归集和分配经营过程中某一阶段所发生的某种间接费用，借以反映和监督有关间接费用计划执行情况以及间接费用分配情况的账户。设置这类账户，一方面可以将某一经营过程中实际发生的间接费用和计划指标进行比较，考核间接费用的超支和节约情况；另一方面也便于将这些费用摊配出去。集合分配账户，借方登记费用的发生额，贷方登记费用的分配额，在一般情况下，登记在这类账户中的费用，期末应全部分配出去，通常没有余额。集合分配账户的基本结构如图 6-12 所示：

借方	集合分配账户	贷方
本期发生额：归集经营过程中间接费用的本期发生额		本期发生额：本期分配到有关成本计算对象上的间接费用额

图 6-12

属于这一类的账户主要有"制造费用"。

集合分配账户的特点是：具有明显的过渡性质，平时用它来归集那些不能直接计入某个成本计算对象的间接费用，期末将费用全部分配出去，由有关成本计算对象负担，经分配之后，该账户期末一般没有余额。

（七）成本计算账户

成本计算账户，是用来反映和监督企业经营过程中应计入特定成本计算对象的经营费用，并确定各成本计算对象实际成本的账户。设置和运用成本计算账户，对于正确计算材料的采购成本、产品的生产成本和产品的销售成本，考核有关成本计划的执行和完成情况等，都具有重要的作用。成本计算账户的借方汇集应计入特定成本计算对象的全部费用（其中，一部分是在费用发生时直接记入的，另一部分是先计入集合分配账户，在会计期末通过一定的分配方法转到成本计算账户），贷方反映转出的某一成本计算对象的实际成本。期末余额一般在借方，表示尚未完成工艺过程且在某一阶段的成本计算对象的实际成本。如"生产成本"账户，借方余额表示尚未完成生产过程的在产品的实际成本。"成本计算"账户的基本结构如图 6-13 所示：

属于成本计算类的账户有"材料采购"、"生产成本"、"在建工程"等。

成本计算账户的特点是：除设置总分类账户外，还应按照各个成本计算对象设置

借方	成本计算账户	贷方
期初余额：未转出成本计算对象的实际成本 本期发生额：经营过程中发生的应由成本计算对象承担的费用		本期发生额：转出成本计算对象的实际成本
期末余额：期末未转出成本计算对象的成本		

图 6 – 13

明细分类账户，并按成本项目设置专栏进行明细分类核算；既提供价值指标，又提供实物指标。

（八）对比账户

对比账户，是用来对经营过程中某一阶段某项经济业务按照两种不同的计价标准进行对比，借以确定其业务成果的账户。

按计划成本进行材料日常核算的企业所设置的"材料采购"账户，就属于对比账户。该账户的借方登记材料的实际成本，贷方登记按照计划价格核算的材料的计划成本，通过借贷双方两种计价对比，可以确定材料采购业务成果（超支或节约）。对比账户的基本结构（以"材料采购"账户为例）如图 6 – 14 所示：

借方	对比账户	贷方
期初余额：未入库材料的实际成本 本期发生额：本期未入库材料的实际成本及转入"材料成本差异"账户贷方的实际成本小于计划成本的节约差 在途材料的实际成本		本期发生额：未入库材料的计划成本及转入"材料成本差异"账户借方的实际成本大于计划成本的超支差

图 6 – 14

这类账户的特点是：借、贷两方的计价标准不一致；期末确定业务成果转出后，该账户的借方余额是剔除了计价差异后的按借方计价方式计价的资产价格。例如"材料采购"账户的借方余额表示按实际成本计价的在途材料实际成本。

这里需要特别说明的是，在对材料物资采用计划成本法核算时，"材料采购"账户既是对比账户，也是成本计算账户。在采用实际成本法进行核算时，"材料采购"账户是成本计算账户，如果该账户有期末余额，也是盘存账户。

（九）收入计算账户

收入计算账户，是用来反映和监督企业在一定时期（月、季或年）内所取得的各种收入和收益的账户。收入计算账户的贷方登记取得的收入和收益，借方登记收入和收益的减少数和期末转入"本年利润"账户的收入和收益额。

由于当期实现的全部收入和收益都要在期末转入"本年利润"账户，所以收入计算账户期末无余额。收入计算账户的基本结构如图 6 – 15 所示：

属于这一类账户的有："主营业务收入"、"其他业务收入"、"营业外收入"等。

收入计算账户的特点：除了设置总分类账户外，还应按照业务类别设置明细分类账户，进行明细分类核算；收入计算账户只提供价值指标。

借方	收入计算账户	贷方
本期发生额：收入和收益的减少数、期末转入"本年利润"账户的收入和收益额		本期发生额：本期收入和收益的增加额

图 6 – 15

（十）费用计算账户

费用计算账户，是用来反映和监督企业在一定时期（月、季或年）内所发生的应计入当期损益的各项费用、成本和支出的账户。费用计算账户的借方登记费用支出的增加额，贷方登记费用支出的减少数和期末转入"本年利润"账户的费用支出数。由于当期发生的全部费用支出数都要于期末转入"本年利润"账户，所以该类账户期末无余额。费用计算账户的基本结构如图 6 – 16 所示：

借方	费用计算账户	贷方
本期发生额：本期费用支出的增加数		本期发生额：本期费用支出的减少或转销数和期末转入"本年利润"账户的费用支出数

图 6 – 16

属于这一类的账户主要有："主营业务成本"、"税金及附加"、"其他业务成本"、"管理费用"、"销售费用"、"财务费用"、"营业外支出"、"所得税费用"等。

费用计算类账户的特点是：除了设置总分类账户外，还应按业务内容、费用支出项目等设置明细分类账户，进行明细分类核算；费用计算账户只提供价值指标。

（十一）财务成果计算账户

财务成果计算账户，是用来反映和监督企业在一定时期（月、季或年）内全部经营活动最终成果的账户。"本年利润"账户属于财务成果计算账户，财务成果计算账户的贷方登记期末从收入计算账户转入的各种收入和收益数，借方登记期末从费用计算账户转入的各种费用支出数。平常月份（1—11月份），贷方余额表示企业所实现的利润数，借方余额表示企业所发生的亏损数。年终时将实现的净利润或发生的亏损转入"利润分配"账户，结转后应无余额。财务成果计算账户的基本结构如图 6 – 17 所示：

借方	财务成果计算账户	贷方
本期发生额：本期从"费用"账户转入的成本、费用支出数		本期发生额：本期从收入账户转入的各项收入、收益数
期末余额：（1—11月份）发生的亏损数		期末余额：（1—11月份）实现的利润数
年末无余额		年末无余额

图 6 – 17

财务成果计算账户的特点是：借方和贷方所登记的内容，应遵循权责发生制和配比原则的要求。贷方所登记的各项收入、收益数与借方所登记的各项费用支出数一方面要与相应的会计期间相配合;另一方面从事某类业务活动所得的收入与相应的成本费用相配比。也就是说借方登记的各项费用、成本,是为取得贷方所登记的各项收入、收益而发生的;相反,贷方登记的各项收入、收益数是因为支付了借方所登记的各项费用、成本而取得的,两者在时间和受益关系上相互配比,会计期间的财务成果才是真实准确的。财务成果计算账户只提供价值指标。1—11月份期末有余额,在贷方即是利润数,在借方则是亏损数,年终结账后无余额。

综上所述,按用途、结构分类的账户体系由四个部分十一类组成。如图6-18所示:

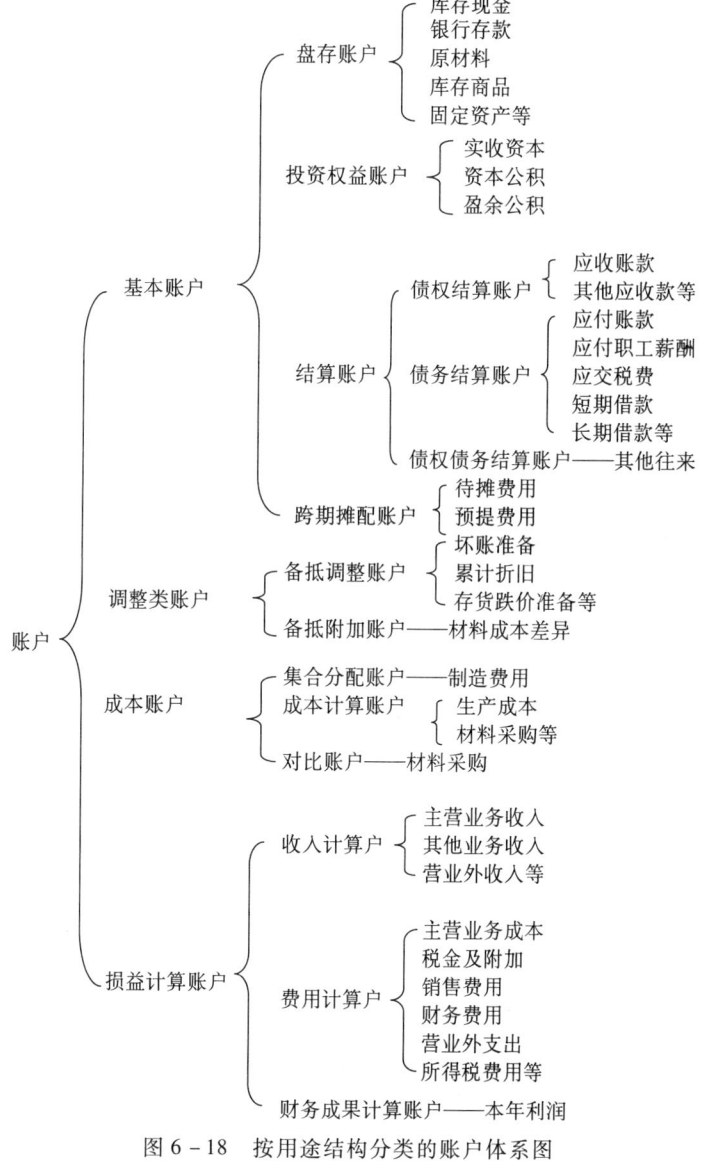

图6-18 按用途结构分类的账户体系图

即问即答 简述账户按用途结构可分为哪几类，它们的用途结构如何。

第四节 相关案例、会计热点与本章小结

一、会计案例：坏账准备账户税务稽查案例

（一）案例说明

某税务检查组去 A 公司检查所得税汇算清缴。检查员小王虽然工作时间不长，经验不太丰富，但对工作非常认真。在检查过程中，小王发现，A 公司被检查年度的坏账准备账户不仅发生额大，而且业务发生频繁。小王认为，如此大的发生额可能会对计税所得额产生重大影响，遂决定对该账户全年度的发生情况逐笔进行检查。由于该账户不仅涉及本年度坏账准备的计提和核销问题，而且还涉及以前年度核销的坏账在本年度又收回的问题，因此，小王花了很长时间也无法判断该账户核算的正确性。小王刚工作不久，碍于面子不好意思向老同志请教，直到检查工作接近尾声，检查组长老张汇总检查情况时，才发现小王还纠缠在对坏账准备账户的检查中。

为加快速度，老张直接接手了对坏账准备账户的检查。老张了解到，由于 A 公司在被检查年度对资产进行了大规模清理，核销了一部分债权债务，同时也收回了一部分早已核销的应收款项，使得被检查年度坏账准备账户借、贷方的业务发生频繁且复杂，确实一时难以理清。开始老张仅是简单查看了上述问题均已通过坏账准备账户核算的情况，并未做深入检查。而后，老张又简单复核了小王的检查情况，发现小王对基础的计提坏账准备的范围还没有摸清，在计算计提坏账准备的基数时没有扣除对关联方的应收款项。于是，老张重新对计提的坏账准备进行分析，他很快将 A 公司 9 000 万元应收款项中对其投资方的 4 200 万元应收账款找出。A 公司在计提坏账准备时将包括对该关联方所欠应收账款在内的共 9 000 万元应收款一并计提了坏账准备，从而多提坏账准备 21 万元（按照 A 公司自行制定的 5‰）的会计政策计算多提）。

检查组最终决定直接按照计提的 45 万元坏账准备全额进行纳税调整；只是在检查工作底稿中注明了 A 公司按照自行制定的会计政策应提和多提的坏账准备各是多少。至此，对 A 公司坏账准备的检查终告结束。

（二）案例分析

上述案例中，小王刚参加工作，尽管对检查工作积极、认真，但缺乏必要的业务能力和检查经验，使得小王在检查过程中心有余而力不足。类似于小王这样刚刚走上税务稽查岗位的检查人员还有许多，由于没有检查经验和检查技巧，有时又羞于向老同志请教，到被检查单位后，如果一头扎下去就查，常常是进得去出不来，而且还会白白浪费检查时间。这一方面固然是新检查人员的业务知识和检查经验不够丰富的问

题，但另一方面也暴露了一些检查组对检查工作的计划和安排存在缺陷及检查中以老带新的问题。

尽管大多数检查组长自身的检查经验和检查技巧很丰富，但如果不能带领好整个检查组，特别是培养好新人，就是失职。因此，作为检查组长，务必站在整个检查组全局的高度考虑问题。不仅要全面仔细地计划和布置好每一次检查工作，而且还要充分发挥和调动每一位检查人员的主动性和积极性，特别是对新同志要做好"传、帮、带"，要结合检查实务对新同志及时传授检查经验和检查技巧，不能像对待老同志一样任务分配了就"各自为政"。

实际上，在检查税收问题时，对于坏账准备这种备抵调整类账户的检查与对其他许多账户的检查要求有所不同。如对应纳所得税的检查，一般不需要对坏账准备账户全年度的核算情况做过多详细的检查，如对采用余额百分比法计提坏账准备的企业（实际上多数企业均采用此法）只要抓住核实计提坏账准备的范围和基数这两个关键问题，在一般情况下，只需要对年末所保留坏账准备余额作出判断即可，而无需过多关注年度中间因各种原因产生的变化和影响。实际上，核实年末余额是否正确本身就是对坏账准备账户日常核算是否正确的一种快捷验证方法，检查人员要注意掌握对此类备抵调整账户的检查方法和检查技巧，以节省检查时间，提高检查效率（备抵调整账户还包括"累计折旧"及"存货跌价准备"、"长期股权投资减值准备"和"固定资产减值准备"等）。

即问即答 回忆备抵调整账户的结构特点有哪些。

二、会计热点：会计账户分类及账户结构模式新探

（1）账户按经济内容分类，可分为资产类、负债类、所有者权益类、收入类、成本费用类五类账户，这种分类方法能清晰地反映一般账户的结构规律，但不能反映特殊账户的结构规律，因为该框架不能解释为什么"累计折旧"、"坏账准备"、"材料成本差异"、"待处理财产损溢"、"固定资产清理"以及所有的资产减值账户的性质属于资产类账户，但其账户结构与一般资产类账户结构不同甚至相反；利润分配账户属于所有者权益类账户，但其结构与一般所有者权益类账户结构相反。该框架也不能对"公允价值变动损益"、"财务费用"、"投资收益"等特殊账户的结构模式进行解释。

（2）账户按用途结构分类，可以了解同类账户在结构和用途上的共同特点，也便于对账户进行管理。但这种分类，方法较复杂，不便于全面反映和掌握账户的结构规律。同时，在此框架内，只能对"累计折旧"、"坏账准备"、"材料成本差异"、"利润分配"等账户的特殊性做出解释，仍然不能解释为什么"固定资产清理"、"待处理财产损溢"、"公允价值变动损益"、"财务费用"、"投资收益"等账户的结构与一般同类账户的结构不同。

（3）新的账户分类方法及账户结构模式

将账户的经济内容与账户结构特点进行综合考虑，账户可分为一般账户和特殊账户。一般账户是指账户的结构规律与账户性质完全匹配的账户。一般账户是在账户按经济内容分类的基础上进行归并，可分为资产、成本费用类账户和负债、所有者权益、收入类账户；特殊账户是指账户的结构规律与账户性质不完全匹配的账户。特殊账户分为：双重性质账户，指既具有资产、成本费用类账户结构特征，又具备负债、所有者权益、收入类账户结构特征的账户（如"待处理财产损溢"、"公允价值变动损益"、"固定资产清理"、"财务费用"、"投资收益"等账户）；调整账户（如"累计折旧"、"材料成本差异"、"坏账准备"及所有的资产减值账户）。按照这一分类方法，可对一般账户结构模式和特殊账户结构模式进行总结归纳。账户按经济内容与结构分类的结构模式如表6-1所示。

表6-1　　　　　　　　账户按经济内容与结构分类的结构模式

账户分类		各类账户构成	账户结构
一般账户	资产、成本费用类账户	库存现金、银行存款、其他货币资金、交易性金融资产、应收及预付款项、长期股权投资、无形资产、固定资产、生产成本、制造费用、劳务成本、主营业务成本、税金及附加、其他业务成本、营业外支出、销售费用、管理费用、财务费用、所得税费用等	借方登记资产、成本费用的增加，贷方登记减少。若有余额在借方，反映资产或成本费用的实有额
	负债、所有者权益、收入类账户	短期借款、应付及预收款项、长期借款、应付债券、长期应付款、实收资本、资本公积、盈余公积、本年利润、主营业务收入、其他业务收入、投资收益、营业外收入等	贷方登记负债、所有者权益、收入的增加，借方登记减少，余额在贷方，反映负债、所有者权益或收入的实有额
特殊账户	调整账户	抵减调整账户包括累计折旧、坏账准备、利润分配及所有的资产减值账户，抵减附加调整账户包括材料成本差异、固定资产清理、待处理财产损溢、公允价值变动损益、投资收益、财务费用等	主体账户结构与抵减调整账户相反，与附加调整账户相同；抵减附加调整账户起抵减作用时与主体账户结构相反，起附加作用时相同
	双重性质账户	固定资产清理、待处理财产损溢、公允价值变动损益、投资收益、财务费用等	借方登记资产或成本费用的增加，负债、所有者权益或收入的减少（结转）；贷方登记负债、所有者权益或收入的增加，资产或成本费用的减少（结转）。借方余额反映资产或尚未结转的成本费用实有额；贷方余额反映负债、所有者权益或收入的实有额

结论：与现有账户分类方法及结构模式相比，新的账户分类方法及结构模式综合考虑了账户的经济内容和结构特点，将账户分为一般账户和特殊账户，既能提供一般账户的结构模式，又能提供特殊账户的结构模式，能够对"固定资产清理"、"待处理财产损溢"、"公允价值变动损益"、"投资收益"、"财务费用"等特殊账户的结构模式进行解释。（资料来源：全国中文核心期刊·财会月刊，2009-4）

三、本章小结

账户分类的标志一般有：按账户的经济内容分类、按账户的用途结构分类等。科学地进行账户分类，具有如下作用：第一，便于设置完整的账户体系，全面反映企业的经营活动和资金运动情况；第二，便于设置会计账簿的格式；第三，便于编制会计报表。

（一）账户按其经济内容的分类

账户的经济内容，是指账户所反映的会计对象的具体内容。因而账户按其经济内容的分类，实质上是按会计对象的具体内容即资金运动的分类，可以分为：

1. 资产类账户——核算企业各种资产的增减变动及其结余情况，按照资产的流动性可以分为反映流动资产的账户如"原材料"账户，反映非流动资产的账户如"固定资产"账户。

2. 负债类账户——核算企业各种负债的增减变动及其结余情况的账户，按照负债的流动性又可以分为反映流动负债的账户如"短期借款"账户，反映非流动负债的账户如"长期借款"账户。

3. 所有者权益类账户——核算企业所有者权益的增减变动及其结余情况，按照所有者权益的来源和构成又可以分为反映所有者原始投资的账户如"实收资本"账户，反映所有者经营积累的账户如"盈余公积"账户。

4. 收入类账户——核算企业在生产经营过程中所取得的各种经济利益的账户（注意这里的收入是广义的收入），按照收入的不同性质和内容，又可以分为反映营业收入的账户如"主营业务收入"账户，反映非营业收入的账户如"营业外收入"账户。

5. 费用类账户——核算企业在生产经营过程中所发生的各种费用支出的账户（这里的费用是指广义的费用），按照费用的不同性质和内容又可以分为反映营业费用的账户如"生产成本"账户，反映非营业费用的账户如"营业外支出"账户。

6. 利润类账户——核算企业利润的形成及分配情况的账户，又可以分为反映利润形成情况的账户如"本年利润"账户，反映利润分配情况的账户如"利润分配"账户。

（二）账户按其用途和结构的分类

账户的用途，是指设置和运用账户的目的是什么，通过账户记录能够提供什么核算指标。账户的结构，是指在账户中如何记录经济业务，以取得必要的核算指标。按用途和结构分类的账户体系，包括基本账户、调整账户、成本账户和损益账户四大类。

1. 基本账户包括：（1）盘存账户——核算监督企业各项财产物资和货币资金（包括有价证券）的增减变动及其实有数的账户，如"银行存款"账户；（2）投资权益账户——核算企业投资者投资的增减变动及其实有数的账户，如"实收资本"账户；（3）结算账户——核算和监督企业与其他单位和个人之间往来账款结算业务的账户，具体又可以分为债权结算账户如"应收账款"账户、债务结算账户如"应付账款"账户、债权债务结算账户如企业不单独设置"预收账款"账户，而将预收款业务在"应收账款"账户中进行核算，此时"应收账款"账户就是一个债权债务结算账户；（4）跨期摊配账户——核算和监督应由若干个会计期间共同负担的费用，并将这些费用摊配于各个相应的会计期间的账户，如"待摊费用"账户。

2. 调整账户包括：（1）备抵账户也称抵减账户——用来抵减相关账户（被调整账户）的余额，以求得被调整账户的实际余额的账户，其调整方式是：被调整账户余额－抵减调整账户余额＝被调整账户实际余额，如"累计折旧"账户；（2）备抵附加账户也称抵减附加账户——既用来抵减，又用来增加被调整账户的余额，以求得被调整账户的实际余额的账户，其调整的方式是：被调整账户余额＋调整账户的附加数－调整账户的抵减数＝调整后的实有数，如"材料成本差异"账户。

3. 成本账户包括：（1）集合分配账户——用来归集和分配企业经营过程中某一阶段的某种间接费用，借以核算、监督有关间接费用计划执行情况，以及其分配情况的账户，如"制造费用"账户；（2）成本计算账户——用来核算和监督企业经营过程中应计入特定成本计算对象的经营费用，并确定各成本计算对象实际成本的账户，如"材料采购"账户；（3）对比账户——用来核算企业经营过程中某一阶段某项经济业务按照两种不同的计价标准进行对比，借以确定其业务成果的账户，如材料按计划成本核算时企业设置的"材料采购"账户。

4. 损益账户包括：（1）收入计算账户——用来核算和监督企业在一定时期（月、季或年）内所取得的各种收入和收益的账户，如"主营业务收入"账户；（2）费用计算账户——用来核算和监督企业在一定时期（月、季或年）内所发生的应计入当期损益的各项费用、成本和支出的账户，如"主营业务成本"账户；（3）财务成果计算账户——用来核算和监督企业在一定时期（月、季或年）内全部营业活动最终成果的账户，如"本年利润"账户。

第五节 思 考 题

一、思考题 A：基础知识题

1.（单选）账户以（　　）作为分类标志，是账户最基本的分类标志。

A. 会计要素 B. 用途和结构
C. 统驭关系 D. 会计分录

2.（单选）总分类账户分类的主要标志有（　　）。
A. 账户的经济内容 B. 账户的名称
C. 账户的用途和结构 D. 账户的统驭关系

3.（单选）账户分为总分类账户和明细分类账户，这种分类的标准是（　　）。
A. 按经济内容分类 B. 按提供指标的详细程度分类
C. 按账户的用途分类 D. 按账户的结构分类

4.（单选）"待摊费用"账户按用途和结构分类，应属于（　　）账户。
A. 集合分配 B. 成本计算
C. 跨期摊配 D. 调整账户

5.（多选）为了更好地（　　）就必须对账户进行科学的分类。
A. 了解各个账户的特征 B. 了解各组账户的共性
C. 明了账户之间的联系 D. 掌握各类账户的使用方法

6.（多选）科学地进行账户分类，具有（　　）作用。
A. 便于设置完整的账户体系 B. 便于设计会计账簿的格式
C. 便于制定会计科目表 D. 便于编制会计报表

7.（多选）下列账户中，按照其用途和结构分类属于调整账户的有（　　）。
A. 累计折旧 B. 本年利润
C. 利润分配 D. 坏账准备

8.（业务题）
资料：京连股份公司所属某分公司设置了以下总分类账户：

短期借款	其他应付款	利润分配
累计折旧	预提费用	材料成本差异
原材料	应交税费	应付账款
银行存款	生产成本	制造费用
待摊费用	实收资本	财务费用
应收账款	管理费用	主营业务收入
应收票据	材料采购	本年利润
固定资产	营业外收入	所得税费用

要求：将上述账户按经济内容进行分类，再按用途结构进行分类。

二、思考题 B：名校历年考研真题

1.（单选）"主营业务收入"账户按其经济内容和用途结构分类，均属于（　　）账户。

A. 收入类 B. 利润类
C. 计价对比类 D. 财务成果类

2. （单选）下列属于集合分配账户的是（   ）。
   A. 利润分配 B. 本年利润
   C. 制造费用 D. 销售费用

3. （单选）下列属于"债权结算"账户的有（   ）。
   A. 应收账款 B. 预收账款
   C. 预付账款 D. 应收票据

4. （单选）下列账户中，属于债务结算账户的有（   ）。
   A. 预收账款 B. 预付账款
   C. 应付票据 D. 预提费用

5. （单选）按照账户的用途和结构分类，下列账户中属于调整账户的有（   ）。
   A. 累计折旧 B. 坏账准备
   C. 利润分配 D. 预提费用

6. （单选）账户按用途和结构分类，下列账户中，属于集合分配账户的是（   ）。
   A. "管理费用"账户 B. "制造费用"账户
   C. "利润分配"账户 D. "在途物资"账户

7. （单选）下列账户按用途和结构分类，属于调整账户的有（   ）。
   A. 材料采购 B. 累计折旧
   C. 坏账准备 D. 待摊费用

8. （多选）账户按用途和结构分类，属于资本账户的有（   ）。
   A. 短期投资 B. 长期投资
   C. 盈余公积 D. 应收账款

9. （多选）债权债务结算账户的结构为（   ）。
   A. 借方登记债权增加额和债务减少额
   B. 贷方登记债权减少额和债务增加额
   C. 余额可能在借方，也可能在贷方
   D. 余额在借方，其性质为资产；余额在贷方，其性质为负债

10. （多选）账户按用途和结构分类，下列属于跨期摊配账户的有（   ）。
    A. 管理费用 B. 销售费用
    C. 待摊费用 D. 预提费用

11. （多选）下列账户中属于成本计算账户的有（   ）。
    A. 制造费用 B. 生产成本
    C. 管理费用 D. 材料采购

12. （业务题）
    资料：A股份公司所属工厂20×9年4月份发生下列经济业务：

(1) 4月1日开出转账支票预付第二个季度保险费 6 000 元。
(2) 4月末预提应由本月负担的银行借款利息 1 600 元。
(3) 4月末摊销应由本月负担的保险费 2 000 元。

要求：编制本月业务的会计分录，开设并登记"待摊费用"和"预提费用"账户。

三、思考题 C：课外延伸

"互联网＋"背景下会计行业的创新发展

如果从 1979 年我国首次试点会计电算化算起，会计行业无疑是最早利用信息技术、最早"触网"的传统行业之一。在"互联网＋"时代，会计行业将现代信息技术应用于会计工作中，在改进企业管理水平、支持财务决策、增加收入、降低成本、提高企业市场响应能力等方面取得了突破性进展；在"互联网＋"时代，会计行业将借助"互联网＋"思维，创新生产方式、组织结构和服务模式，在创新、变革和融合中不断发展壮大。

创新，成为"互联网＋会计"的重要驱动力。

对于会计从业者而言，只有创新思维模式、优化知识结构，才能避免被软件取代。云计算、大数据等技术，正是会计人员从核算型向管理型转变的必备"武器"。比如，在现有预算管理模式下，企业信息数据间的动态联系极少，大量的数据处理工作使会计人员疲于应付。如果能在云会计下进行预算编制，就可以实时获取市场上各种经营信息，动态调整完善预算编制，保证预算的合理性、专业性和权威性，从而为企业经营决策形成有效的指导。

工欲善其事，必先利其器。无论是企业战略发展、成本控制、预算编制，还是财务数据分析、投融资以及风险控制等管理会计职能，都离不开"互联网＋"思维与技术的支撑。创新工作方式与思维方式，才能为会计从业者带来更大的价值与更高的地位。

对于会计师事务所而言，创新业务模式，广泛发展审计业务，才能在市场竞争中立于不败之地。比如，相对于手工审计，智能审计将部分工作交给系统，弥补了事务所人力、时间、空间的不足，缩短了审计时间，降低了审计成本。同时，借助云审计技术，挖掘已有数据的价值，注册会计师审计还可以延伸到经济、社会、生活等各个领域。

我国 8 200 多家会计师事务所坐拥一座被遗忘的"数据金矿"。如果借助大数据、云计算等技术手段，将客户的数据都收集起来，形成一个庞大的数据库，再通过智能化的手段进行分析、对比，注册会计师将会从数据中挖掘出对企业、行业、经济乃至整个社会都有价值的信息。

对于中小会计服务机构而言，只有创新产品和服务方式，力争服务范围覆盖企业

"全周期",才能在新常态下赢得更大的发展空间。很多会计代理记账、会计培训及财务咨询公司服务的客户都是小微企业,对它们而言,互联网在线服务会是一种更加高效可行的服务方式。布局针对小型企业的在线代理记账、在线培训以及云报销、云费控等互联网信息平台,可以实现小微企业与中小会计服务机构的共赢。

对于会计管理部门而言,只有创新会计管理的方式,从制度、规则的角度为"互联网+"的发展营造环境,落实简政放权,才能让市场在资源配置中起决定性作用。

在创新驱动下,"互联网+"正演变为一场会计行业重新发现价值、释放动力的集体实践,一次关乎业务方式、管理方式的深层次重构。

思考题: 结合上述内容并查阅相关文献,谈谈你对"互联网+"背景下会计行业创新发展的认识。

第七章

会计凭证

在本章中你将——

了解会计凭证的基本知识;理解原始凭证、记账凭证的含义;掌握原始凭证、记账凭证的填制要求、审核过程及技巧;熟悉会计凭证的传递和保管过程及要点。

会计凭证的基本知识包括会计凭证的概念与种类、原始凭证的取得与审核、记账凭证的取得与审核、会计凭证的保管等。本章从会计凭证的概念和分类开始,到两类会计凭证的取得和审核,再到会计凭证的保管,呈总—分—总的结构,以期系统全面地介绍会计凭证的基本知识。

会计凭证是会计信息的重要载体,所以它的取得和审核有着严格的规范要求,它的传递和保管也要遵循规定的流程和控制要求。

第一节 会计凭证的概念与种类

一、会计凭证的概念

会计主体的生产经营活动会发生各式各样的经济业务。为了真实、完整地记录这些经济业务,监督经济活动的合理性、合法性,保证会计记录的真实、可靠,就必须由经办人员或有关部门根据每一项经济业务的发生或完成时的实际情况,取得或填制具有证明效力的书面文件(即会计凭证)。例如,领用材料填制的材料领用单;出差人员报销差旅费填制的差旅费报销单;会计人员根据报送的收料单、发票和银行结算凭证等编制的记账凭证等,这些票据、凭证都属于会计凭证。这些会计凭证经过严格的审核,符合相关要求后,将作为登记会计账簿的依据。

会计凭证是记录经济业务发生或完成情况、明确经济责任的书面证明,是登记账簿的重要依据。填制和审核会计凭证是会计核算工作的第一步,是会计工作的基础环节。做好会计凭证工作对会计工作的下一步操作、实现会计职能、充分发挥会计监督作用具有重要意义。

1. 会计凭证作为一种信息载体,能如实反映各项经济业务的实际情况会计主体发生的各项经济业务都必须取得或填制会计凭证，会计凭证上记载的各项信息都是经济业务留下的痕迹，是最原始的材料。会计凭证如实地反映了经济活动的情况，通过对会计凭证的解读，可以获取关于经济活动的直接信息。

2. 合格的会计凭证是登记会计账簿的依据

经济业务发生时填制或取得的会计凭证在审核无误后，将成为下一步会计操作——登记会计账簿的依据。如果没有符合要求的会计凭证，会计处理将无法进行，因此，做好会计凭证的填制和审核工作是确保会计处理顺利进行，保证会计账簿资料真实性、正确性的前提。

3. 会计凭证的填制和审核有利于明确经济责任

由于会计凭证记录了经济业务的信息，并由业务经办人员签章、相关人员审核，这就意味着经办人员和审核人员对经济业务的真实性、完整性和合法性负责，明确各自责任。如后期发现某项经济业务存在问题，可以通过会计凭证来追溯相关经办人员应承担的责任。这无疑会增强各部门和经办人员的责任感，督促他们按章办事。

4. 通过会计凭证可以加强对经济活动的监督

在审核会计凭证的过程中，可以核实经济业务中是否存在违法违规的现象，有无公款私用、铺张浪费的行为，从而在某种程度上发挥了会计的监督作用，保护会计主体的利益不受损害。

二、会计凭证的种类

会计凭证可以分为原始凭证和记账凭证。

1. 原始凭证

原始凭证是指在经济业务发生或完成时所取得或填制的、载明经济业务的具体内容，并且明确经济责任的具有法律效力的书面证明。

原始凭证根据来源的不同，可分为外来原始凭证和自制原始凭证。

（1）外来原始凭证。外来原始凭证是指在经济业务发生或完成时，从外单位取得的凭证。它由外单位经办人员填制和审核。如采购业务中从供应商处取得的发票、出差人员报销时提供的住宿发票、向外单位付款时取得的收据等，这些都属于外来原始凭证。

（2）自制原始凭证。自制原始凭证是指本单位内部的业务经办部门或人员，在办理某项经济业务时填制的凭证。如原材料入库单、产品成本计算表、领料单等。

以产品成本计算表为例，一般格式如表7-1所示。

原始凭证根据填制的方法不同，可以分为一次原始凭证、累计原始凭证和汇总原始凭证。

（1）一次原始凭证。一次原始凭证是指在经济业务发生或完成时一次性填制的，记载一项或若干项同类经济业务的原始凭证。外来原始凭证都是一次原始凭证，自制原始凭证大部分也属于一次原始凭证。如收料单、领料单、发货单等。

表 7-1　　　　　　　　　　　　　产品成本计算表

产品名称	成本项目	A 产品 总成本	A 产品 单位成本	B 产品 总成本	B 产品 单位成本
月初在产品	直接材料	58 000		36 000	
	直接人工	21 000		17 000	
	制造费用	12 000		10 000	
小计		91 000		63 000	
生产成本	直接材料	10 000		24 000	
	直接人工	7 000		16 000	
	制造费用	4 000		7 000	
小计		21 000		47 000	
完工产品	直接材料	44 000		12 000	
	直接人工	22 000		11 000	
	制造费用	11 000		4 000	
小计		77 000		27 000	
月末在产品	直接材料	24 000		48 000	
	直接人工	6 000		22 000	
	制造费用	5 000		13 000	
小计		35 000		83 000	

注：月初在产品数据（已知）；生产成本数据来源当期"生产成本"账户（已知）；月末在产品数据根据约当产量法计算得出（已知）；倒算完工产品成本。

（2）累计原始凭证。累计原始凭证是指在一段时期内连续记载重复发生的某项经济业务的凭证，其填制是随着该项经济业务的发生分次进行的，一般到期末停止记录。其适用于常常会重复发生的经济业务，可以简化填制手续，减少凭证数量。如在工业企业中，生产车间一项日常的业务是领用原材料，若每次领用都填制一张领料单，势必会产生数量众多的单证。所以一般的工业企业会设有限额领料单，既便于登记，又可以对原材料的使用进行控制。

（3）汇总原始凭证。汇总原始凭证又称为原始凭证汇总表，是根据若干记载同类经济业务的凭证定期汇总编制而成。编制汇总原始凭证可以简化编制凭证的手续。

2. 记账凭证

记账凭证是由财会部门根据审核无误的原始凭证及有关资料编制的，载明经济业务的简要内容，确定会计分录，并直接据以登记会计账簿的会计凭证。由于原始凭证的种类和格式不统一，记载的内容纷繁多样，直接根据它来登记账簿不仅不方便，而且容易出错。所以在登记账簿之前，一般会将原始凭证加以归类整理，编制记账凭证。会计机构、会计人员应根据审核无误的原始凭证填制记账凭证。记账凭证按照其用途不同，可分为收、付、转记账凭证（即专用记账凭证）和通用记账凭证。

（1）收、付、转记账凭证。原始凭证上记录的经济业务可以分为两种类型：一种是反映货币资金的收入和付出的业务；一种是反映非货币资金的业务。根据前者登记的记账凭证分别称为收款凭证和付款凭证，根据后者登记的记账凭证称为转账凭证。收款凭证、付款凭证和转账凭证又统称为专用记账凭证。

收款凭证是专门用于记录现金和银行存款增加业务的记账凭证。在收款凭证中，借方科目会涉及"库存现金"或"银行存款"。它是登记现金日记账、银行存款日记账以及有关明细账和总账的依据，也是出纳人员收讫款项的依据。格式如表 7-2 所示。

表 7-2　　　　　　　　　　　　收款凭证　　　　　　　　　　　出纳编号
借方科目<u>库存现金</u>　　　　　　　　　年　月　日　　　　　　　　　凭证编号

摘要	贷方科目		金额								√
	总账科目	明细科目	千	百	十	万	千	百	十	元	角	
	合计金额											

会计主管（盖章）　　记账（盖章）　　制单（盖章）　　出纳（盖章）　　交款人（盖章）

附单据　　张

付款凭证是指专门用于记录现金和银行存款减少业务的记账凭证。在付款凭证中，贷方科目会涉及"库存现金"或"银行存款"。它也是登记现金日记账、银行存款日记账以及有关明细账和总账的依据。格式如表 7-3 所示。

表 7-3　　　　　　　　　　　　付款凭证　　　　　　　　　　　出纳编号
贷方科目<u>银行存款</u>　　　　　　　　　年　月　日　　　　　　　　　凭证编号

摘要	借方科目		金额								√
	总账科目	明细科目	千	百	十	万	千	百	十	元	角	
	合计金额											

会计主管（盖章）　　记账（盖章）　　制单（盖章）　　出纳（盖章）　　交款人（盖章）

附单据　　张

转账凭证是指专门用于记录不涉及现金和银行存款收付业务的记账凭证。当借方和贷方都未涉及"库存现金"、"银行存款"时,这类凭证就可以称为转账凭证。它是登记总分类账和明细分类账的依据。格式如表 7-4 所示。

表 7-4　　　　　　　　　　　　转账凭证
年　月　日　　　　　　　　　　　　　字第　号

摘要	总账科目	明细科目	借方金额 亿仟百十万千百十元角分	贷方金额 亿仟百十万千百十元角分	√
合　　计					

附单据　张

会计主管(盖章)　　　记账(盖章)　　　制单(盖章)　　　出纳(盖章)　　　交款人(盖章)

(2) 通用记账凭证。通用记账凭证又称为标准凭证,是采用一种通用的格式来记载各项经济业务的记账凭证。其格式和填制方法与专用记账凭证中的转账凭证相同。适用于业务种类单一、业务量少的企业。使用这种凭证的企业,不再根据经济业务的不同分别填制收款凭证、付款凭证和转账业务,而是所有经济业务都采用这一种格式的记账凭证。

在实际工作中,为了相互区别,这三种凭证将由不同颜色的纸张印刷而成。

为了保持会计记录的连续性,填制各专用记账凭证时应按照各专用记账凭证的类别顺序连续编号,共有 5 种编号方法(如图 7-1 所示)。

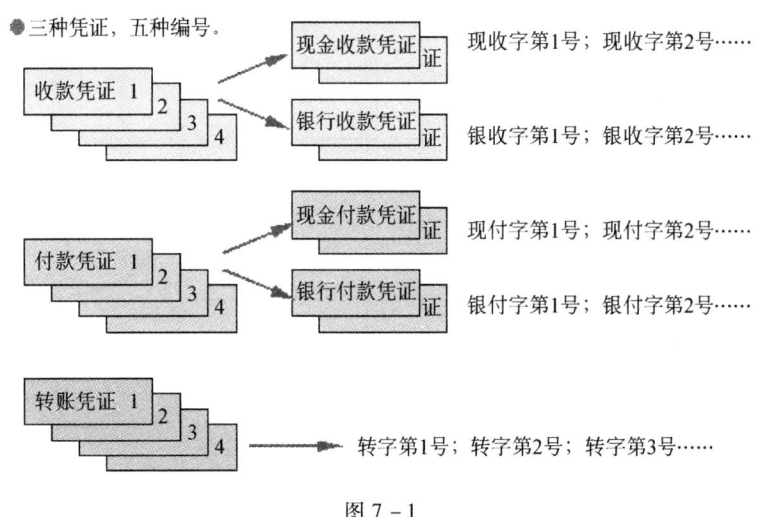

图 7-1

即问即答　区分原始凭证与记账凭证的异同。

第二节 原始凭证的取得与审核

一、原始凭证记载的基本内容

原始凭证上记载的基本内容包括：
（1）原始凭证的名称；
（2）填制凭证的日期和凭证号码；
（3）填制凭证单位的名称或填制人姓名及公章（或专用章）；
（4）经济业务的内容；
（5）经济业务的数量、计量单位、单价和金额；
（6）接受单位的名称；
（7）经办人员的签名或盖章。
以下是原始凭证的一种——增值税发票（格式如图 7-2）。

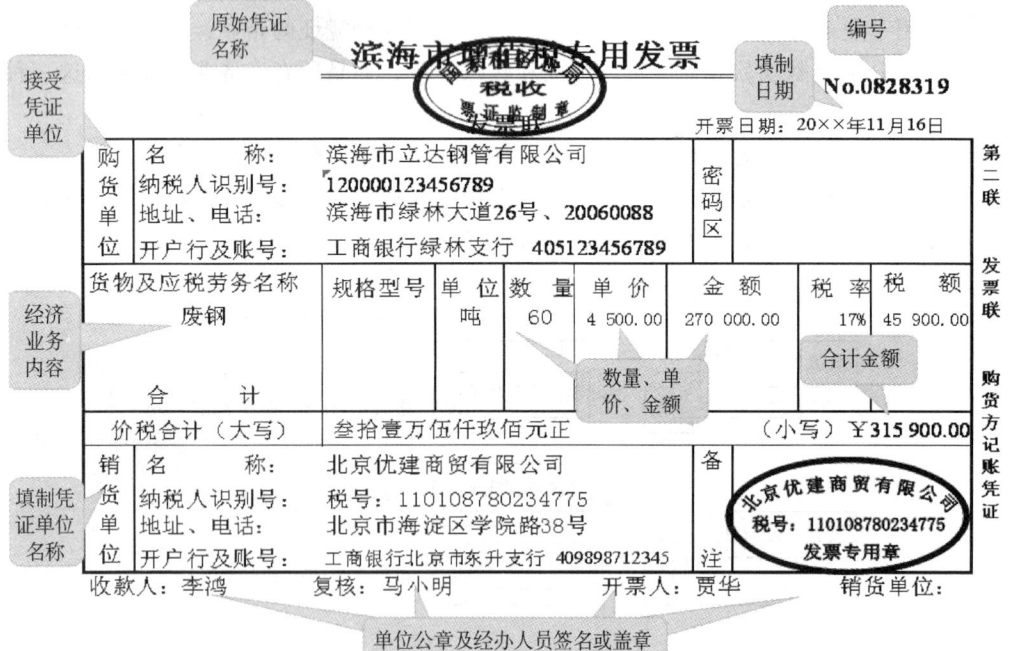

图 7-2

二、原始凭证的取得

不同的原始凭证，其取得方式不同。一般来说，自制原始凭证一般是根据经济业务执行和完成的实际情况直接填制的,如车间根据实际需要的原材料的名称、数量和质量情况填制的领料单等;也存在一部分是根据某项经济业务,对账簿记录材料进行归类、汇总而重新填制的,如月末填制的制造费用分配表等。外来原始凭证是由外部单位或个人,根据经济业务的执行或完成情况填制的,其填制方法和要求与自制原始凭证基本相同。

无论何种原始凭证,都是具有法律效力的证明文件,都是进行会计核算的原始材料。所以为了保证后续会计处理的正确性、完整性和系统性,必须按要求取得(包括填制)。从总体要求上来看,按照《中华人民共和国会计法》和《会计基础工作规范》等的规定,原始凭证的取得应符合以下几项要求:

1. 记录真实

原始凭证的填制,应符合会计信息质量的可靠性要求。所记载的内容必须与实际发生的经济业务内容相一致,不得弄虚作假,以客观的态度来填写,不掺杂个人情感或倾向。对于确实无法取得或遗失的原始凭证,可由当事人写出详细情况,由经办单位负责人批准后,可代作原始凭证。

2. 内容完整

原始凭证上的各项内容,必须填写完备,不得漏写或填写不全。特别是日期、金额、签章等关键信息,不得遗漏。从外单位取得的原始凭证,必须盖有填制单位的公章;从个人取得的原始凭证,必须有填制人员的签名或者盖章。自制原始凭证必须有经办单位领导人或者其指定的人员签名或者盖章。对外开出的原始凭证,必须加盖本单位公章。购买实物的原始凭证,必须有验收证明。支付款项的原始凭证,必须有收款单位和收款人的收款证明。

3. 手续齐备

根据会计信息质量的及时性要求,对发生或完成的经济业务,经办人员应及时填制原始凭证,并按规定程序经复查后,送交会计部门。

4. 书写规范

原始凭证上的数字和文字,应按会计规范的要求书写,字迹清晰、工整,易于辨认。具体要求如下:

(1)汉字大写数字金额如零、壹、贰、叁、肆、伍、陆、柒、捌、玖、拾、佰、仟、万、亿等,一律用正楷或者行书体书写,不得用0、一、二、三、四、五、六、七、八、九、十等简化字代替,不得自造简化字。大写金额数字到元或者角为止的,在"元"或者"角"字之后应当写"整"字或者"正"字;大写金额数字有分的,分字后面不写"整"或者"正"字。大写与小写金额必须相符。

(2)阿拉伯数字应当一个一个地写,不得连笔写。阿拉伯金额数字前面应当书写货币币种符号或者货币名称简写和币种符号。如人民币符号"￥",美元符号"$"等。币种符号与阿拉伯金额数字之间不得留有空白,防止他人添加数字,篡改金额。凡阿拉伯数字前写有币种符号的,数字后面不再写货币单位。

（3）所有以元为单位（其他货币种类为货币基本单位，下同）的阿拉伯数字，除表示单价等情况外，一律填写到角分；无角分的，角位和分位可写"00"，或者符号"——"；有角无分的，分位应当写"0"，不得用符号"——"代替。

（4）大写金额数字前未印有货币名称的，应当加填货币名称，货币名称与金额数字之间不得留有空白。

（5）阿拉伯金额数字中间有"0"的，汉字大写金额要写"零"字，如￥502.43，汉字大写金额应写成"人民币伍佰零贰元肆角叁分"。阿拉伯金额数字中间有连续几个"0"时，汉字大写金额中只须写一个"零"，如￥2 003.52，汉字大写金额应写成"人民币贰仟零叁元伍角贰分"。阿拉伯金额数字元位是"0"，或者数字中间连续有几个"0"时，汉字大写金额可以只写一个"零"字，也可以不写"零"字，如￥1 760.81，应写成"人民币壹仟柒佰陆拾元零捌角壹分"或者写成"人民币壹仟柒佰陆拾元捌角壹分"；又如￥306 000.29，应写成"人民币叁拾万陆仟零贰角玖分"，或者写成"人民币叁拾万陆仟贰角玖分"。阿拉伯金额数字角位是"0"，而分位不是"0"时，汉字大写金额"元"后面应写"零"字，如￥612.04，应写成"人民币陆佰壹拾贰元零肆分"。

（6）原始凭证记载的各项内容均不得涂改、挖补。随意涂改的原始凭证为无效凭证，不能作为填制记账凭证或登记会计账簿的依据。如果是记载内容有误，应由出具单位重开或更正，更正处须加盖出具单位印章；如果是填写错误需要更正时，须划线更正，将写错的文字或数字，用红线划掉，再将正确的数字或文字写在划线部分的上方，并加盖经手人印章。但提交银行的各种结算凭证的大小写一律不得更改，如果填写错误，应加盖"作废"戳记，重新填写。

三、原始凭证的审核

为了保证原始凭证填制内容的真实性和合法性，防止不符合要求的原始凭证影响会计的正确核算和会计信息质量，必须由会计部门对所有原始凭证进行严格的审核。

1. 原始凭证审核的政策法规依据

（1）《会计法》第十四条规定：会计机构、会计人员必须按照国家统一的会计制度的规定对原始凭证进行审核，对不真实、不合法的原始凭证有权不予接受，并向单位负责人报告；对记载不准确、不完整的原始凭证予以退回，并要求按照国家统一的会计制度的规定更正、补充。

（2）《会计基础工作规范》第七十五条规定：会计机构、会计人员应当对原始凭证进行审核和监督。对不真实、不合法的原始凭证，不予受理；对弄虚作假、严重违法的原始凭证，在不予受理的同时，应当予以扣留，并及时向单位领导人报告，请求查明原因，追究当事人的责任；对记载不准确、不完整的原始凭证，予以退回，要求经办人员更正、补充。

2. 原始凭证的审核要点

（1）真实性审核。首先，应该审核原始凭证是否完整，有无涂改、挖补的痕迹。其次，审核原始凭证记载的经济业务是否符合实际情况，如经济业务双方单位或当事人是否真实，经济业务发生的时间、地点、填制凭证的日期是否真实。最后，审核原始凭证上的金额、单价、数量、小计、合计是否正确，金额大小写是否正确、相符。

（2）完整性审核。原始凭证完整性的审核，一是审核凭证上各必备要素是否填写齐全，有关单位和人员是否已签字盖章，审批传递手续是否齐全；二是审核凭证的附件是否齐全，如差旅费报销单后面是否附有住宿、交通发票；付款单后面是否有付款计划等。

（3）合法性审核。审核时应以国家颁布的现行有关财经法规、财会制度以及本单位制定的有关规则、预算和计划为依据，审核原始凭证反映的经济业务的合法性和合理性。如审核发票的真伪性，审核采购、付款等行为是否有公司年度计划支持等。

即问即答 简述原始凭证的填制要求。

第三节 记账凭证的填制与审核

一、记账凭证的基本内容

记账凭证是根据原始凭证填制的，记账凭证的一个重要作用就在于将审核无误的原始凭证中所记载的原始数据通过运用账户和复式记账法，编制会计分录，转化成会计账簿所能接受的专用语言。从原始凭证到记账凭证是经济信息转换成会计信息的过程，属于会计信息初始确认阶段。虽然记账凭证有不同的种类和格式，填制方法也不一样，但一般记账凭证的基本内容包括：

（1）填制凭证的日期；
（2）凭证编号；
（3）经济业务摘要；
（4）会计科目；
（5）金额；
（6）所附原始凭证的张数；
（7）填制凭证人员、稽核人员、记账人员、会计机构负责人、会计主管人员签名或盖章。收款和付款记账凭证还应由出纳签名或盖章。

二、记账凭证的填制

填制记账凭证是会计核算工作的一个重要环节。记账凭证可以根据一张原始凭证填制而成，也可以根据多张反映同类经济业务的原始凭证汇总填制而成。

1. 记账凭证的填制方法

记账凭证的填制方法和要求与原始凭证的填制方法和要求既有相似之处,又有不同的地方,具体如下:

(1) 收款凭证的填制。凡涉及库存现金收入和银行存款增加的经济业务,都必须根据与之相应的原始凭证填制库存现金和银行存款的收款凭证。收款凭证左上角"借方科目"按业务内容选填"库存现金"或"银行存款";上方中间的日期处,填写财会部门制证的日期;凭证右上角的"×字第×号"处,填写"银收"或"收"字和已填制凭证的顺序编号;"贷方科目"应填写与银行存款或现金收入相对应的一级账户及其明细账户,贷方金额应填入所在贷方科目同行的金额栏中,贷方一级账户的金额等于各明细账户金额之和,多余的金额栏用划斜线注销;"摘要"栏填写经济业务的简要说明;凭证右边"附件×张"处需填写所附原始凭证的张数;"记账"栏则应在已经登记账簿后划"√"符号,表示已经入账,以免发生漏记或重记错误。在最下面的会计主管、记账、出纳等处,需要相关人员签字或其签章。

收款凭证的填制如图7-3所示:

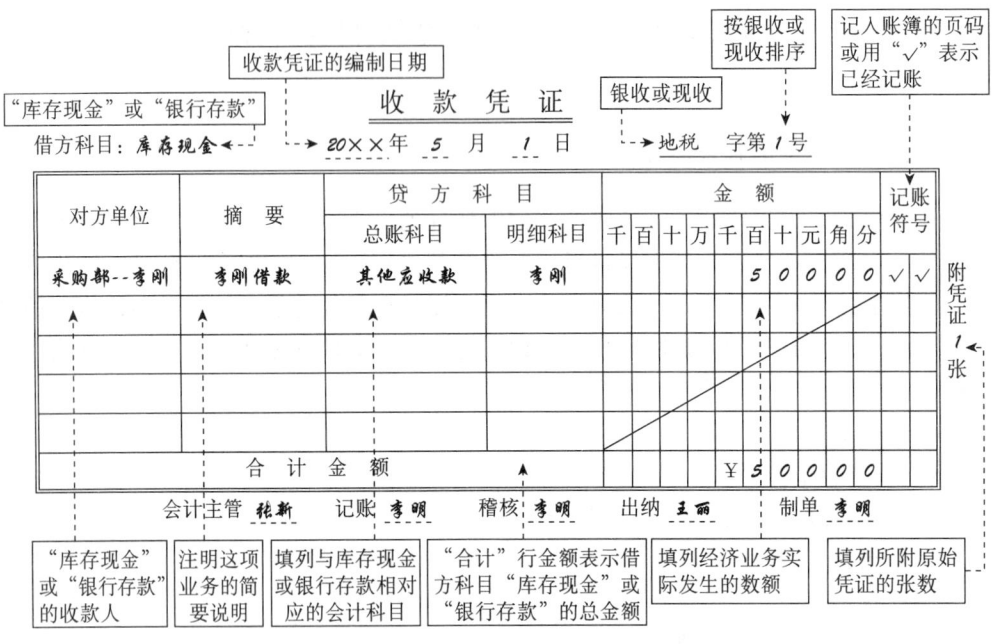

图7-3

(2) 付款凭证的填制。凡涉及库存现金支出和银行存款减少的经济业务,都必须根据与之相应的原始凭证填制库存现金和银行存款的付款凭证。付款凭证的填写与借款凭证相似,只是左上角的"借方科目"变成"贷方科目",同样根据经济业务选填"库存现金"或"银行存款"。对于从银行提取现金或将现金存入银行的业务,为了避免重复记账,只填写一张付款凭证,不填写收款凭证。

出纳人员对于已经完成付款的付款凭证及所附的各种原始凭证,应加盖"付讫"

的戳记，以免重付。

（3）转账凭证的填制。凡不涉及库存现金和银行存款的经济业务，都应填制转账凭证。转账凭证的借、贷方科目同填在"账户名称"栏，但借方科目的金额填在对应的"借方金额"栏，贷方科目金额填在对应的"贷方金额"栏，以确定借贷方合计行借、贷方金额应相等。

（4）通用凭证的填制。通用凭证适用于所有经济业务，其格式和填制方法与"转账凭证"相同。

2. 填制记账凭证的基本要求

记账凭证的填制除需要遵循原始凭证的部分填制要求外，还应遵循以下基本要求：

（1）依据正确。记账凭证应根据审核无误的原始凭证填制。

（2）摘要简明得体。记账凭证的摘要应简明得体地概括出经济业务的内容，如销售商品收回现金的业务，摘要栏可记"售货收现"。

（3）编号连续。记账凭证应该连续编号。连续编号的目的是明确经济业务发生及记账凭证填制的先后顺序，确保记账凭证的完整性，方便登记账簿和以后记账凭证与账簿之间的核对。使用通用记账凭证的企业可以按经济业务发生的顺序编号，每月从第一笔开始编，如"通字第1号"，按自然数的排列顺序编至月末最后一笔。使用专用记账凭证的企业，可以按照各专用记账凭证的类别连续编号。如收到现金，可编"现收字第×号"，如果是银行收款业务，可编"银收字第×号"。付款凭证的编号方法与之相似，根据是现金付款或银行付款分别编"现付字第×号"和"银付字第×号"，而转账凭证只有一种编号方法，即"转字第×号"。每月从第一笔开始，按自然数的排列顺序编至月末。若一笔经济业务需要编制数张记账凭证，则可以采用分数编号法编号，如第7笔业务需编制3张记账凭证，其编号分别是 $7\frac{1}{3}$ 号，$7\frac{2}{3}$ 号和 $7\frac{3}{3}$ 号，其中编号整数是该笔业务在当月业务中的顺序号，分数的分母表示该笔业务的总记账凭证数，分子表示该张记账凭证在该笔业务总凭证中的顺序号。

（4）附件齐全。记账凭证所附的原始凭证应该齐全，支持所记载经济业务的原始凭证应全部附在对应的记账凭证后面，并在记账凭证上注明凭证张数，以便核对摘要和会计分录是否无误。记账凭证后所附的附件应该做到粘贴工整、美观。除结账和更正错误的记账凭证外，记账凭证必须附有原始凭证。

实行会计电算化的单位，对于机制记账凭证的填制应当符合记账凭证的要求，打印出来的机制记账凭证要加盖制单人员、审核人员、记账人员和会计机构负责人、会计主管人员印章或签字，以加强审核，明确责任。

三、记账凭证的审核

为了保证记账凭证能正确反映经济业务的情况，保证其符合登记会计账簿的质量要求，应该由专人在登记账簿前，对记账凭证进行严格的审核。

记账凭证审核的主要内容有以下几个方面：

（1）记账凭证的填制日期、凭证编号是否正确；所附原始凭证是否符合要求；金额数、凭证张数、摘要等内容是否与附件所示一致；

（2）会计科目是否运用得当；借贷方金额是否相等；所用会计科目及其核算内容是否符合会计准则的有关规定；

（3）记账凭证相关内容是否填列齐全，手续是否规范、完整，相关人员有无签名或盖章。

对于审核中发现有问题的记账凭证，应及时查明原因并按规定的方法予以更正或重新编制。需要更正的记账凭证，应在更正处加盖更正人员签章，以明确责任。

即问即答　简述记账凭证的编号要求。

第四节　会计凭证的传递与保管

一、会计凭证的传递

会计凭证的传递是指会计凭证在会计主体内部有关人员之间办理业务手续的过程。

由于会计凭证反映的经济业务千差万别，涉及的处理会计凭证的部门和人员又有所不同，每个凭证处理环节所需的时间也不一样。为了保证会计处理的顺利进行，满足会计信息质量及时性的要求，应对经常发生的、需要多个部门和人员共同办理的经济业务，规定凭证传递的具体程序和传递时间。

例如：设置有出纳、成本会计、财务会计、会计主管岗位的企业，其会计凭证的传递流程如图7-4所示：

企业一般的会计凭证传递流程如图7-5所示。

二、会计凭证的保管

会计凭证是各项经济活动的历史记录，是会计账簿的直接信息来源，所以是重要的经济档案和历史资料，具有重要的保存价值。为了防止散乱丢失，便于后续查阅利用，企业应对完成登记的会计凭证进行整理、归类，并移交档案部门妥善保管。根据《会计档案管理办法》和《会计基础工作规范》等相关规定，对使用过的会计凭证的保护与管理包括：整理归类、造册归档、控制借阅和期满销毁。

1. 整理归类

会计部门应在每月末完成记账后，将当月的记账凭证加以归类整理，即把记账凭证及其所附原始凭证，按照记账凭证的编号顺序进行整理，在保证无缺失的前提下，按照编号顺序，折叠整齐，装订成册并加具封面，注明单位名称、年度、月份和起讫日期、凭证种类、起讫号码，由装订人在装订线封签外签名或者盖章。

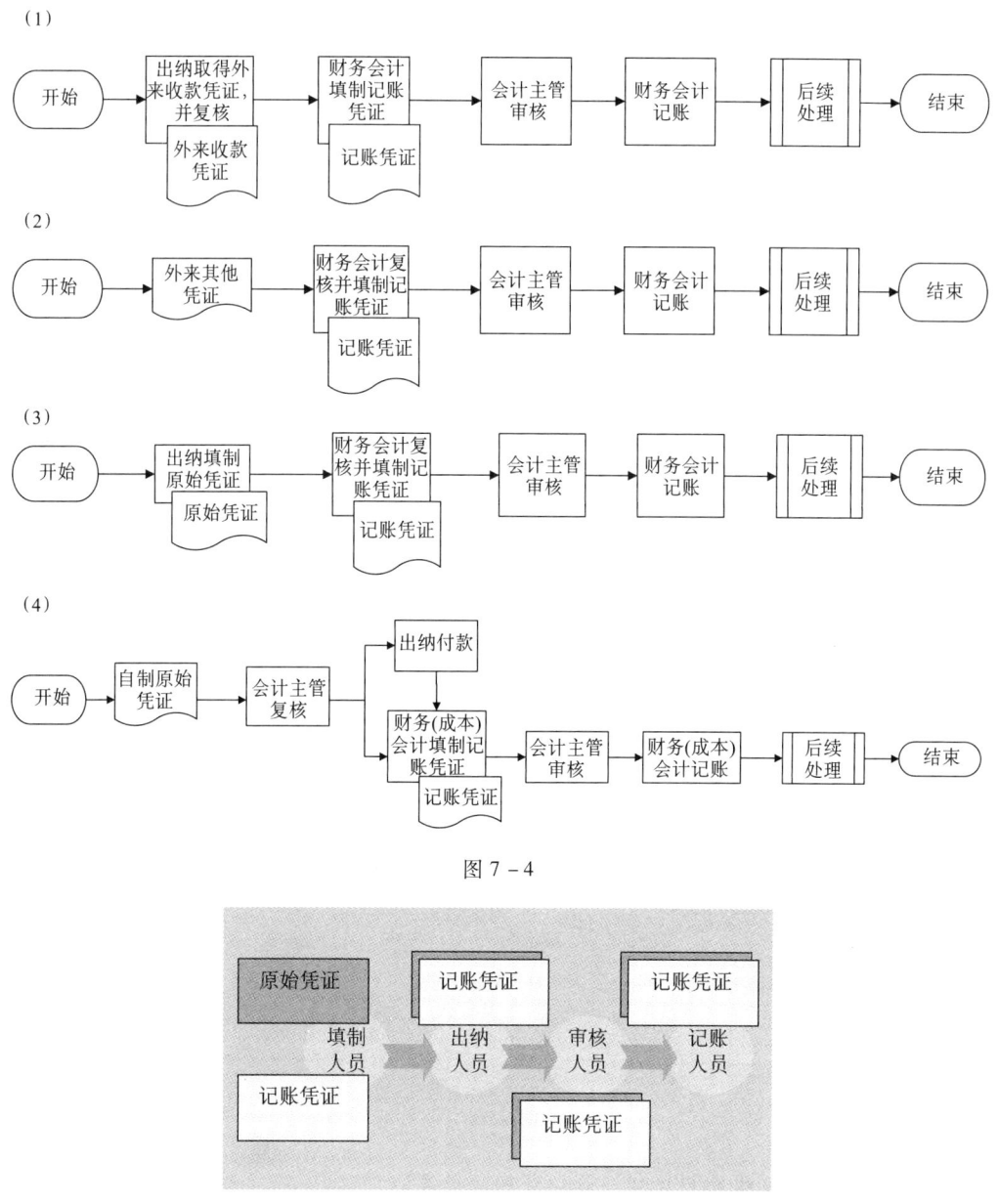

图 7-4

图 7-5

对于数量过多的原始凭证,可以单独装订保管,在封面上注明记账凭证日期、编号、种类,同时在记账凭证上注明"附件另订"和原始凭证名称及编号。

各种经济合同、存出保证金收据以及涉外文件等重要原始凭证,应当另编目录,单独登记保管,并在有关的记账凭证和原始凭证上相互注明日期和编号。

实行会计电算化的企业,应在月末结账后将当月的电子会计凭证打印出来,附上原始凭证,进行整理归档。

2. 造册归档

当年整理归类的会计凭证在会计年度终了后,可由单位会计部门临时保管一年,再移交单位档案管理部门保管。因工作需要确需推迟移交的,应当经单位档案管理部门同意。

单位会计部门临时保管会计凭证最长不超过三年。临时保管期间,会计凭证的保管应当符合国家档案管理的有关规定,且出纳人员不得兼管会计凭证。移交本单位档案管理部门保管的会计凭证,原则上应当保持原卷册的封装。

3. 控制借阅

查阅已入档的会计凭证时,需办理借阅手续,查阅时应在档案管理部门的查阅登记簿上登记。原始凭证不得外借,其他单位如因特殊原因需要使用原始凭证时,经本单位会计部门负责人、会计主管人员批准,方可复制。向外单位提供的原始凭证复制件,应当在专设的登记簿上登记,并由提供人员和收取人员共同签名或者盖章。

4. 期满销毁

会计凭证的保管期限是30年,对于保管期满的会计凭证应按会计规范的规定进行销毁。由档案管理部门会同会计部门提出销毁意见,编制销毁清册,列明销毁会计凭证的卷号、册数、起止年度和档案编号、应保管期限、已保管期限、销毁时间等内容,报单位负责人审批后,才能销毁。销毁时需由档案管理部门和会计部门共同派人监销,销毁后监销人员需在销毁清册上签名盖章。

会计凭证归档保管在企业会计凭证流程中的位置如图7-6所示。

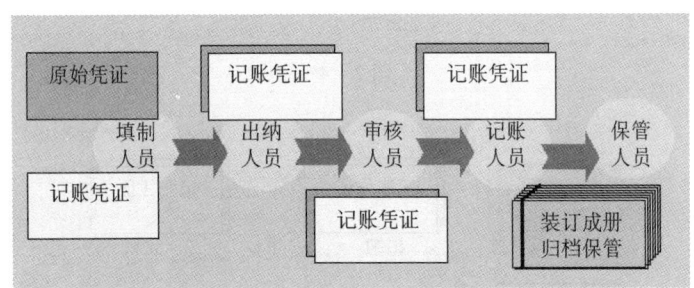

图7-6

即问即答 按流程简要复述会计凭证的保管要点。

第五节 会计热点与本章小结

一、会计热点:财政部发布《增值税会计处理规定》

为进一步规范增值税会计处理,促进《关于全面推开营业税改征增值税会计处理规定》的落实，财政部发布了《关于印发〈增值税会计处理规定〉的通知》，对增值税的会计处理做出了规定。

（一）《增值税会计处理规定》的主要内容有哪些？

《增值税会计处理规定》的主要内容有：会计科目及专栏设置、账务处理、财务报表相关项目列示和附则。

在会计科目及专栏设置部分，《增值税会计处理规定》要求，增值税一般纳税人应当在"应交税费"科目下设置"应交增值税"、"未交增值税"、"预交增值税"、"待抵扣进项税额"、"待认证进项税额"、"待转销项税额"等明细科目。小规模纳税人只需在"应交税费"科目下设置"应交增值税"明细科目，并对各明细科目的核算内容及明细科目应设置的专栏做了详细规定。

在账务处理部分，《增值税会计处理规定》对十项会计处理做了明确的规定，包括取得资产或接受劳务等业务的账务处理、销售等业务的账务处理、差额征税的账务处理、出口退税的账务处理、进项税额抵扣情况发生改变的账务处理、月末转出多交增值税和未交增值税的账务处理、交纳增值税的账务处理、增值税期末留抵税额的账务处理、增值税税控系统专用设备和技术维护费用抵减增值税额的账务处理、关于小微企业免征增值税的会计处理规定等方面内容。

在财务报表相关项目列示部分，《增值税会计处理规定》要求，"应交税费"科目下的"应交增值税"、"未交增值税"、"待抵扣进项税额"、"待认证进项税额"、"增值税留抵税额"等明细科目期末借方余额应根据情况，在资产负债表中的"其他流动资产"或"其他非流动资产"项目列示；"应交税费——待转销项税额"等科目期末贷方余额应根据情况，在资产负债表中的"其他流动负债"或"其他非流动负债"项目列示；"应交税费"科目下的"未交增值税"、"简易计税"、"转让金融商品应交增值税"、"代扣代交增值税"等科目期末贷方余额应在资产负债表中的"应交税费"项目列示。

（二）《增值税会计处理规定》中应注意的相关科目

1."应交增值税"明细科目。

"进项税额"专栏。在退回所购货物应冲销的进项税额时，用红字登记，并非通过进项税额转出进行处理；

"销项税额抵减"取代原"营改增抵减的销项税额"专栏；

"转出未交增值税"专栏。月末企业"应交税费——应交增值税"明细账出现贷方余额时，根据余额借记本科目，贷记"应交税费——未交增值税"科目；

"销项税额"专栏。退回销售货物应冲减的销项税额，只能在贷方用红字登记；

"转出多交增值税"专栏。"应交税费——应交增值税"的借方余额与已交税金发生额比较，谁小按谁转。

2."待认证进项税额"明细科目。增值税扣税凭证认证之前，也要进行会计核算，并增加了专用的核算科目。已申请稽核但尚未取得稽核相符结果的海关缴款书进项税额，原在"待抵扣进项税额"科目核算，现在调整在本科目核算。

3. "简易计税"明细科目。专设了一般纳税人简易计税方式下，增值税的核算科目，不再使用"未交增值税"明细科目核算。

4. "代扣代交增值税"取代原"代扣增值税"明细科目。

思考题： 回忆营改增之后，一般纳税人和小规模纳税人的会计处理。

二、本章小结

会计凭证就是为了真实、完整地记录所发生经济业务，监督经济活动的合理性、合法性，保证会计记录的真实、可靠，由经办人员或有关部门根据每一项经济业务的发生或完成时的实际情况，取得或填制的具有证明效力的书面文件。可以分为原始凭证和记账凭证。

原始凭证根据来源的不同，可分为外来原始凭证和自制原始凭证；根据填制的方法不同，可以分为一次原始凭证、累计原始凭证和汇总原始凭证。

记账凭证按照其用途不同，可分为收、付、转记账凭证（即专用记账凭证）和通用记账凭证。

原始凭证的取得应符合书写规范、手续齐备、内容完整、记录真实等内容；原始凭证的审核包括真实性审核、完整性审核和合法性审核等内容。

记账凭证的填制基本要求有附件齐全、编号连续、摘要简明得体、依据正确四方面；记账凭证的审核应注意日期、编号、附件、金额、科目、签名盖章等要点。

会计凭证的保护与管理包括：整理归类、造册归档、控制借阅和期满销毁。

第六节 思 考 题

一、思考题 A：基础知识题

1. （单选）下列属于通用凭证的是（　　）。
   A. 领料单　　　　　　　　　　B. 工资计算表
   C. 增值税专用发票　　　　　　D. 借款单

2. （单选）开出转账支票支付购买材料价款 50 000 元时，应编制（　　）。
   A. 收款凭证　　　　　　　　　B. 付款凭证
   C. 转账凭证　　　　　　　　　D. 累计凭证

3. （单选）可以不附原始凭证的记账凭证是（　　）。
   A. 更正错误的记账凭证　　　　B. 从银行提取现金的记账凭证
   C. 以现金发放工资的记账凭证　D. 职工临时性借款的记账凭证

4. （单选）原始凭证所记录的经济业务是否符合有关的计划、预算，这属于审核原始凭证的（　　）。

A. 合法性 B. 真实性
C. 完整性 D. 合理性

5.（单选）在每项经济业务发生或完成时取得或填制的会计凭证是（　　）。

A. 原始凭证 B. 转账凭证
C. 收款凭证 D. 付款凭证

6.（单选）根据连续反映某一时期内不断重复发生而分次进行的特定业务编制的原始凭证是（　　）。

A. 一次凭证 B. 累计凭证
C. 记账凭证 D. 汇总原始凭证

7.（单选）下列各项中，不属于原始凭证基本内容的是（　　）。

A. 接受凭证单位的全称
B. 交易或事项的内容、数量、单价和金额
C. 经办人员签名或盖章
D. 应记会计科目名称和记账方向

8.（单选）下列表示方法正确的是（　　）。

A. ￥501.00 B. ￥81.00
C. 人民币伍拾陆元捌角伍分整 D. 人民币柒拾陆元整

9.（单选）发现原始凭证金额错误，下列各项中，正确的处理方法是（　　）。

A. 由本单位经办人更正，并由单位财务负责人签名盖章
B. 由出具单位重开
C. 由出具单位更正，更正处应当加盖出具单位印章
D. 由本单位会计人员按划线更正法更正，并在更正处签章

10.（单选）关于会计凭证的装订和保管，下列表述不正确的是（　　）。

A. 会计凭证必须按照归档制度，妥善整理和保管，形成会计档案，便于随时查阅
B. 对检查无误的会计凭证，要按顺序号排列，折叠整齐装订成册，并加具封面
C. 如果某些记账凭证的原始凭证数量过多，也可以单独装订保管，但应在其封面及有关记账凭证上加注说明
D. 契约、押金收据等重要原始凭证，必须装订成册，不得单独保管，以防散失

11.（多选）原始凭证的基本内容包括（　　）。

A. 原始凭证名称 B. 接受原始凭证的单位名称
C. 经济业务的性质 D. 凭证附件

12.（多选）下列原始凭证中，属于单位自制原始凭证的有（　　）。

A. 收料单 B. 限额领料单
C. 产品入库单 D. 领料单

13. （多选）在原始凭证上书写阿拉伯数字，正确的有（　　）。
    A. 有角无分的，分位不得用"—"代替
    B. 无角分的，角位和分位写"00"或者符号"—"
    C. 有角无分的，分位应当写"0"
    D. 有角无分的，分位也可以用符号"—"代替

14. （多选）从外单位取得的原始凭证遗失时应该作（　　）处理后，才能代作原始凭证。
    A. 应取得原签发单位盖有公章的证明
    B. 注明原始凭证的号码、金额、内容等
    C. 由经办单位会计机构负责人批准
    D. 由经办单位负责人批准

15. （多选）下列人员中，应在记账凭证上签章的有（　　）。
    A. 单位负责人　　　　　　　　B. 会计主管
    C. 记账人员　　　　　　　　　D. 制单人员

16. （多选）下列说法正确的有（　　）。
    A. 记账凭证上的日期指的是经济业务发生的日期
    B. 对于涉及"库存现金"和"银行存款"之间的经济业务，一般只编制收款凭证
    C. 出纳人员不能直接依据有关收、付款业务的原始凭证办理收、付款业务
    D. 出纳人员必须根据经会计主管或其指定人员审核无误的收、付款凭证办理收、付款业务

17. （多选）记账凭证的填制必须做到记录真实、内容完整、填制及时、书写清楚外，还必须符合（　　）要求。
    A. 如有空行，应当在空行处划线注销
    B. 发生错误应该按规定的方法更正
    C. 除另有规定外，应该有附件并注明附件张数
    D. 必须连续编号

18. （多选）制定科学的会计凭证传递程序时，应着重考虑（　　）。
    A. 会计凭证的传递流程
    B. 会计凭证在每个传递环节上停留的时间
    C. 会计凭证交接的验收制度
    D. 会计凭证的整理、归类和装订成册

19. （多选）张三出差回来，报销差旅费1 000元，原预借1 500元，交回剩余现金500元，这笔业务应该编制的记账凭证有（　　）。
    A. 付款凭证　　　　　　　　　B. 收款凭证
    C. 转账凭证　　　　　　　　　D. 原始凭证

20. （多选）下列关于会计凭证传递和保管的说法中正确的有（　　）。
   A. 原始凭证较多时可以单独装订
   B. 装订成册的会计凭证要加具封面，并逐项填写封面内容
   C. 通过会计凭证的传递可以加强会计监督
   D. 单位应根据具体情况制定每一种凭证的传递程序和方法

二、思考题 B：课外延伸

全国首例隐匿会计凭证罪案件在四川绵阳作出判决

据中国审计报报道，最近，四川省绵阳市涪城区人民法院对绵阳南郊机场建设管理局财务负责人袁虹，在审计期间隐匿伪造会计凭证案进行公开审理，依法判处袁虹有期徒刑两年并处以罚金 4 万元。据区检察机关介绍，这是全国人大常委会法制工作委员会对"隐匿、销毁会计凭证、会计账簿、财务会计报告构成犯罪的主体范围"进行法律解释后全国第一例会计人员司法判决案例。

2002 年，审计署驻成都特派办审计组在对绵阳南郊机场建设资金审计中发现，该机场向施工单位收取的投标资料费、定期存款利息、代征税金手续费等大量收入，未纳入单位财务账核算。为了查清这些资金的下落，审计组多次向绵阳南郊机场领导及财务负责人宣传有关法律法规，要求提供上述收入的真实财务资料。但是，作为机场财务负责人及上述资金直接管理人的袁虹，却将会计资料隐匿，拒绝向审计人员提供。经过审计人员大量艰苦细致的查证，查出该机场将上述近千万元收入设置"小金库"20 多个。在此情况下，袁虹又多次编造虚假会计资料，隐匿"小金库"资金，严重阻碍了审计工作的正常进行。

对袁虹的上述行为，成都特派办依据审计法及全国人大常委会法制工作委员会关于"隐匿、销毁会计凭证、会计账簿、财务报告构成犯罪的，应当由公安机关立案侦查"的规定，将该案移送公安机关。四川省及绵阳市公安机关对此案十分重视，立案进行了积极侦查。

绵阳市涪城区人民法院在审理中认为，袁虹身为绵阳南郊机场建设管理局财务负责人，直接管理本单位的"小金库"账，在国家审计机关的审计过程中，故意隐匿本单位的"小金库"账务资料，情节严重，已经触犯了国家刑律，构成了隐匿会计凭证罪。

（资料来源：中新网，2004 年 7 月 19 日）

思考题：结合上述内容并查阅有关的文章，谈谈你对依法保管会计凭证重要性的认识。

第八章

会计账簿

在本章中你将——

　　了解会计账簿的概念及分类、账簿的启用和登记规则；理解会计账簿的含义、作用和设置的意义；掌握不同种类会计账簿的设置和登记的方法；理解和掌握错账的更正方法以及对账和结账的方法。

　　会计账簿的基本知识主要包括会计账簿的含义及作用、会计账簿的种类、会计账簿的设置和登记的方法、错账的更正方法以及如何对账和结账等。本章从会计账簿的基本概念引入，介绍会计账簿的设置和登记方法、如何对账和结账，初步了解会计账簿的基本知识。

第一节　会计账簿概述

　　设置和登记账簿是会计核算的一种专门方法，也是会计核算工作的中心环节。设置和登记账簿，是编制财务报表的基础，是连接会计凭证和财务报表的中间环节。

　　通过第七章会计凭证内容的学习可以知道，会计凭证能够接收、确认各种含有会计信息的数据并将其输入复式簿记系统，但是，会计凭证上所能记载的信息具有单一性，彼此缺乏联系，无法完全满足管理上的需要，所以，还有必要利用会计账簿对凭证上的原始数据作进一步的归类、加工和整理。会计账簿是继会计凭证之后，记录经济业务的又一重要载体。

一、会计账簿的概念

　　企业在生产经营过程中发生的经济业务，通过前述会计凭证的填制和审核，可以核算和监督每项经济业务的发生和完成情况。应该说，会计凭证能够比较全面地反映经济业务的发生和完成情况，所记录的业务内容也是非常详细、具体的。但是，由于会计凭证的数量繁多，比较分散，而且每张会计凭证只能记录单笔经济业务，提供的也只是个别的数据，不便于直接通过会计凭证取得综合的会计信息，也不便于日后的查阅。因此，为了对经济业务进行连续、系统、全面的核算，从分散的数据中提取系统有用的会计信息，就必须采用登记会计账簿的方法，把分散在会计凭证上的零散的资料，加以集中和分散管理，在账簿这个重要的载体上得以综合，从而为企业的经营管理提供系统的会计信息资料。因而设置和登记会计账簿就成为会计核算的一种重要方法。

所谓会计账簿，简称账簿，是指由专门格式而又联结在一起的若干账页所组成，以经过审核的会计凭证为依据，全面、系统、连续地记录各项经济业务的簿籍。对于账簿的概念，可以从两个方面理解：一是从外表形式看，账簿是由具有一定格式的账页联结而成的簿籍；二是从记录的内容看，账簿是对各项经济业务进行分类和序时记录的簿籍。

二、会计账簿的作用

通过会计账簿的概念可以看到，会计账簿的构成形式是相互联结的多个账页，其记录的内容又是企业单位日常发生的各种各样的经济业务。会计账簿既是积累、储存会计信息的数据库，也是会计信息的处理中心。设置和登记会计账簿，是会计循环的主要环节，是提供系统、全面的会计信息资料的重要手段。各单位应当按照国家统一的会计制度的规定和会计业务的需要设置会计账簿。

会计账簿的设置和登记在会计核算中具有重要作用：

（一）会计账簿是系统记载和储存会计信息的重要工具

会计账簿能够序时地、分类地记录和反映企业单位日常发生的大量的经济业务，将分散在会计凭证上的核算资料加以归类、整理，从而为企业单位正确地计算费用、成本、利润提供总结和明细资料，为企业的经济管理提供系统、完整的会计信息，为改善经营管理、加强经济核算、合理利用资金提供必要的资料。同时，借助于会计账簿记录资料，可以监督各项财产物资的妥善保管，保护财产物资的安全与完整。

（二）会计账簿的记录资料是定期编制会计报表的主要的、直接的依据

账簿记录积累了一定时期发生的大量的经济业务的数据资料，这些资料经过归类、整理，就成为编制会计报表的依据，可以说，会计账簿的设置与登记过程是否正确，直接影响到会计报表的质量。

（三）会计账簿提供的资料是考核经营成果、进行会计监督的依据

账簿记录是会计凭证信息的进一步整理，通过会计账簿记录资料，为考核企业的经营成果、分析计划和预算的完成情况提供数据资料。同时，设置和登记不同种类的会计账簿，还便于会计工作的分工，更有利于保存会计信息资料，以便后期查阅。

由此可见，在会计工作中，每一个企事业单位都必须根据会计规范要求和实际情况设置必要的账簿，同时做好记账工作，以发挥会计账簿的作用。

三、会计账簿的种类

会计账簿的种类很多，不同类别的会计账簿可以提供不同的信息，满足不同的需

要。实际工作中，会计账簿通常使用以下方法进行分类。

（一）按照账簿的用途分类

会计账簿按照其用途不同可以分为序时账簿、分类账簿和备查账簿。这种分类是最主要、最常见的分类。

1. 序时账簿

序时账簿，也称日记账，是按照经济业务发生时间的先后顺序逐日、逐笔登记的账簿。序时账簿按其记录的内容，又可以分为普通日记账和特种日记账。

普通日记账是对全部经济业务都按其发生时间的先后顺序逐日、逐笔登记的账簿。登记普通日记账只能由一个人负责，并且每笔会计记录都需要逐笔分别转记到分类账中，工作量很大。特别是随着企业规模的扩大、经济业务的增多及记账凭证的出现，普通日记账不便于登记分类账和登账工作量较大的缺陷逐渐显露。而且由于普通日记账不是分类记录经济业务，不便于日后的查阅，不利于对重要经济业务的严格管理。因此，目前已较少使用普通日记账。

特种日记账是只对某一特定种类的经济业务按其发生时间的先后顺序逐日、逐笔登记的账簿。我国的会计制度规定，那些发生频繁，要求严格管理和控制的业务，应设置特种日记账。企业一般都必须设置库存现金日记账和银行存款日记账，对库存现金和银行存款的收付和结存情况进行序时登记。当然，各单位还可根据自身的业务特点和管理需要来确定是否需要设置其他特种日记账，如为登记采购业务而设置的采购日记账，为登记销售业务而设置的销售日记账等。

2. 分类账簿

分类账簿，是按照会计要素的具体类别而设置的分类账户进行登记的账簿。账簿按其反映经济业务详细程度的不同，又可以分为总分类账簿和明细分类账簿。

总分类账簿，简称总账，是根据总分类账户开设的，能够全面地反映企业的经济活动。总分类账簿对所属的明细账起到统驭作用，可以直接根据记账凭证登记，也可以将凭证按一定方法定期汇总后进行登记。总分类账簿主要是为编制财务报表提供直接的数据资料，主要采用三栏式。

明细分类账簿，简称明细账，是根据明细分类账户开设的，用来提供明细核算资料，应根据记账凭证或原始凭证逐笔详细登记，是对总分类账的补充和说明。明细分类账簿可采用的格式主要有三栏式明细账（格式与三栏式总分类账相同）、数量金额式明细账、多栏式明细账等。

分类账簿与序时账簿的作用不同。序时账簿能够提供连续、系统的会计信息，反映企业资金运动的全貌。分类账簿则按照经营和决策的需要而设置，归集并汇总各类信息，反映资金运动的不同状态、形式和构成，因此，通过分类账簿，才能把各类数据按账户来塑造成总括、连续、系统的会计信息，满足会计报表编制的需要。分类账簿是会计账簿的主体，是编制会计报表的主要依据。

3. 备查账簿

备查账簿，又称辅助登记簿或补充登记簿，是指对某些在序时账和分类账中未能记载或记载不全的事项进行补充登记的账簿。例如，为反映所有权不属于企业，由企业租入的固定资产而开设的"租入固定资产备查簿"、反映票据内容的"应付（收）票据备查簿"等。

备查账簿只是对其他账簿记录的一种补充，与其他账簿之间不存在严密的依存和勾稽关系。备查账簿根据企业的实际需要设置，没有固定的格式要求。

会计账簿按用途不同的分类如图 8-1 所示。

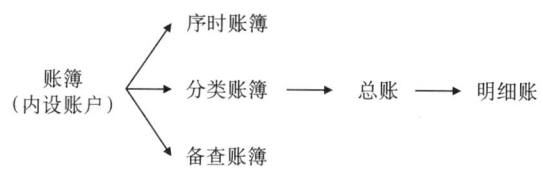

图 8-1　会计账簿按用途分类图示

（二）按账簿的外表形式分类

会计账簿按其外表形式的不同分为订本式账簿、活页式账簿和卡片式账簿。

1. 订本式账簿

订本式账簿，简称订本账，是在启用之前就将编有顺序页码一定数量账页装订成册的账簿。订本式的优点是能够避免账页散失和防止抽换账页；其缺点是不能准确为账户预留账页。这种账簿一般适用于重要的和具有统驭性的总分类账、库存现金日记账和银行存款日记账。

2. 活页式账簿

活页式账簿，简称活页账，是在启用时账页不固定装订成册而将分散的账页置于活页夹内，可以根据记账内容的变化随时增加或减少部分账页的账簿。这类账簿的优点是记账时可以根据实际需要，随时将空白账页装入账簿或抽去不需要的账页，便于分工记账；其缺点是如果管理不善，可能会造成账页散失或故意抽换账页。一般明细分类账可以根据需要采用活页式账簿。

3. 卡片式账簿

卡片式账簿，简称卡片账，是将一定数量的卡片式账页存放于专设的卡片箱内，可以根据需要随时增添账页的账簿。卡片账主要用于不经常变动内容的登记，如"固定资产明细账"等。

企业在设置账簿体系时，应将那些比较重要、容易丢失的项目，采用订本式账簿，对那些次要的不容易丢失的项目，可以采用活页式或卡片式账簿。

会计账簿按其外表形式分类如图 8-2 所示。

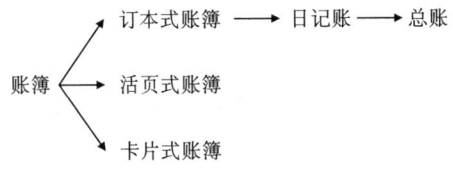

图 8-2 会计账簿按外表形式分类图示

即问即答 请简要说明会计账簿设置的意义。

第二节 会计账簿的设置与登记

一、会计账簿的基本内容

账簿的内容因记录的经济业务内容和经济管理的要求不同而多种多样。但每一种账簿都具有相同的基本内容：

（1）封面。封面应标明记账单位名称和账簿名称、记账日期。

（2）扉页。扉页应填列的主要内容包括：单位名称、账簿名称、册次及起讫页数、启用的日期和停用日期、经管账簿人员一览表和签章、移交人员和移交日期、接管人员和接管日期等。账簿扉页上的"账簿使用登记表"的格式如表8-1所示。

表 8-1 账簿使用登记表

单位名称				
账簿名称				
册次及起讫页		自　　页起至　　页止共　　页		
启用日期		年　　月　　日		
停用日期		年　　月　　日		
经管人员姓名	接管日期	交出日期	经管人员盖章	会计主管盖章
	年　月　日	年　月　日		
	年　月　日	年　月　日		
	年　月　日	年　月　日		
备注			单位公章	

（3）账页。账页的格式因反映的经济业务不同而不同，但其基本内容应包括账户的名称（一级科目、二级或明细科目）、记账日期、凭证种类和号数栏、摘要、金额、总页次和分户页次等。

二、会计账簿的设置原则

会计账簿的设置,是指对账簿的种类、格式、内容以及登记方法的选择和确定。各单位应在会计规范的总体要求指导下,根据本单位生产经营或业务规模的大小、经济业务的繁简、会计人员的多少、会计报表编制的需要以及经营管理的特点和要求,科学合理地设置会计账簿。具体应遵循以下原则:

(一) 全面性、系统性原则

会计账簿的设置要能够保证全面、系统地反映会计主体的经济活动情况,为企业经营管理提供系统和全面的核算资料。同时,在设置会计账簿时要考虑各单位生产经营规模和经济业务的特点,使设置的会计账簿能如实反映各单位经济活动的全貌。

(二) 组织性、控制性原则

账簿的设置从各单位经济活动和业务工作特点出发进行设置,要有利于账簿的组织和记账人员的分工,有利于加强岗位责任制和内部控制制度,使得账簿的设置和记录有利于财产物资的管理,便于账实核对,以保证企业各项财产物资的安全完整和有效利用。

(三) 科学性、合理性原则

账簿设置要根据不同账簿的作用和特点,使得账簿结构做到严密科学,有关账簿之间要有统驭关系或平行制约关系,以保证账簿资料的真实、正确和完整。

账簿格式的设计与选择既要能反映经济业务的全貌,又要力求简明、实用,便于编制会计报表,避免繁琐复杂,以提高会计信息处理和利用的效率。

三、会计账簿的格式与登记方法

不同的会计账簿由于反映的经济业务内容和详细程度不同,因而,其账页格式也有一定的区别。

(一) 序时账簿的格式与登记方法

这里所说的序时账簿主要是指特种日记账。企业通常设置的特种日记账主要有库存现金日记账和银行存款日记账。

1. 库存现金日记账的格式及登记方法

库存现金日记账是用来核算和监督库存现金日常收、付、结存情况的序时账簿。库存现金日记账的格式主要有三栏式和多栏式两种。三栏式库存现金日记账,通常设置收入、付出、结余或借方、贷方、余额三个主要栏目,用来登记库存现金的增减变动及其结果。

三栏式库存现金日记账是由现金出纳人员根据库存现金收款凭证、库存现金付款凭证以及银行存款的付款凭证(反映从银行提取现金业务),按照业务发生时间的先后顺序逐日、逐笔登记。三栏式库存现金日记账的一般格式及登记方法如图 8-3 所示。

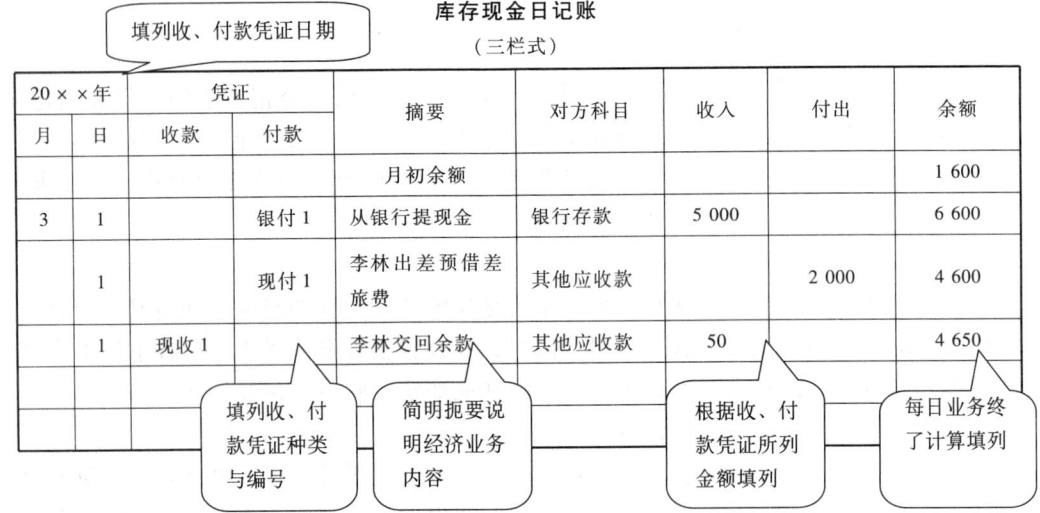

图 8-3 三栏式库存现金日记账格式及登记方法示意图

三栏式库存现金日记账的登记方法如下：

（1）日期栏。系指记账凭证的日期，应与库存现金实际收付日期一致。

（2）凭证栏。系指登记入账的收付款凭证的种类和编号，以便查账和核对。

（3）摘要栏。摘要是说明登记入账的经济业务内容。文字要简练，但能说明问题。

（4）对方科目栏。系指库存现金收入的来源科目或支出的用途科目。其作用在于了解经济业务的来龙去脉。

（5）收入、付出栏（或借方、贷方）：系指库存现金实际收付的金额。每日终了，应分别计算库存现金收入和付出的合计数，结出余额，同时，将余额与出纳员的库存现金核对，即通常说的"日清"。如账款不符应查明原因并记录备案。月终同样要计算库存现金收、付和结存的合计数，通常称为"月结"。

为了更清晰地反映账户之间的对应关系，了解库存现金变化的来龙去脉，还可以在三栏式日记账中收入和付出两个栏目下，按照库存现金收、付的对方科目设置专栏，形成多栏式库存现金日记账。

采用多栏式库存现金日记账时，按照收入、付出的对应科目分设专栏逐日逐笔登记，到月末结账时，分栏加计发生额，对全月库存现金收入来源、付出去向都可以一目了然，能够为企业的经济活动分析和财务收支分析提供具体的资料。但是，在使用会计科目比较多的情况下，多栏式日记账的账页过宽，不便于分工登记，而且容易产生串行的错误。

为此，在实际工作中可以将多栏式库存现金日记账分设两本，即分为多栏式库存现金收入日记账和多栏式库存现金支出日记账。

2. 银行存款日记账的格式和登记方法

银行存款收、付业务的结算方式有多种,为了反映具体的结算方式以及相关单位,需要在三栏式现金日记账的基础上,通过增设栏目设置银行存款日记账,即在银行存款日记账中增设采用的结算方式等具体栏目。三栏式银行存款日记账的具体格式如图8-4所示。

银行存款日记账
（三栏式）

20××年		凭证	摘要	结算凭证		对方科目	收入	付出	余额
月	日			种类	号数				
3	1		月初余额						800 000
	1	银付1	提取现金	现金支票	0146	库存现金		10 000	790 000
	1	银收1	销售产品	转账支票	0678	主营业务收入	100 000		890 000
	1	银付2	付材料款	转账支票	0187	材料采购		140 400	749 600

（登记方法与现金日记账相同）
（登记分录中银行存款的对方科目）
（登记结算凭证种类和号码）
（登记方法与现金日记账相同）

图8-4 三栏式银行存款日记账格式及登记方法示意图

银行存款日记账是由出纳员根据银行存款的收款凭证、付款凭证以及现金的付款凭证（将库存现金存入银行业务）按照业务发生时间的先后顺序逐日、逐笔登记的。总体来说,银行存款日记账的登记方法与库存现金日记账的登记方法基本相同,但有以下几点注意:

(1) 出纳员在办理银行存款收付业务时,应对收款凭证和付款凭证进行全面检查复核,保证记账凭证与所附的原始凭证的内容一致,方可依据正确的记账凭证在银行存款日记账中记明:日期（收、付款凭证编制日期）、凭证种类（银收、银付或现付）、凭证号数（记账凭证的编号）、采用结算方式（支票、本票或汇票等）、摘要（概括说明经济业务内容）、对应账户名称、金额（收入、付出或结余）等项内容。

(2) 银行存款日记账应按照经济业务发生时间的顺序逐笔分行记录,当日的业务当日记录,不得将记账凭证汇总登记,每日业务记录完毕应结出余额,做到日清月结,月末分别结出本月借方、贷方发生额及期末余额和累计发生额,年末应结出全年累计发生额和年末余额,并办理结转下年手续,有关发生额和余额（包括日、月、年）计算出来之后,应在账页中的相应位置予以标明。

(3) 银行存款日记账必须按行次、页次顺序登记,不得跳行、隔页,不得以任何借口随意更换账簿,记账过程中一旦发生错误应采用正确的方法进行更正,会计期末,按规定结账。

银行存款日记账根据需要也可以采用多栏式,具体包括两种格式。一种是将银行存款的收入和支出并在一本账中,按收入、付出的对应科目分设专栏进行登记,到月末结账时,各个分栏加计发生额合计数,对全月银行存款的收入来源、付出去向一目了然,可以给企业单位的经济活动分析和财务收支分析提供更详细的资料。但是,在应用会计科目较多时,账页必然过宽,不便于登记,而且容易发生错栏串行的错误。为了避免这种错误的发生,在实际工作中,还可以将银行存款日记账分设两本,即多栏式银行存款收入日记账和多栏式银行存款支出日记账。多栏式银行存款日记账的登记方法除特殊栏目(如结算方式等)外基本等同于多栏式库存现金日记账的登记方法,这里不再阐述。

(二)总分类账的格式与登记方法

总分类账是按照一级会计科目的编号顺序分类开设并登记全部经济业务的账簿。总分类账的格式有三栏式(即借方、贷方、余额三个主要栏目)和多栏式两种,其中三栏式又区分为不反映对应科目的三栏式和反映对应科目的三栏式。总分类账的登记依据和方法主要取决于所采用的会计核算组织程序。它可以直接根据记账凭证逐笔登记,也可以把记账凭证先汇总,编制成汇总记账凭证或科目汇总表,再根据汇总记账凭证或科目汇总表定期登记。三栏式(不反映对应科目)总账的具体格式及登记方法如图8-5所示。

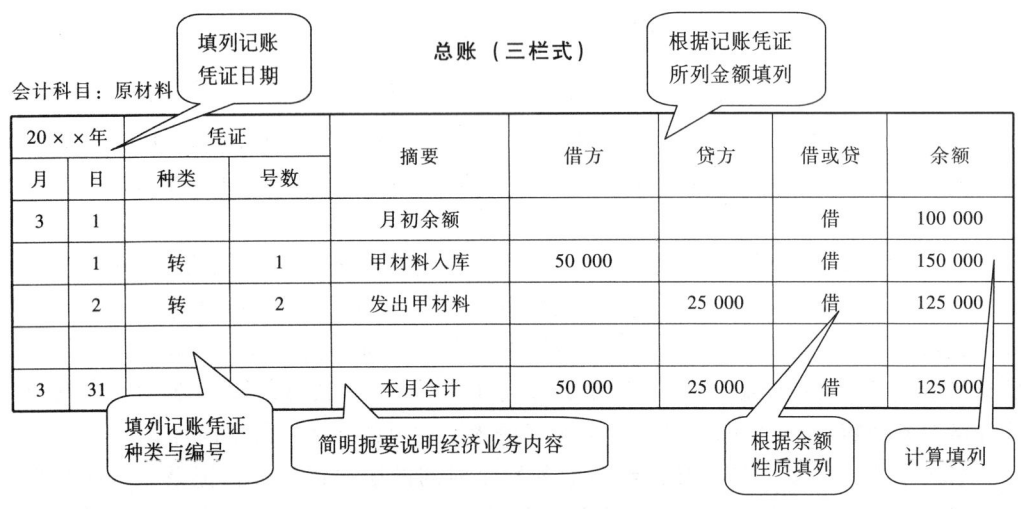

图8-5 三栏式总账格式及登记方法示意图

不管哪种格式的总分类账,每月都应将本月已完成的经济业务全部登记入账,并于月末结出总账中各分类账户的本期发生额和期末余额,与其他有关的账簿核对相符之后,作为编制会计报表的主要依据。

(三)明细分类账的格式及登记方法

明细分类账是根据二级会计科目或明细科目设置账户,并根据审核无误后的会计凭证登记某一具体经济业务的账簿。各种明细分类账可根据实际需要,分别按照二级会计科目和明细科目开设账户,进行明细分类核算,以便提供资产、负债、所有者权益、收入、费用和利润等的详细信息。这些信息，也是进一步加工成会计报表信息的依据。因此，各企业单位在设置总分类账的基础上，还应在总账科目下设若干必要的明细分类账，作为总分类账的必要补充说明。这样，既能根据总分类账了解该类经济业务的总括情况，又能根据明细分类账进一步了解该类经济业务的具体和详细情况。明细分类账一般采用活页式账簿，也可以采用订本式和卡片式。

根据管理上的要求和各种明细分类账所记录的经济业务特点，明细分类账的格式主要有以下三种：

1. 三栏式明细分类账

三栏式明细分类账的格式和三栏式总分类账的格式相同，即账页只设有借方金额栏、贷方金额栏和余额栏三个栏目。这种格式的明细账适用于只要求提供货币信息而不需要提供非货币信息（实物量指标等）的账户。一般适用于记载债权债务类经济业务，如应收账款、应收票据、应付票据、应付账款等。

2. 数量金额式明细账

数量金额式明细账格式一般设置收入、发出、结存三个栏目，在这三个栏目下再分别设置数量栏和金额栏，以便同时提供货币信息和实物量信息。这类明细账适用于既要进行金额核算又要进行实物量核算的财产物资类科目，如原材料、库存商品等科目的明细账。数量金额式明细账的格式及登记方法如图 8-6 所示。

原材料明细账

材料类别：原材料 　　　　　　填写明细核算　　　　　　计量单位：千克
材料名称或规格：圆钢 　　　　内容的相关资料　　　　　存放地点：6 号库
材料编号：0176 　　　　　　　　　　　　　　　　　　　　储备定额：6 000 千克

20××年		凭证号数	摘要	借方（收入）			贷方（发出）			借或贷	余额（结存）		
月	日			数量	单价	金额	数量	单价	金额		数量	单价	金额
7	1		月初余额							借	10 000	2.80	28 000
	7	转23	入库	2 000	2.90	5 800				借	10 000 2 000	2.80 2.90	28 000 5 800
	11	转38	发出				5 000	2.80	14 000	借	5 000 2 000	2.80 2.90	14 000 5 800
	1				—	4 500	3 000	—				1.50	4 500

日期、凭证和摘要等填法同前

根据入库数量填列

根据材料成本计算结果填写

根据出库数量填列

计算填列

可采用先进先出法、加权平均法等方法计算填列

图 8-6　数量金额式明细账格式及登记方法示意图

3. 多栏式明细账

多栏式明细分类账是根据经济业务的特点和经营管理的需要，将属于同一个总账科目的各个明细科目合并在一张账页上进行登记，即在这种格式的账页的借方或贷方金额栏内按明细项目分设若干专栏。这种格式适用于收入、成本和费用类科目的明细核算。

多栏式明细账按照登记经济业务内容的不同又分为"借方多栏式"，如"材料采购明细账"、"生产成本明细账"、"制造费用明细账"等。"贷方多栏式"，如"主营业务收入明细账"等。"借方、贷方多栏式"，如"本年利润明细账"、"应交增值税明细账"等。这里仅列举多栏式明细账（制造费用）的具体格式及登记方法。如图 8-7 所示。

制造费用明细账
（按借方发生额设置专栏的多栏式）

（日期和摘要等内容填列方法同前）
（有关费用发生时，均在预先按借方设置的相应栏次中登记）

20××年		凭证号数	摘要	借方					合计
月	日			工资	福利费	折旧费	办公费	……	
3	5	转5	分配工资	10 500					10 500
	5	转6	提取福利费		1 470				11 970
	15	付7	购办公用品				400		12 370
	31	转33	提取折旧			5 000			17 370
	31	转34	期末分配	10 500	1 470	5 000	400		17 370

（月末分配制造费用时，在这一行要用红字登记，反映制造费用的减少）

图 8-7　制造费用明细账具体格式及登记方法示意图

对于借方多栏式明细账，由于只在借方设多栏，平时在借方登记费用、成本的发生额，贷方登记月末将借方发生额一次转出的数额，所以平时如发生贷方发生额（无法在贷方登记），应该用红字在借方多栏中登记。贷方多栏式明细账也是同样的道理。

（四）备查账簿的格式及登记方法

备查账簿是对主要账簿起补充说明作用的账簿。它没有固定的格式，一般是根据各单位会计核算和经营管理的实际需要而设置的。主要包括租借设备、物资的辅助登记，有关应收、应付款项（票据）的备查簿，担保、抵押品的备查簿等。

即问即答　请介绍日记账、分类账的格式和登记方法。

第三节　会计账簿的启用与登记规则

一、账簿的启用规则

在启用新账簿时，应在账簿的有关位置记录相关信息。

（1）设置账簿的封面与封底。除订本账不另设封面以外，各种活页账都应设置封面和封底，并登记单位名称、账簿名称和所属会计年度。

（2）在启用新会计账簿时，应首先填写在扉页上印制的"账簿使用登记表"中的启用说明，其中包括单位名称、账簿名称、账簿编号、起止日期、单位负责人、主管会计、审核人员和记账人员等项目，并加盖单位公章。在会计人员工作发生变更时，应办理交接手续并填写"账簿使用登记表"中有关交接项目。

（3）填写账户目录，总账应按照会计科目顺序填写科目名称及启用页号。启用订本式账簿应当从第一页到最后一页顺序编定页数，不得跳页、缺号。在启用活页式明细分类账时，应按照账户顺序编号，并须定期装订成册，装订后再按实际使用的账页顺序编定页码，另加目录以便于记明每个账户的名称和页次。

（4）粘贴印花税票，应粘贴在账簿右上角，并且划线注销。在使用交款书缴纳印花税时，应在右上角注明"印花税已交"及交款金额。

二、账簿的登记规则

各种会计账簿的登记，必须遵循基本规则的要求。《会计法》第十五条规定："会计账簿登记，必须以经过审核的会计凭证为依据，并符合有关法律、行政法规和国家统一的会计制度的规定。会计账簿包括总账、明细账、日记账和其他辅助性账簿。"

由于会计账簿是储存数据资料的重要会计档案，因而登记账簿应有专人负责。会计账簿登记要求主要有：

1. 准确完整。登记会计账簿时，应当将会计凭证日期、编号、业务内容摘要、金额及其他有关资料逐项记入账内，做到数字准确、摘要清楚、登记及时、字迹工整。每一项会计事项，一方面记入有关的总账；另一方面要记入该总账所属的明细账。账簿记录中的日期，应当填写记账凭证上的日期；以自制原始凭证（如收料单、领料单等）作为记账依据的，账簿记录中的日期应按有关自制凭证上的日期填列。

2. 注明记账符号。账簿登记完毕后，应在记账凭证上签名或盖章，并在记账凭证的"过账"栏内注明账簿页数或画"√"，表示记账完毕，避免重记、漏记。

3. 书写留空。账簿中书写的文字和数字上面要留有适当的空格，不要写满格，一般应占格距的二分之一。这样，一旦发生登记错误，能比较容易地进行更正，同时，也便于查账工作。

4. 正常记账使用蓝黑墨水。由于会计账簿是储存数据资料的重要会计档案，为了保持账簿记录的持久性，防止涂改，登记账簿必须使用蓝黑墨水或碳素墨水书写，不得使用圆珠笔（银行的复写账簿除外）或铅笔书写。国家规定各种账簿归档保管年限一般都在十年以上，有些关系到重要经济资料的账簿，则要长期保管，因此要求账簿记录保持清晰、耐久，以便长期核查使用。

5. 特殊记账使用红墨水。可以使用红色墨水记账的情况包括：按照红字冲账的记账凭证，冲销错误记录；在不设借贷等栏的多栏式账页中，登记减少数；在三栏式账户的余额栏前，如未印明余额方向的，在余额栏内登记负数余额；根据国家统一的规定可以用红字登记的其他会计记录，比如"结账划线"、"改错"可以使用红色墨水笔。

6. 会计账簿应当按照连续编号的页码顺序登记。会计账簿记录发生错误或者隔页、缺号、跳行的，应在空页、空行处用红色墨水划对角线注销，或者注明"此页空白"或"此行空白"字样，并由会计记账人员和会计机构负责人（会计主管人员）在更正处盖章。

7. 结出余额。凡需要结出余额的账户，结出余额后，应该在"借或贷"栏目内注明"借"或"贷"字样，以示余额的方向；对于没有余额的账户，应在"借或贷"栏目内写"平"字，并在"余额"栏"元"位处用"ϴ"表示或用"0"表示。库存现金日记账和银行存款日记账必须逐日结出余额。

8. 过次承前。每一账页登记完毕时，应当结出本页发生额合计及余额，在该账页最末一行"摘要"栏内注明"转次页"或"过次页"，并将这一金额记入下一页第一行有关金额栏内，在该行"摘要"栏注明"承前页"，以保证账簿记录的连续性，便于对账和结账。

9. 不得涂改、挖补、刮擦。账簿发生错误时，不得随意涂改、挖补、刮擦等，应采用正确的方法进行更正。

10. 有关会计人员调动工作或离职时，应办理交接手续。

11. 对于新的会计年度建账问题，一般来说，总账、日记账和多数明细账应每年更换一次。但有些财产物资明细账和债权债务明细账，由于材料品种、规格和往来单位较多，更换新账，重抄一遍工作量较大，因此可以跨年度使用，不必每年度更换一次。各种备查簿也可以连续使用。

12. 会计账簿作为一种重要的会计档案，必须按照制度统一规定的保存年限妥善保管，不得丢失。保管期满后，按规定的审批程序报经批准后，再行销毁。

使用电子计算机进行会计核算的，其会计账簿的登记、更正，应当符合国家统一的会计制度的规定。

三、错账的更正规则

（一）错账的基本类型

会计人员在记账过程中，由于种种原因可能会产生凭证的编制错误或账簿的登记错误，即发生错账。其错账的基本类型主要有以下几种：

（1）记账凭证正确，但依据正确的记账凭证登记账簿时发生过账错误。

（2）记账凭证错误，导致账簿登记也发生错误。这种类型的错误又包括三种情况：一是由于记账凭证上的会计科目用错而引发的错账；二是记账凭证上金额多写而引发的错账；三是记账凭证上金额少写而引发的错账。

(二) 账簿错误的查找

会计账簿的日常登记是一项细致的工作，稍有不慎就会发生错误。为了及时更正这些错误，就需要对账簿记录进行检查以便发现错误。正常情况下，账簿记录错误有两种，一种是凭证错误而导致的账簿错误；另一种是账簿本身登记错误。账簿错误的查找方法主要有以下几种：

(1) 顺查法，即按照会计核算程序，从经济业务→原始凭证→记账凭证→会计账簿→试算表，按顺序查找。在哪个环节发现错误，分析错误的原因及性质，然后采用正确的方法进行更正。

(2) 逆查法，即按照与会计核算程序相反的步骤从试算表→会计账簿→记账凭证→原始凭证→经济业务，逐步缩小错误的范围，直到找出错误为止。

(3) 技术方法，即根据错账的数字，结合数字之间的某些规律运用数学知识来查找错误的方法。技术方法又具体分为差数法、除2法和除9法三种。

①差数法就是记账人员首先确定错账的差数（即借方和贷方的合计金额的差额），再根据差数去查找错误的方法。这种方法对于发现漏记账目比较有效，也很简单。在记账过程中只登记了会计分录的借方或贷方，漏记了另一方，从而形成试算平衡表中借方合计与贷方合计不等。如借方金额遗漏，会使该金额在贷方超出；贷方金额遗漏，会使该金额在借方超出。对于这样的差错，可由会计人员通过回忆和与相关金额的记账核对来查找。

②除2法，首先算出借方和贷方的差额，再将差额除以2得出商数，查找账户记录中有无与商数相同的金额的方法。当某个借方金额错记入贷方（或相反时），出现错账的差数表现为错误的2倍。

例如，企业会计编制的试算表上的借、贷双方的合计金额为：

用2除得商数为4 800，查找业务中有无4 800的金额在账户中误记、漏记或重记。

③除9法就是先算出借方与贷方的差额，再除以9来查找错误的方法，如能除尽，则可能有两种情况，即数字位移或数字颠倒。

数字位移，数字位移有两种情况：一是将数字写小，例如，将5 000误记成500，错误数字小于正确数字9倍。查找的方法是：以差数除以9得出的商即为写错的数字，商乘以10即为正确的数字。上例差数为4 500，用9除得500，500即为错数，扩大10倍即可得出正确的数字5 000。二是将数字写大，例如，将300误记成3 000，错误数字大于正确数字9倍。查找的方法是：以差数除以9得出的商即为正确的数字，商乘以10所得的积为错误的数字。上例差数为2 700，用9除得300，300即为正确的数字，扩大10倍即可得出错误的数字3 000。

数字颠倒，更准确地说是邻数颠倒。例如，将 15 800 误写为 18 500，差数为 2 700，用 9 除得 300，商数中的非零数字 3 即为被颠倒的相邻数字 8 和 5 的差额，而且，凡商数为百位数者，则是百位数与千位数的颠倒，凡商数为千位数者，则是千位数与万位数的颠倒，依此类推。

当然，以上所述只是一些查找简单错账的方法，并不能"包查百错"，实际上某些错误可能是由几个错误共同造成的，所以，最积极的办法还是加强责任感，认真、细致地做好记账工作。一旦发生了错误，在查找出来的基础上，要采用相应的方法进行更正。

（三）错账的更正方法

在记账过程中，可能由于种种原因会使账簿记录发生错误，对于发生的账簿记录错误，不得任意使用刮擦、挖补、涂改等方法去更改字迹，不得重新抄写，而应该根据错误的具体情况，采用正确、规范的方法予以更正。按照《会计基础工作规范》的要求，更正错账的方法一般有三种，即划线更正法、红字更正法和补充登记法。

1. 划线更正法

在结账前，如果发现账簿记录有文字或数字错误，而记账凭证没有错误，即纯属账簿记录中的文字或数字的笔误，可用划线更正法予以更正。

更正的方法是：先将账页上的错误的文字或数字划一条红线，以表示予以注销，然后，将正确的文字或数字用蓝字写在被注销的文字或数字的上方，并由记账人员及会计机构负责人（会计主管人员）在更正处盖章，以明确责任。应当注意的是，更正时，必须将错误数字全部划掉，而不能只划销、更正其中个别错误的数字，并应保证原有字迹仍可辨认，以备查考。

【例 8-1】云海股份有限公司用银行存款 3 457 元购买办公用品。会计人员在根据记账凭证（记账凭证正确）记账时，误将总账中银行存款贷方的 3 457 元写成 8 457 元。采用划线更正法的具体办法是：应将总账中银行存款账户贷方的错误数字 8 457 元全部用一条红线划掉（注意：不能只删改错误数字"8"），然后在其上方用蓝字写出正确的数字 3 457 元，并在更正处盖章或签名，以明确责任。

2. 红字更正法

红字更正法，适用于以下两种错误的更正。

根据记账凭证所记录的内容登记账簿以后，发现记账凭证的应借、应贷会计科目有错误所引起的记账错误，应采用红字更正法。更正的具体办法是：先用红字填制一张与错误记账凭证内容完全相同的记账凭证，在摘要栏内写明"注销×月×日×号凭证"，并据以红字登记入账，以注销原错误记账凭证并冲销原有错误的账簿记录，然后，再用蓝字填制一张正确的记账凭证，据以用蓝字登记入账。

【例 8-2】A 车间领用甲材料 2 000 元用于一般消耗，这项经济业务编制的会计分录应为借记"制造费用"科目，贷记"原材料"科目，但会计人员在填制记账凭证时，误将"制造费用"记为"生产成本"并已登记入账。

更正时，先用红字（以下用 ☐ 表示红字）填制一张会计分录与原错误记账凭证相同的记账凭证，并据以用红字登记入账，冲销原有的错误账簿记录：

借：生产成本　　　　　　　　　　　　　　　　　　　　　　　2 000
　　贷：原材料　　　　　　　　　　　　　　　　　　　　　　　2 000

然后，再用蓝字填制一张正确的记账凭证并据以登记入账：

借：制造费用　　　　　　　　　　　　　　　　　　　　　　　2 000
　　贷：原材料　　　　　　　　　　　　　　　　　　　　　　　2 000

根据记账凭证所记录的内容记账以后，发现记账凭证中应借、应贷的会计科目和记账方向正确，只是所记金额大于应记的正确金额。对于这种错误应采用红字更正法予以更正。更正的方法是将多记的金额用红字填制一张与原错误凭证中科目、借贷方向相同的记账凭证，在摘要栏内写明"冲销×月×日×号记账凭证多记金额"，以冲销多记的金额，并据以红字登记入账。

【例8-3】云海股份有限公司用银行存款5 800元缴纳上个月所欠交的税费。会计人员在编制会计分录时，误将5 800元记为58 000元并已记账。这个错误应采用红字更正法进行更正。更正的具体办法是用红字编制一张与原错误凭证中科目、方向相同的记账凭证，其金额为52 200（58 000-5 800）元，据以用红字登记入账，以冲销多记的金额：

借：应交税费　　　　　　　　　　　　　　　　　　　　　　52 200
　　贷：银行存款　　　　　　　　　　　　　　　　　　　　　52 200

3. 补充登记法

记账以后，发现记账凭证中应借、应贷的会计科目和记账方向正确，只是所记金额小于应记的正确金额时，那么采用补充登记法予以更正。更正的具体办法是：按少记的金额用蓝字填制一张应借、应贷会计科目与原错误记账凭证相同的记账凭证，在摘要栏内写明"补记×月×日×号记账凭证少记金额"，以补充少记的金额，并以蓝字登记入账。

【例8-4】云海股份有限公司用银行存款96 000元偿还短期借款。会计人员在编制会计分录时，误将96 000元记为9 600元，即：

借：短期借款　　　　　　　　　　　　　　　　　　　　　　 9 600
　　贷：银行存款　　　　　　　　　　　　　　　　　　　　　 9 600

这属于金额少记的错误，应采用补充登记的方法予以更正。即用蓝字编制一张与原错误凭证应借科目、应贷科目、记账方向相同的记账凭证，其金额为86 400（96 000-9 600）元，据以蓝字登记入账即可：

借：短期借款　　　　　　　　　　　　　　　　　　　　　　86 400
　　贷：银行存款　　　　　　　　　　　　　　　　　　　　　86 400

采用红字更正法和补充登记法更正错账时，都要在凭证的摘要栏注明凭证号数、日期和错误原因，便于日后核对。

以上三种方法是对当年内发现记账凭证或者登记账错误而采用的更正方法，如果发现以前年度记账凭证中有错误（指会计科目和金额）并导致账簿登记出现差错，应当用蓝字填制一张更正的记账凭证。因错误的账簿记录已经在以前会计年度终了进行结账或决算，不可能将已经决算的数字进行红字冲销，只能用蓝字凭证对除文字外的一切错误进行更正，并在更正凭证上特别注明"更正××年度错账"的字样。

在计算机账务处理环境下，会计人员应根据自己的权限进入系统进行错账更正，在更正错账的同时，留下更正日期、权限口令以及更正内容等资料备查。

即问即答 账簿登记过程中应注意哪些记账规则。

第四节 结账与对账

为了总结某一会计期间的经济活动情况，考核经营成果，便于编制会计报表，必须定期进行结账和对账工作。

一、结账

（一）结账的概念

结账是一项将账簿记录定期结算清楚的账务工作。在一定时期结束时（如月末、季末或年末），为了编制财务报表，需要进行结账，具体包括月结、季结和年结。

所谓结账，是在将本期内所发生的经济业务全部登记入账的基础上，按照规定的方法对该期内的账簿记录进行小结，结算出本期发生额合计和期末余额，并将其余额结转下期或者转入新账的过程。

结账的内容通常包括两个方面：一是结清各种损益类账户，并据以计算确定本期利润；二是结出各资产、负债和所有者权益账户的本期发生额合计和期末余额。

（二）结账的程序及内容

前已述及，企业在会计核算过程中使用的账户实际上可分为两大部分，一部分是反映企业单位收入的实现、费用的发生情况的损益类账户，即利润表账户，也可称之为虚账户，另一部分是反映企业单位资产、负债、所有者权益情况的资产负债表类账户，也可称之为实账户，对于这两类账户，结账时的处理方法是不同的。结账工作主要包括以下几个程序及具体内容：

1. 结账前，必须将本期发生的全部经济业务登记入账，并保证其正确性。对于发现的错误，应采用适当的方法进行更正。

2. 在本期经济业务全面入账的基础上，按照权责发生制核算基础的要求，调整有关账项，合理确定应计入本期的收入和费用。

（1）应计收入和应计费用的调整。应计收入是指那些已在本期实现、因款项未收而未登记入账的收入。企业发生的应计收入，主要是本期已经发生且符合收入确认标准，但尚未收到相应款项的销售商品或提供劳务收入。对于这类调整事项，应确认为本期收入，借记"应收账款"等账户，贷记"主营业务收入"等账户；待以后收妥款项时，借记"库存现金"、"银行存款"等账户，贷记"应收账款"等账户。

应计费用是指已经发生但尚未支付的费用。企业发生的应计费用，本期已经受益，如应付未付的借款利息等。由于这些费用已经发生，应当在本期确认为费用，借记"管理费用"、"财务费用"等账户，贷记"应付利息"等账户；待以后支付款项时，借记"应付利息"等账户，贷记"库存现金"、"银行存款"等账户。

（2）收入分摊和成本分摊的调整。收入分摊是指企业已经收取有关款项，但未完成或未全部完成销售商品或提供劳务，需在期末按本期已完成的比例，分摊确认本期已实现收入的金额，并调整以前预收款项时形成的负债。如企业销售商品预收定金、提供劳务预收佣金。在收到预收款项时，应借记"银行存款"等账户，贷记"预收账款"等账户；在以后根据销售商品或提供劳务确认当期收入时，进行期末账项调整，借记"预收账款"等账户，贷记"主营业务收入"等账户。

成本分摊是指为了正确计算各个会计期间的盈亏，将已经发生且能使若干个会计期间受益的支出在其受益的会计期间进行合理分配。如企业已经支出，但应由本期或以后各期负担的预付款项，应借记"预付账款"等账户，贷记"银行存款"等账户；在会计期末账项调整时，借记"管理费用"等账户，贷记"预付账款"等账户。

3. 编制结账分录。对于各种收入、费用类账户的余额，应在有关账户之间进行结转，从而结束各有关收入和费用类账户。即将各损益类账户全部转入"本年利润"账户，结平所有损益类账户。

结账分录包括两部分，一部分是结转收入的，即借记有关的收入类账户，贷记"本年利润"账户，另一部分是结转费用的，即借记"本年利润"账户，贷记有关的费用类账户。结账分录也需要登记到相应的账簿中去。

这里需要注意的是：通过编制结账分录并过入各账户，以结平各损益类账户的方法称为"账结法"。账结法可以在平时每个月末进行，也可以集中于年末进行。如果是集中在年末进行账结法，平时可以保持各个损益类账户的余额不变，使得各损益类账户累计反映全年的收入和费用情况，平时的月末（1—11月份），为了编制利润表，可以在报表中对有关的收入和费用账户进行结转，即所谓的"表结法"。但无论何种方法，年末时必须按照账结法结平各损益类账户。

4. 结出资产、负债和所有者权益账户的本期发生额合计和期末余额，并转入下期。

按照《会计工作基础规范》的要求，结账时，应当结出各个账户的期末余额，需要结出当月发生额的，应当在摘要栏内注明"本月合计"字样，并在下面通栏划单红线。需要结出本年累计发生额的，应当在摘要栏内注明"本年累计"字样，全年累计发生额下面应当通栏划双红线，以示封账和年度结账。

年度终了，各账户的年末余额转入下年，应在摘要栏注明"结转下年"字样。在下一个年度新建账户的第一行摘要栏注明"上年结转"字样，余额栏内填写上年结转的余额。

上述工作完成后，就可以根据总分类账和明细分类账的本期发生额和期末余额，分别进行试算平衡。

（三）结账的方法

1. 月结

月结即在每月终了时进行结账。在月终结账时，最后一笔经济业务下划一条通栏红线，红线下结算出本月发生额和月末余额（若无余额，在余额栏写平或"0"字表示），并在摘要栏内注明"本月合计"字样，然后在这一行下面通栏划单红线，该红线下的一行结算1—本月累计发生额和期末余额，并在摘要栏内注明"1—本月（或×月）累计"或"本年累计"字样，其下再划一条通栏红线。

2. 年结

年结即在年度终了时进行结账。到年终结账时，除了以上的结账方法外，在"1—12月累计"或"本年累计"行下面要划通栏双红线，以示封账和年度结账。双红线下面一行要填上结转下年的内容，摘要栏填入"结转下年"字样，金额栏分别填入本年度发生额和期末余额。

需要注意的是，有的账户并不需要另外进行月结，有的账户除了进行月结、年结外，还需要结计本年累计发生额。所以，结账时应根据不同账户的记录，分别采用不同的结账方法：

（1）对不需按月结计本期发生额的账户，如各项应收应付款明细账和各项财产物资明细账等，每次记账以后，都要随时结出余额，每月最后一笔余额就是月末余额，即月末余额就是本月最后一笔经济业务记录的同一行内余额。月末结账时，只需要在最后一笔经济业务记录之下通栏划单红线，不需要再次结计余额。

（2）对库存现金、银行存款日记账和需要按月结计发生额的收入、费用等明细账，每月结账时，要在最后一笔经济业务记录下面通栏划单红线，结出本月发生额和余额，在摘要栏内注明"本月合计"字样，并在下面通栏划单红线。

（3）对于需要结计本年累计发生额的某些账户，如收入、成本、费用等明细账，除应进行月结外，还应在"本月合计"行下结出自年初起至本月末止的累计发生额，登记在月份发生额下面，在摘要栏内注明"本年累计"字样，并在下面通栏划单红线。12月末的"本年累计"就是全年累计发生额，全年累计发生额下通栏划双红线。

（4）总账账户平时只需结出月末余额。年终结账时，为了总括反映全年各项资金运动情况的全貌，核对账目，要将所有总账账户结出全年发生额和年末余额，在摘要栏内注明"本年合计"字样，并在合计数下面通栏划双红线。

（5）需要结计本月发生额的某些账户，如果本月只发生一笔经济业务，由于这笔经济业务的金额就是本月发生额，结账时只需在此行记录下通栏划单红线，与下月发生额分开，不需另外结出"本月合计"数。

（6）年度终了结账时，有余额的账户，应将其余额结转下年，并在摘要栏注明"结转下年"字样；在下一个年度新建有关账户的第一行余额栏内填写上年结转的余额，并在摘要栏注明"上年结转"字样。

二、对账

会计作为一个信息系统，处理日常发生的各种各样的经济业务，遵循的是复式记账的基本原理，按照复式记账的要求，在数量关系上，必然会形成一套以会计账簿为中心，账簿与会计凭证、实物以及会计报表之间的相互控制、稽核和自动平衡的保护性机制，为了保证这个机制的正常运行，确保账证相符、账账相符、账实相符，就有必要对各种账簿记录的内容进行核对。

（一）对账的概念

所谓对账，简单地说就是在经济业务全部登记入账之后，对账簿记录所进行的核对工作。

在会计核算工作中，由于种种原因，有时难免会发生各种差错，如填制记账凭证的差错、记账或过账的差错、数量或金额计算的差错、财产物资收发计量的差错等。为了确保各种账簿记录的完整和正确，如实地反映和监督经济活动的状况，以便为编制会计报表提供真实可靠的数据资料，在记账以后结账之前，就必须核对各种账簿记录，做好对账工作。

《会计法》第十七条规定："各单位应当定期将会计账簿记录与实物、款项及有关资料相互核对，保证会计账簿记录与实物及款项的实有数额相符、会计账簿记录与会计凭证的有关内容相符、会计账簿之间相对应的记录相符、会计账簿记录与会计报表的有关内容相符。"这是对账目核对的规定，进行对账也是保证会计账簿记录质量的重要程序。

对账工作一般是在会计期末进行的，如果遇到特殊情况，如有关人员办理调动时或发生非常事件后，应随时进行对账。

（二）对账的内容

对账的内容，一般包括以下几个方面：

1. 账证核对，做到账证相符

账簿是根据经过审核之后的会计凭证登记的，但实际工作中仍有可能发生账证不符的情况。

账证核对就是将各种账簿（包括总分类账、明细分类账以及现金和银行存款日记账等）记录与有关的会计凭证（包括记账凭证及其所附的原始凭证）进行核对，做到账证相符。这一步工作一般可以采用抽查法进行。

2. 账账核对，做到账账相符

各个会计账簿是一个有机的整体,既有分工,又有衔接,目的是为了全面、系统、综合地反映企事业单位的经济活动与财务收支情况。各种账簿之间的这种衔接依存关系就是账簿的勾稽关系。利用这种关系,可以通过账簿之间的相互核对发现记账工作是否有误。一旦有误就应立即更正。

账账核对是在账证核对相符的基础上,对各种账簿记录的内容所进行的核对工作,做到:

(1)总分类账簿之间的核对。按照"资产=负债+所有者权益"这一会计等式和"有借必有贷,借贷必相等"的记账规则,总分类账簿各账户的本期借、贷方发生额合计数,期末借、贷方余额合计数,应当分别核对相符。通过这种等式和平衡关系,可以检查总账记录是否正确、完整。这项核对工作通常是采用编制"总分类账户发生额及余额试算表"来进行的。

(2)总分类账簿与序时账簿之间的核对。我国企事业单位必须设置库存现金日记账和银行存款日记账。库存现金日记账必须每天与库存现金核对相符,银行存款日记账也必须定期与银行对账。在此基础上,还应检查库存现金日记账、银行存款日记账的本期发生额合计数以及期末余额合计数,分别与总账中的库存现金账户、银行存款账户的记录是否核对相符,以检查日记账的登记是否正确。

(3)总分类账簿与所属明细分类账簿之间的核对。总分类账户本期借、贷双方发生额及余额,与所属明细分类账户本期借、贷方发生额合计数及余额合计数核对相符,以检查总分类账户和明细分类账户登记是否正确。其核对方法一般是通过编制"总分类账户与明细分类账户发生额及余额表"来进行核对的。

(4)明细分类账簿之间的核对。例如,会计部门登记的各种财产物资明细分类账的结存数,与财产物资保管或使用部门的有关保管账的结存数核对相符,以检查双方登记是否正确。核对的方法一般由财产物资保管部门或使用部门定期编制收发结存汇总表报会计部门核对。

3. 账实核对,做到账实相符

账实核对是在账账核对的基础上,将各种账簿记录余额与各项财产物资、现金、银行存款及各种往来款项的实存数核对,做到账实相符,其具体内容包括:

(1)库存现金日记账的余额与现金实际库存数逐日核对是否相符。

(2)银行存款日记账的发生额及余额与银行对账单定期核对是否相符。

(3)各项财产物资明细账的账面余额,分别与财产物资的实有数额定期核对是否相符。

(4)有关债权债务明细账的账面余额应定期与对方单位或个人的债权债务账面记录核对是否相符。

即问即答 简要介绍会计人员应该如何结账以及对账包含的主要内容。

第五节　会计账簿的更换与保管

一、会计账簿的更换

为了反映每个会计年度的财务状况和经营成果，保持会计资料的连续性，企业应按照会计制度的规定在适当的时间进行账簿的更换。

所谓账簿的更换是指在会计年度终了时，将上年度的账簿更换为次年度的新账簿的工作。在每一会计年度结束，新一会计年度开始时，应按会计制度的规定，更换一次总账、日记账和大部分明细账。少部分明细账还可以继续使用，年初可以不必更换账簿，如固定资产明细账等。

更换账簿时，应将上年度各账户的余额直接记入新年度相应的账簿中，并在旧账簿中各账户年终余额的摘要栏内加盖"结转下年"戳记。同时，在新账簿中相关账户的第一行摘要栏内加盖"上年结转"戳记，并在余额栏内记入上年余额。这里需要注意，进行年度之间的余额结转时，不需要编制记账凭证。

二、会计账簿的保管

会计账簿是会计工作的重要历史资料，也是重要的经济档案，在经营管理工作中具有重要作用。因此，每一个企业、单位都应按照国家有关规定，加强对会计账簿的管理，做好账簿的保管工作。

年度终了，各种账户在结转下年、建立新账后，一般应将旧账集中统一管理。会计账簿暂由本单位财务会计部门统一保管一年，期满后，由本单位财务会计部门编造清册移交本单位的档案部门保管。

账簿的保管，应该明确责任，保证账簿的安全和会计资料的完整，防止交接手续不清和可能发生的舞弊行为。在账簿交接保管时，应将该账簿的页数、记账人员姓名、启用日期、交接日期等列表附在账簿的扉页上，并由有关方面签字盖章。账簿要定期（一般为年终）收集审查核对，整理立卷，装订成册，专人保管，严防丢失和损坏。

账簿应按照《会计档案管理办法》规定的期限进行保管。各账簿的保管期限分别为日记账一般为30年；固定资产卡片在固定资产报废清理后应继续保存5年；其他总分类账、明细分类账和辅助账簿应保存30年。保管期满后，要按照《会计档案管理办法》的规定，由财会部门和档案部门共同鉴定，报经批准后进行处理。

合并、撤销单位的会计账簿，要根据不同情况，分别移交给并入单位、上级主管部门或主管部门指定的其他单位接受保管，并由交接双方在移交清册上签名盖章。

账簿日常应由各自分管的记账人员专门保管，未经领导和会计负责人或有关人员批准，不许非经管人员翻阅、查看、摘抄和复制。会计账簿除非特殊需要或司法介入要求，一般不允许携带外出。

新会计年度对更换下来的旧账簿应进行整理、分类，对有些缺少手续的账簿，应补办必要的手续，然后装订成册，并编制目录，办理移交手续，按期归档保管。

对会计账簿的保管既是会计人员应尽的职责，又是会计工作的重要组成部分。

即问即答 简要说明账簿更换和保管应注意的事项。

第六节 《会计基础工作规范》与本章小结

一、《会计基础工作规范》

《会计基础工作规范》

财会字［1996］19号

第一章 总 则

第一条 为了加强会计基础工作，建立规范的会计工作秩序，提高会计工作水平，根据《中华人民共和国会计法》的有关规定，制定本规范。

第二条 国家机关、社会团体、企业、事业单位、个体工商户和其他组织的会计基础工作，应当符合本规范的规定。

第三条 各单位应当依据有关法律、法规和本规范的规定，加强会计基础工作，严格执行会计法规制度，保证会计工作依法有序地进行。

第四条 单位领导人对本单位的会计基础工作负有领导责任。

第五条 各省、自治区、直辖市财政厅（局）要加强对会计基础工作的管理和指导，通过政策引导、经验交流、监督检查等措施，促进基层单位加强会计基础工作，不断提高会计工作水平。

国务院各业务主管部门根据职责权限管理本部门的会计基础工作。

第二章 会计机构和会计人员

第一节 会计机构设置和会计人员配备

第六条 各单位应当根据会计业务的需要设置会计机构；不具备单独设置会计机构条件的，应当在有关机构中配备专职会计人员。

事业行政单位会计机构的设置和会计人员的配备，应当符合国家统一事业行政单位会计制度的规定。

设置会计机构，应当配备会计机构负责人；在有关机构中配备专职会计人员，应当在专职会计人员中指定会计主管人员。

会计机构负责人、会计主管人员的任免,应当符合《中华人民共和国会计法》和有关法律的规定。

第七条 会计机构负责人、会计主管人员应当具备下列基本条件:

(一)坚持原则,廉洁奉公;

(二)具有会计专业技术资格;

(三)主管一个单位或者单位内一个重要方面的财务会计工作时间不少于2年;

(四)熟悉国家财经法律、法规、规章和方针、政策,掌握本行业业务管理的有关知识;

(五)有较强的组织能力;

(六)身体状况能够适应本职工作的要求。

第八条 没有设置会计机构和配备会计人员的单位,应当根据《代理记账管理暂行办法》委托会计师事务所或者持有代理记账许可证书的其他代理记账机构进行代理记账。

第九条 大、中型企业、事业单位、业务主管部门应当根据法律和国家有关规定设置总会计师。总会计师由具有会计师以上专业技术资格的人员担任。

总会计师行使《总会计师条例》规定的职责、权限。

总会计师的任命(聘任)、免职(解聘)依照《总会计师条例》和有关法律的规定办理。

第十条 各单位应当根据会计业务需要配备持有会计证的会计人员。未取得会计证的人员,不得从事会计工作。

第十一条 各单位应当根据会计业务需要设置会计工作岗位。

会计工作岗位一般可分为:会计机构负责人或者会计主管人员,出纳,财产物资核算,工资核算,成本费用核算,财务成果核算,资金核算,往来结算,总账报表,稽核,档案管理等。开展会计电算化和管理会计的单位,可以根据需要设置相应工作岗位,也可以与其他工作岗位相结合。

第十二条 会计工作岗位,可以一人一岗、一人多岗或者一岗多人。但出纳人员不得兼管稽核、会计档案保管和收入、费用、债权债务账目的登记工作。

第十三条 会计人员的工作岗位应当有计划地进行轮换。

第十四条 会计人员应当具备必要的专业知识和专业技能,熟悉国家有关法律、法规、规章和国家统一会计制度,遵守职业道德。

会计人员应当按照国家有关规定参加会计业务的培训。各单位应当合理安排会计人员的培训,保证会计人员每年有一定时间用于学习和参加培训。

第十五条 各单位领导人应当支持会计机构、会计人员依法行使职权;对忠于职守、坚持原则,做出显著成绩的会计机构、会计人员,应当给予精神的和物质的奖励。

第十六条 国家机关、国有企业、事业单位任用会计人员应当实行回避制度。

单位领导人的直系亲属不得担任本单位的会计机构负责人、会计主管人员。会计机构负责人、会计主管人员的直系亲属不得在本单位会计机构中担任出纳工作。

需要回避的直系亲属为：夫妻关系、直系血亲关系、三代以内旁系血亲以及配偶关系。

第二节 会计人员职业道德

第十七条 会计人员在会计工作中应当遵守职业道德，树立良好的职业品质、严谨的工作作风，严守工作纪律，努力提高工作效率和工作质量。

第十八条 会计人员应当热爱本职工作，努力钻研业务，使自己的知识和技能适应所从事工作的要求。

第十九条 会计人员应当熟悉财经法律、法规、规章和国家统一会计制度，并结合会计工作进行广泛宣传。

第二十条 会计人员应当按照会计法律、法规和国家统一会计制度规定的程序和要求进行会计工作，保证所提供的会计信息合法、真实、准确、及时、完整。

第二十一条 会计人员办理会计事务应当实事求是、客观公正。

第二十二条 会计人员应当熟悉本单位的生产经营和业务管理情况，运用掌握的会计信息和会计方法，为改善单位内部管理、提高经济效益服务。

第二十三条 会计人员应当保守本单位的商业秘密。除法律规定和单位领导人同意外，不能私自向外界提供或者泄露单位的会计信息。

第二十四条 财政部门、业务主管部门和各单位应当定期检查会计人员遵守职业道德的情况，并作为会计人员晋升、晋级、聘任专业职务、表彰奖励的重要考核依据。

会计人员违反职业道德的，由所在单位进行处罚；情节严重的，由会计证发证机关吊销其会计证。

第三节 会计工作交接

第二十五条 会计人员工作调动或者因故离职，必须将本人所经管的会计工作全部移交给接替人员。没有办清交接手续的，不得调动或者离职。

第二十六条 接替人员应当认真接管移交工作，并继续办理移交的未了事项。

第二十七条 会计人员办理移交手续前，必须及时做好以下工作：

（一）已经受理的经济业务尚未填制会计凭证的，应当填制完毕。

（二）尚未登记的账目，应当登记完毕，并在最后一笔余额后加盖经办人员印章。

（三）整理应该移交的各项资料，对未了事项写出书面材料。

（四）编制移交清册，列明应当移交的会计凭证、会计账簿、会计报表、印章、现金、有价证券、支票簿、发票、文件、其他会计资料和物品等内容；实行会计电算化的单位，从事该项工作的移交人员还应当在移交清册中列明会计软件及密码、会计软件数据磁盘（磁带等）及有关资料、实物等内容。

第二十八条　会计人员办理交接手续，必须有监交人负责监交。一般会计人员交接，由单位会计机构负责人、会计主管人员负责监交；会计机构负责人、会计主管人员交接，由单位领导人负责监交，必要时可由上级主管部门派人会同监交。

第二十九条　移交人员在办理移交时，要按移交清册逐项移交；接替人员要逐项核对点收。

（一）现金、有价证券要根据会计账簿有关记录进行点交。库存现金、有价证券必须与会计账簿记录保持一致。不一致时，移交人员必须限期查清。

（二）会计凭证、会计账簿、会计报表和其他会计资料必须完整无缺。如有短缺，必须查清原因，并在移交清册中注明，由移交人员负责。

（三）银行存款账户余额要与银行对账单核对，如不一致，应当编制银行存款余额调节表调节相符，各种财产物资和债权债务的明细账户余额要与总账有关账户余额核对相符；必要时，要抽查个别账户的余额，与实物核对相符，或者与往来单位、个人核对清楚。

（四）移交人员经管的票据、印章和其他实物等，必须交接清楚；移交人员从事会计电算化工作的，要对有关电子数据在实际操作状态下进行交接。

第三十条　会计机构负责人、会计主管人员移交时，还必须将全部财务会计工作、重大财务收支和会计人员的情况等，向接替人员详细介绍。对需要移交的遗留问题，应当写出书面材料。

第三十一条　交接完毕后，交接双方和监交人员要在移交注册上签名或者盖章。并应在移交注册上注明：单位名称，交接日期，交接双方和监交人员的职务、姓名，移交清册页数以及需要说明的问题和意见等。

移交清册一般应当填制一式三份，交接双方各执一份，存档一份。

第三十二条　接替人员应当继续使用移交的会计账簿，不得自行另立新账，以保持会计记录的连续性。

第三十三条　会计人员临时离职或者因病不能工作且需要接替或者代理的，会计机构负责人、会计主管人员或者单位领导人必须指定有关人员接替或者代理，并办理交接手续。

临时离职或者因病不能工作的会计人员恢复工作的，应当与接替或者代理人员办理交接手续。

移交人员因病或者其他特殊原因不能亲自办理移交的，经单位领导人批准，可由移交人员委托他人代办移交，但委托人应当承担本规范第三十五条规定的责任。

第三十四条　单位撤销时，必须留有必要的会计人员，会同有关人员办理清理工作，编制决算。未移交前，不得离职。接收单位和移交日期由主管部门确定。

单位合并、分立的，其会计工作交接手续比照上述有关规定办理。

第三十五条　移交人员对所移交的会计凭证、会计账簿、会计报表和其他有关资料的合法性、真实性承担法律责任。

第三章 会计核算

第一节 会计核算一般要求

第三十六条 各单位应当按照《中华人民共和国会计法》和国家统一会计制度的规定建立会计账册，进行会计核算，及时提供合法、真实、准确、完整的会计信息。

第三十七条 各单位发生的下列事项，应当及时办理会计手续、进行会计核算：

（一）款项和有价证券的收付；

（二）财物的收发、增减和使用；

（三）债权债务的发生和结算；

（四）资本、基金的增减；

（五）收入、支出、费用、成本的计算；

（六）财务成果的计算和处理；

（七）其他需要办理会计手续、进行会计核算的事项。

第三十八条 各单位的会计核算应当以实际发生的经济业务为依据，按照规定的会计处理方法进行，保证会计指标的口径一致、相互可比和会计处理方法的前后各期相一致。

第三十九条 会计年度自公历1月1日起至12月31日止。

第四十条 会计核算以人民币为记账本位币。

收支业务以外国货币为主的单位，也可以选定某种外国货币作为记账本位币，但是编制的会计报表应当折算为人民币反映。

境外单位向国内有关部门编报的会计报表，应当折算为人民币反映。

第四十一条 各单位根据国家统一会计制度的要求，在不影响会计核算要求、会计报表指标汇总和对外统一会计报表的前提下，可以根据实际情况自行设置和使用会计科目。

事业行政单位会计科目的设置和使用，应当符合国家统一事业行政单位会计制度的规定。

第四十二条 会计凭证、会计账簿、会计报表和其他会计资料的内容和要求必须符合国家统一会计制度的规定，不得伪造、变造会计凭证和会计账簿，不得设置账外账，不得报送虚假会计报表。

第四十三条 各单位对外报送的会计报表格式由财政部统一规定。

第四十四条 实行会计电算化的单位，对使用的会计软件及其生成的会计凭证、会计账簿、会计报表和其他会计资料的要求，应当符合财政部关于会计电算化的有关规定。

第四十五条 各单位的会计凭证、会计账簿、会计报表和其他会计资料，应当建立档案，妥善保管。会计档案建档要求、保管期限、销毁办法等依据《会计档案管理办法》的规定进行。

实行会计电算化的单位，有关电子数据、会计软件资料等应当作为会计档案进行管理。

第四十六条　会计记录的文字应当使用中文，少数民族自治地区可以同时使用少数民族文字。中国境内的外商投资企业、外国企业和其他外国经济组织也可以同时使用某种外国文字。

第二节　填制会计凭证

第四十七条　各单位办理本规范第三十七条规定的事项，必须取得或者填制原始凭证，并及时送交会计机构。

第四十八条　原始凭证的基本要求是：

（一）原始凭证的内容必须具备：凭证的名称；填制凭证的日期；填制凭证单位名称或者填制人姓名；经办人员的签名或者盖章；接受凭证单位名称；经济业务内容；数量、单价和金额。

（二）从外单位取得的原始凭证，必须盖有填制单位的公章；从个人取得的原始凭证，必须有填制人员的签名或者盖章。自制原始凭证必须有经办单位领导人或者其指定的人员签名或者盖章。对外开出的原始凭证，必须加盖本单位公章。

（三）凡填有大写和小写金额的原始凭证，大写与小写金额必须相符。购买实物的原始凭证，必须有验收证明。支付款项的原始凭证，必须有收款单位和收款人的收款证明。

（四）一式几联的原始凭证，应当注明各联的用途，只能以一联作为报销凭证。

一式几联的发票和收据，必须用双面复写纸（发票和收据本身具备复写纸功能的除外）套写，并连续编号。作废时应当加盖"作废"戳记，连同存根一起保存，不得撕毁。

（五）发生销货退回的，除填制退货发票外，还必须有退货验收证明；退款时，必须取得对方的收款收据或者汇款银行的凭证，不得以退货发票代替收据。

（六）职工公出借款凭据，必须附在记账凭证之后。收回借款时，应当另开收据或者退还借据副本，不得退还原借款收据。

（七）经上级有关部门批准的经济业务，应当将批准文件作为原始凭证附件。如果批准文件需要单独归档的，应当在凭证上注明批准机关名称、日期和文件字号。

第四十九条　原始凭证不得涂改、挖补。发现原始凭证有错误的，应当由开出单位重开或者更正，更正处应当加盖开出单位的公章。

第五十条　会计机构、会计人员要根据审核无误的原始凭证填制记账凭证。

记账凭证可以分为收款凭证、付款凭证和转账凭证，也可以使用通用记账凭证。

第五十一条　记账凭证的基本要求是：

（一）记账凭证的内容必须具备：填制凭证的日期；凭证编号；经济业务摘要；会计科目；金额；所附原始凭证张数；填制凭证人员、稽核人员、记账人员、会计机构负责人、会计主管人员签名或者盖章。收款和付款记账凭证还应当由出纳人员签名或者盖章。

以自制的原始凭证或者原始凭证汇总表代替记账凭证的，也必须具备记账凭证应有的项目。

（二）填制记账凭证时，应当对记账凭证进行连续编号。一笔经济业务需要填制两张以上记账凭证的，可以采用分数编号法编号。

（三）记账凭证可以根据每一张原始凭证填制，或者根据若干张同类原始凭证汇总填制，也可以根据原始凭证汇总表填制。但不得将不同内容和类别的原始凭证汇总填制在一张记账凭证上。

（四）除结账和更正错误的记账凭证可以不附原始凭证外，其他记账凭证必须附有原始凭证。如果一张原始凭证涉及几张记账凭证，可以把原始凭证附在一张主要的记账凭证后面，并在其他记账凭证上注明附有该原始凭证的记账凭证的编号或者附原始凭证复印件。

一张原始凭证所列支出需要几个单位共同负担的，应当将其他单位负担的部分，开给对方原始凭证分割单，进行结算。原始凭证分割单必须具备原始凭证的基本内容：凭证名称、填制凭证日期、填制凭证单位名称或者填制人姓名、经办人的签名或者盖章、接受凭证单位名称、经济业务内容、数量、单价、金额和费用分摊情况等。

（五）如果在填制记账凭证时发生错误，应当重新填制。

已经登记入账的记账凭证，在当年内发现填写错误时，可以用红字填写一张与原内容相同的记账凭证，在摘要栏注明"注销某月某日某号凭证"字样，同时再用蓝字重新填制一张正确的记账凭证，注明"订正某月某日某号凭证"字样。如果会计科目没有错误，只是金额错误，也可以将正确数字与错误数字之间的差额，另编一张调整的记账凭证，调增金额用蓝字，调减金额用红字。发现以前年度记账凭证有错误的，应当用蓝字填制一张更正的记账凭证。

（六）记账凭证填制完经济业务事项后，如有空行，应当自金额栏最后一笔金额数字下的空行处至合计数上的空行处划线注销。

第五十二条　填制会计凭证，字迹必须清晰、工整，并符合下列要求：

（一）阿拉伯数字应当一个一个地写，不得连笔写。阿拉伯金额数字前面应当书写货币币种符号或者货币名称简写和币种符号。币种符号与阿拉伯金额数字之间不得留有空白。凡阿拉伯数字前有币种符号的，数字后面不再写货币单位。

（二）所有以元为单位（其他货币种类为货币基本单位，下同）的阿拉伯数字，除表示单价等情况外，一律填写到角分；无角分的，角位和分位可写"00"，或者符号"—"；有角无分的，分位应当写"0"，不得用符号"—"代替。

（三）汉字大写数字金额如零、壹、贰、叁、肆、伍、陆、柒、捌、玖、拾、佰、仟、万、亿等，一律用正楷或者行书体书写，不得用0、一、二、三、四、五、六、七、八、九、十等简化字代替，不得任意自造简化字。大写金额数字到元或者角为止的，在"元"或者"角"字之后应当写"整"字或者"正"字；大写金额数字有分的，分字后面不写"整"或者"正"字。

（四）大写金额数字前未印有货币名称的，应当加填货币名称，货币名称与金额数字之间不得留有空白。

（五）阿拉伯金额数字中间有"0"时，汉字大写金额要写"零"字；阿拉伯数字金额中间连续有几个"0"时，汉字大写金额中可以只写一个"零"字；阿拉伯金额数字元位是"0"，或者数字中间连续有几个"0"、元位也是"0"但角位不是"0"时，汉字大写金额可以只写一个"零"字，也可以不写"零"字。

第五十三条　实行会计电算化的单位，对于机制记账凭证，要认真审核，做到会计科目使用正确，数字准确无误。打印出的机制记账凭证要加盖制单人员、审核人员、记账人员及会计机构负责人、会计主管人员印章或者签字。

第五十四条　各单位会计凭证的传递程序应当科学、合理，具体办法由各单位根据会计业务需要自行规定。

第五十五条　会计机构、会计人员要妥善保管会计凭证。

（一）会计凭证应当及时传递，不得积压。

（二）会计凭证登记完毕后，应当按照分类和编号顺序保管，不得散乱丢失。

（三）记账凭证应当连同所附的原始凭证或者原始凭证汇总表，按照编号顺序，折叠整齐，按期装订成册，并加具封面，注明单位名称、年度、月份和起讫日期、凭证种类、起讫号码，由装订人在装订线封签外签名或者盖章。

对于数量过多的原始凭证，可以单独装订保管，在封面上注明记账凭证日期、编号、种类，同时在记账凭证上注明"附件另订"和原始凭证名称及编号。

各种经济合同、存出保证金收据以及涉外文件等重要原始凭证，应当另编目录，单独登记保管，并在有关的记账凭证和原始凭证上相互注明日期和编号。

（四）原始凭证不得外借，其他单位如因特殊原因需要使用原始凭证时，经本单位会计机构负责人、会计主管人员批准，可以复制。向外单位提供的原始凭证复制件，应当在专设的登记簿上登记，并由提供人员和收取人员共同签名或者盖章。

（五）从外单位取得的原始凭证如有遗失，应当取得原开出单位盖有公章的证明，并注明原来凭证的号码、金额和内容等，由经办单位会计机构负责人、会计主管人员和单位领导人批准后，才能代作原始凭证。如果确实无法取得证明的，如火车、轮船、飞机票等凭证，由当事人写出详细情况，由经办单位会计机构负责人、会计主管人员和单位领导人批准后，代作原始凭证。

第三节　登记会计账簿

第五十六条　各单位应当按照国家统一会计制度的规定和会计业务的需要设置会计账簿。会计账簿包括总账、明细账、日记账和其他辅助性账簿。

第五十七条　现金日记账和银行存款日记账必须采用订本式账簿。不得用银行对账单或者其他方法代替日记账。

第五十八条　实行会计电算化的单位，用计算机打印的会计账簿必须连续编号，经审核无误后装订成册，并由记账人员和会计机构负责人、会计主管人员签字或者盖章。

第五十九条　启用会计账簿时，应当在账簿封面上写明单位名称和账簿名称。在账簿扉页上应当附启用表，内容包括：启用日期、账簿页数、记账人员和会计机构负责人、会计主管人员姓名，并加盖名章和单位公章。记账人员或者会计机构负责人、会计主管人员调动工作时，应当注明交接日期、接办人员或者监交人员姓名，并由交接双方人员签名或者盖章。

启用订本式账簿，应当从第一页到最后一页顺序编定页数，不得跳页、缺号。使用活页式账页，应当按账户顺序编号，并须定期装订成册。装订后再按实际使用的账页顺序编定页码。另加目录，记明每个账户的名称和页次。

第六十条　会计人员应当根据审核无误的会计凭证登记会计账簿。登记账簿的基本要求是：

（一）登记会计账簿时，应当将会计凭证日期、编号、业务内容摘要、金额和其他有关资料逐项记入账内，做到数字准确、摘要清楚、登记及时、字迹工整。

（二）登记完毕后，要在记账凭证上签名或者盖章，并注明已经登账的符号，表示已经记账。

（三）账簿中书写的文字和数字上面要留有适当空格，不要写满格；一般应占格距的二分之一。

（四）登记账簿要用蓝黑墨水或者碳素墨水书写，不得使用圆珠笔（银行的复写账簿除外）或者铅笔书写。

（五）下列情况，可以用红色墨水记账：

1. 按照红字冲账的记账凭证，冲销错误记录；
2. 在不设借贷等栏的多栏式账页中，登记减少数；
3. 在三栏式账户的余额栏前，如未印明余额方向的，在余额栏内登记负数余额；
4. 根据国家统一会计制度的规定可以用红字登记的其他会计记录。

（六）各种账簿按页次顺序连续登记，不得跳行、隔页。如果发生跳行、隔页，应当将空行、空页划线注销，或者注明"此行空白"、"此页空白"字样，并由记账人员签名或者盖章。

（七）凡需要结出余额的账户，结出余额后，应当在"借或贷"等栏内写明"借"或者"贷"等字样。没有余额的账户，应当在"借或贷"等栏内写"平"字，并在余额栏内用"θ"表示。

现金日记账和银行存款日记账必须逐日结出余额。

（八）每一账页登记完毕结转下页时，应当结出本页合计数及余额，写在本页最后一行和下页第一行有关栏内，并在摘要栏内注明"过次页"和"承前页"字样；也可以将本页合计数及金额只写在下页第一行有关栏内，并在摘要栏内注明"承前页"字样。

对需要结计本月发生额的账户，结计"过次页"的本页合计数应当为自本月初起至本页末止的发生额合计数；对需要结计本年累计发生额的账户，结计"过次页"的本页合计数应当为自年初起至本页末止的累计数；对既不需要结计本月发生额也不需要结计本年累计发生额的账户，可以只将每页末的余额结转次页。

第六十一条 实行会计电算化的单位，总账和明细账应当定期打印。

发生收款和付款业务的，在输入收款凭证和付款凭证的当天必须打印出现金日记账和银行存款日记账，并与库存现金核对无误。

第六十二条 账簿记录发生错误，不准涂改、挖补、刮擦或者用药水消除字迹，不准重新抄写，必须按照下列方法进行更正：

（一）登记账簿时发生错误，应当将错误的文字或者数字划红线注销，但必须使原有字迹仍可辨认；然后在划线上方填写正确的文字或者数字，并由记账人员在更正处盖章。对于错误的数字，应当全部划红线更正，不得只更正其中的错误数字。对于文字错误，可只划去错误的部分。

（二）由于记账凭证错误而使账簿记录发生错误，应当按更正的记账凭证登记账簿。

第六十三条 各单位应当定期对会计账簿记录的有关数字与库存实物、货币资金、有价证券、往来单位或者个人等进行相互核对，保证账证相符、账账相符、账实相符。对账工作每年至少进行一次。

（一）账证核对。核对会计账簿记录与原始凭证、记账凭证的时间、凭证字号、内容、金额是否一致，记账方向是否相符。

（二）账账核对。核对不同会计账簿之间的账簿记录是否相符，包括：总账有关账户的余额核对，总账与明细账核对，总账与日记账核对，会计部门的财产物资明细账与财产物资保管和使用部门的有关明细账核对等。

（三）账实核对。核对会计账簿记录与财产等实有数额是否相符。包括：现金日记账账面余额与现金实际库存数相核对；银行存款日记账账面余额定期与银行对账单相核对；各种财物明细账账面余额与财物实存数额相核对；各种应收、应付款明细账账面余额与有关债务、债权单位或者个人核对等。

第六十四条 各单位应当按照规定定期结账。

（一）结账前，必须将本期内所发生的各项经济业务全部登记入账。

（二）结账时，应当结出每个账户的期末余额。需要结出当月发生额的，应当在摘要栏内注明"本月合计"字样，并在下面通栏划单红线。需要结出本年累计发生额的，应当在摘要栏内注明"本年累计"字样，并在下面通栏划单红线；12月末的"本年累计"就是全年累计发生额。全年累计发生额下面应当通栏划双红线。年度终了结账时，所有总账账户都应当结出全年发生额和年末余额。

（三）年度终了，要把各账户的余额结转到下一会计年度，并在摘要栏注明"结转下年"字样；在下一会计年度新建有关会计账簿的第一行余额栏内填写上年结转的余额,并在摘要栏注明"上年结转"字样。

第四节 编制财务报告

第六十五条 各单位必须按照国家统一会计制度的规定,定期编制财务报告。

财务报告包括会计报表及其说明。会计报表包括会计报表主表、会计报表附表、会计报表附注。

第六十六条 各单位对外报送的财务报告应当根据国家统一会计制度规定的格式和要求编制。

单位内部使用的财务报告,其格式和要求由各单位自行规定。

第六十七条 会计报表应当根据登记完整、核对无误的会计账簿记录和其他有关资料编制,做到数字真实、计算准确、内容完整、说明清楚。

任何人不得篡改或者授意、指使、强令他人篡改会计报表的有关数字。

第六十八条 会计报表之间、会计报表各项目之间,凡有对应关系的数字,应当相互一致。本期会计报表与上期会计报表之间有关的数字应当相互衔接。如果不同会计年度会计报表中各项目的内容和核算方法有变更的,应当在年度会计报表中加以说明。

第六十九条 各单位应当按照国家统一会计制度的规定认真编写会计报表附注及其说明,做到项目齐全,内容完整。

第七十条 各单位应当按照国家规定的期限对外报送财务报告。

对外报送的财务报告,应当依次编写页码,加具封面,装订成册,加盖公章。封面上应当注明:单位名称,单位地址,财务报告所属年度、季度、月度,送出日期,并由单位领导人、总会计师、会计机构负责人、会计主管人员签名或者盖章。

单位领导人对财务报告的合法性、真实性负法律责任。

第七十一条 根据法律和国家有关规定应当对财务报告进行审计的,财务报告编制单位应当先行委托注册会计师进行审计,并将注册会计师出具的审计报告随同财务报告按照规定的期限报送有关部门。

第七十二条 如果发现对外报送的财务报告有错误,应当及时办理更正手续。除更正本单位留存的财务报告外,并应同时通知接受财务报告的单位更正。错误较多的,应当重新编报。

第四章 会计监督

第七十三条 各单位的会计机构、会计人员对本单位的经济活动进行会计监督。

第七十四条 会计机构、会计人员进行会计监督的依据是:

(一)财经法律、法规、规章;

(二)会计法律、法规和国家统一会计制度;

(三)各省、自治区、直辖市财政厅(局)和国务院业务主管部门根据《中华人民共和国会计法》和国家统一会计制度制定的具体实施办法或者补充规定;

（四）各单位根据《中华人民共和国会计法》和国家统一会计制度制定的单位内部会计管理制度；

（五）各单位内部的预算、财务计划、经济计划、业务计划等。

第七十五条 会计机构、会计人员应当对原始凭证进行审核和监督。

对不真实、不合法的原始凭证，不予受理。对弄虚作假、严重违法的原始凭证，在不予受理的同时，应当予以扣留，并及时向单位领导人报告，请求查明原因，追究当事人的责任。

对记载不准确、不完整的原始凭证，予以退回，要求经办人员更正、补充。

第七十六条 会计机构、会计人员对伪造、变造、故意毁灭会计账簿或者账外设账行为，应当制止和纠正；制止和纠正无效的，应当向上级主管单位报告，请求作出处理。

第七十七条 会计机构、会计人员应当对实物、款项进行监督，督促建立并严格执行财产清查制度。发现账簿记录与实物、款项不符时，应当按照国家有关规定进行处理。超出会计机构、会计人员职权范围的，应当立即向本单位领导报告，请求查明原因，作出处理。

第七十八条 会计机构、会计人员对指使、强令编造、篡改财务报告行为，应当制止和纠正；制止和纠正无效的，应当向上级主管单位报告，请求处理。

第七十九条 会计机构、会计人员应当对财务收支进行监督。

（一）对审批手续不全的财务收支，应当退回，要求补充、更正。

（二）对违反规定不纳入单位统一会计核算的财务收支，应当制止和纠正。

（三）对违反国家统一的财政、财务、会计制度规定的财务收支，不予办理。

（四）对认为是违反国家统一的财政、财务、会计制度规定的财务收支，应当制止和纠正；制止和纠正无效的，应当向单位领导人提出书面意见请求处理。

单位领导人应当在接到书面意见起十日内作出书面决定，并对决定承担责任。

（五）对违反国家统一的财政、财务、会计制度规定的财务收支，不予制止和纠正，又不向单位领导人提出书面意见的，也应当承担责任。

（六）对严重违反国家利益和社会公众利益的财务收支，应当向主管单位或者财政、审计、税务机关报告。

第八十条 会计机构、会计人员对违反单位内部会计管理制度的经济活动，应当制止和纠正；制止和纠正无效的，向单位领导人报告，请求处理。

第八十一条 会计机构、会计人员应当对单位制定的预算、财务计划、经济计划、业务计划的执行情况进行监督。

第八十二条 各单位必须依照法律和国家有关规定接受财政、审计、税务等机关的监督，如实提供会计凭证、会计账簿、会计报表和其他会计资料以及有关情况，不得拒绝、隐匿、谎报。

第八十三条 按照法律规定应当委托注册会计师进行审计的单位，应当委托注册会计师进行审计，并配合注册会计师的工作，如实提供会计凭证、会计账簿、会计报表和其他会计资料以及有关情况，不得拒绝、隐匿、谎报，不得示意注册会计师出具不当的审计报告。

第五章 内部会计管理制度

第八十四条 各单位应当根据《中华人民共和国会计法》和国家统一会计制度的规定，结合单位类型和内容管理的需要，建立健全相应的内部会计管理制度。

第八十五条 各单位制定内部会计管理制度应当遵循下列原则：

（一）应当执行法律、法规和国家统一的财务会计制度。

（二）应当体现本单位的生产经营、业务管理的特点和要求。

（三）应当全面规范本单位的各项会计工作，建立健全会计基础，保证会计工作的有序进行。

（四）应当科学、合理，便于操作和执行。

（五）应当定期检查执行情况。

（六）应当根据管理需要和执行中的问题不断完善。

第八十六条 各单位应当建立内部会计管理体系。主要内容包括：单位领导人、总会计师对会计工作的领导职责；会计部门及其会计机构负责人、会计主管人员的职责、权限；会计部门与其他职能部门的关系；会计核算的组织形式等。

第八十七条 各单位应当建立会计人员岗位责任制度。主要内容包括：会计人员的工作岗位设置；各会计工作岗位的职责和标准；各会计工作岗位的人员和具体分工；会计工作岗位轮换办法；对各会计工作岗位的考核办法。

第八十八条 各单位应当建立账务处理程序制度。主要内容包括：会计科目及其明细科目的设置和使用；会计凭证的格式、审核要求和传递程序；会计核算方法；会计账簿的设置；编制会计报表的种类和要求；单位会计指标体系。

第八十九条 各单位应当建立内部牵制制度。主要内容包括：内部牵制制度的原则；组织分工；出纳岗位的职责和限制条件；有关岗位的职责和权限。

第九十条 各单位应当建立稽核制度。主要内容包括：稽核工作的组织形式和具体分工；稽核工作的职责、权限；审核会计凭证和复核会计账簿、会计报表的方法。

第九十一条 各单位应当建立原始记录管理制度。主要内容包括：原始记录的内容和填制方法；原始记录的格式；原始记录的审核；原始记录填制人的责任；原始记录签署、传递、汇集要求。

第九十二条 各单位应当建立定额管理制度。主要内容包括：定额管理的范围；制定和修订定额的依据、程序和方法；定额的执行；定额考核和奖惩办法等。

第九十三条 各单位应当建立计量验收制度。主要内容包括：计量检测手段和方法；计量验收管理的要求；计量验收人员的责任和奖惩办法。

第九十四条 各单位应当建立财产清查制度。主要内容包括：财产清查的范围；

财产清查的组织；财产清查的期限和方法；对财产清查中发现问题的处理办法；对财产管理人员的奖惩办法。

第九十五条　各单位应当建立财务收支审批制度。主要内容包括：财务收支审批人员和审批权限；财务收支审批程序；财务收支审批人员的责任。

第九十六条　实行成本核算的单位应当建立成本核算制度。主要内容包括：成本核算的对象；成本核算的方法和程序；成本分析等。

第九十七条　各单位应当建立财务会计分析制度。主要内容包括：财务会计分析的主要内容；财务会计分析的基本要求和组织程序；财务会计分析的具体方法；财务会计分析报告的编写要求等。

第六章　附则

第九十八条　本规范所称国家统一会计制度，是指由财政部制定、或者财政部与国务院有关部门联合制定、或者经财政部审核批准的在全国范围内统一执行的会计规章、准则、办法等规范性文件。

本规范所称会计主管人员，是指不设置会计机构、只在其他机构中设置专职会计人员的单位行使会计机构负责人职权的人员。

本规范第三章第二节和第三节关于填制会计凭证、登记会计账簿的规定，除特别指出外，一般适用于手工记账。实行会计电算化的单位，填制会计凭证和登记会计账簿的有关要求，应当符合财政部关于会计电算化的有关规定。

第九十九条　各省、自治区、直辖市财政厅（局）、国务院各业务主管部门可以根据本规范的原则，结合本地区、本部门的具体情况，制定具体实施办法，报财政部备案。

第一百条　本规范由财政部负责解释、修改。

第一百零一条　本规范自公布之日起实施。1984年4月24日财政部发布的《会计人员工作规则》同时废止。

以上《会计基础工作规范》是财政部1996年发布的。

财政部会计司2016年制定发布《会计改革与发展"十三五"规划纲要》，准备启动《会计基础工作规范》修订工作。

二、本章小结

本章主要阐述会计账簿的概念和作用，会计账簿的意义和种类、会计账簿的设置与登记规则和错账更正方法、结账和对账以及账簿的更换与保管等相关内容。

会计账簿以审核无误的会计凭证为依据，由具有专门格式和相互联系的账页组成，用来全面、连续、系统地记录每项经济业务的簿籍。其意义有：设置和登记会计账簿，能系统归纳和储存各项经济活动的信息；设置和登记会计账簿能为企事业单位编制会计报表提供主要的、直接依据；会计账簿提供的资料是考核企业经营成果，加强经济核算、分析经济活动情况、进行会计监督的依据。

会计账簿按用途分类，可分为序时账簿、分类账簿和备查账簿；按外表形式分类，可分为订本式账簿、活页式账簿和卡片式账簿；按账簿的格式不同，可分为三栏式账簿、数量金额式账簿和多栏式账簿。

账簿的登记既是会计核算的重要内容，也是会计核算的重要工作。在登记账簿时应遵循登记账簿的规则，登记好会计账簿，能为编制会计报表提供完整、正确、及时、系统的会计资料和信息。

在登记账簿的过程中，难免会发生差错，但对于已发生的账簿记录错误，不得任意使用刮擦、挖补、涂改等方法去更改字迹，不得重新抄写，而应该根据错误的具体情况，采用正确、规范的方法予以更正。一般来说更正错账的方法有三种，即划线更正法、红字更正法和补充登记法。

为了反映企业某一会计期间的经济活动情况，检查账簿记录是否完整正确，便于编制会计报表，必须定期进行结账和对账工作。结账就是指将本期内所发生的经济业务全部登记入账的基础上，按照规定的方法对该期内的账簿记录进行小结，结算出本期发生额合计和期末余额，并将其余额结转下期或者转入新账的过程。根据结账时期的不同，结账可以分为月结和年结两种。在结账的过程中，应当注意以下情况：按照权责发生制原则确认本期的收入和费用；结转本期收入和费用账户；结算总分类账簿和明细分类账簿中的各账户的本期发生额和期末余额，并将期末余额结转下期，作为下期的期初余额。

所谓对账，简单地说就是核对账目，即将会计账簿记录与实物、款项及有关资料相互核对，以保证账证相符、账账相符、账实相符。

会计账簿的更换通常在新会计年度建账时进行。总账、日记账和多数明细账应每年更换一次，备查账簿可以连续使用。

各种账簿应当按年度分类归档，编造目录，妥善保管。既保证在需要时迅速查询，又保证各种账簿的安全和完整。保管期满后，还要按照规定的审批程序经批准后才能销毁。

第七节 思 考 题

一、思考题：基础知识题

1．（单选）下列适合采用多栏式明细账格式核算的是（　　）。
  A．原材料　　　　　　　　　　　　B．制造费用
  C．应付账款　　　　　　　　　　　D．库存商品

2．（单选）在我国，现金日记账和银行存款日记账要选用（　　）。
  A．活页式账簿　　　　　　　　　　B．订本式账簿

C. 卡片式账簿　　　　　　　　D. 自己认为合适的账簿

3. （单选）下列明细分类账中，可以采用多栏式格式的是（　　）。
A. 应付账款明细分类账　　　　B. 库存商品明细分类账
C. 管理费用明细分类账　　　　D. 应收账款明细分类账

4. （单选）固定资产明细账采用（　　）。
A. 活页式账簿　　　　　　　　B. 订本式账簿
C. 卡片式账簿　　　　　　　　D. 多栏式明细分类账

5. （单选）最适合用于登记存货的账簿是（　　）。
A. 两栏式账簿　　　　　　　　B. 三栏式账簿
C. 多栏式账簿　　　　　　　　D. 数量金额式账簿

6. （单选）对账时，账账核对不包括（　　）。
A. 总账各账户的余额核对　　　B. 总账与明细账之间的核对
C. 总账与备查账之间的核对　　D. 总账与日记账的核对

7. （单选）公司的管理人员出差预借差旅费 3 000 元，付给现金。填制记账凭证时，误将借方科目写成了"应收账款"，并已登记入账。原错误记账凭证为：
借：应收账款　　　　　　　　　　　　　　　　　　　　3 000
　　贷：库存现金　　　　　　　　　　　　　　　　　　　　　　3 000
发现错误后，用（　　）填制一张与原错误记账凭证内容完全相同的记账凭证。
A. 蓝字　　　　　　　　　　　B. 红字
C. 黑字　　　　　　　　　　　D. 蓝黑字

8. （多选）按照用途的不同，会计账簿分为（　　）。
A. 序时账簿　　　　　　　　　B. 分类账簿
C. 备查账簿　　　　　　　　　D. 数量金额账簿

9. （多选）必须采用订本账的有（　　）。
A. 总分类账簿　　　　　　　　B. 明细分类账簿
C. 库存现金日记账　　　　　　D. 银行存款日记账

10. （多选）下列不符合登记账簿要求的有（　　）。
A. 为防止篡改，文字书写要占满格
B. 数字书写一般占格距的 1/2
C. 将登记中不慎出现的空页划线注销
D. 根据红字冲账的记账凭证，用红字冲销错误记录

二、计算分析题

11. 目的：练习错账更正方法。

资料：某企业 20××年 7 月查账时发现下列错账：

公司会计人员发现试算表不平之后，对日记账和分类账进行了全面检查，发现了

以下几项错误：

（1）从银行提现金 7 500 元，过账后，原记账凭证没错，账簿错将金额记为 5 700元。

（2）接受某企业投资固定资产，评估确认价值 70 000 元。查账时发现凭证与账簿均记为：借：固定资产 7 000，贷：实收资本 7 000。

（3）用银行存款 500 元购入 5 台计算器，查账时发现凭证与账簿均记为：借：固定资产 500，贷：银行存款 500。

（4）用银行存款 2 400 元预付明年财产保险费，查账时发现凭证与账簿均将"预付账款"账户错记为"应付账款"账户。

（5）以银行存款偿还应付账款 4 000 元，查账时发现凭证与账簿中科目没有记错，但金额均记为 40 000 元。

（6）将一部分盈余公积金按规定程序转为实收资本，查账时发现凭证与账簿均将金额少记 20 000 元。

要求：按正确的方法更正以上错账。

12. 目的：练习账簿的启用、登记等内容。

资料：2014 年 12 月 7 日，云海股份公司的陈婕（此前，陈婕已于 2014 年 9 月 1 日开始出任了三个月的出纳员工作。当时的启用财务负责人为刘海，此前的出纳员为谢江。）被调离了出纳岗位，接任材料会计工作。新接任出纳工作的是王东，前任材料会计为吴涛。陈婕和吴涛对各自的原工作做了他们认为必要的处理，并办理了交接手续，办理完交接手续后现金日记账和材料明细账的扉页及相关账页资料如下：

现金日记账的扉页如表 8-2 所示：

表 8-2　　　　　　　　　账簿使用登记表

单位名称	云海股份公司			
账簿名称	现金日记账			
册次及起止页数	自壹页起至壹佰页止共壹佰页			
启用日期	2014 年 1 月 1 日			
停用日期	年　月　日			
经管人员姓名	接管日期	交出日期	经管人员盖章	会计主管人员盖章
陈婕	2014 年 9 月 1 日	2014 年 12 月 7 日	陈婕、王东	刘海
	年　月　日	年　月　日		
	年　月　日	年　月　日		
	年　月　日	年　月　日		
	年　月　日	年　月　日		
备考			单位公章	
			云海股份公司财务专用章	

原材料明细账的扉页如表 8-3 所示：

表 8-3　　　　　　　　　账簿使用登记表

单位名称	云海股份公司			
账簿名称	原材料明细账			
册次及起止页数	自壹页起至　　页止共　　页			
启用日期	2014 年 1 月 1 日			
停用日期	年　月　日			
经管人员姓名	接管日期	交出日期	经管人员盖章	会计主管人员盖章
吴涛	2014 年 3 月 5 日	2014 年 12 月 7 日	吴涛	刘海
陈婕	2014 年 12 月 7 日	2014 年 12 月 31 日	陈婕	刘海
	年　月　日	年　月　日		
	年　月　日	年　月　日		
	年　月　日	年　月　日		
备考			单位公章	

现金日记账如表 8-4 所示：

表 8-4　　　　　　　　　现金日记账

2014 年		凭证号	摘要	对方科目	借方	贷方	核对号	借或贷	余额
月	日								
9	1	略	期初余额						5 000
	2	略	零星销售	主营业务收入	8 000				13 000
	1	略	报差旅费	管理费用		5 000			8 000
	1	略	零星销售	主营业务收入	5 000				13 000
	3	略	付广告费	销售费用		4 000			9 000

要求：指出云海股份公司账簿启用、交接过程中以及库存现金日记账登记过程中的不当之处，并加以纠正。

13. 目的：练习错账的更正和试算平衡表的编制。

资料：云海股份公司所属×公司 2014 年 8 月 31 日结账前的试算表如表 8-5 所示，由于存在某些错误，因而借、贷方不平衡：

表 8-5　　　　　云海股份公司所属×公司结账前试算表
2014 年 8 月 31 日

会计科目	借方	贷方
库存现金	4 740	
银行存款	104 600	
应收账款	38 700	
库存商品	89 700	
原材料	42 060	
固定资产	113 700	
短期借款		120 000
应付账款		73 480
实收资本		200 000
主营业务收入		86 500
管理费用	63 400	
合计	456 900	479 980

经日记账与分类账相互核对，发现存在下列错误：

（1）用银行存款支付本月电话费 2 140 元，误记为 1 240 元。

（2）赊购商品一批计 37 500 元，误作为原材料入账。

（3）用现金支付由购货单位负担的商品运杂费 2 700 元，误作为本公司的管理费用入账。

（4）用银行存款支付所欠货款 163 210 元，误记为 161 230 元。

（5）赊购办公用的打字机一台，价值 34 000 元，误作为库存商品入账。

（6）赊购商品一批计 13 340 元，过账时误记为应收账款贷方。

（7）用银行存款支付短期借款利息 10 000 元，误作为归还短期借款 10 000 元。

（8）用银行存款支付本月水电费 1 570 元，过账时管理费用借记 5 170 元。

要求：（1）根据上述资料采用适当的错账更正方法更正错账。

（2）编制一张正确的试算平衡表。

第九章

财产清查

在本章中你将——

了解财产清查的内容及方法,特别是银行存款余额调节表的编制;熟悉财产清查结果的会计处理;掌握"待处理财产损溢"账户的性质、结构及其运用。

《会计法》第十七条规定:"各单位应当定期将会计账簿记录与实物、款项及有关资料相互核对,保证会计账簿记录与实物及款项的实有数额相符、会计账簿记录与会计凭证的有关内容相符、会计账簿之间相对应的记录相符、会计账簿记录与会计报表的有关内容相符。"

会计账簿与实物、款项及其相关资料核对,通常被称作财产清查。这是会计核算工作的一项重要程序,特别是在编制年度会计报表之前,必须进行财产清查,并对账实不符的问题根据有关规定正确地进行会计处理,以保证会计报表的数据真实、准确。财产清查制度是通过定期或不定期、全面或部分地对各项财产物资进行实地盘点和对库存现金、银行存款、债权债务进行清查核对的一种制度。通过建立财产清查,可以发现财产管理工作存在的问题,以便查清原因,改善经营管理,保护财产的完整与安全;通过清查,可以确定各项财产的实存数,以便查明实存数与账面数是否相符,并查明不符的原因和责任,制定措施,做到账实相符,保证会计资料的真实性。

第一节 财产清查概述

完整、准确地反映企业的财产物资、货币资金和债权债务的真实情况,随时保证账实相符是会计核算的基本要求,也是经济管理对会计核算所提出的客观要求。而账实是否相符又必须通过财产清查这种会计核算的专门方法来确证。

一、财产清查的概念

企业单位日常发生经济业务之后,要相应地填制和审核会计凭证,并依据会计凭证的记录内容登记有关的会计账簿。应该说,账簿记录能够反映企业单位各项财产物资的增减变动及其结存情况,为经济管理提供会计信息。所以账簿记录是否正确和完整,直接影响通过财务会计报告所反映的会计信息的客观真实性。为了保证所提供的会计信息的客观真实性,就要进行账证核对、账账核对和账实核对,而这里的账实核对就是财产清查的主要内容。

所谓财产清查,就是根据账簿记录,对各项财产物资和库存现金进行实物盘点,对银行存款和债权、债务进行核对,保证财产物资、货币资金以及债权、债务实存数额和账面数额相符的一种专门方法。

二、财产清查的意义

(一) 造成账实不符的原因

真实、正确是对各项会计工作的基本要求之一。为此,填制和取得的会计凭证要经过严格审核,确认无误后才能作为登记账簿的依据;会计账簿也要经过认真核对,才能作为编制会计报表的依据。但账簿记录的正确性并不一定等于账簿记录的客观真实性。在实际工作中,即使加强会计凭证的日常审核,定期进行账证、账账核对,也不能绝对保证账面余额与财产物资的实存数额相等。造成账实不符的原因一般来说主要有以下几个方面:

1. 在财产物资的收、发和保管过程中发生自然损溢而产生数量或质量上的变化,造成账实不符;

2. 在管理和核算方面由于手续不健全或制度不严密而发生的错收、错付等情况,造成账实不符;

3. 由于计量、检验不准确导致多收多付或少收少付等情况,造成账实不符;

4. 由于管理不善或责任者的过失所造成的毁损、短缺、漏记、重记和计算不准确等情况,造成账实不符;

5. 由于不法分子营私舞弊、贪污盗窃等行为的存在而造成账实不符;

6. 在结算过程中,由于未达账项的存在而造成的账实不符。

以上原因都会导致账簿记录与财产物资的实际情况不符,这些因素有的是自然因素造成的,有的却是人为的因素。因此,为了保证会计资料的真实性,各个单位有必要进行财产清查工作,对各项财产物资进行盘点、核对,确定实有数,如发现差异应按有关规定对账面数额进行调整,以保证账实相符。

(二) 财产清查的意义

财产清查作为会计核算的一种专门方法,对于加强会计的反映控制,强化财产物资的管理有着十分重要的意义:

1. 保证会计核算资料的真实可靠

通过财产清查,可以确定各项财产的实存数,查明实存数与账存数之间的差异以及发生差异的原因和责任,以便及时调整账面记录,使账存数与实存数一致,从而保证会计核算资料的真实可靠。

2. 挖掘财产物资的潜力,加速资金周转

通过财产清查,可以查明各项财产物资的储备和利用情况,以便采取措施,对储备不足和不配套的及时加以解决,对积压、呆滞的及时进行处理,从而可以充分挖掘财产物资的潜力,避免损失浪费,加速资金周转。

3. 保护财产的安全完整

通过财产清查,可以查明各项财产有无被挪用、贪污、盗窃的情况,以便及时进行调查和处理;可以查明各项财产有无因管理不善而造成霉烂变质,损失浪费等情况,以便及时采取措施加强管理,从而保护各项财产的安全完整。

4. 保证财经纪律和结算制度的贯彻执行

通过财产清查,可以检查单位对财经纪律的遵守情况,查明各种往来结算款项的结算情况,发现长期拖欠等不合理的债权、债务,从而促使单位及时清理债权、债务,避免坏账损失,并自觉遵守财经纪律和结算制度。

5. 促进经营管理水平的提高

通过财产清查可以查明有关财产验收、保管、收发、调拨、报废以及现金出纳、账款结算等手续制度的贯彻执行情况,发现薄弱环节和所存在的问题,从而促使单位采取措施,建立和健全有关规章制度,提高经营管理水平。

三、财产清查的种类

企业财产清查的对象和范围往往是不同的,在时间上也有区别,由此就产生了财产清查的不同种类。

(一) 财产清查按照清查的对象和范围,可以分为全面清查和局部清查

1. 全面清查

全面清查,就是对企业所有的财产物资、货币资金和债权债务进行彻底的盘点和核对。以制造业企业为例,全面清查的具体范围包括:

(1) 各种机器设备、房屋、建筑物等所有的固定资产;

(2) 存货的清查,包括材料、在产品、半成品、产成品等流动资产;

(3) 现金、银行存款、银行借款、股权证明等;

(4) 在途材料、在途货币资金等在途资金;

(5) 各种应收、应付、预收、预付款项等结算资金;

(6) 委托外单位加工或保管的材料、商品、物资;

(7) 代外单位加工,保管的各种财产,物资及租赁物资;

(8) 其他各种财产物资,如有价证券等。

从上述内容可以看出:全面清查的内容多,范围广,需要投入的人力多,花费的时间长,应该说一般情况下不能进行全面清查。但在下述几种特殊情况下需要进行全面清查:

(1) 年终决算之前,为了确保年终决算会计资料真实、正确,需要进行一次全面清查;

（2）单位关、停、并、转或改变隶属关系时，为了明确经济责任，需要进行全面清查；

（3）在清产核资时，为了摸清家底，准确地核定资金，需要进行全面清查；

（4）中外合资、国内联营时需要进行全面清查；

（5）单位主要领导人调离工作时，需要进行全面清查。

2. 局部清查

局部清查，就是指根据需要只对部分财产物资、货币资金及债权债务进行盘点和核对。由于全面清查的工作量较大，涉及的面也比较宽，不可能经常进行，所以平时可以根据管理的需要对部分清查对象进行局部清查。局部清查的范围小，专业性也比较强，因而其清查的主要对象一般是流动性较大又易于损坏、丢失的财产物资，具体包括：

（1）对流动性较大的物资，如材料、在产品、产成品、商品等，除在年度决算前进行全面盘点外，每月、每季还要进行轮流盘点或抽查；

（2）对各种贵重物资，应每月至少对其清查盘点一次；

（3）对于债权、债务，应在年度内至少同有关单位核对一至二次；

（4）对于现金，每日业务终了时，应由出纳员自行清点，实存数与日记账结存额保持相等；

（5）对于银行存款和银行借款等应由出纳员每月至少与银行核对一次。

以上所列举的清查内容，都是在正常情况下，为了保证账实相符而进行的，如果由于遭受自然灾害（如风、火、水灾、地震等）或发生盗窃事件，以及更换实物保管人员时，应对有关财产物资或资金进行局部的清查和盘点。

（二）财产清查按照清查的时间，可以分为定期清查和不定期清查

1. 定期清查

定期清查，就是指根据管理制度的规定或按照预先安排的时间，对财产物资、货币资金和债权债务所进行的清查。这种清查通常是在年末、季末、月末结账时进行的。其清查对象和范围，根据实际需要而决定，可以进行全面清查，也可进行局部清查，在一般情况下，年终决算前进行全面清查，季末和月末进行局部清查。季末清查的范围一般要比月末大一些。

2. 不定期清查

不定期清查，就是指事先并不规定清查时间，而根据实际需要所进行的临时性清查。不定期清查主要是在以下几种情况下进行：

（1）更换财产、现金保管人员时，要对有关人员保管的财产、现金进行清查，以分清经济责任；

（2）发生自然灾害和意外损失时，要对受损财产进行清查，以查明损失情况；

（3）上级主管、财政、审计和银行等部门，对本单位进行会计检查时，应按检查的要求和范围对财产进行清查，以验证会计资料的可靠性；

（4）进行临时性清产核资时，要对本单位的财产进行清查，以摸清家底。

不定期清查，其清查的对象既可以是全面清查的内容，也可以是局部清查的内容，应根据实际需要来确定清查的对象和范围。

即问即答 财产清查有哪些种类？全面清查应在哪几种情况下进行？

第二节　财产清查的内容与方法

财产清查是为了加强企业财务管理，发挥会计监督职能的一项重要工作。财产清查涉及面广、工作量大，是一项极为复杂、细致的工作。因此，应按照一定的程序，采取有效的清查方法进行财产清查工作。

一、财产清查的一般程序

（一）组织准备和业务准备

在进行财产清查之前，必须有领导、有组织、有步骤、有计划地做好各方面的准备工作。

财产清查前的准备工作，包括组织准备和业务准备两个方面。

1. 组织准备

组织准备即在本单位的主管厂长或总会计师的领导下，成立由财会部门牵头，有设备、技术、生产、行政及其他各有关部门参加的财产清查领导小组，具体负责财产清查的领导和组织工作。其主要任务是：根据管理制度或有关部门的要求拟定财产清查工作的详细步骤，确定财产清查的对象和范围，确定参加财产清查工作的具体人员等；在财产清查过程中及时掌握工作进度；检查和监督财产清查工作，及时解决财产清查工作中出现的问题；在财产清查工作结束后，写出财产清查工作的总结性书面报告，对财产清查的结果提出处理意见。

2. 业务准备

为了做好财产清查工作，各业务部门，特别是财产物资管理部门和会计部门，应积极配合，认真做好各方面的准备工作。业务准备包括：

（1）会计部门和人员将有关账簿登记齐全，结出余额，为财产清查提供正确可靠的数据；

（2）物资保管部门和实物负责人应将所保管的各项财产物资归类整理，以便盘点检查；

（3）准备好必要的度量衡器具；

（4）银行存款、银行借款和债权债务的清查，需取得账单，以便核对；

（5）准备好有关财产清查应用的登记表册。

（二）财产清查工作

财产清查工作是核定财产物资、货币资金和债权债务的账簿记录与实际数额是否相符。对财产物资、货币资金和债权债务的清查，可视实际情况，采用不同的方法。

（三）清查结束工作

清查工作完毕，应将账实核对的结果及其处理意见，书面报告上级和有关部门审批处理。

二、财产清查的内容及常用方法

由于财产物资的种类较多，各有其特点，为了达到财产清查的目的，针对不同的清查对象应采取不同的清查方法。

（一）实物财产的清查方法

实物财产是指具有实物形态的各种财产，包括原材料、自制半成品、在产品、产成品、周转材料和固定资产等。对于各种实物财产，都要从数量和质量上进行清查，由于各种实物财产的形态、体积、重量、堆放方式等不尽相同，因而所采用的清查方法也不尽相同。

1. 实物财产数量的清查方法

（1）实地盘点法。这种方法是通过逐一清点或用计量器来确定实物的实存数量。其适用范围较广，大多数财产物资的清查都可以采用这种方法。

（2）技术推算法。采用这种方法，对财产物资不是逐一清点、计数，而是通过量方、计尺等技术来推算财产物资的结存数量。这种方法一般适用于散装的、大量成堆的物资的清查。例如，露天堆放的煤、化肥等，可用这种方法进行清查。

（3）抽样盘存法。这种方法是指对于数量多、重量均匀的实物财产，可以采用抽样盘点的方法，确定财产的实有数额。

（4）函证核对法。这种方法是指对于委托外单位加工、保管的材料、商品、物资等，可以采用向对方单位发函调查，并与本单位的账存数相核对的方法，以查明账实是否相符。

2. 实物财产质量的清查方法

对于实物财产的质量，应根据不同的实物采用不同的检查方法，如有的采用物理方法，有的采用化学方法来检查实物财产的质量。

在清查过程中，还应了解财产物资的利用储备情况，以及在收发、保管等方面所存在的问题。

为了明确经济责任，进行财产清查时，有关实物财产的保管人员必须在场，并参加盘点工作。对于各项实物财产的盘点结果，应将其数量和质量情况，如实登记在"实物盘存单"上，并由有关参加盘点人员和实物保管人员同时签章生效。"实物盘存单"是记录实物财产盘点结果的书面证明，也是反映实物财产实有数额的原始凭证。其一般格式如表9-1所示。

表 9-1　　　　　　　　　　　　　实物盘存单

单位名称：　　　　　　　　　　盘点时间：　　　　　　　　　　编号：
财产类别：　　　　　　　　　　存放地点：

编号	名称	计量单位	数量	单价	金额	备注

盘点人签章：　　　　　　　　　　保管人签章：

盘点完毕，为了查明实物财产的实存数与账存数是否一致，确定盘盈或盘亏情况，应根据"实物盘存单"和有关账簿的记录，编制"实存账存对比表"。"实存账存对比表"是财产清查的重要报表，是用以调整账簿记录的重要原始凭证，也是分析产生差异的原因，明确经济责任的重要依据。在实际工作中，为了简化编表工作，"实存账存对比表"通常只填列账实不符的财产物资，对于账实完全相符的财产物资并不列入。这样的"实存账存对比表"，主要是反映实物财产的盘盈、盘亏情况，所以也称为"盘点盈亏报告表"，其一般格式如表 9-2 所示。

表 9-2　　　　　　　　　　　　　实存账存对比表

单位名称：　　　　　　　　　　　　年　　月　　日

编号	类别及名称	计量单位	单价	实存		账存		差异				备注
								盘盈		盘亏		
				数量	金额	数量	金额	数量	金额	数量	金额	

即问即答　如何进行实物财产的清查？

（二）货币资金的清查方法

货币资金的清查包括对库存现金的清查、对银行存款的清查和对其他货币资金的清查。

1. 库存现金的清查方法

（1）库存现金清查的要求：

①清查前，必须将所有的现金业务登记入账；
②清查的时间一般以一天业务开始前或一天业务结束后为宜；
③清查的方式一般以突击式检查为好；
④清查时必须要有现金出纳人员在场。

（2）库存现金清查的技术方法。库存现金的清查，是采用实地盘点的方法来确定现金的实存数，然后以实存数与现金日记账的账面余额进行核对，以查明账实是否相符及盈亏情况。

（3）现金清查的程序：
①实地盘点，核对账簿；
②登记"库存现金盘点报告表"。

库存现金的盘点应由资产清查人员会同现金出纳人员共同负责。在盘点时，出纳人员必须在场，并且不允许以"白条"或"借据"抵充库存现金。除此之外，还需要检查库存现金是否超过银行核定的库存限额，如果有超过限额部分，应送存银行。盘点结束后，应根据盘点的结果，填制"库存现金盘点报告表"，并由盘点人员和出纳员共同签章。"库存现金盘点报告表"是一张重要的原始凭证，同时具有"盘存单"和"实存账存对比表"的作用。其一般格式如表9-3所示。

表9-3　　　　　　　　　　　库存现金盘点报告表
单位名称：　　　　　　　　　　　　　年　月　日

实存金额	账存金额	实存账存对比结果		备　注
		盘盈（长款）	盘亏（短款）	

盘点人签章：　　　　　　　　　　　　　　　　出纳员签章：

即问即答　如何进行库存现金的清查？

2. 银行存款的清查方法

（1）银行存款清查的要求：①检查有关银行存款的经济业务是否已全部登记入账；在与银行对账之前，应先检查本单位的银行存款日记账的正确性和完整性，对发生的错账、漏账应及时清查更正，然后再根据银行送来的对账单逐笔核对。②既要注意对金额的核对，又要注意对银行结算凭证种类的核对；③要注意对未达账项的调整；④应当编制银行存款余额调节表。

（2）银行存款清查的技术方法。银行存款的清查方法与实物、现金资产的清查方法不同,银行存款清查的基本方法是采用本企业的银行存款日记账与开户银行的对账单相核对,以查明账实是否相符。

(3)银行存款清查的程序:①检查、核对账簿记录;②确认未达账项;③编制银行存款余额调节表,调整未达账项。

(4)银行存款余额调节表的编制方法:银行对账单记录了本企业款项在其开户银行的存入、支用和结存额,企业的银行存款日记账记录了全部存款的存入、支用和结存情况。如果发现两者余额相符,一般说明无错误;如果发现两者余额不相符,可能是企业或银行某一方记账过程有错误或者存在未达账项。

所谓未达账项,是指在企业和银行之间,由于凭证传递时,到达银行和企业的时间有先有后,使得双方记账的时间不一致而发生的一方已经入账,另一方尚未入账的款项。

企业与银行之间的未达账项,大致有以下四种情况:①企业送存银行的款项,企业已记账,作为银行存款的增加,但银行尚未入账;②企业开出支票从银行存款中付出款项,企业已经记账,作为银行存款的减少,但银行尚未付款记账;③银行代企业收进的款项,银行已记账,作为企业存款的增加,但企业尚未收到通知,所以尚未入账;④银行代企业支付的款项,银行已记账,作为企业存款的减少,但企业尚未收到通知,所以尚未入账。

上述的第①、第④种情况,会使企业账面的存款余额大于银行对账单所列的存款余额;而第②、第③种情况,会使企业账面的存款余额小于银行对账单所列的存款余额。

在对账时,如果发现双方记账的错误,应当立即更正。如果属于未达账项造成双方账面余额不一致,应到期末编制"银行存款余额调节表"对未达账项进行调整,调整后的双方账面余额应该相等。其计算公式如下:

企业的银行存款日记账余额 + 银行收款企业未收款的账项 − 银行付款企业未付款的账项 = 银行对账单的余额 + 企业收款银行未收款的账项 − 企业付款银行未付款的账项

下面举例说明"银行存款余额调节表"的具体编制方法。

【例9-1】某企业20××年5月31日银行存款日记账的期末余额是26 270元,银行对账单上的期末余额是28 010元。经逐笔核对后,有以下几笔未达账项:

(1)企业于月末存入从其他单位收到的转账支票一张960元,银行尚未入账;

(2)企业于月末开出转账支票一张220元,持票人尚未到银行办理转账,银行尚未入账;

(3)企业委托银行收取销货款项2 600元,银行已经收到入账,但企业尚未收到银行的收款通知,尚未入账;

(4)银行代企业支付电话费120元,但企业尚未收到付款通知,尚未入账。

现根据以上未达账项调整双方账面余额,编制"银行存款余额调节表"如表9-4

所示。

表 9-4   银行存款余额调节表
                                    20××年5月31日   单位：元

项目	金额	项目	金额
银行对账单金额	28 010	企业银行存款日记账余额	26 270
加：企业已记增，银行尚未入账的转账支票	960	加：银行已记增，企业尚未入账的款项	2 600
减：企业已记减，银行尚未入账的转账支票	220	减：银行已记减，企业尚未入账的款项	120
调节后的存款余额	28 750	调节后的存款余额	28 750

【解析】 上表双方调整后的存款余额相等，表明双方所记账目一致，记账基本正确（但这不是绝对的，如两个差额正好相等，抵销为零等），同时说明企业的银行存款实有数是 28 750 元。如果调节后双方存款余额不一致，则说明存在问题，或者是记账错误，或者是调整未达账项时发生错误，应继续查明原因予以更正。

应特别注意，编制"银行存款余额调节表"并不是更改账簿记录。按照我国会计制度的规定：对于银行已入账而企业尚未入账的未达账项，不能根据"银行存款余额调节表"编制会计分录，进行账务处理。企业必须在实际收到银行的收、付款通知时，方可进行账务处理。之所以采取这样的方法进行处理，一方面是为了简化会计核算工作，防止重复记账；另一方面也考虑到在企业正常经营过程中，会计期末的未达账项数额一般不会很大，转变成已达账项的时间也不会很长，而且在权责发生制原则的要求下，收入和费用的确认与收款和付款的记录不在同一个会计期间完成是正常的，因而对未达账项暂不进行处理并不影响企业本期经营成果的确定。由此可知，编制银行存款余额调节表只起对账的作用，而不能将银行存款余额调节表作为调整账面记录的依据。

上述银行存款的清查方法也适用于其他货币资金的清查。

即问即答 如何进行银行存款的清查？如何编制"银行存款余额调节表"？

（三）往来款项的清查方法

往来款项的清查，是指对本企业与其他企业发生的各种债权、债务等结算业务的清查。往来款项包括：应收账款、应付账款、应收票据、应付票据、其他应收款、其他应付款、预收账款、预付账款等。为了保证往来款项账目的正确并促使及时清算，防止长期拖欠，应对往来款项及时清查。

往来款项的清查，应采取"询证核对法"，即同对方核对账目的办法。清查单位应在账目核对无误的基础上，编制"往来款项对账单"，寄发或派人送交对方单位，请对方按"往来款项对账单"详细核对。对方经核对后，在"往来款项对账单"上盖章后退回清查单位，作为清查结果的依据。如果发现有未达账项，其具体核对方法与银行存款的核对方法相同，也可编制"往来款项余额调节表"予以调整。在收到对方单位退回的对账单回单后,应编制"往来款项清查报告表",列示拖欠款项情况,分析拖欠的原因,以报请上级处理。"往来款项清查报告表"的格式如表9-5所示。

表 9-5　　　　　　　　　　　　往来款项清查报告表

会计科目:

明细账户名	账面应收金额	清查情况		发生日期	对方不同意付款的原因			备注
		对方同意付款金额	对方不同意付款金额		按合同规定拒付金额	争执中的款项		

清查人员签章:　　　　　　　　经管人员签章:

即问即答　如何进行往来款项的清查?

三、存货的盘存制度

存货是指企业在日常活动中持有以备出售的产成品或商品、处在生产过程中的在产品、在生产过程或提供劳务过程中耗用的材料和物料。

存货是财产物资的重要组成部分,为使盘点工作顺利进行,应建立一定的盘存制度。存货的盘存制度一般有两种:永续盘存制和实地盘存制。

(一) 实地盘存制

1. 实地盘存制的概念

实地盘存制又称定期盘存制,它是指期末通过实地盘点来确定存货数量,并据以算出存货成本和销售或耗用成本的一种方法。它对各种存货均适用。

2. 实地盘存制的工作程序

(1) 通常在本期结账前,对材料、在产品、产成品等各项存货进行实物盘点,确定期末实存数量;

(2) 根据盘点的期末结存数量和单价或单位成本计算出各项存货的期末结存金额。期末各存货的单价或单位成本常采用加权平均法计算;

$$加权平均单价 = \frac{期初存货金额 + 本期入库存货金额}{期初存货数量 + 本期入库存货数量}$$

期末存货结存金额 = 期末结存数量 × 加权平均单价(单位成本)

(3) 根据各项存货的期初、期末结存数量和金额、本期入库数量和金额、计算出本期发出存货的数量和金额。

本期发出存货数量 = 期初结存存货数量 + 本期入库存货数量 − 期末结存存货数量

本期发出存货金额 = 期初结存存货金额 + 本期入库存货金额 − 期末结存存货金额

【例 9 − 2】某企业对乙材料采用实地盘存制，本月乙材料的有关资料如下：

6月1日	期初结存	320 件	单价 8 元	计 2 560 元
6月8日	购进	650 件	单价 7 元	计 4 550 元
6月20日	购进	200 件	单价 9 元	计 1 800 元
合计				8 910 元

乙材料期末实地盘点结存 280 件。

要求采用加权平均法计算乙材料期末结存成本和发出成本。

【解析】采用加权平均法，乙材料期末结存成本和发出成本的计算如下：

存货平均单价 $= \dfrac{2\,560 + 4\,550 + 1\,800}{320 + 650 + 200} = 7.62$（元/件）

期末结存材料成本 $= 7.62 \times 280 = 2\,132$（元）

发出材料成本 $= 2\,560 + (4\,550 + 1\,800) - 2\,132 = 6\,778$（元）

3. 实地盘存制的优缺点

采用实地盘存制，平时账上只记库存商品的购进或收入，对其发出和结存不必随时记账，这样可以大大简化会计核算工作。但由于采用该法不能随时反映各项存货的发出和结存情况，同时通过期末盘存倒算本期发生数，不能反映各项存货发生的损耗和短缺等具体情况，不能随时结转销售或耗用成本，因此不利于保护企业财产物资的安全与完整。

4. 实地盘存制的适用范围

正是由于实地盘存制存在上述缺点，因此它一般只适用于核算那些价值低、品种杂、收发频繁的零星材料、废料或是零售企业的非贵重物品和一些损耗大、数量不稳定的鲜活商品。采用实地盘存制，财产清点盘点的次数必须适当增加，以此来弥补日常核算工作中的一些缺陷。

（二）永续盘存制

1. 永续盘存制的概念

永续盘存制又称账面盘存制，它是按照存货品种规格逐一设置存货的明细账，逐笔或逐日登记其收入、发出数量，并随时结出存货结存数量的一种存货核算方法。

2. 永续盘存制的工作方法

采用永续盘存制，会计上对各种存货的明细账都应按存货的品种规格设置。在存货明细账上，平时应随时登记各种存货的收入、发出数量及金额。至于存货的计价方法有多种，如先进先出法、加权平均法、个别计价法等。如果发出存货的单价或单位成本采用全月一次加权平均法计算，平时也可以不登记发出存货的金额。

采用永续盘存制，每年至少应对存货进行一次全面实物盘点，以查明各项存货的账簿记录与实存数量是否相符合。对于有些价值较高的物品或者它们的记录内容容易发生差错的，还需要对它们经常进行实物盘点。永续盘存制下的实物盘点，一般可以不定期进行，通常在生产经营的间歇时间盘点部分或全部存货，但为了确保期末财务报告的正确性，在会计期间终了时，如同实地盘存制一样，进行一次全面的盘点。如果某项存货的账面数与实存数有差别，应根据实际情况调整账簿数据，以保证账实相符。

3. 永续盘存制的优缺点

永续盘存制的优点是可以随时提供各项存货的增减变动和结存情况，加强了对存货的管理。同时，各存货明细账上的结存数，可以随时与预定的最高库存限额或最低库存限额进行对照，可以确定库存属积压或是不足，以便及时组织有关存货的购销或处理，加速存货周转。永续盘存制的缺点主要是存货的明细分类核算工作量大，耗费较多的人力和物力，对存货品种繁多的企业，如采用月底一次结转销货成本或耗用成本的办法，计算工作就会很集中。

4. 永续盘存制的适用范围

永续盘存制与实地盘存制相比较，在存货控制和保护其安全方面，具有明显的优越性。所以在实际工作中，除少数特殊情况外，存货一般都采用永续盘存制进行核算。

即问即答　永续盘存制与实地盘存制有何异同？各自具有什么样的优缺点？

第三节　财产清查结果的处理

财产清查后，应对财产清查中所取得的资料，如实地盘存的各项盘存单和询证取得的对账单等进行整理分析，编制实存账存对比表并做进一步检查。财产清查结果的处理一般是指对账实不符的内容即盘盈、盘亏等有关内容的处理。通过财产清查而发现的盘盈、盘亏、毁损和变质或超储积压物资等问题，应认真核准数字按规定的程序上报批准后再行处理；对长期不清或有争执的债权债务，应指定专人负责查明原因，限期清理。

一、财产清查结果处理的基本步骤

企业对财产清查的结果，应当按照国家有关财务会计制度的规定进行认真处理。财产清查中发现的盘盈和盘亏等问题，首先要核准金额，然后按规定的程序报经上级部门批准后，才能进行会计处理，其处理的主要步骤如下：

（一）认真分析差异的性质和差异产生的原因，按规定程序报批对于通过财产清查所确定的实存数量与账存数量之间的差异和质量上的问题，如财产物资的盘盈、盘亏、毁坏和其他多种损失，应核准数字，调查分析发生差异的原因，明确经济责任。一般来说，个人造成的损失，应由个人赔偿；因企业管理不善造成的损失，应计入管理费用；因自然灾害发生的意外损失，列入营业外支出。处理方案应按规定的程序，报请有关领导部门审批处理。

（二）积极处理多余积压的财产物资，认真清理长期不清的债权、债务

财产清查的任务，不仅是核对账实，而且要通过清查，揭露经营管理中存在的问题。对于在财产清查中发现的不需用的固定资产和超储积压的材料、商品，在报请有关领导批准后，要积极组织外调外销，以充分发挥财产物资的应有效能；对于材料商品储备不足和不配套等问题，也应提请有关领导和部门注意，认真加以解决；对于长期不清和有争议的债权债务，应当指定专人负责，查明原因，限期清理。

（三）认真总结经验教训，提出改进工作的措施，建立和健全财产管理制度

通过财产清查，应认真总结财产管理和会计核算等方面的经验，同时应结合财产清查中发现的各种问题，认真总结教训，并在此基础上，提出改进工作的具体措施，建立和健全必要、合理的规章制度，以加强财产管理的责任制，做好会计核算工作，提高经营管理水平。

（四）根据清查结果，调整账簿记录，保证账实相符

对于财产清查中所发现的各种差异以及对这些差异的处理结果，都应当及时进行账务处理，主要是调整账簿记录，保证账实相符。由于财产清查过程中所发现的盘盈、盘亏和毁损等，情况复杂，包含着多种多样的因素，如何解决，有着一定的审批权限。因此，财产清查结果的账务处理应分两步进行：第一步，在审批前，根据有关"实存账存对比表"等原始凭证中列明的财产盘盈、盘亏和毁损的数字，编制记账凭证，并据以登记有关账簿，以使各项财产的账存数与实存数保持一致。如果财产清查是在办理年终决算时进行的，这些差异数字必须在结账前记入有关账簿，以保证会计报表能够如实反映各项财产的实际结存数字；第二步，在财产清查查明的账实差异报请有关领导审批后，根据审批意见和发生差异的原因，编制记账凭证，并据以登记有关账簿，完成财产清查的账务处理工作。

二、财产清查结果的处理

财产清查的结果在有关的原始凭证（库存现金盘点报告表、实物盘存单以及实存账存对比表等）上进行反映之后，就要根据这些原始凭证进行有关的账务处理，以确保账实相符。

（一）财产清查结果处理应设置的账户

为了反映和监督企业单位在财产清查过程中查明的各项财产的盘盈、盘亏和毁损及其处理情况，会计上应设置"待处理财产损溢"账户反映。"待处理财产损溢"账户，性质上属于资产类（有一定的特殊性，要注意理解），是用来核算企业在财产清

查时所发现的各项财产物资的盘盈、盘亏数,以及经批准后转销数的账户。其借方登记清查时发现的财产物资的盘亏数和经过批准后盘盈的转销数;贷方登记清查时发现的财产物资的盘盈数和经过批准后盘亏的转销数。期末一般没有余额。

"待处理财产损溢"账户的结构如图9-1所示:

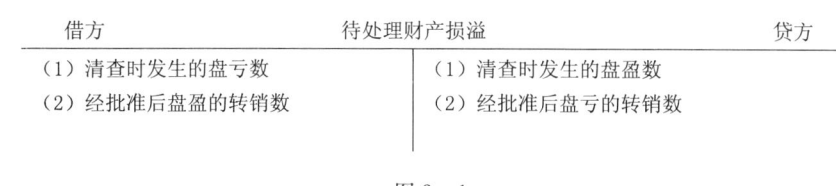

图9-1

对于"待处理财产损溢"这个过渡性账户,需要注意三点:一是只有各种实物财产和库存现金清查结果盘盈或盘亏时用到该账户,而债权债务的盈亏余缺不在该账户中核算;二是该账户的具体运用要分批准前和批准后两个步骤;三是盘盈或盘亏的实物资产如果在会计期末尚未经批准的,应在对外提供财务报告时先按有关规定进行处理,并在会计报表附注中作出说明,如果其后批准的金额与已处理的金额不一致,应按其差额调整会计报表相关项目的年初数。

即问即答 财产清查的核算需要设置什么账户?如何核算?

(二)财产清查结果的会计处理

财产清查的对象不同,所采取的会计处理方法也不同。

1. 库存现金清查结果的处理

在对库存现金的财产清查中,如果发现账实不符,会有两种清查结果:一是账面金额小于实存金额,发现现金长款(溢余);二是账面金额大于实存金额,发生现金短款(短缺)。在会计上,对库存现金账实差异,企业应及时根据"库存现金盘点报告表"以及有关的批准文件进行批准前和批准后的账务处理。库存现金长、短款通过"待处理财产损溢"账户进行核算。

库存现金长、短款在批准前的处理是:以实际存在的库存现金为准,当库存现金长款时,增加库存现金账户的记录,以保证账实相符,同时记入"待处理财产损溢"账户贷方,等待批准处理;当库存现金短款时,冲减库存现金账户的记录,以保证账实相符,同时记入"待处理财产损溢"账户借方,等待批准处理。

库存现金长、短款在批准后应视不同的原因造成的库存现金长、短款而采取不同的方法进行处理。一般来说,对于无法查明原因的库存现金长款,其批准后的处理是增加营业外收入,对于应付其他单位或个人的长款,应记入"其他应付款——××单位或个人"账户。对于库存现金短款,如果是应由责任人赔偿或由保险公司赔偿的,应转记入"其他应收款——××赔偿人"或"其他应收款——应收保险款"账户;如果是由于经营管理不善造成、非常损失或无法查明原因的,应增加企业的管理费用。

下面举例说明库存现金长、短款批准前后的账务处理。

【例9-3】 某企业在财产清查中发现库存现金溢余280元，无法查明原因，进行批准前和批准后的处理。

【解析】

（1）报经批准前，应根据"库存现金盘点报告表"进行账务处理。作会计分录如下：

  借：库存现金   280
    贷：待处理财产损溢   280

（2）上述款项经批准作营业外收入处理，作会计分录如下：

  借：待处理财产损溢   280
    贷：营业外收入   280

【例9-4】 某企业在财产清查中发现库存现金短缺180元，经反复核对，原因不明，进行批准前和批准后的处理。

【解析】

（1）报经批准前，应根据"库存现金盘点报告表"进行账务处理，作会计分录如下：

  借：待处理财产损溢   180
    贷：库存现金   180

（2）上述短款原因不明，经批准计入管理费用，作会计分录如下：

  借：管理费用   180
    贷：待处理财产损溢   180

【例9-5】 某企业在财产清查中发现库存现金短缺1 500元，经查是由于出纳员的责任造成的，进行批准前和批准后的处理。

【解析】

（1）报经批准前，应根据"库存现金盘点报告表"进行账务处理，作会计分录如下：

  借：待处理财产损溢   1 500
    贷：库存现金   1 500

（2）上述现金短款系出纳员责任造成，经批准计入其他应收款，作会计分录如下：

  借：其他应收款——××出纳员   180
    贷：待处理财产损溢   180

2. 实物财产清查结果的处理

企业的实物财产主要包括流动资产和固定资产两部分。

企业在财产清查过程中发现的流动资产盘盈、盘亏，报经批准以前应先通过"待处理财产损溢"账户核算。对于盘盈的流动资产，一方面增加有关的流动资产账户;另一方面记入"待处理财产损溢"账户的贷方;对于盘盈的流动资产,一方面记入"待处理财产损溢"账户的借方;另一方面冲减有关的流动资产账户。报经有关部门批准后,再根据不同的情况进行相应的处理。批准后一般的处理方法是:属于管理不善、收发计量不准确、自然损耗而产生的定额内的损耗,转作管理费用;属于超定额的短缺毁损所造成的损失,应由过失人负责赔偿;属于非常损失造成的短缺毁损,在扣除保险公司的赔偿和残料价值后的净损失,列作营业外支出。对于盘盈的流动资产(一般由于收发计量不准或自然升溢等原因造成),经批准后冲减管理费用。

企业在财产清查过程中发现盘亏和毁损的固定资产,同样通过"待处理财产损溢"账户进行核算。对于盘盈的固定资产,作为前期差错处理,即盘盈的固定资产通过"以前年度损益调整"账户进行核算,按其重置成本确定其入账价值,借记"固定资产"账户,贷记"以前年度损益调整"账户;对于盘亏的固定资产,在批准前应按其账面净值借记"待处理财产损溢"账户,按其账面已提折旧借记"累计折旧"账户,按其账面原始价值贷记"固定资产"账户,经过批准之后再将其净值记入"营业外支出"账户。

下面举例说明实物财产清查结果的处理过程。

【例9-6】某企业在财产清查中,发现盘亏机器设备一台,账面价值50 000元,已提折旧20 000元。无法查明原因,进行批准前和批准后的处理。

【解析】

(1)报经批准前,应根据"实存账存对比表"所确定的固定资产的盘亏情况,作如下会计分录,并据以登记入账:

借:待处理财产损溢　　　　　　　　　　　　　　　　　30 000
　　累计折旧　　　　　　　　　　　　　　　　　　　　20 000
　　贷:固定资产　　　　　　　　　　　　　　　　　　50 000

(2)经批准,上述盘亏的固定资产盘亏列作营业外支出。会计分录为:

借:营业外支出　　　　　　　　　　　　　　　　　　30 000
　　贷:待处理财产损溢　　　　　　　　　　　　　　30 000

【例9-7】某企业在财产清查中发现甲材料盘亏200公斤,单价20元,计4 000元。经查甲材料盘亏200公斤中,属于自然损耗150公斤,管理不善丢失50公斤。进行批准前和批准后的处理。

【解析】

(1)报经批准前,应根据"实存账存对比表"所确定的甲材料的盘亏数,作如下会计分录,并据以登记入账。

借:待处理财产损溢　　　　　　　　　　　　　　　　　4 000
　　贷:原材料　　　　　　　　　　　　　　　　　　　　4 000

(2)报经领导批准,自然损耗部分列作管理费用,管理不善丢失部分属保管员过失,责成其赔偿。根据处理意见,作会计分录如下:

借：管理费用 3 000
　　其他应收款——××保管员 1 000
　　贷：待处理财产损溢 4 000

【例 9-8】 某企业在财产清查中发现某材料的清查结果多出 1 000 元，经查实，系自然升溢所致。进行批准前和批准后的处理。

【解析】
（1）在批准前，根据"实存账存对比表"的记录，作会计分录如下：
借：原材料 1 000
　　贷：待处理财产损溢 1 000
（2）经批准，上述因自然升溢造成的多余冲减本期管理费用，作会计分录如下：
借：待处理财产损溢 1 000
　　贷：管理费用 1 000

【例 9-9】 某企业在财产清查中盘盈机器设备一台，估计重置价值为 30 000 元。根据会计规定，该盘盈固定资产作为前期差错处理。假定该企业按净利润的 10% 计提法定盈余公积，不考虑相关税费及其他因素的影响。

【解析】
（1）盘盈固定资产时，作会计分录如下：
借：固定资产 3 000
　　贷：以前年度损益调整 3 000
（2）结转为留存收益时，作会计分录如下：
借：以前年度损益调整 30 000
　　贷：盈余公积——法定盈余公积 3 000
　　　　利润分配——未分配利润 27 000

3. 应收、应付款清查结果的会计处理

（1）应收账款清查结果的处理。在财产清查过程中，发现的确实无法收回的应收账款，不通过"待处理财产损溢"账户进行核算，而是在原来账面记录的基础上，按规定程序报经批准后直接处理。无法收回的应收款项称为坏账。由于发生坏账而给企业造成的损失，称为坏账损失。

对于坏账损失的核算，有直接转销法和备抵法两种核算方法，按照我国现行会计制度的要求，我国企业单位对于坏账的核算应采用备抵法。

备抵法，是在每个会计期末采用一定的方法（应收账款余额百分比法、赊销百分比法以及账龄分析法等，本章内容主要介绍应收账款余额百分比法）估计坏账损失计入当期损益，同时建立坏账准备金，待实际发生坏账时，冲销已经提取的坏账准备金。这种做法体现了会计核算中谨慎性原则和配比的要求，从而使会计信息使用者能更加清楚地了解企业真实的财务状况。

采用备抵法核算坏账，企业需要设置"坏账准备"账户。企业在会计期末计提坏账准备时，借记"资产减值损失"账户，贷记"坏账准备"账户；实际发生坏账时，借记"坏账准备"账户，贷记"应收账款"等账户。如果确认并转销的坏账以后又收回，则应按收回的金额，借记"应收账款"账户，贷记"坏账准备"账户，以恢复企业债权、冲回已转销的坏账准备金额，同时，借记"银行存款"账户，贷记"应收账款"等账户，以反映款项收回情况。

坏账准备可按以下公式计算：

当期应计提的坏账准备 = 当期按应收款项计算应提坏账准备金额 −（或 +）"坏账准备"科目的贷方（或借方）余额

【例 9 – 10】甲企业 20×5 年年末应收款项的余额为 500 000 元，20×6 年年末应收款项的余额为 600 000 元，20×7 年 4 月应收乙企业的货款确认为坏账损失 20 000元，20×7 年年末应收款项的余额为 550 000 元，20×8 年 5 月，上年已确认为坏账的应收账款又收回 15 000 元，20×8 年年末应收款项的余额为 700 000 元。要求：假设经减值测试，每年均按年末应收款项余额的 3% 计提坏账准备，编制有关会计分录。（假定 20×5 年年初坏账准备的余额为 0 元）

【解析】

①20×5 年年末：

应提坏账准备 = 500 000 × 3% = 15 000（元）

本期计提额 = 15 000 − 0 = 15 000（元）

借：资产减值损失   15 000

  贷：坏账准备   15 000

②20×6 年年末：

应计提坏账准备 = 600 000 × 3% = 18 000（元）

计提前坏账准备余额为 15 000 元

本期计提额 = 18 000 − 15 000 = 3 000（元）

借：资产减值损失   3 000

  贷：坏账准备   3 000

③20×7 年 4 月，发生坏账时：

借：坏账准备   20 000

  贷：应收账款——乙企业   20 000

④20×7 年年末：

应计提坏账准备 = 550 000 × 3% = 16 500（元）

计提前坏账准备余额 = 18 000 − 20 000 = − 2 000（元）

本期计提额 = 16 500 −（− 2 000）= 18 500（元）

借：资产减值损失   18 500

  贷：坏账准备   18 500

⑤20×8 年 5 月坏账收回时：

```
借：应收账款——乙企业                    15 000
    贷：坏账准备                              15 000
借：银行存款                            15 000
    贷：应收账款——乙企业                      15 000
```

⑥20×8年年末：

应提坏账准备 = 700 000 × 3% = 21 000（元）

计提前坏账准备余额 = 16 500 + 15 000 = 31 500（元）

本期计提额 = 21 000 - 31 500 = -10 500（元）（冲回）

```
借：坏账准备                            10 500
    贷：资产减值损失                          10 500
```

（2）应付账款清查结果的处理。

在财产清查过程中，如果发现由于债权单位撤销或不存在等原因造成的长期应付而无法支付的款项，经批准应予以转销。无法支付的款项在批准前不作账务处理，即不通过"待处理财产损溢"账户进行核算，按规定的程序批准后，应将该款项计入营业外收入。

【例 9-11】 某企业在财产清查中，查明应付某单位的货款 5 500 元因该单位已撤销，确实无法支付，经批准转作营业外收入。

【解析】 这项经济业务批准后，应作如下会计分录，并据以登记入账：

```
借：应付账款                            5 500
    贷：营业外收入                             5 500
```

即问即答　如何进行财产清查结果的会计处理？

第四节　相关案例、会计热点与本章小结

一、会计案例：胜龙科技固定资产条码管理系统助力行政事业单位资产清查

（一）行政事业单位版固定资产管理软件研发的行业背景

固定资产管理几乎是每一个单位都会涉及的问题，行政事业单位由于其各项经费都来源于国家财政，其固定资产的采购、使用、维修等费用也是由国家财政支付的，固定资产的损失也就是国有资产的损失。为此，财政部在 2006 年 12 月 23 日下发了《关于开展全国行政事业单位资产清查的通知》（财办【2006】51 号），要求在 2007 年 1—7 月对全国超过 6 万亿元的行政事业单位的资产进行全面清查。

按照财政部的相关标准和要求，经过充分调研，北京胜龙科技开发出了《固定资产条码管理系统——行政事业单位版》，于 2007 年 2 月推向市场。

（二）客户背景

全国政协机关事务管理局（以下简称全国政协）是全国政协资产的管理部门，负责管理下属二十多个司局级行政事业单位的资产，目前需要管理的资产总数为 2 万余件，远期需要管理的资产在 5 万件左右。由于其各项经费都来源于国家财政，其固定资产的采购、使用、维修等费用也是国家财政支付的。

（三）面临的问题

1. 资产实物的日常管理问题

全国政协原来采用用友 U8 的固定资产管理模块对资产进行管理，财务核算系统的子系统，属于事后资产管理，对资产的过程控制、资产状况动态监管等资产管理功能较弱，账和实物的管理往往是由不同的部门完成的，一旦出现账实不符的情况，很难查找原因；另一方面，由于缺乏有效的资产实物的日常管理手段，即使单位花大力气进行了资产清查，没多久，账实不符的情况又会重新出现。因此，必须有一套有效的管理手段对行政事业单位实物进行管理。

2. 资产实物的清查问题

资产清查是资产管理中的一项重要工作，资产清查中最重要、最困难的是要对大量的资产实物进行清查。由于行政事业单位将价值 500 元以上的资产都必须列为固定资产，固定资产的数量和分类都很庞杂，加之通常从事资产实物管理人员都很少，清查工作量是很大的，这就使各单位无力进行经常性和制度性的清查工作，从而无法及时发现资产实物的损失。因此，各单位急需能够解决本次及日后资产清查的手段。

3. 资产数据信息的共享和转换问题

根据财政部资产清查工作的要求，各单位需要将资产数据按财政部统一要求的格式，利用财政部提供的清查系统进行报送。要进行报送，首先必须将资产的基础数据录入清查系统，手工录入由于历年积攒的数据量太大，几乎是不可能的，必须采用数据导入的方式。

（四）解决方案

借助条形码技术，资产清查克服了传统管理模式下依赖纸面单据或通过手工方式录入原始数据而带来的低效及错误，提高了资产管理的速度和准确性，使各种资产管理能真正落到实处，实现了信息流和实物流的统一。

通过信息化手段规范日常管理流程，将各分支机构资产日常的管理纳入到总部的监控之下。

通过移动计算技术与条码技术相结合的方式，轻松完成资产清查，大大提高了清查效率，使得清查的周期大大缩短，得到了最为准确的资产实物的信息。

具备强大的数据导入功能，能够方便地从用友 U8 导入数据，而后将数据直接导入到财政部清查系统中，大大节省了工作量。

总之，通过在行政事业单位固定资产实物管理中应用条码技术，较好地解决了资产实物管理中普遍存在的效率和差错问题，大大提升了单位的固定资产管理水平，为避免资产流失提供了技术的保障。

（五）应用价值

1. 资产管理由分散管理向统筹管理转变

行政事业单位资产具有数据量大、情况复杂、涉及单位众多、分布广等特点，通过手工分散管理已经无法满足对行政事业单位资产管理与监督的要求。而通过信息化手段，依托强大的信息系统，即可实现行政事业单位资产信息集中、统一管理、流程规范的现代化资产管理，最终完成资产管理由单独管理向全程管理的转变。

2. 提高行政事业单位资产整体使用效率，增强资产预算的科学性

财政及主管部门通过动态预警和决策支持功能，可及时掌握行政事业单位资产存量、资产变量和资产闲置率等状况，实现各单位之间资产合理配置，提高资产的使用效率，达到资产优化的目的。系统可以为部门预算提供有价值的资产存量、变量和其他相关报表汇总数据，使资产配置和部门预算和谐统一，为部门预算的审批提供科学的依据。

即问即答 回忆单位资产的管理方法有哪些？如何操作？

二、会计热点：关于如何进一步规范和加强政府机关软件资产管理

为贯彻落实国务院关于加强软件资产管理和知识产权保护精神，扎实推进政府机关软件正版化工作，建立和完善软件资产管理长效机制，根据《国务院办公厅关于进一步做好政府机关使用正版软件工作的通知》（国办发〔2010〕47号）、《行政单位财务规则》（财政部令第9号）、《行政单位国有资产管理暂行办法》（财政部令第35号）等有关规定，进一步规范和加强政府机关软件资产管理主要要点如下：

（一）充分认识规范和加强软件资产管理的重要意义

党中央、国务院高度重视软件知识产权保护工作。近年来，随着经济社会的快速发展和公共管理信息化水平的显著提升，各级政府机关拥有的软件资产规模迅速扩大，种类和数量快速增加，软件资产已经成为政府机关国有资产的重要组成部分。特别是随着软件知识产权保护力度的不断加大，软件使用逐步规范，对软件资产管理工作提出了更高的要求。对此，各地区、各部门要高度重视，充分认识规范和加强政府机关软件资产管理，对促进知识产权保护，提高政府机关国有资产管理水平，推动我国软件产业发展的重要意义，完善软件资产管理制度，不断规范和加强软件资产管理，促进软件市场公平竞争秩序，维护消费者合法权益。

（二）进一步规范和完善软件资产管理重点环节

各级财政部门要采取措施，加强经费保障，将政府机关需要采购的正版软件经费纳入预算。与此同时，要进一步规范和加强软件资产管理。各单位要按照国务院要求加强软件的资产管理，制定软件配置、使用和处置等环节的具体管理办法。

1. 配置环节。政府机关更新、购置软件要从满足实际工作需要出发，坚持勤俭节约，从严控制，合理配置。要在全面掌握本部门软件资产情况、工作人员人数、配

备各类计算机数以及需要更换和采购的软件数的基础上，区分操作系统软件、办公软件和杀毒软件以及国内企业软件和国外企业软件，细化软件配置需求，科学合理地确定软件配置计划，并将正版软件采购经费纳入预算管理和国有资产管理。

2. 使用环节。各级政府机关要加强软件使用的培训和管理，严格执行软件使用操作规程。进一步增强软件知识产权保护意识，明确正版软件使用管理责任，加强软件资产日常管理和维护，充分发挥软件资产的使用效益，形成自觉使用正版软件、杜绝盗版侵权的长效机制。要积极探索建立政府机关内部资产管理部门主导、技术管理等部门配合的软件资产使用管理制度。资产管理部门在统一管理软件资产，建立健全软件资产账卡的前提下，根据工作需要委托技术管理等部门具体管理部分软件资产，建立明确的软件资产使用管理责任制。

3. 处置环节。软件资产处置应当严格履行审批手续，坚持优先整合利用。对于确实无法整合利用的，经专业技术鉴定后，应当严格按照国有资产处置程序进行处置，并及时调整资产账卡。以授权形式购置的软件资产到期后，应当及时办理处置手续，停止使用。为专项工作开发或配发的软件在工作任务完成后，失去使用价值且确实无法整合利用的，应当及时进行处置。

（三）建立健全软件资产分类核算管理工作机制

政府机关按照有关规定，通过各种方式形成的软件资产均属于国有资产，应当纳入部门资产管理体系，确保软件资产的安全完整。对达到固定资产价值和使用年限标准的软件，要按照中华人民共和国国家标准《固定资产分类与代码》（GB/T14885 - 2010）等有关规定，纳入部门资产进行核算管理。在此基础上，根据不同软件资产的特点，区分情况，有针对性地开展软件资产管理工作。

1. 采购的商业软件。应当建立健全软件验收入库、保管和领用制度，建立软件资产账卡，规范软件资产财务入账等基础管理工作。要严格按照采购合同的约定，重点加强对软件授权证书或许可协议等核心资料的管理工作，确保软件资产安全，切实维护采购软件的知识产权。

2. 自行开发或升级的软件。要切实加强对自行开发、升级软件的财务核算、资产管理和知识产权管理工作。合理确定开发或升级过程中发生的支出，加强软件资产价值核算，及时组织验收，建立或调整软件资产账卡。要加强对自行开发软件源代码、开发档案、验收文件等技术资料的归档管理，以及自主知识产权保密工作，妥善保管相关软件载体，确保软件资产安全保密。

3. 统一配发使用的软件。政府机关取得上级或同级部门基于特定工作需要统一配发，使用期限在一年以上的软件，应当视同无偿调拨的固定资产进行管理，建立软件资产卡片，加强对软件载体如光盘使用过程中的管理维护，确保相关工作任务的顺利完成。

（四）切实加强正版软件采购工作

要严格执行软件正版化的有关规定，全面采购和使用正版软件。要进一步规范软件产品政府采购行为,建立健全相关工作机制,采取切实措施,加强采购过程中知识产权的审核管理,防止侵权仿冒商品进入政府采购渠道。对需要购置的纳入政府集中采购目录的软件资产,应当严格按照《中华人民共和国政府采购法》的有关规定,实行政府集中采购。对于达到公开招标数额标准以上的软件资产,应当严格履行公开招标程序。采购正版软件应当对软件互相兼容、授权方式、信息安全、升级等售后服务提出具体要求,维护软件市场公平竞争秩序。同时,要注意加强软硬件采购的衔接,确保采购的计算机办公设备符合预装正版操作系统软件的要求。

(五)规范和加强软件资产管理工作要求

1. 加强组织领导,狠抓工作落实。各级政府机关要把加强软件资产管理作为完善部门国有资产管理体系,推进软件知识产权保护工作的关键环节抓紧落实。要紧密结合政府机关软件正版化专项检查和整改工作,对本单位软件情况进行全面、彻底的检查、清查,及时将仍在使用并在有效期内的软件资产全部纳入部门资产管理体系,不断完善软件资产配置、使用、处置等各环节管理,建立正版软件资产管理的长效机制。

2. 落实各方责任,建立联动机制。各级财政部门要认真落实国务院关于使用正版软件的要求,明确采购软件的经费渠道,确保软件采购经费的落实。同时,积极配合新闻出版(版权)、工业和信息化、审计等部门做好软件正版化和软件资产管理的有关工作。各级政府机关也应当尽快建立单位内部软件资产管理联动机制,加强资产部门、财务部门、技术部门的分工合作,确保软件资产管理工作有效运行。

3. 强化督促指导,加强考核评估。各级财政部门要加强对本级政府机关软件资产管理工作的监督检查和指导工作,抓紧研究制定本级政府机关软件资产管理的具体办法,推进政府机关软件资产管理的规范化。要积极探索将软件资产管理纳入政府机关国有资产管理考核评价体系,及时总结经验,不断完善政策。

4. 加强审计监督,防止损失浪费。要充分发挥审计、财政监督等外部监管力量,切实将软件资产的财务核算、配置使用,以及软件正版化等情况纳入部门审计范围,确保软件资产管理规范工作有序推进。各级政府机关也要通过内部审计、财务检查等多种形式,自觉规范和加强单位内部软件资产管理和软件正版化工作,自觉保护软件知识产权,提高软件资产使用效益,防止损失浪费。

思考题: 回忆资产清查方法。

三、本章小结

财产清查是指通过对货币资金、实物资产和往来款项的盘点或核对,确定其实存数,查明账存数与实存数是否相符的一种专门方法。企业在编制年度财务会计报告前,应当全面清查财产、核实债务。

财产清查按财产清查的范围分为全面清查和局部清查,按财产清查的时间分为定期清查和不定期清查。

财产清查的方法包括：货币资金（包括现金和银行存款）的清查方法、实物的清查方法、往来款项的清查方法。

财产清查结果处理的步骤包括：（1）审批之前的处理。根据"清查结果报告表"、"盘点报告表"等已经查实的数据资料，编制记账凭证，记入有关账簿，使账簿记录与实际盘存数相符。（2）审批之后的处理。

第五节　思　考　题

一、思考题 A：基础知识题

1.（单选）通常在年终决算之前，要（　　）。
A. 对企业所有财产进行技术推算盘点
B. 对企业所有财产进行全面清查
C. 对企业部分财产进行局部清查
D. 对企业流动性较大的财产进行全面清查

2.（单选）技术推算盘点法适用于（　　）。
A. 流动性较大的物资　　　　　　B. 固定资产
C. 大量成堆难以逐一清点的存货　　D. 贵重物资的清查

3.（单选）采用永续盘存制时，财产清查的目的是（　　）。
A. 检查账实是否相符　　　　　　B. 检查账证是否相符
C. 检查账账是否相等　　　　　　D. 检查账表是否相等

4.（单选）在永续盘存制下，平时（　　）。
A. 对各项财产物资的增加和减少数，都不在账簿中登记
B. 只在账簿中登记财产物资的增加数，不登记财产物资的减少数
C. 只在账簿中登记财产物资的减少数，不登记财产物资的增加数
D. 对各项财产物资的增加和减少数，都要根据会计凭证在账簿中登记

5.（单选）在实地盘存制下，平时（　　）。
A. 只在账簿中登记财产物资的减少数，不登记财产物资的增加数
B. 只在账簿中登记财产物资的增加数，不登记财产物资的减少数
C. 对各项财产物资的增加和减少数，都要根据会计凭证登记入账
D. 通过财产清查据以确定财产物资增加和减少数，并编制记账凭证登记入账

6.（单选）对于实物的数量清查而言，其适用范围较广，大多数财产物资均可采用的方法是（　　）。
A. 实地盘点法　　　　　　　　　B. 技术推算盘点法
C. 查询核实法　　　　　　　　　D. 全面清查

7. （单选）现金清查方法应采用（ ）。
   A. 实地盘点法　　　　　　　　　B. 技术推算法
   C. 实地盘存制　　　　　　　　　D. 账面价值法
8. （单选）银行存款的清查是将（ ）核对。
   A. 银行存款日记账和总账
   B. 银行存款日记账和银行存款收、付款凭证
   C. 银行存款日记账和银行对账单
   D. 银行存款总账和银行存款收、付款凭证
9. （单选）存货发生定额内损耗，在批准处理前，应记入（ ）科目。
   A. 待处理财产损溢　　　　　　　B. 期间费用
   C. 营业外支出　　　　　　　　　D. 其他应收款
10. （单选）对于长期挂在账上的应付款项，在批准转销时，应记入（ ）科目。
    A. 营业外支出　　　　　　　　　B. 待处理财产损溢
    C. 资本公积　　　　　　　　　　D. 营业外收入
11. （单选）某企业原材料盘亏，现查明原因，属于定额内损耗，按照规定予以转销时，应编制的会计分录为（ ）。
    A. 借：待处理财产损溢　　　　　B. 借：待处理财产损溢
       　　贷：原材料　　　　　　　　　贷：管理费用
    C. 借：管理费用　　　　　　　　D. 借：营业外支出
       　　贷：待处理财产损溢　　　　　贷：待处理财产损溢
12. （单选）库存现金清查中对无法查明原因的长款，经批准应计入（ ）科目。
    A. 营业外收入　　　　　　　　　B. 其他应收款
    C. 其他应付款　　　　　　　　　D. 管理费用
13. （多选）财产清查的作用在于（ ）。
    A. 可以保证会计核算资料的真实可靠
    B. 可以挖掘财产物资的潜力，加速资金周转
    C. 可以保护财产的安全完整
    D. 可以保证财经纪律和结算制度的贯彻执行
    E. 可以促进经营管理水平的提高
14. （多选）一般在下列（ ）情况下，才需要进行全面清查。
    A. 应收账款的准确性审查　　　　B. 年终决算
    C. 单位撤销、合并或改变隶属关系　D. 清产核资
15. （多选）财产清查按照清查时间可以分为（ ）。
    A. 全面清查　　　　　　　　　　B. 局部清查

C. 定期清查　　　　　　　　　　D. 不定期清查

16.（多选）下列表格中可用作原始凭证的有（　　）。
A. 实存账存对比表　　　　　　　B. 现金盘点报告表
C. 未达账项登记表　　　　　　　D. 往来款项清查报告表

17.（多选）对于固定资产和存货等各项财产物资的数量清查，一般采用（　　）。
A. 账面价值法　　　　　　　　　B. 实地盘点法
C. 技术推算盘点法　　　　　　　D. 查询核实法

18.（多选）实地盘点法一般适用于（　　）清查。
A. 各项实物财产物资　　　　　　B. 银行存款
C. 库存现金　　　　　　　　　　D. 应付账款

19.（多选）下列方法中，属于存货计价方法的有（　　）。
A. 分批确认法　　　　　　　　　B. 先进先出法
C. 个别认定法　　　　　　　　　D. 加权平均法
E. 备抵法

20.（多选）财产清查前的准备工作，包括（　　）方面。
A. 资金准备　　　　　　　　　　B. 组织准备
C. 时间准备　　　　　　　　　　D. 业务准备

21.（多选）由于以下（　　）未达账项，企业账面的存款余额需加以调节。
A. 银行已记增，企业尚未入账的款项
B. 企业已记增，银行尚未入账的转账支票
C. 银行已记减，企业尚未入账的款项
D. 企业已记减，银行尚未入账的转账支票

22.（多选）关于"待处理财产损溢"账户，以下说法正确的有（　　）。
A. "待处理财产损溢"账户，是个资产、负债双重性的账户
B. "待处理财产损溢"账户的借方反映发生的待处理财产盘盈数和转销已批准处理的财产盘亏和毁损数
C. "待处理财产损溢"账户期末如为贷方余额，反映尚未处理的各项财产物的溢余
D. 按规定程序转销时，流动资产的盘盈，借记"待处理财产损溢"科目，贷记"营业外收入"科目

23.（多选）下列项目中，属于不定期并且全面清查的有（　　）。
A. 单位合并、撤销以及改变隶属关系　　B. 年终决算之前
C. 企业股份制改制前　　　　　　D. 单位主要领导调离时

24. 练习库存材料清查的核算
资料：某企业20××年12月进行材料清查，发现有四种材料与账面数量不符。

（1）甲材料账面余额为 4 800 公斤，单价 5 元/公斤；实存为 4 790 公斤，盘亏 10 公斤，经查系材料定额内损耗。

（2）甲材料账面余额为 4 800 公斤，单价 6 元/公斤，实存 4 890 公斤，盘盈 90 公斤，经查系材料收发过程中计量误差累计所致。

（3）丙材料账面余额 398 公斤，单价 45 元/公斤，清查时发现全部毁损，废料估价 148 元验收入库。经查是由于暴风雨袭击仓库所致。

（4）丁材料账面余额 365 公斤，单价 16 元/公斤；实存 315 公斤，盘亏 50 公斤，经查系保管人员责任心不强所致，经批准责令其赔款，赔款尚未到位。

要求：根据以上经济业务，编制会计分录。

25. 练习固定资产清查的核算

资料：某企业 20××年 8 月对固定资产进行清查，发现以下账实不符：

（1）盘盈机器设备一台，重置价值为 10 000 元。根据会计规定，该盘盈固定资产作为前期差错处理。假定该企业按净利润的 10% 计提法定盈余公积，不考虑相关税费及其他因素的影响。

（2）盘亏机器设备一台，账面原值为 65 000 元，已提折旧为 4 000 元。无法查明原因，进行批准前和批准后的处理。

要求：根据以上经济业务，编制会计分录。

26. 练习银行存款余额调节表的编制

资料：某工业企业 20××年 1 月银行存款日记账 20 日至月末所记经济业务如下：

（1）20 日开出支票#09478，支付购入材料的货款 1 400 元。

（2）21 日存入销货款转账支票 2 400 元。

（3）24 日开出支票#09479，支付购料运杂费 700 元。

（4）26 日开出支票#09480，支付下季度的房租 1 600 元。

（5）27 日收到销货款转账支票 9 700 元。

（6）30 日开出支票#09481，支付日常零星费用 200 元。

（7）31 日银行存款日记账余额 33 736 元。

另外，银行对账单所列 20 日至月末经济业务如下：

（1）20 日结算银行存款利息 792 元。

（2）22 日收到企业开出支票#09478，金额为 1 400 元。

（3）24 日收到销货款转账支票 2 400 元。

（4）26 日银行为企业代付水电费 1 320 元。

（5）27 日收到企业开出支票#09479，金额为 700 元。

（6）30 日代收外地企业汇来货款 1 400 元。

（7）31 日银行对账单余额 26 708 元。

要求：根据以上资料，编制"银行存款余额调节表"，将未达账项调节成已达账项，并计算出调节后的银行存款余额。

27. 练习库存现金清查的核算

资料：某企业发生库存现金清查业务如下：

（1）企业进行库存现金清查，发现长款 90 元，原因待查。

（2）经反复核查，仍无法查明现金长款 90 元的具体原因，经单位领导批准，将其转入当期损益。

（3）库存现金清查中，发现有无法查明具体原因的现金短款 40 元。

（4）经核查，上述现金短款系出纳人员责任造成，应由出纳人员赔偿，向出纳人员发出赔偿通知书。

要求：根据以上经济业务，编制会计分录。

二、思考题 B：名校历年考研真题

1.（单选）下列与原材料相关的损失项目中，应计入营业外支出的是（　　）。

A. 计量差错引起的原材料盘亏　　B. 人为责任造成的原材料损失

C. 自然灾害造成的原材料损失　　D. 原材料运输途中发生的合理损耗

2.（多选）企业以现金 25 000 元捐赠给灾区，会计分录为（　　）。

A. 借：库存现金 25 000　　　　　B. 借：管理费用 25 000

C. 贷：库存现金 25 000　　　　　D. 借：营业外支出 25 000

3.（业务题）练习错账的更正和银行存款余额调节表的编制及运用

某企业 20××年 3 月银行存款日记账和银行对账单的资料如下：

（1）企业银行存款日记账的记录：

日期	摘要	金额
29 日	开出转账支票①，支付材料加工费	150
29 日	开出转账支票②，支付应付账款	31 500
30 日	收回应收货款存入银行（支票③）	20 500
31 日	存入销货款（支票④）	9 700
31 日	开出转账支票⑤，支付运费	1 560
31 日	银行存款日记账月末余额	13 640

（2）银行对账单的记录：

日期	摘要	金额
30 日	转账支票①	150
30 日	转账支票②	31 800
30 日	代付电费	250
31 日	存入货款（转账支票③）	20 300
31 日	存款利息	310
31 日	收回托收货款	12 000
31 日	银行对账单金额	17 060

银行存款日记账与银行对账单余额不符，经逐笔核对，发现下列不符情况（假设银行对账单记录无差错）：

（1）29日，开出转账支票②的金额应为31 800元，由于记账凭证数字有误，在银行存款日记账中登记为31 500元。

（2）30日，存入销货款（购货转账支票③）应为20 300元，同样由于记账凭证数字有误，在银行存款日记账中记为20 500元。

要求：（1）对上述不符情况，写出错账更正方法及编制相应会计分录；

（2）根据更正后的银行存款日记账和银行对账单编制银行存款余额调节表。

4.（业务题）练习坏账准备的核算

资料：20×1年12月31日，甲公司对应收乙公司的账款进行减值测试。应收账款余额合计为800 000元，假设坏账准备没有期初余额。甲公司根据乙公司的资信情况确定按10%计提坏账准备。20×2年甲公司的应收账款实际发生坏账40 000元。20×2年末应收乙公司账款余额为1 000 000元。经减值测试，甲公司确定按8%计提坏账准备。20×3年4月20日收到已经转销的坏账20 000元，已经存入银行。20×3年末应收乙公司账款余额为500 000元。经减值测试，甲公司确定按8%计提坏账准备。

要求：根据上述资料，编制甲公司20×1年末、20×2年度、20×3年度与坏账准备有关的会计分录。

第十章

财务会计报告

在本章中你将——

了解财务会计报告的基本概念、组成；掌握财务报表的内容及编制的要求。

第一节 财务会计报告概述

一、财务会计报告的定义

财务会计报告是根据账簿记录，以表格的形式，定期总括地反映企事业单位的经济活动情况和财务状况的书面报告。我国《企业会计准则——基本准则》第四十四条规定：财务会计报告，是指企业对外提供的反映企业某一特定日期财务状况和某一会计期间经营成果、现金流量的文件。根据国务院颁布的《企业财务会计报告条例》规定，企业不得编制和对外提供虚假的或者隐瞒重要事实的财务会计报告；企业负责人对本企业财务会计报告的真实性、完整性负责；任何组织或者个人不得授意、指使、强令企业编制和对外提供虚假的或者隐瞒重要事实的财务会计报告。

二、财务会计报告的构成

企业的财务会计报告由财务报表、报表附注和其他应当在财务会计报告中披露的相关信息和资料组成。企业对外提供的财务会计报告的内容、财务报表种类和格式、财务报表附注的主要内容等，由企业会计准则规定；企业内部管理需要的财务报表由企业自行规定。

1. 财务报表

根据《企业会计准则第30号——财务报表列报》的规定，企业对外提供的一套完整的财务报表至少应当包括"四表一注"，即资产负债表、利润表、现金流量表、所有者权益变动表和附注，并且这些组成部分在列报上具有同等的重要程度，企业不得强调某张报表或者某些报表（或附注）较其他报表（或附注）更为重要。

2. 财务报表附注

财务报表附注是对在资产负债表、利润表、现金流量表和所有者权益变动表等报表中列示项目的文字描述或明细资料，以及对未能在这些报表中列示项目的说明等。

三、财务报表的种类和基本要求

1. 财务报表的种类

财务报表可以按照不同的性质进行分类。

（1）按照财务报表的编报时间分类：可以分为月报、季报和年报。其中月报要求简明扼要，及时反映，如资产负债表、利润表等，季报在会计信息的详细程度方面，介于月报和年报之间。

（2）按照财务报表所反映的内容分类：可以分为动态财务报表和静态财务报表。动态财务报表是反映一个企业一定时期内资金耗费和资金收回的报表。例如，利润表是反映企业在一定时期内经营成果的报表，现金流量表是反映企业在一定期间内现金的流入和流出情况的报表；静态报表则是指综合地反映企业在某一时点资产总额和权益总额的财务报表。例如，资产负债表是反映企业在一定日期资产、负债和所有者权益的报表。

（3）按照财务报表各项目所反映的数字内容分类：可以分为个别财务报表和合并财务报表。个别财务报表各项目数字所反映的内容，仅仅包括单个企业的会计数据；合并财务报表是由母公司编制的，一般包括所有控股子公司财务报表的数字，通过编制和提供合并财务报表可以向财务报表使用者提供公司集团总体的财务状况和经营成果。

（4）按照财务报表的服务对象，可以分为内部报表和外部报表。内部报表是指为适应企业内部经营管理需要而编制的、不对外公开的财务报表，内部报表一般可以不需要统一规定的格式，也没有统一的指标体系，如成本报表就属于内部报表。外部报表是指企业向外提供的、供外部财务信息使用者使用的财务报表，如资产负债表就属于外部报表。

2. 财务报表列报的基本要求

财务报表是会计信息传递的主要载体，为了保证财务报表所提供的信息能够及时、准确、完整地反映企业的财务状况和经营成果，满足各类财务信息使用者的需要，企业在编制财务报表时，必须做到以下编制财务报表的基本要求。

（1）财务报表列报的质量要求。企业应当根据实际发生的交易和事项，遵循《企业会计准则——基本准则》、各项具体会计准则及解释的规定进行确认和计量，并在此基础上编制财务报表。企业应当在附注中对这一情况作出声明，只有遵循了企业会计准则的所有规定时，财务报表才应当被称为"遵循了企业会计准则"。同时，企业不应以在附注中披露代替对交易和事项的确认和计量，也就是说，企业采用的不恰当的会计政策，不得通过在附注中披露等其他形式予以更正，企业应当对交易和事项进行正确的确认和计量。

此外，如果按照各项会计准则规定披露的信息不足以让报表使用者了解特定交易或事项对企业财务状况、经营成果和现金流量的影响时，企业还应当披露其他必要信息。

（2）列报基础。根据《企业会计准则第30号——财务报表列报》的规定，企业应当以持续经营为基础编制财务报表。在编制财务报表的过程中，企业管理层应当全面评估企业的持续经营能力。企业管理层在对企业持续经营能力进行评估时，应当利用其所有可获得的信息，评估涵盖的期间应包括企业自资产负债表日起至少12个月，评估需要考虑的因素包括宏观政策风险、市场经营风险、企业目前或长期的盈利能力、偿债能力、财务弹性以及企业管理层改变经营政策的意向等。评价结果表明对持续经营能力产生重大怀疑的，企业应当在附注中披露导致对持续经营能力产生重大怀疑的影响因素以及企业拟采取的改善措施。

企业在评估持续经营能力时应当结合考虑企业的具体情况。通常情况下，如果企业过去每年都有可观的净利润，并且易于获取所需的财务资源，则对持续经营能力的评估易于判断，这表明企业以持续经营为基础编制财务报表是合理的，而无需进行详细的分析。反之，如果企业过去多年有亏损的记录等情况，则需要通过考虑更加广泛的相关因素来作出评价，比如目前和预期未来的获利能力、债务清偿计划、替代融资的潜在来源等。

企业如果存在以下情况之一，则通常表明其处于非持续经营状态：第一，企业已在当期进行清算或停止营业；第二，企业已经正式决定在下一个会计期间进行清算或停止营业；第三，企业已确定在当期或下一个会计期间没有其他可供选择的方案而将被迫进行清算或停止营业。企业处于非持续经营状态时，应当采用清算价值等其他基础来编制财务报表，比如破产企业的资产采用可变现净值计量、负债按照其预计的结算金额计量等。在非持续经营情况下，企业应当在附注中声明财务报表未以持续经营为基础列报、披露未以持续经营为基础的原因以及财务报表的编制基础。

（3）财务报表列报适用的原则。《企业会计准则第30号——财务报表列报》规定，除现金流量表按照收付实现制编制外，企业应当按照权责发生制编制其他财务报表。准则规定，财务报表项目的列报应当在各个会计期间保持一致，不得随意变更。这一要求不仅只针对财务报表中的项目名称，还包括财务报表项目的分类、排列顺序等方面。

在下列情况下，企业可以变更财务报表项目的列报：第一，会计准则要求改变财务报表项目的列报；第二，企业经营业务的性质发生重大变化或对企业经营影响较大的交易或事项发生后，变更财务报表项目的列报能够提供更可靠、更相关的会计信息。企业变更财务报表项目列报的，应当根据本准则的有关规定提供列报的比较信息。

关于项目在财务报表中是单独列报还是汇总列报，应当依据重要性原则来判断。

总的原则是，如果某项目单个看不具有重要性，则可将其与其他项目汇总列报；如具有重要性，则应当单独列报。企业应当遵循如下规定：

第一，性质或功能不同的项目，一般应当在财务报表中单独列报，但是不具有重要性的项目可以汇总列报。比如，存货和固定资产在性质上和功能上都有本质差别，必须分别在资产负债表上单独列报。

第二，性质或功能类似的项目，一般可以汇总列报，但是对其具有重要性的类别应该单独列报。比如，原材料、低值易耗品等项目在性质上类似，均通过生产过程形成企业的产品存货，因此可以汇总列报，汇总之后的类别统称为"存货"在资产负债表上单独列报。

第三，在资产负债表、利润表、现金流量表或所有者权益变动表中单独列示，但对附注却具有重要性，在这种情况下应当在附注中单独披露。比如，对某制造业企业而言，原材料、在产品、库存商品等项目的重要性程度不足以在资产负债表上单独列示，因此在资产负债表上汇总列示，但是鉴于其对该制造业企业的重要性，应当在附注中单独披露。

第四，准则规定在财务报表中单独列报的项目，企业应当单独列报。其他会计准则规定单独列报的项目，企业应当增加单独列报项目。企业在进行重要性判断时，应当根据所处环境，从项目的性质和金额大小两方面予以判断：一方面，应当考虑该项目的性质是否属于企业日常活动、是否显著影响企业的财务状况、经营成果和现金流量等因素；另一方面，判断项目金额大小的重要性，应当通过单项金额占资产总额、负债总额、所有者权益总额、营业收入总额、营业成本总额、净利润、综合收益总额等直接相关或所属报表单列项目金额的比重加以确定。企业对于各个项目的重要性判断标准一经确定，不得随意变更。

准则规定，企业在列报当期财务报表时，至少应当提供所有列报项目上一个可比会计期间的比较数据，以及与理解当期财务报表相关的说明，目的是向报表使用者提供对比数据，提高信息在会计期间的可比性。列报比较信息的这一要求适用于财务报表的所有组成部分，即既适用于四张报表，也适用于附注。

财务报表通常与其他信息（如企业年度报告等）一起公布，企业应当将按照企业会计准则编制的财务报告与一起公布的同一文件中的其他信息相区分。

准则规定，企业在财务报表的显著位置（通常是表首部分）应当至少披露下列基本信息：

第一，编报企业的名称。如企业名称在所属当期发生了变更的，还应明确标明。

第二，对资产负债表而言，应当披露资产负债表日；对利润表、现金流量表、所有者权益变动表而言，应当披露报表涵盖的会计期间。

第三，货币名称和单位。按照我国企业会计准则的规定，企业应当以人民币作为记账本位币列报，并标明金额单位，如人民币元、人民币万元等。

第四，财务报表是合并财务报表的，应当予以标明。

（4）财务报表的时间要求。会计信息的价值在于帮助所有者或其他方面作出经济决策，如果会计信息不能及时提供，经济环境发生了变化，时过境迁，这些信息也就失去了应有的价值，无助于经济决策。所以，企业的会计核算应当及时进行，不得提前或延后。

企业应当依照有关法律、行政法规规定的结账日进行结账。年度结账日为公历年度每年的 12 月 31 日；半年度、季度、月度结账日分别为公历年度每半年、每季、每月的最后一天，并且要求月度财务报表应当于月度终了后 6 天内对外提供；季度财务报表应当于季度终了后 15 天内对外提供；半年度财务报表应当于年度中期结束后 60 天内（相当于两个连续的月份）对外提供；年度财务报表应当于年度终了后 4 个月内对外提供。

（5）财务会计报告的编制要求。在编制财务会计报告过程中，应遵守下列关于财务会计报告编制的要求：

首先，企业在编制年度财务会计报告前，应当全面清查资产、核实债务，包括结算款项、存货、投资、固定资产、在建工程等。在年度中间，应根据具体情况，对各项财产物资和结算款项进行重点抽查、轮流清查或者定期清查。企业清查、核实后，应当将清查、核实的结果及其处理办法向企业的董事会或者相应机构报告，并根据国家统一的会计制度的规定进行相应的会计处理。

企业在编制财务会计报告前，除应当全面清查资产、核实债务外，还要做好结账和对账工作，并检查会计核算中可能存在的各种需要调整的情况。

其次，企业在编制财务会计报告时，应当按照国家统一会计制度规定的财务报表格式和内容，根据登记完整、核对无误的会计账簿记录和其他有关资料编制财务报表，做到内容完整、数字真实、计算准确，不得漏报或者任意取舍。财务报表之间、财务报表各项目之间，凡有对应关系的数字，应当相互一致，财务报表中本期与上期的有关数字应当相互衔接。财务报表附注和财务情况说明书应当对财务报表中需要说明的事项作出真实、完整、清楚的说明。

第二节　资产负债表

一、资产负债表的内容与格式

资产负债表属于静态报表，是反映企业在某一特定日期财务状况的报表，主要提供有关企业财务状况方面的信息。通过资产负债表，可以提供企业在某一特定日期资产的总额及其结构，表明企业拥有或控制的资源及其分布情况；可以提供企业在某一特定日期的负债总额及其结构，表明企业未来需要用多少资产或劳务清偿债务以及清偿时间；可以反映企业所有者在某一特定日期所拥有的权益，据以判断资本保值、增值的情况以及对负债的保障程度。

资产负债表一般有表首、正表两部分。其中，表首概括地说明报表名称、编制单位、编制日期、报表编号、货币名称、计量单位等。正表则列示了用以说明企业财务状况的各个项目，它一般有两种格式：报告式资产负债表和账户式资产负债表。报告式资产负债表是上下结构，上半部列示资产，下半部列示负债和所有者权益。具体排列形式又有两种：一是按"资产 = 负债 + 所有者权益"的原理排列；二是按"资产 - 负债 = 所有者权益"的原理排列。账户式资产负债表是左右结构，左边列示资产，右边列示负债和所有者权益。不管采用什么格式，资产各项目的合计等于负债和所有者权益各项目的合计这一等式不变。在我国，资产负债表采用账户式，资产负债表左右双方平衡，即资产总计等于负债和所有者权益总计。

在资产负债表中，资产按照其流动性分类分项列示，包括流动资产和非流动资产；负债按照其流动性分类分项列示，包括流动负债和非流动负债等；所有者权益按照实收资本（股本）、资本公积、盈余公积、未分配利润等项目分项列示。

资产负债表的基本格式和内容如表 10 - 1 所示：

表 10 - 1　　　　　　　　　　　　资　产　负　债　表　　　　　　　　　　　会企 01 表

编制单位：　　　　　　　　　　　　2015 年 12 月 31 日　　　　　　　　　　　　单位：元

资产	年初数	期末数	负债和所有者权益	年初数	期末数
流动资产：			流动负债：		
货币资金		2 610 000	短期借款		789 000
交易性金融资产		54 000	应付票据		850 000
应收票据		367 000	应付账款		431 000
应收账款		890 000	预收账款		0
预付账款		52 000	应付职工薪酬		1 004 000
应收股利		0	应交税费		45 000
应收利息		0	应付股利		75 000
其他应收款		4 000	其他应付款		89 000
存货		3 825 000	应付利息		65 000
一年内到期的非流动资产		0	一年内到期的非流动负债		2 000 000
其他流动资产		0	其他流动负债		
流动资产合计		7 802 000	流动负债合计		5 348 000
非流动资产：			非流动负债：		
长期股权投资		200 000	长期借款		1 700 000
长期应收款		350 000	应付债券		953 000
固定资产		3 240 000	预计负债		0

续表

资产	年初数	期末数	负债和所有者权益	年初数	期末数
工程物资		0	其他非流动负债		0
在建工程		1 400 000	非流动负债合计		2 653 000
固定资产清理		0	负债合计		8 001 000
无形资产		376 000	所有者权益:		
开发支出		0	实收资本		5 000 000
长期待摊费用		73 000	资本公积		100 000
其他非流动资产		0	盈余公积		300 000
非流动资产合计		5 639 000	未分配利润		40 000
			所有者权益合计		5 440 000
资产总计		13 441 000	负债和所有者权益总计		13 441 000

二、资产负债表的编制方法

1. 资产负债表中的"年初数"和"期末数"

《企业财务会计报告条例》规定：年度、半年度财务报表至少应当反映两个年度或者相关两个期间的比较数据。也就是说，企业需要提供比较资产负债表，所以，资产负债表各项目需要分为"年初数"和"期末数"两栏分别填列。

表中"年初数"栏内各项目数字，应根据上年末资产负债表"期末数"栏内所列数字填列。如果本年度资产负债表规定的各个项目的名称和内容与上年度不一致，应对上年年末资产负债表各项目的名称和数字按照本年度的规定进行调整，按调整后的数字填入本表"年初数"栏内。

"期末数"是指某一会计期末的数字，即月末、季末、半年末或年末的数字。资产负债表各项目"期末数"栏内的数字，可通过以下几种方式取得：

（1）根据总账余额直接填列。如"短期借款"、"交易性金融资产"等项目。

（2）根据总账余额计算填列。如"货币资金"项目，需要根据"库存现金"、"银行存款"、"其他货币资金"账户的期末余额合计数填列。

（3）根据明细账余额计算填列。如"应付账款"项目，需要根据"应付账款"、"预付账款"账户所属相关明细账的期末贷方余额计算填列。

（4）根据总账和明细账余额分析计算填列。如"长期借款"项目，需要根据"长期借款"总账期末余额，扣除"长期借款"总账所属明细账中反映的、将于一年内到期的长期借款部分，分析计算填列。

（5）根据有关项目数字抵销计算填列，以反映其净额。如"固定资产"项目是用"固定资产"账户余额减去"累计折旧"和"固定资产减值准备"后的净额填列。

2. 资产负债表中各项目的填列方法

(1) "货币资金"项目，反映企业库存现金、银行存款、外埠存款、银行汇票存款、银行本票存款、信用证保证金存款等的合计数。本项目应根据"库存现金"、"银行存款"、"其他货币资金"账户的期末余额合计填列。

(2) "交易性金融资产"项目，反映企业购入的各种能随时变现并准备随时变现的股票、债券和基金投资。本项目应根据"交易性金融资产"账户的期末余额填列。

(3) "应收票据"项目，反映企业收到的未到期也未向银行贴现的应收票据，包括商业承兑汇票和银行承兑汇票。本项目应根据"应收票据"账户的期末余额填列。已向银行贴现和已背书转让的应收票据不包括在本项目内。

(4) "应收股利"项目，反映企业因股权投资而应收取的现金股利，企业应收其他单位的利润，也包括在本项目内。本项目应根据"应收股利"账户的期末余额填列。

(5) "应收利息"项目，反映企业因债权投资而应收取的利息。本项目应根据"应收利息"账户的期末余额填列。

(6) "应收账款"项目，反映企业因销售商品、产品和提供劳务等而应向购买单位收取的各种款项，减去已计提的坏账准备后的净额。本项目应根据"应收账款"账户所属各明细科目的期末借方余额合计，减去"坏账准备"账户中有关应收账款计提的坏账准备期末余额后的金额填列。如"应收账款"账户所属明细账期末有贷方余额，应在本表"预收账款"项目内填列。

(7) "其他应收款"项目，反映企业对其他单位和个人的应收和暂付的款项，减去已计提的坏账准备后的净额。本项目应根据"其他应收款"账户的期末余额，减去"坏账准备"账户中有关其他应收款计提的坏账准备期末余额后的金额填列。

(8) "预付账款"项目，反映企业预付给供应单位的款项。本项目应根据"预付账款"账户所属各明细账的期末借方余额合计填列。如"预付账款"账户所属有关明细账期末有贷方余额的，应在本表"应付账款"项目内填列。如"应付账款"账户所属明细账有借方余额的，也应包括在本项目内。

(9) "存货"项目，反映企业期末库存、在途和加工中的各项存货的价值，包括各种材料、商品、在产品、半成品、包装物、低值易耗品等。本项目应根据"在途物资"或"材料采购"、"原材料"、"库存商品"、"周转材料"、"委托加工物资"、"生产成本"等账户的期末余额合计，减去"存货跌价准备"账户期末余额后的金额填列。材料采用计划成本核算，以及库存商品采用计划成本核算的企业，还应该加或减去材料成本差异。

(10) "其他流动资产"项目，反映企业除以上流动资产项目以外的其他流动资产，本项目应根据有关账户的期末余额填列。如其他流动资产价值较大的，应在财务报表附注中披露其内容和金额。

(11) "长期股权投资"项目，反映企业不准备在一年内（含一年）变现的各种股权性质投资的可回收金额。本项目应根据"长期股权投资"账户的期末余额,减去"长期股权投资减值准备"账户余额后的金额填列。

(12)"固定资产"反映企业的各种固定资产的净值。融资租入的固定资产,其原价及已提折旧也包括在内。融资租入固定资产原价应在财务报表附注中另行反映。本项目应根据"固定资产"账户余额减去"累计折旧"账户和"固定资产减值准备"账户余额后的金额填列。

(13)"在建工程"项目,反映企业期末各项未完工程的实际支出,包括交付安装的设备价值,未完工建筑安装工程已经耗用的材料、工资和费用支出、预付出包工程的价款、已经建筑安装完毕但尚未交付使用的工程等的可收回金额。本项目应根据"在建工程"账户的期末余额减去"在建工程减值准备"账户期末余额后的金额填列。

(14)"固定资产清理"项目,反映企业因出售、毁损、报废等原因转入清理但尚未清理完毕的固定资产的净值,以及固定资产清理过程中所发生的清理费用和变价收入等各项金额的差额。本项目应根据"固定资产清理"账户的期末借方余额填列;如"固定资产清理"账户期末为贷方余额,以"-"号填列。

(15)"无形资产"项目,反映企业各项无形资产的期末可收回金额。本项目应根据"无形资产"账户的期末余额,减去"累计摊销"、"无形资产减值准备"账户期末余额后的金额填列。

(16)"开发支出"项目,反映企业自行研究开发无形资产在期末尚未完成开发阶段的无形资产的价值。本项目应根据"研发支出"科目中所属的"资本化支出"明细科目的期末余额填列。

(17)"长期待摊费用"项目,反映企业已经支出、但摊销期限在一年以上(不含一年)的各项费用,包括固定资产修理支出、租入固定资产的改良支出以及摊销期限在一年以上的其他待摊费用。长期待摊费用中在一年内(含一年)摊销的部分,应在本表"待摊费用"项目填列。本项目应根据"长期待摊费用"账户的期末余额减去一年内(含一年)摊销的数额后的金额填列。

(18)"其他非流动资产"项目,反映企业除以上资产以外的其他长期资产。本项目应根据有关账户的期末余额填列。如其他长期资产价值较大的,应在财务报表附注中披露其内容和金额。

(19)"短期借款"项目,反映企业借入尚未归还的一年期以下(含一年)的借款。本项目应根据"短期借款"账户的期末余额填列。

(20)"应付票据"项目,反映企业为了抵付货款等而开出、承兑的尚未到期付款的应付票据,包括银行承兑汇票和商业承兑汇票。本项目应根据"应付票据"账户的期末余额填列。

(21)"应付账款"项目,反映企业购买原材料、商品和接受劳务供应等而应付给供应单位的款项。本项目应根据"应付账款"账户所属各有关明细账的期末贷方余额合计填列；如"应付账款"账户所属各明细账期末有借方余额，应在本表"预付账款"项目内填列。

（22）"预收账款"项目，反映企业预收购买单位的账款。本项目应根据"预收账款"科目所属各有关明细科目的期末贷方余额合计填列。如"预收账款"科目所属有关明细科目有借方余额的，应在本表"应收账款"项目内填列；如"应收账款"科目所属明细科目有贷方余额的，也应包括在本项目内。

（23）"应付职工薪酬"项目，反映企业应付未付的职工薪酬。应付职工薪酬包括应付职工的工资、奖金、津贴和补贴、职工福利费和医疗保险费、养老保险费等各种保险费以及住房公积金等。本项目应根据"应付职工薪酬"账户期末贷方余额填列。如"应付职工薪酬"账户期末有借方余额，以"－"号填列。

（24）"应付股利"项目，反映企业尚未支付的现金股利。本项目应根据"应付股利"账户的期末余额填列。

（25）"应交税费"项目，反映企业期末未交、多交或未抵扣的各种税金和其他费用。本项目应根据"应交税费"账户的期末贷方余额填列；如"应交税费"账户的期末为借方余额，以"－"号填列。

（26）"其他应付款"项目，反映企业所有应付和暂收其他单位和个人的款项。本项目应根据"其他应付款"账户的期末余额填列。

（27）"其他流动负债"项目，反映企业除以上流动负债以外的其他流动负债。本项目应根据有关账户的期末余额填列。如其他流动负债价值较大的，应在财务报表附注中披露其内容及金额。

（28）"长期借款"项目，反映企业借入尚未归还的一年期以上（不含一年）的借款本息。本项目应根据"长期借款"账户的期末余额填列。

（29）"应付债券"项目，反映企业发行的尚未偿还的各种长期债券的本息。本项目应根据"应付债券"账户的期末余额填列。

（30）"预计负债"项目，反映企业预计负债的期末余额。本项目应根据"预计负债"账户的期末余额填列。

（31）"其他长期负债"项目，反映企业除以上长期负债项目以外的其他长期负债。本项目应根据有关账户的期末余额填列。如其他长期负债价值较大的，应在财务报表附注中披露其内容和金额。

上述长期负债各项目中将于一年内（含一年）到期的长期负债，应在"一年内到期的长期负债"项目内单独反映。上述长期负债各项目均应根据有关科目期末余额减去将于一年内（含一年）到期的长期负债后的金额填列。

（32）"实收资本（或股本）"项目，反映企业各投资者实际投入的资本（或股本）总额。本项目应根据"实收资本（或股本）"账户的期末余额填列。

（33）"资本公积"项目，反映企业资本公积的期末余额。本项目应根据"资本公积"账户的期末余额填列。

(34)"盈余公积"项目,反映企业盈余公积的期末余额。本项目应根据"盈余公积"账户的期末余额填列。

(35)"未分配利润"项目,反映企业尚未分配的利润。本项目应根据"本年利润"账户和"利润分配"账户的余额计算填列。未弥补的亏损,在本项目内以"-"号填列。

【例10-1】××公司20××年12月31日全部总账和有关明细账余额如表10-2所示。

表10-2　　　　20××年12月31日全部总账和有关明细账余额　　　　单位:元

总账	明细账户	借方余额	贷方余额	总账	明细账户	借方余额	贷方余额
库存现金		130 000		短期借款			650 000
银行存款		420 000		应付账款			570 000
交易性金融资产		320 000			E公司	190 000	
应收账款		319 000			F公司		760 000
	A公司	348 000		预收账款			539 000
	B公司		29 000		G公司		831 000
预付账款			50 000		H公司	292 000	
	C公司		260 000	其他应付款			160 000
	D公司	210 000		应付职工薪酬			760 000
其他应收款		150 000		应交税费			940 000
原材料		760 000		应付股利			50 000
生产成本		840 000		应付利息			406 000
库存商品		710 000		长期借款			2 530 000
				应付债券			6 000 000
长期股权投资		5 294 000		实收资本			10 000 000
固定资产		29 815 000		资本公积			600 000
累计折旧			6 215 000	盈余公积			340 000
在建工程		640 000					
无形资产		723 000		利润分配	未分配利润		10 635 000
长期待摊费用		324 000					

根据上述资料,编制该公司20××年12月31日的资产负债表,如表10-3所示。

表 10-3　　　　　　　　　　　资　产　负　债　表　　　　　　　　　　会企 01 表
编制单位：××公司　　　　　　　　2015 年 12 月 31 日　　　　　　　　　　　单位：元

资产	期末数	负债及所有者权益	期末数
流动资产：		流动负债：	
货币资金	550 000	短期借款	650 000
交易性金融资产	320 000	应付账款	1 020 000
应收票据	0	预收账款	860 000
应收账款	640 000	应付职工薪酬	760 000
预付账款	400 000	应交税费	940 000
其他应收款	150 000	应付股利	50 000
存货	2 310 000	其他应付款	160 000
流动资产合计	4 370 000	应付利息	406 000
非流动资产：		流动负债合计	4 846 000
长期股权投资	5 294 000	非流动负债：	
固定资产	23 600 000	长期借款	2 530 000
在建工程	640 000	应付债券	6 000 000
无形资产	723 000	非流动负债合计	8 530 000
长期待摊费用	324 000	负债合计	13 376 000
其他长期资产	0	所有者权益：	
非流动资产合计	30 581 000	实收资本	10 000 000
		资本公积	600 000
		盈余公积	340 000
		未分配利润	10 635 000
		所有者权益合计	21 575 000
资产总计	34 951 000	负债及所有者权益总计	34 951 000

第三节　利润表

一、利润表的内容与格式

利润表属于动态报表，是反映企业在一定会计期间经营成果的报表，主要提供有关企业经营成果方面的信息。通过利润表，可以反映企业一定会计期间的收入实现情况和费用耗费情况；可以反映企业一定会计期间生产经营活动的成果，据以判断资本保值、增值情况。

一般情况下，利润表主要反映以下几方面的内容：（1）构成营业利润的各项要素。从营业收入出发，减去营业成本、税金及附加和销售费用、管理费用、财务费用等项目后得出营业利润。（2）构成利润总额的各项要素。在营业利润的基础上，加上营业外收入、减去营业外支出等后得出。（3）构成净利润的各项要素。在利润总额的基础上，减去所得税费用后得出。

利润表一般有表首和正表两部分。其中，表首概括地说明报表名称、编制单位、编制期间、报表编号、货币名称、计量单位等；正表反映形成经营成果的各个项目和计算过程。

利润表正表的格式一般有两种：单步式利润表和多步式利润表。单步式利润表是将当期所有的收入列在一起，然后将所有的费用列在一起，两者相减得出当期净损益。多步式利润表通过对当期的收入、费用、支出项目按性质加以归类，按利润形成的主要环节列示一些中间性利润指标，如营业利润、利润总额、净利润，分步计算当期净损益。在我国，利润表一般采用多步式，具体格式和内容如表10-4所示。

表 10-4　　　　　　　　　　利 润 表　　　　　　　　　会企02表
编制单位：　　　　　　　　　2015 年度　　　　　　　　　单位：元

项目	本期金额	上期金额
一、营业收入	3 255 000	
减：营业成本	1 255 000	
税金及附加	60 000	
销售费用	870 000	
管理费用	478 000	
财务费用	289 000	
资产减值损失	0	
加：公允价值变动损益	0	略
投资收益	75 000	
二、营业利润	639 000	
加：营业外收入	76 000	
减：营业外支出	65 000	
三、利润总额	650 000	
减：所得税费用	162 500	
四、净利润	487	

二、利润表的编制方法

1. 利润表中的"本期金额"与"上期金额"

利润表"上期金额"栏内各项数字，应根据上年该期利润表"本期金额"栏内所列数字填列。如果上年该期利润表规定的各个项目的名称和内容同本期不相一致，应对上年该期利润表各项目的名称和数字按本期的规定进行调整，填入利润表"上期金额"栏内。利润表"本期金额"栏内各项数字一般应根据损益类科目的发生额分析填列。

2. 利润表中各项目的填列方法

利润表中各项目的金额，一般是根据有关账户的本期发生额来填列的。"本期金额"栏内各项数字，根据以下方法填列：

（1）"营业收入"项目，反映企业经营业务所取得的收入总额。本项目应根据"主营业务收入"账户和"其他业务收入"账户的发生额分析填列。

（2）"营业成本"项目，反映企业经营业务发生的实际成本。本项目应根据"主营业务成本"及"其他业务成本"账户的发生额分析填列。

（3）"税金及附加"项目，反映企业经营业务应负担的消费税、城市维护建设税、资源税、土地增值税和教育费附加等。本项目应根据"税金及附加"账户的发生额分析填列。

（4）"销售费用"项目，反映企业在销售商品和商品流通企业在购入商品等过程中发生的费用。本项目应根据"销售费用"账户的发生额分析填列。

（5）"管理费用"项目，反映企业发生的管理费用。本项目应根据"管理费用"账户的发生额分析填列。

（6）"财务费用"项目，反映企业发生的财务费用。本项目应根据"财务费用"账户的发生额分析填列。

（7）"资产减值损失"项目，反映企业因资产减值而发生的损失。本项目应根据"资产减值损失"账户的发生额分析填列。

（8）"公允价值变动损益"项目，反映企业资产因公允价值变动而发生的损益。本项目应根据"公允价值变动损益"账户的发生额分析填列。

（9）"投资收益"项目，反映企业以各种方式对外投资所取得的收益。本项目应根据"投资收益"账户的发生额分析填列；如为投资损失，以"－"号填列。

（10）"营业外收入"项目，反映企业发生的与其经营活动无直接关系的各项收入。本项目应根据"营业外收入"账户的发生额分析填列。

（11）"营业外支出"项目，反映企业发生的与其经营活动无直接关系的各项支出。本项目应根据"营业外支出"账户的发生额分析填列。

（12）"所得税费用"项目，反映企业按规定从本期损益中减去的所得税费用。本项目应根据"所得税费用"账户的发生额分析填列。

（13）"净利润"项目，反映企业实现的净利润。如为净亏损，以"－"号填列。

【例 10 - 2】××公司 20××年 10 月份有关收入、费用类账户的发生额如表 10 - 5 所示：

表 10-5　　　　　　　　　　　　　　　　　　　　　单位：元

主营业务收入	1 500 000
主营业务成本	420 000
税金及附加	138 000
管理费用	218 000
财务费用	43 600
销售费用	454 000
营业外收入	56 000
营业外支出	93 000
其他业务收入	370 000
其他业务成本	320 000
所得税费用	43 850
资产减值损失	64 000

根据上述20××年10月份的有关资料，编制20××年10月份的利润表，如表10-6所示。

表 10-6　　　　　　　　　　利　润　表　　　　　　　　　　会企02表

编制单位：　　　　　　　　　20××年10月　　　　　　　　　　单位：元

项目	本期金额	上期金额
一、营业收入	1 870 000	
减：营业成本	740 000	
税金及附加	138 000	
销售费用	454 000	
管理费用	218 000	
财务费用	43 600	
资产减值损失	64 000	
加：公允价值变动损益	0	略
投资收益	0	
二、营业利润	212 400	
加：营业外收入	56 000	
减：营业外支出	93 000	
三、利润总额	175 400	
减：所得税费用	43 850	
四、净利润	131 550	

第四节 现金流量表

一、现金流量表的定义及内容

现金流量表是反映企业在一定会计期间内现金和现金等价物流入和流出情况的报表，属于动态报表。企业编制现金流量表的主要目的，是为财务报表使用者提供企业一定会计期间内现金和现金等价物流入和流出的信息，以便于财务报表使用者了解和评价企业获取现金和现金等价物的能力，并据以预测企业未来现金流量。所以，现金流量表在评价企业经营业绩、衡量企业财务资源和财务风险以及预测企业未来前景方面，有着十分重要的作用。现金流量表有助于评价企业支付能力、偿债能力和周转能力；有助于预测企业未来现金流量；有助于分析企业收益质量及影响现金净流量的因素。

在现金流量表中，企业应当按照经营活动、投资活动和筹资活动的现金流量分类分项列示。经营活动的现金流量应当按照其经营活动的现金流入和流出的性质分项列示；投资活动的现金流量应当按照其投资活动的现金流入和流出的性质分项列示；筹资活动的现金流量应当按照其筹资活动的现金流入和流出的性质分项列示。

1. 经营活动产生的现金流量

经营活动是指企业投资活动和筹资活动以外的所有交易和事项。即除投资活动和筹资活动以外的所有交易和事项，都可归属于经营活动。对于工商企业而言，经营活动主要包括销售商品、提供劳务、购买商品、接受劳务、支付税费等。

通常情况下，经营活动产生的现金流入项目主要有销售商品、提供劳务收到的现金；收到的税费返还；收到的其他与经营活动有关的现金。经营活动产生的现金流出项目主要有购买商品、接受劳务支付的现金；支付给职工以及为职工支付的现金；支付的各项税费；支付的其他与经营活动有关的现金。

2. 投资活动产生的现金流量

投资活动是指企业长期资产的购建和不包括在现金等价物范围内的投资及其处置活动。通常情况下，投资活动产生的现金流入项目主要有：收回投资所收到的现金；取得投资收益所收到的现金；处置固定资产、无形资产和其他长期资产所收回的现金净额；收到的其他与投资活动有关的现金。投资活动产生的现金流出项目主要有：购建固定资产、无形资产和其他长期资产所支付的现金；投资所支付的现金；支付的其他与投资活动有关的现金。

3. 筹资活动产生的现金流量

筹资活动是指导致企业资本及债务规模和构成发生变化的活动。

通常情况下，筹资活动产生的现金流入项目主要有：吸收投资所收到的现金；取得借款所收到的现金;收到的其他与筹资活动有关的现金。筹资活动产生的现金流出项目主要有:偿还债务所支付的现金;分配股利、利润或偿付利息所支付的现金;支付的其他与筹资活动有关的现金。

需要注意的是,对于企业日常活动之外的、不经常发生的特殊项目,如自然灾害损失、保险赔款、捐赠等,企业应当将其归并到相关类别中单独反映。

二、现金流量表的编制基础

现金流量表是以现金及现金等价物为基础编制的,这里的现金包括库存现金、可以随时用于支付的存款。具体包括以下内容:

1. 库存现金

库存现金,是指企业持有的、可随时用于支付的现金限额。

2. 银行存款

银行存款,是指企业存在金融企业、随时可用于支付的存款,它与银行存款账户核算的银行存款基本一致,主要的区别是编制现金流量表所指的银行存款是可以随时用于支付的银行存款,如结算户存款、通知存款等。

3. 其他货币资金

其他货币资金,是指企业存在金融企业有特定用途的资金,也就是其他货币资金账户核算的银行存款,如外埠存款、银行汇票存款、银行本票存款、信用证保证金存款、在途货币资金等。

4. 现金等价物

现金等价物,是指企业持有的期限短、流动性强、易于转换为已知金额的现金、价值变动风险很小的投资。这一定义本身包含了判断一项投资是否属于现金等价物的四个条件,即期限短、流动性强、易于转换为已知金额的现金、价值变动风险很小。其中,期限短、流动性强,强调了变现能力;而易于转换为已知金额的现金、价值变动风险较小,则强调了支付能力的大小。

三、现金流量表的格式

现金流量表分为两部分,第一部分为表首,第二部分为正表。

表首概括地说明报表名称、编制单位、编制期间、报表编号、货币名称、计量单位等。

正表反映现金流量表的各个项目内容。正表有五项:一是经营活动产生的现金流量;二是投资活动产生的现金流量;三是筹资活动产生的现金流量;四是汇率变动对现金的影响;五是现金及现金等价物净增加额。其中,经营活动产生的现金流量是按直接法编制的。

现金流量表的基本格式如表10-7所示。

表 10-7　　　　　　　　　　　现 金 流 量 表　　　　　　　　　会企03表
编制单位：　　　　　　　　　　　　20××年度　　　　　　　　　　　单位：元

项目	行次	金额
一、经营活动产生的现金流量		
销售商品、提供劳务收到的现金	1	3 738 000
收到的税费返还	3	65 000
收到的其他与经营活动有关的现金	8	0
现金流入小计	9	3 803 000
购买商品、接受劳务支付的现金	10	1 021 000
支付给职工以及为职工支付的现金	12	132 500
支付的各项税费	13	80 000
支付的其他与经营活动有关的现金	18	0
现金流出小计	20	2 426 000
经营活动产生的现金流量净额	21	1 377 000
二、投资活动产生的现金流量		
收回投资所收到的现金	22	80 000
取得投资收益所收到的现金	23	450 000
处置固定资产、无形资产和其他长期资产所收回的现金净额	25	795 000
收到的其他与投资活动有关的现金	28	0
现金流入小计	29	1 325 000
购建固定资产、无形资产和其他长期资产所支付的现金	30	20 000 000
投资所支付的现金	31	6 740 000
支付的其他与投资活动有关的现金	35	254 000
现金流出小计	36	26 994 000
投资活动产生的现金流量净额	37	-25 669 000
三、筹资活动产生的现金流量		
吸收投资所收到的现金	38	0
取得借款所收到的现金	40	20 000 000
收到的其他与筹资活动有关的现金	43	600 000
现金流入小计	44	2 060 000
偿还债务所支付的现金	45	4 000 000
分配股利、利润和偿付利息所支付的现金	46	850 000
支付的其他与筹资活动有关的现金	52	0
现金流出小计	53	4 850 000
筹资活动产生的现金流量净额	54	15 750 000
四、汇率变动对现金的影响	55	0
五、现金及现金等价物净增加额	56	-8 542 000

第五节 所有者权益（或股东权益）变动表

所有者权益（或股东权益）变动表是反映企业年末所有者权益增减变动情况的报表。通过该表，可以了解企业在某一会计年度所有者权益中各个项目，如实收资本（或股本）、资本公积、盈余公积和未分配利润等的增加、减少以及余额的情况，并分析各个项目变动原因及预测未来的变动趋势。

按照《企业会计准则——财务报表列报》的规定，所有者权益变动表至少应当单独列示下列信息的项目：（1）净利润；（2）直接计入所有者权益的利得和损失项目及其总额；（3）会计政策变更和差错更正的累计影响金额；（4）所有者投入资本和向所有者分配利润等；（5）按照规定提取的盈余公积；（6）实收资本、资本公积、盈余公积、未分配利润的期初和期末余额及其调节情况。

所有者权益变动表格式参见表10-8。

表10-8　　　　　　　　　　　　**所有者权益变动表**　　　　　　　　　　会企04表

编制单位：　　　　　　　　　　　　　××年度　　　　　　　　　　　　　单位：元

项目	本年金额							上年金额						
	实收资本（或股本）	资本公积	减：库存股	其他综合收益	盈余公积	未分配利润	所有者权益合计	实收资本（或股本）	资本公积	减：库存股	其他综合收益	盈余公积	未分配利润	所有者权益合计
一、上年年末余额														
加：会计政策变更影响额														
前期差错更正影响额														
二、本年年初余额														
三、本年增减变动金额（减少以"-"号填列）														
（一）综合收益总额														
（二）所有者投入和减少资本														
1. 所有者投入资本														
2. 股份支付计入所有者权益的金额														

续表

项目	本年金额							上年金额						
	实收资本（或股本）	资本公积	减:库存股	其他综合收益	盈余公积	未分配利润	所有者权益合计	实收资本（或股本）	资本公积	减:库存股	其他综合收益	盈余公积	未分配利润	所有者权益合计
3. 其他														
（三）利润分配														
1. 提取盈余公积														
2. 对所有者（或股东）的分配														
3. 其他														
（四）所有者权益内部结转														
1. 资本公积转增资本（或股本）														
2. 盈余公积转增资本（或股本）														
3. 盈余公积弥补亏损														
4. 其他														
四、本年年末余额														

第六节　财务报表附注

一、财务报表附注的意义

财务报表附注是对在资产负债表、利润表、现金流量表和所有者权益变动表等报表中列示项目的文字描述或明细资料，以及对未能在这些报表中列示项目的说明等。

附注应当披露财务报表的编制基础，相关信息应当与资产负债表、利润表、现金流量表和所有者权益变动表等报表中列示的项目相互参照。

二、财务报表附注的内容

按照《企业会计准则第30号——财务报表列报》的规定，财务报表附注一般应当按照下列顺序披露：

(1) 企业的基本情况：①企业注册地、组织形式和总部地址。②企业的业务性质和主要经营活动。如企业所处的行业、所提供的主要产品或服务、客户的性质、销售策略、监管环境的性质等。③母公司以及集团最终母公司的名称。④财务报告的批准报出者和财务报告批准报出日。如果企业已在财务报表其他部分披露了财务报告的批准报出者和批准报出日信息，则无需重复披露；或者已有相关人员签字批准报出财务报告，可以其签名及其签字日期为准。⑤营业期限有限的企业，还应当披露有关其营业期限的信息。

(2) 财务报表的编制基础；

(3) 遵循企业会计准则的声明；

(4) 重要会计政策和会计估计；

(5) 会计政策和会计估计变更以及差错更正的说明；

(6) 报表重要项目的说明。

第七节 会计案例与本章小结

一、会计案例 A 三峡新材涉财务造假：被指虚增过亿利润

2014 年 8 月 16 日，因为上海证券交易所的一纸公告，把湖北三峡新型建材股份有限公司（下称"三峡新材"）推上了舆论的风口浪尖。

上证所查明，三峡新材存在严重财务舞弊行为，三峡新材在 2011 年、2012 年成本核算中，通过少计成本虚增利润接近 1 亿元。除此之外，上证所还对时任董事长徐麟及时任财务总监刘玉春予以公开谴责等，认定三峡新材财务信息"披露失真，后果严重，性质恶劣"。

随即，这家位于湖北省当阳市、名不见经传的公司被扣上财务造假的"帽子"。事实上，早在 2013 年 10 月，三峡新材就被证监会立案调查，此次公告显然是对前述调查的认定和通报。

三峡新材遭受处罚后，在三峡新材股吧里，消息如同山倒，众多散户也准备应诉，江苏一黄姓股民告诉时代周报记者，目前正在咨询律师进行诉讼准备，他表示一定要索赔损失。

在此境况下，业内人士认为三峡新材具备重组可能性，但若是涉及诉讼，重组将会延后。

8 月中旬，时代周报记者在当地调查发现，由于采用石油焦作为主要生产燃料，三峡新材的环境污染问题愈发严重。据知情人士透露，今年在当地政府群众实践路线会议上，由于污染问题没有得到具体监管措施，被提出后不得不列入了议事日程。

值得注意的是，三峡新材控股子公司宜昌当玻硅矿有限责任公司（下称：当玻

硅矿)因在当地岩屋庙矿区开采原材料导致山体破坏严重、植被难以恢复,而被当地村民诟病。8月19日,时代周报记者就此向三峡新材求证,三峡新材证券代表傅先生表示"采访须通过组织部门",随后记者就此向董秘张光春发送采访邮件,至截稿时未获回复。

屡遭环境诟病

相对于当地的支持,群众对三峡新材采用石油焦作燃料却深恶痛绝。据了解,石油焦是一种石油生产副产品,一般作为贫煤的廉价替代品,但其污染更为严重。

8月16日,在名为车站路的三峡新材厂大门口,记者远远看到5根高大烟囱直上云霄,不断冒着白烟,人来人往。从当阳主城区跨越当阳一桥时,一位出租车司机对此满腹牢骚,因其排放粉尘大,有时候,一过桥天空就雾蒙蒙一片,希望三峡新材直接搬离当地。

据知情人士透露,今年在当地开展群众路线实践活动中,有群众反映,长期以来对于三峡新材的污染问题没有具体措施、监督偏弱。会后,这一问题不得不被提上议事日程。7月25日,当阳市环保局对其作出承诺:"加快三峡新材等企业污染源治理和环境监管。划定烟尘控制区。"

多年前,三峡新材的生产燃料,由重油改成天然气;但在2009年,该公司改变了燃料构成以节约成本。当年年报指出,以"改性石油焦为主,天然气为辅","不仅缓解了天然气减量供应带来的压力,而且有效降低了生产成本"。

除了燃料污染的问题,植被破坏更让人担忧。三峡新材有着3 000万吨硅矿储量的岩屋庙矿区,山体被破坏得比较严重。8月17日,时代周报记者驱车在玉泉村4组看到,山林间多个山头被大肆挖掉,光秃秃一片。距离几公里外的当玻硅矿公司的货场里,堆满挖来的原料。

被指两度"放卫星"

三峡新材公告显示,原董事长徐麟在今年5月12日已卸任,未受此次事件影响。而上证所也只是对徐麟以及原财务总监刘玉春公开谴责而已。

业内人士认为,公然两度财务造假,上述两人负有不可推卸的责任。事实上,从财务上看出端倪的,应该源于证监部门对其的例行检查。

2013年7月,证监会湖北监管局在对三峡新材的检查中发现,三峡新材在成本核算中存在少计原材料成本的情况。

8月8日,三峡新材发布公告称收到上证所两份《决定书》,认定了三峡新材财务造假情况,还对当事责任人予以公开谴责。10月15日,证监会武汉稽查局向三峡新材发《立案稽查通知书》,指出其涉嫌违反相关法规,决定对其立案稽查。

据上证所的资料显示,三峡新材在2011年、2012年成本核算中,分别少计原材料成本7 582万元、1 568万元。该公司董事会对2011年度、2012年度发生的重大会计差错进行了更正,调减2011年度归属于母公司所有者的净利润6 444万元,调减2012年度归属于母公司所有者的净利润1 333万元。

在当前银行信贷收缩、房地产行业下滑及建筑业放缓的形势下,这对主营玻璃产品的三峡新材无异于当头一棒。

上述《决定书》显示,三峡新材 2013 年度实际归属于上市公司股东的净利润为 3 104 万元,其 2013 年年度业绩预增公告(2014 年 1 月 29 日披露)显示,预计 2013 年年度盈利 5 000 万—6 000 万元,比上年同期增长 240%—310%。

但是不到 3 个月后,三峡新材就发布 2013 年度业绩预告更正公告,调减了盈利增长,"经年审会计师初审,预计 2013 年年度盈利 3 300 万元左右,比上年同期增长 120% 左右。"

为何两度造假还兼"放卫星",三峡新材证券代表傅先生表示"一切看公告"。三峡新材在公告中解释称,公司在披露 2013 年度业绩预告时应可预估到上述有关资产减值、折旧风险,且可将有关会计确认上的不确定性予以披露,但公司并未充分预估风险,也未提前揭示不确定性,导致公司业绩预告最终出现差异较大的情况,其行为明显有失谨慎。

近两年财务费用均过亿

对于善于给资本市场讲故事的三峡新材来讲,最近几年给资本市场不断带来的"惊喜"可谓是跌宕起伏。

2011 年,经过一系列的腾挪,该公司现任董事长许锡忠成为三峡新材这家上市十多年的国资公司的实际控制人。此后,三峡新材跨界参与研发抗癌新药力达霉素。

据媒体报道,力达霉素项目此前被上海凯宝相中,但不久即被放弃,三峡新材以 3 倍以上的溢价收购。

另外,在宣布进军抗癌新药领域的同时,三峡新材公告称,托管许锡忠参股的国中医药,在托管期间,国中医药每年向上市公司支付基本管理费 1 000 万元。但值得玩味的是,在进军抗癌新药、单一股东增持、获得财政补贴、托管国中医药以及扩张产能等种种利好声中,三峡新材股价却在 12 个交易日内跌幅过半。

尽管经过上述多次腾挪,但三峡新材的颓势并未得到缓解,2014 年上半年报显示,公司营业收入为 5.97 亿元,同比增加 31.81%,不过净利润仅为 213 万元,同比下滑 66.45%。值得注意的是,三峡新材的财务费用一直居高不下。

根据公开数据显示,其财务费用 2014 年上半年为约 5 351 万元,2013 年上半年为约 4 071 万元。时代周报记者发现,在 2012 年度、2013 年度,三峡新材的财务费用基本保持在过亿元的规模上。

尽管三峡新材问题重重,但当地政府对三峡新材的扶持一直在增加,其中在欧债危机最为严重的 2012 年,先后帮其筹措资金 1.6 亿元。在 2013 年 4 月刊发于湖北省国资委官网的一份稿件显示,对此,时任三峡新材总经理张金奎说,"当阳财政局、国资办帮我们跑项目、要政策、融资金,是我们企业发展的主心骨、代言人、强后盾"。据公开资料显示,2013 年度,政府补贴共计 3 000 万元;2012 年则为 1 700 万元,分别被计入当年的年度损益中,且对年度损益产生积极影响。(资料来源:凤凰

财经，2014 年 8 月 21 日）

二、会计案例 B　天丰节能涉嫌造假　光大证券遭调查

光大证券 2013 年 6 月 21 日公告称，公司收到中国证监会因天丰节能项目对公司立案调查的《调查通知书》。公司将积极协助配合中国证监会对公司投行业务的相关调查工作，并严格履行信息披露义务。需要注意的是，天丰节能正是在此前被证监会"点名批评"的拟上市公司。而本次光大证券被查也在市场的预计之中。

天丰节能为核查"祭刀"

事件源于前期证监会的专项财务核查行动。4 月 3 日，在证监会公布抽查的 30 家企业名单中，天丰节能赫然在列。随后的 4 月 26 日，证监会新闻发言人表示，天丰节能存在违规行为，正在进一步核实相关信息。

据媒体披露，天丰节能的主要问题是：虚构收入、伪造银行单据、银行对账单无法与之匹配等。而证监会相关负责人也表示，目前该公司已进入立案调查阶段。调查天丰节能，也成为此次财务核查的"第一刀"。

按照《证券法》相关规定，天丰节能将会面临终止 IPO 审查，证监会三年内将不受理该公司的 IPO 申请；情节严重者，将移交司法机关另案处理。同时，其保荐机构将会面临警告、没收业务收入并处以业务收入 1—5 倍的罚款，情节严重的，将暂停或撤销相关业务许可。对直接负责的主管人员和其他直接责任人员给予警告，并处以 3 万—30 万元的罚款，情节严重的，将撤销任职资格或者证券从业资格。

证监会网站显示，光大证券作为天丰节能的保荐机构，保荐代表人为李瑞瑜和水润东，其余两家中介机构分别为利安达会计师事务所和北京市竞天公诚律师事务所。

其他保荐项目或受影响

可作参照的是，此前平安证券曾因万福生科财务造假一案，被暂停保荐业务资格 3 个月，罚款 7 650 万元，两名保荐代表人被罚款 30 万元，取消保荐资格和证券从业资格，并被实施证券市场终身禁入。

光大证券是否会步平安证券的"后尘"？市场也在等待进一步的调查结果。但《每日经济新闻》记者发现，光大证券的麻烦还远不止于此。据披露，在第一批被抽查的 30 家 IPO 排队企业里，光大证券所经手的项目就占据 5 家，除了天丰节能外，洪波科技也被曝"涉嫌财务造假"。

此外，据证监会信息，天丰节能项目的保荐代表人李瑞瑜，同时也是中材节能的保荐代表人之一，在 30 家被首批抽查的企业中，中材节能赫然在列。一旦李瑞瑜其人因天丰节能遭调查，势必将连累到其保荐的其他项目。

如此利空打击，2012 年度投行业务营收贡献比达 18.3% 的光大证券，其股价或将因此承压。记者注意到，就在 5 月 20 日，光大证券的非公开发行 6 亿股的申请刚刚获得证监会批准，发行价为 11.65 元/股。若成功发行，则可募得 69.9 亿元资金，相当于 2012 年报净利润 10.03 亿元的 6.97 倍。但至昨日收盘，公司股价报收 11.66

元/股。若其后继续下挫，不排除给此次定增蒙上阴影（资料来源：搜狐资讯，2013年6月21日）。

三、本章小结

财务会计报告是指企业对外提供的反映企业某一特定日期财务状况和某一会计期间经营成果、现金流量的文件。

企业对外提供的财务报表至少包括资产负债表、利润表、现金流量表、所有者权益（或股东权益）变动表、会计报表附注。

第八节 思 考 题

一、思考题 A：基础知识题

1. 什么是财务会计报告？其内容有哪些？
2. 资产负债表的结构和内容有哪些？
3. 什么是现金流量表？它有哪些作用？其内容包含哪些部分？
4. 什么是所有者权益变动表？
5. 什么是财务报表附注？其应披露的内容有哪些？

二、思考题 B：资产负债表的编制

永利公司 2011 年 12 月 31 日全部账户的期末余额见表 10-9：

表 10-9　　　　　　　　　　　　　　　　　　　　　　　　　　　　　　　单位：元

账户名称	余额方向（借方）	账户名称	余额方向（贷方）
库存现金	20 000	短期借款	690 000
银行存款	280 000	应付账款	500 000
应收账款	310 000	应交税费	421 000
原材料	620 000	长期借款	470 000
库存商品	240 000	实收资本	4 500 000
长期股权投资	490 000	累计折旧	683 000
固定资产	5 109 000	坏账准备	40 000
无形资产	285 000	未分配利润	50 000

要求：根据上述资料编制永利公司 2011 年 12 月 31 日的资产负债表（表 10-10）。

表 10-10　　　　　　　　　　　资产负债表

编制单位：永利公司　　　　　　2011 年 12 月 31 日　　　　　　　　　　　　　单位：元

资　产	金　额	负债和所有者权益	金　额
流动资产：		流动负债：	
货币资金		短期借款	
应收账款		应付账款	
存货		应交税费	
流动资产合计		流动负债合计	
非流动资产：		非流动负债：	
长期股权投资		长期借款	
固定资产		非流动负债合计	
无形资产		所有者权益：	
非流动资产合计		实收资本	
		未分配利润	
资产总计		负债和所有者权益总计	

三、思考题 C：课后延伸阅读

上市公司做假账，美国经济受重创

1985 年，由美国休斯敦天然气公司和北方内陆天然气（InterNorth）公司合并成立的美国安然公司，在董事长及首席执行官肯尼斯·雷的领导下，从名不见经传的一家普通天然气经销商，逐步发展成为世界上最大的天然气采购商和出售商，世界最大的电力交易商，世界领先的能源批发做市商，世界最大的电子商务交易平台。

从 1990 年到 2000 年的 10 年间，安然公司的销售收入从 59 亿美元上升到了 1 008 亿美元，净利润从 2.02 亿美元上升到 9.79 亿美元；2000 年 8 月，安然股票攀升至历史最高水平，每股高达 90.56 美元，同年，在美国《财富》杂志的"美国 500 强"中位列第 7 名，在世界 500 强中位列第 16 位，并在《财富》杂志的调查中连续 6 年荣获"最具创新精神的公司"称号。

然而，2001 年 10 月 16 日，安然公司公布第三季度的财务状况，宣布公司亏损总计达到 6.18 亿美元，从安然公司走向毁灭的整个事件看，这次财务报表是整个事件的"导火索"。2001 年 10 月 22 日，The Street.com 网站发表文章进一步披露出安然与另外两个关联企业 Marlin2 信托基金和 Osprey 信托基金的复杂交易，安然通过这两个基金举债 34 亿美元，但这些债务从未在安然的季报和年报中披露。同日，美国证券交易委员会也要求安然公司主动提交某些交易的细节内容，并于 10 月 31 日开始对安然公司进行正式调查，至此，安然事件终于爆发。在政府监管部门、媒体和市场的强大压力下，2001年11月8日，安然向美国证监会递交文件，承认做了假账；从1997年到2001年间共虚报利润5.86亿美元，并且未将巨额债务入账。

自安然事件发生后的半年多时间，投资者在美国股市的投资资产缩水了2.5万亿美元，相当于美国当年GDP的四分之一。一些大企业也陆续传出存在财务违规行为，例如：IBM、思科、施乐等。由于安然的发展很大程度靠资本市场的运作，因此安然的破产也拖累了一批银行。据2002年1月17日《华尔街日报》报道，安然的破产使美国银行界由于坏账和其他交易业务总的损失达200亿美元左右，首当其冲的是美国最大的两家银行，即花旗银行和J.P摩根大通银行。

在安然公司的财务欺诈事件中，曾经的世界五大会计师事务所之一的安达信公司扮演了不光彩的角色，并最终导致美国的安达信会计师事务所于2002年8月31日宣布，从即日起放弃在美国的全部审计业务，正式退出其从事了89年的审计行业。

即问即答 请结合上述事例，谈谈你对财务报表重要性的认识。

第十一章

会计核算组织程序

在本章中你将——

了解各种会计核算组织的程序；掌握记账凭证核算组织程序、汇总记账凭证核算组织程序、科目汇总表核算组织程序、日记总账核算组织程序、多栏式日记账核算组织程序、通用日记账核算组织程序等基本会计核算组织程序编制方法；熟悉会计核算组织的程序和步骤；理解会计核算组织程序的优缺点及适用范围。

会计核算组织程序（也称账务处理程序或会计核算形式），是指在会计循环中，会计主体采用的会计凭证、会计账簿、会计报表的种类和格式、记账程序有机结合的方法和步骤。

会计核算组织程序有利于会计核算组织程序工作，有利于保证会计核算组织工作质量，有利于提高会计核算工作效率，有利于降低会计核算工作成本，有利于发挥会计核算工作的作用，因此，我们本章针对各基本会计核算组织程序编制方法进行讲解与学习。

第一节 会计核算组织程序概述

为了合理地组织会计工作，使记账工作有条不紊地进行，确保会计账簿记录正确无误，为企业经营管理提供有用的会计信息，有必要将会计凭证的填制、会计账簿的设置和登记方法及会计报表的编制，按照一定的要求和形式有机地组织起来，形成一个完整的体系。在实际工作中，设置账户、填制和审核会计凭证、登记会计账簿和编制会计报表等会计方法都不是孤立的，而是以一定的形式相互联系、相互结合，构成一个完整的会计方法体系。

一、会计核算组织程序的概念

会计凭证、会计账簿、会计报表相结合的方式称为会计核算。会计核算组织程序又称会计核算形式或财务处理程序，是指在会计核算中，会计凭证组织、会计账簿组织、记账程序和方法相互结合的方式。会计账簿组织，是指各自的种类、格式及内部关系；记账程序是指从填制、整理、传递会计凭证，到登记账簿、编制会计报表整个过程的工作步骤和方法。

由于会计账簿，特别是总分类账的格式和登记方法不同，决定了不同的记账凭证的格式和不同的记账程序，所以账簿组织是会计核算形式的核心内容。

不同单位应根据自己规模的大小，业务的性质，管理的要求等选择会计核算组织程序，对于完善账簿组织、加强会计分工协作、简化会计手续、提高工作效率、充分发挥会计的职能作用都具有重要意义。

二、会计核算组织程序的意义

每个单位在会计核算工作中，应该使用哪些凭证；应该设置哪些账簿；怎样设计凭证和账簿的种类及格式；如何确定各种凭证之间、账簿之间、会计报表之间的相互关系，并使之协调配合；如何根据凭证登记账簿，尤其是登记总分类账；如何确定从填制凭证到登记账簿再到编制会计报表的程序和步骤，这些都是正确组织会计核算工作首先要解决的重要问题。也就是说，每个会计主体在进行会计核算工作之前，都要根据本单位的业务性质、经营规模和业务繁简以及财会人员的配备等具体情况，建立其适用的会计核算组织程序。

会计核算程序以账簿组织为核心，把会计凭证、会计账簿和会计报表与记账程序和记账方法有机地结合起来，形成了一个严密的核算体系。因此，选用恰当合理的会计核算组织程序，对于实现会计核算工作的科学化、标准化，有效地组织会计核算工作，提高会计核算工作质量和效率，充分发挥会计在经济管理中的作用，实现会计目标，更好地完成会计的各项任务都有着十分重要的意义。

合理地组织会计核算组织形式对于加强会计核算、提高核算水平具有重要意义：

第一，可以保证会计核算各环节有条不紊地进行，有利于分工协作、明确责任、加强岗位责任制、提高会计工作效率。

第二，可以正确、及时地提供会计信息，保证会计工作的质量，更好地发挥会计在经营管理中的作用。

第三，可以简化会计核算手续，节约人力、物力和财力。

三、会计核算组织程序的基本模式

各个企业会计核算的具体做法虽然不同，但是会计核算的基本程序是相同的。一般都是在经济业务发生后运用以下几个步骤：

（1）取得或填制原始凭证作为原始记录；

（2）根据原始凭证编制记账凭证；

（3）根据记账凭证，按经济业务发生时间的先后顺序登记日记账，实际上是按记账凭证填制的先后顺序登记日记账，作为时序记录；

（4）根据记账凭证，按经济业务所涉及的会计账户登记分类账；

(5) 根据分类账并参考日记账编制发生额和余额对照表,进行账项试算;

(6) 根据发生额和余额对照表编制各种会计报表,作结算报告。

这种典型的会计核算方式的基本模式是在传统会计驯化理论与实践的基础上建立起来的。

四、建立会计核算组织程序的要求

由于各个行业的经营特点不同,业务性质和规模大小也不同,因而管理要求也不尽相同,会计核算组织程序也会有差别。因此,在选择会计核算组织程序时,一般应符合以下要求:

(1) 应符合本单位的实际情况。所选择的账务处理程序要从本单位的实际情况出发,与本单位的经营性质、生产经营规模的大小、业务量的多少、会计事项的繁简程度、会计机构的设置和会计人员的配备、分工等情况相适应,以保证会计核算工作的顺利进行。

(2) 应保证会计核算质量。必须满足会计信息使用者的要求,提供及时、准确、系统、全面的会计核算资料。方便会计信息使用者及时掌握企业的财务状况、经营成果和现金流量,并据以满足经济决策的需要。

(3) 应满足提高会计核算效率的要求。在保证会计核算资料真实、完整、及时、准确的前提下,力求简化核算手续,节约核算中的人力、物力消耗,节省核算费用。

五、会计核算组织程序的种类

目前,我国企业、事业、机关等单位会计核算一般采用的主要核算组织程序有以下六种:

(1) 记账凭证核算组织程序;

(2) 汇总记账凭证核算组织程序;

(3) 科目汇总表核算组织程序;

(4) 日记总账核算组织程序;

(5) 多栏式日记账核算组织程序;

(6) 通用日记账核算组织程序。

以上六种核算组织程序中,记账凭证核算组织程序是最基本的一种,其他核算组织程序都是由此发展、演变而来的。因此,它们之间存在着许多的相同点,它们的不同之处主要表现在登记总账的依据和方法不同。在实际工作中,各单位可根据实际需要选择其中一种账务处理程序,也可将多种账务处理程序的优点结合起来使用,以满足本单位经营管理的需要。

即问即答 什么是会计核算组织程序?合理的会计核算组织程序应符合什么要求?

第二节 记账凭证核算组织程序

一、记账凭证核算组织程序的概念

记账凭证核算组织程序是指对会计主体发生的每项经济业务,根据原始凭证或汇总原始凭证编制记账凭证之后,记账凭证不经过汇总,直接登记总分类账并定期编制会计报表的一种核算组织程序。

记账凭证核算组织程序的显著特点是:记账凭证不需要按一定方式汇总,直接根据每一张记账凭证逐笔登记总分类账。它是会计核算中最基本的一种账务处理程序,也是其他各种会计核算组织程序的基础,其他各种会计核算组织程序都是在此基础上发展和演变出来的。

二、记账凭证核算组织程序下凭证、账簿的设置

在记账凭证核算组织程序下,记账凭证可以采用通用记账凭证的格式,也可以采用收款凭证、付款凭证和转账凭证等专用记账凭证的格式。在这种会计核算组织程序下,设置的账簿一般有四种,即现金日记账、银行存款日记账、总分类账和各种明细分类账。现金日记账和银行存款日记账一般都采用三栏式;总分类账也采用三栏式并按每一个账户开设账页;明细分类账则根据各个明细分类账所反映的内容分别采用三栏式、数量金额式、多栏式。

三、记账凭证核算组织程序的步骤

记账凭证核算组织程序可归纳为以下几下步骤,见图 11-1。

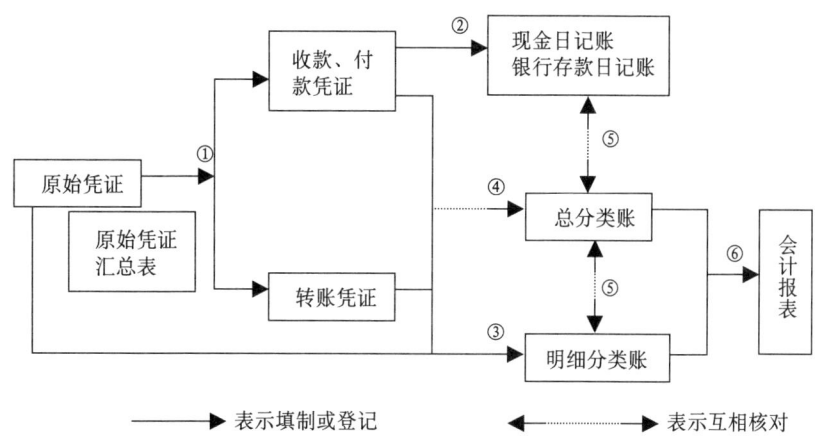

图 11-1 记账凭证核算组织程序图

(1) 根据原始凭证或汇总原始凭证，按照经济业务的不同性质，分别编制收款凭证、付款凭证和转账凭证；

(2) 根据收款凭证、付款凭证，按照经济业务发生时间的先后顺序，逐日逐笔登记现金日记账和银行存款日记账；

(3) 根据各种记账凭证，参考原始凭证或汇总原始凭证逐笔登记各明细分类账；

(4) 根据各种记账凭证逐笔登记各总分类账；

(5) 会计期末，将现金日记账、银行存款日记账和各明细分类账的余额与总分类账中相关账户的余额进行核对，并进行试算平衡；

(6) 会计期末，根据总分类账和明细分类账的账簿资料，按照规定的格式和要求，编制会计报表。

四、记账凭证核算组织程序的优缺点及适用范围

记账凭证核算组织程序的优点：

(1) 直接根据记账凭证登记总账，账务处理程序简单明了，记账层次清楚，易学易懂；

(2) 手续简便，由于根据记账凭证直接登记总分类账，不进行中间汇总，省去了汇总手续；

(3) 总分类账记录反映详细、用账、查账方便，对于一些不经常发生经济业务的会计科目，可以不设置明细分类账，只需在总分类账有关科目的摘要栏中，对经济业务加以说明即可，使总分类账的一些会计科目的摘要记录起到明细分类账的作用。

记账凭证核算组织程序的缺点：由于总分类账是直接根据记账凭证逐笔登记的，当会计主体的经济业务量比较大时，登记总分类账的工作量就很大，不便于分工协作，也不利于提高会计工作效率。

由于存在上述优缺点，这种账务处理程序一般只适用于一些规模小，业务量少，记账凭证不多的单位。在实际工作中，为了减少登记总分类账的工作量，最好将原始凭证进行汇总，根据汇总原始凭证编制记账凭证，减少记账凭证数量从而减少登记总分类账的工作量，提高会计核算工作效率。

即问即答 什么是记账凭证核算组织程序？其账务处理步骤有哪些？这种核算组织程序有何优缺点？

第三节 汇总记账凭证核算组织程序

一、汇总记账凭证核算组织程序的概念

汇总记账凭证核算组织程序是定期根据收款凭证、付款凭证和转账凭证，按照会计账户的对应关系进行汇总，编制成汇总收款凭证、汇总付款凭证和汇总转账凭证，然后再根据汇总记账凭证登记总分类账并定期编制会计报表的一种核算组织程序。

汇总记账凭证核算组织程序是在记账凭证核算组织程序的基础上发展、演变而来的。这种核算程序的特点在于：根据所有记账凭证定期编制汇总记账凭证，然后据以登记总分类账。这种汇总记账凭证是一种能够反映会计科目间对应关系的汇总凭证。

二、汇总记账凭证核算组织程序下凭证、账簿的设置

采用汇总记账凭证核算组织程序，记账凭证和账簿设置与记账凭证核算组织程序基本相同，但需另外设置汇总收款凭证、汇总付款凭证和汇总转账凭证。为了便于编制汇总记账凭证，收款凭证应按一个科目的借方与一个或几个科目的贷方相对应的原则编制；付款凭证应按一个科目贷方与一个或几个科目的借方相对应的原则编制；转账凭证也应按一个科目的贷方与一个或几个科目的借方相对应的原则编制。不宜设置通用的记账凭证。

三、汇总记账凭证的编制方法

汇总记账凭证一般分为汇总收款凭证、汇总付款凭证和汇总转账凭证三种，并分别根据收款、付款、转账三种记账凭证汇总填制。汇总记账凭证要定期填制，间隔天数视业务量多少而定，一般为每隔 5 天或 10 天，每月至少汇总 3 次，每月汇总编制一张，月终结出合计数，据以登记总分类账。

（一）汇总收款凭证的编制方法

汇总收款凭证是根据一定时期全部收款凭证汇总编制的凭证。收款凭证按借方科目分类，分为现金收款凭证和银行存款收款凭证。依据收款凭证编制的汇总收款凭证也分为汇总现金收款凭证和汇总银行存款收款凭证。收款凭证的借方科目只有现金和银行存款两个，如果按其借方科目设置汇总记账凭证，可以减少汇总记账凭证的张数，因此，汇总收款凭证按借方科目设置，按贷方科目归类汇总编制。

具体编制方法如下：

（1）设置汇总现金收款凭证和汇总银行存款收款凭证；

（2）分别将与库存现金和银行存款对应的贷方科目归类汇总；

（3）加总各贷方科目的本期合计数，据以登记总分类账。即一方面登记"库存现金"或"银行存款"账户的借方，另一方面登记有关对应账户的贷方。

汇总收款凭证的格式参见表 11 – 1。

（二）汇总付款凭证的编制方法

汇总付款凭证是根据一定时期全部付款凭证汇总编制的凭证。付款凭证按贷方科目分类，分为现金付款凭证和银行存款付款凭证。依据付款凭证编制的汇总付款凭证也分为汇总现金付款凭证和汇总银行存款付款凭证。付款凭证的贷方科目只有现金和银行存款两个，如果按其贷方科目设置汇总记账凭证，可以减少汇总记账凭证的张

表 11-1　　　　　　　　　　　汇总收款凭证

借方科目：库存现金　　　　　　　　　　年　　月　　日　　　　　　　　　　第　号

贷方科目	金　额			合计	总账页数	
	1日至10日 凭证1—30号	11日至20日 凭证31~60号	21日至30日 凭证61~90号		借方	贷方

数，因此，汇总付款凭证按贷方科目设置，按借方科目归类汇总编制。

具体编制方法如下：

（1）设置汇总现金付款凭证和汇总银行存款付款凭证；

（2）分别将与现金和银行存款对应的借方科目归类汇总；

（3）加总各借方科目的本期合计数，据以登记总分类账。

汇总付款凭证的格式参见表 11-2。

表 11-2　　　　　　　　　　　汇总付款凭证

贷方科目：库存现金　　　　　　　　　　年　　月　　日　　　　　　　　　　第　号

借方科目	金　额			合计	总账页数	
	1日至10日 凭证1—30号	11日至20日 凭证31~60号	21日至30日 凭证61~90号		借方	贷方

（三）汇总转账凭证的编制方法

汇总转账凭证是根据一定时期全部转账凭证汇总编制的凭证。转账凭证不像收款凭证或付款凭证那样借方或贷方的科目单一，可以按照其借方或贷方科目的规律设置汇总凭证，转账凭证的借方或贷方均无规律可循。为了避免混乱，规定汇总转账凭证一律按照贷方科目设置，按照借方科目归类汇总。

具体编制方法如下：

（1）按照转账凭证的贷方科目设置若干张汇总转账凭证；

（2）分别将与贷方科目对应的借方科目归类汇总；

（3）加总各借方科目的本期合计数。

汇总转账凭证的格式参见表 11-3。

在汇总记账凭证核算组织程序下，为了便于编制汇总转账凭证，所有转账凭证也只能按一个贷方科目与一个借方科目或几个借方科目对应来编制，不能填制一个借方科目与几个贷方科目相对应的转账凭证。

四、汇总记账凭证核算组织程序的步骤

汇总记账凭证核算组织程序按照以下步骤进行：

表 11 - 3　　　　　　　　　　　汇总转账凭证

贷方科目：　　　　　　　　　　　　年　月　日　　　　　　　　　　　　　第　号

借方科目	金额			合计	总账页数	
	1 日至 10 日 凭证 1—30 号	11 日至 20 日 凭证 31~60 号	21 日至 30 日 凭证 61~90 号		借方	贷方

（1）根据各种原始凭证编制原始凭证汇总表；
（2）根据原始凭证、原始凭证汇总表编制记账凭证；
（3）根据收、付款凭证登记现金日记账和银行存款日记账；
（4）根据原始凭证、原始凭证汇总表和各种记账凭证登记各种明细账；
（5）根据各种记账凭证编制汇总收款凭证、汇总付款凭证和汇总转账凭证；
（6）定期根据汇总记账凭证登记总账；
（7）期末，按照对账的要求，将现金日记账、银行存款日记账和各种明细账与总分类账进行核对；
（8）期末，根据总分类账和明细分类账编制会计报表。

汇总记账凭证核算组织程序的核算程序如图 11 - 2 所示：

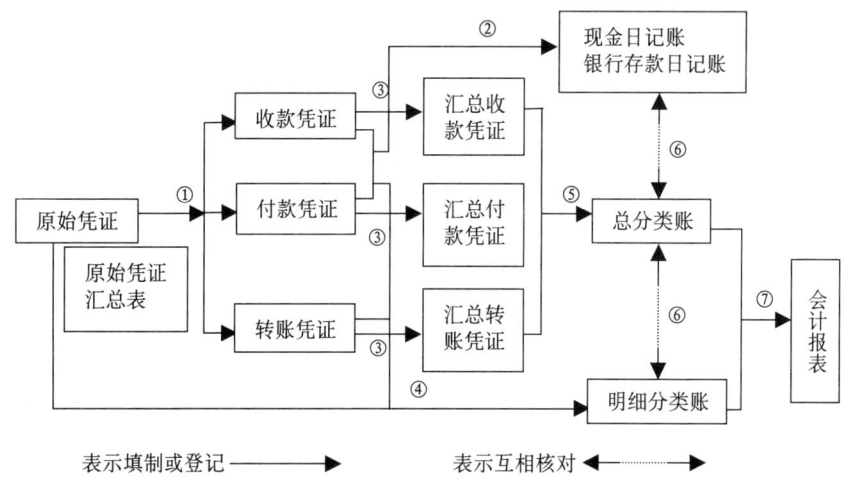

图 11 - 2　汇总记账凭证核算组织程序图

五、汇总记账凭证核算组织程序的优缺点及适用范围

汇总记账凭证核算组织程序具有以下优点：

（1）把一定时期内的全部记账凭证进行归类和汇总编制汇总记账凭证，再根据汇总记账凭证期末登记总分类账，与记账凭证会计核算程序相比较，大大减少了登记总分类账的工作量，提高了会计核算工作效率；

（2）由于汇总记账凭证根据每个科目的对方科目进行归类、汇总编制，能够明确反映账户之间的对应关系，由此反映经济业务的来龙去脉，便于分析、检查经济活动情况，易于对账。

汇总记账凭证核算组织程序的缺点：汇总转账凭证是按每一贷方科目设置的，而不是按经济业务的性质归类、汇总的，这种分类汇总不利于会计日常核算的合理分工。当转账凭证数量较多时，编制汇总转账凭证的工作量较大。

由于上述优缺点，汇总记账凭证核算组织程序对于经营规模小、经济业务少的单位是不适用的，它适用于规模较大，业务量较多尤其是同类型业务量较多的企业。

即问即答 什么是汇总记账凭证核算组织程序？其账务处理步骤有哪些？这种核算组织程序有何优缺点？

第四节 科目汇总表核算组织程序

一、科目汇总表核算组织程序的概念

科目汇总表核算组织程序是指根据各种记账凭证先定期（或月末一次）按会计科目汇总编制科目汇总表，然后据以登记总分类账，并定期编制会计报表的一种核算组织程序。

这种核算组织程序是在记账凭证核算组织基础上发展起来的，其主要特点就是记账凭证要定期汇总，并根据汇总的科目汇总表登记总分类账。这种科目汇总表是一种不反映账户对应关系的汇总凭证。

二、科目汇总表核算组织程序下凭证、账簿的设置

在科目汇总表核算组织程序下采用的记账凭证与记账凭证核算组织程序、汇总记账凭证核算组织程序相比，存在着较大差别。其做法是：首先，要设置"科目汇总表"这种具有汇总性质的记账凭证；其次，由于科目汇总表不反映各科目的对应关系，因而总分类账的格式采用普通三栏式，不必设置对方科目栏。使用的会计账簿与前两种会计核算组织程序基本相同。

三、科目汇总表的编制方法

编制科目汇总表时，首先，应将汇总期内各项交易或事项所涉及的总账科目填列在科目汇总表的"会计科目"栏内；为了便于登记总分类账，会计科目的顺序可与总分类账上会计科目的前后顺序一致。其次，根据汇总期内所有记账凭证，定期汇总每一会计科目的本期借方发生额和本期贷方发生额，将其汇总金额填列在各相应会计科目的"借方"和"贷方"栏内。最后，按会计科目汇总后，应分别加总全部会计

科目"借方""贷方"发生额,进行试算平衡。若二者相等,说明记账凭证的编制、记账凭证和科目汇总表的编制基本正确,即可据以登记总分类账。

科目汇总表可以每月汇总一次,编制一张,也可以5天或10天汇总一次,每月编制几张。其格式如表11-4和表11-5所示:

表11-4   科目汇总表

201×年 月 日至201×年 月 日   第 号

账 户	总账页数	本期发生额	
		借 方	贷 方
合 计			

会计主管: 记账: 审核: 制表:

科目汇总表也可以每旬编制一次,其格式如表11-5所示:

表11-5   科目汇总表

201×年 月

会计科目	1—10日		11—20日		21—30日		合计		总账页数
	借方	贷方	借方	贷方	借方	贷方	借方	贷方	

会计主管: 记账: 审核: 制表:

四、科目汇总表核算组织程序的步骤

科目汇总表核算组织程序按照以下步骤进行:

(1)根据原始凭证或汇总原始凭证,按照经济业务的不同性质,分别编制收款凭证、付款凭证和转账凭证;

(2)根据收款凭证、付款凭证,按照经济业务发生时间的先后顺序,逐日逐笔登记现金日记账和银行日记账;

(3)根据各种记账凭证,参考原始凭证或汇总原始凭证逐笔登记各明细分类账;

(4)根据各种记账凭证每日或定期汇总编制科目汇总表;

(5)按经济业务所涉及的账户,根据科目汇总表每日或定期登记总分类账;

(6)会计期末,将现金日记账、银行存款日记账和各明细分类账的余额与总分类账中各相关账户的余额进行核对,并进行试算平衡;

(7)会计期末,根据总分类账和明细分类账的账簿资料,按照规定的格式和要求,编制会计报表。

上述账务处理程序可用图11-3表示如下:

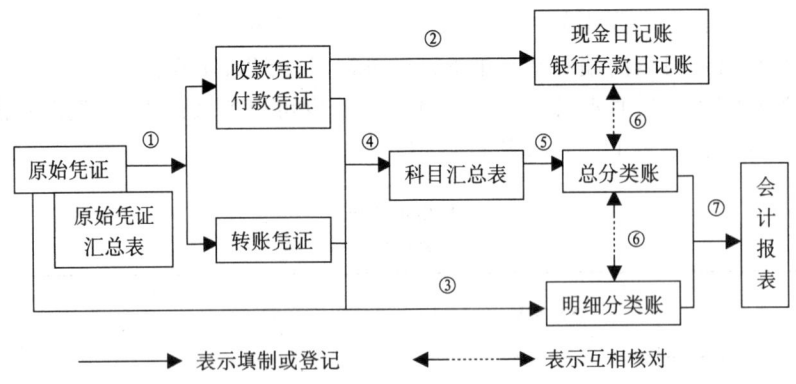

图 11-3 科目汇总表核算组织程序图

五、科目汇总表核算组织程序的优缺点及适用范围

科目汇总表核算组织程序具有以下优点：

（1）由于科目汇总表会计核算程序是根据科目汇总表登记总账，每一个总分类账户每月只登记一次或几次，对于经济业务量比较大，记账凭证较多的单位来说，大大减少了登记总分类账的工作量；

（2）科目汇总表汇总方法简单、操作方便，并可根据各账户本期借贷方发生额合计数试算平衡，检查记账凭证的填制和汇总是否正确。

科目汇总表核算组织程序具有以下缺点：

（1）由于科目汇总表只按科目进行汇总，不能反映科目之间的对应关系，不便于了解分析具体经济业务的来龙去脉，不利于查找错账；

（2）由于总分类账登记的是汇总数额，不能反映出经济业务的内容，因而降低了总分类账所提供资料的可用性。

科目汇总表核算组织程序适用于规模大、经济业务频繁、记账凭证数量多的单位。

即问即答 什么是科目汇总表核算组织程序？其账务处理步骤有哪些？这种核算组织程序有何优缺点？科目汇总表的主要作用是什么？

第五节 多栏式日记账核算组织程序

一、多栏式日记账核算组织程序的概念

多栏式日记账核算组织程序是设置多栏式日记账，利用多栏式现金日记账和银行存款日记账中设置的各个专栏，将各对应账户的发生额加以汇总，据以登记总账，并定期编制会计报表的账务处理程序。

多栏式日记账核算组织程序的特点是设置多栏式现金日记账、银行存款日记账,并根据现金、银行存款日记账的记录登记总账。对于转账业务,可根据转账凭证逐笔登记总账汇总表;也可以根据转账凭证定期编制转账凭证汇总表,根据转账凭证汇总表登记总账。

二、多栏式日记账核算组织程序下凭证、账簿的设置

在多栏式日记账核算组织程序下,采用的记账凭证与会计账簿种类基本与前面的核算组织程序相同,所不同的是现金、银行存款日记账是多栏式的,另外,转账凭证仍需通过科目汇总表。

三、多栏式日记账核算组织程序的步骤

在多栏式日记账核算组织程序下,对经济业务进行账务处理的程序大体要经过以下七个步骤,参见图11-4。

(1) 根据原始凭证或原始凭证汇总表,填制收款凭证、付款凭证和转账凭证;
(2) 根据收款凭证、付款凭证及所附原始凭证,逐笔顺序登记多栏式现金、银行存款日记账;
(3) 根据各种记账凭证和原始凭证及原始凭证汇总表,登记各种明细分类账;
(4) 根据各种记账凭证,参考原始凭证或汇总原始凭证逐笔登记各明细分类账;
(5) 期末,将总分类账与现金日记账、银行存款日记账和明细分类账相核对;
(6) 根据多栏式现金日记账、多栏式银行存款日记账和转账凭证(或转账凭证汇总表),登记总分类账;
(7) 根据总分类账和明细分类账,编制会计报表。

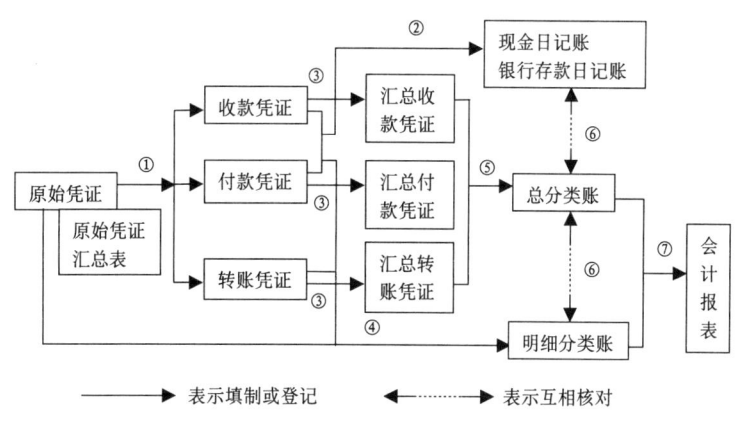

图11-4 多栏式日记账核算组织程序图

四、多栏式日记账核算组织程序的优缺点及适用范围

多栏式日记账核算组织程序一般多运用于会计科目少,业务量少的经济单位。多

栏式日记账核算组织程序的优点是：通过多栏式日记账对收款凭证、付款凭证和转账凭证进行汇总后再登记总账，减少了登记总账的工作量，而且通过多栏式日记账可以清楚地反映账户之间的对应关系，了解库存现金和银行存款收付业务的来龙去脉，有利于加强货币资金管理。其缺点是：多栏式日记账的专栏较多、账页过长，不利于记账。这种核算组织程序一般适用于经营规模不大、货币收付业务较多、转账业务较少、设置会计科目不多的企事业单位。

即问即答 什么是多栏式日记账核算组织程序？其账务处理步骤有哪些？这种核算组织程序有何优缺点？

第六节 日记总账核算组织程序

一、日记总账核算组织程序的概念

日记总账核算组织程序是设置日记总账，根据经济业务发生以后所填制的各种记账凭证直接逐笔登记日记总账，并定期编制会计报表的账务处理程序。

二、日记总账核算组织程序下凭证、账簿的设置

在日记总账核算组织程序下，采用的记账凭证与会计账簿种类也很多。从记账凭证角度看，使用专用记账凭证，包括收款凭证、付款凭证和转账凭证。使用的会计账簿有特种日记账、日记总账和明细账。设置现金日记账和银行存款日记账，一般采用三栏式，也可采用多栏式。设置日记总账和各种明细账，根据需要可采用三栏式、数量金额式或多栏式。

三、日记总账的登记方法

日记总账的格式参见表11-6。

表11-6　　　　　　　　　　日记总账
年　月　日

年		凭证字号	摘要	发生额	固定资产		累计折旧		材料采购		……			
月	日				借方	贷方	借方	贷方	借方	贷方	借方	贷方	借方	贷方
			本月合计											
			月末余额											

在日常核算时，分别根据收款凭证、付款凭证和转账凭证逐日逐笔登记日记总账，对每一笔经济业务所涉及的各个会计科目的借方发生额和贷方发生额，都应分别

登记在同一行的不同科目的借方栏和贷方栏内,并将借贷发生额合计数记载"发生额"栏内。月终,分别结出各栏的合计数,计算出各科目的月末借方或贷方余额,进行账簿记录的核对工作。它要核对"发生额"栏内本月合计数,与全部科目的借方发生额或贷方发生额的合计数是否相符,各科目的借方余额合计数与贷方合计数是否相符。

在日记总账核算程序下,除需特别开设的日记总账外,与上述核算程序中的其他设置相同。

四、日记总账核算组织程序的步骤

在日记总账核算组织程序下,对经济业务进行账务处理的程序大体要经过以下六个步骤,见图 11－5。

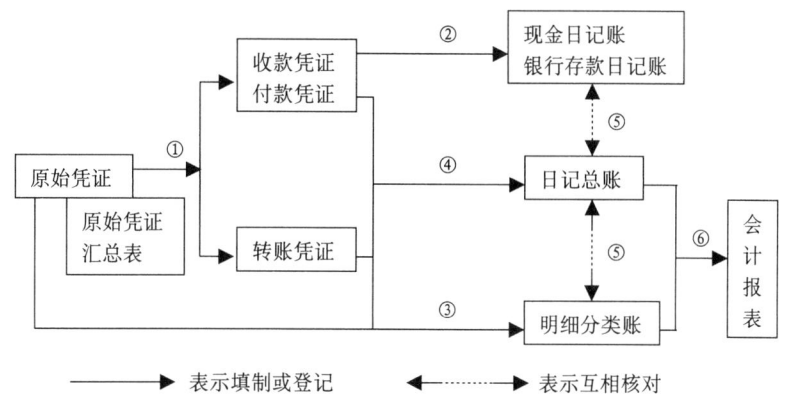

图 11－5 日记总账核算组织程序图

（1）根据原始凭证或原始凭证汇总表,编制收款凭证、付款凭证和转账凭证;
（2）根据收款凭证、付款凭证登记现金日记账和银行存款日记账;
（3）根据原始凭证、原始凭证汇总表和记账凭证登记各种明细分类账;
（4）根据各种记账凭证逐笔登记日记总账;
（5）期末,按对账要求将日记总账与现金日记账、银行存款日记账和明细分类账相互核对;
（6）根据日记总账和明细分类账的资料,编制会计报表。

五、日记总账核算组织程序的优缺点及适用范围

日记总账核算组织程序的优点是：由于日记总账是按全部总账科目借方和贷方设置的,并且是根据记账凭证逐日逐笔登记的,因此可以全面地反映经济业务的来龙去脉,有利于对会计核算资料的分析和使用;其核算组织程序也比较简单。其缺点是：如果企业的业务复杂、设置会计科目多,则日记总账账页篇幅过大,不便于记账,也

不利于会计人员的分工。这种核算组织程序一般适用于经营规模小、经济业务简单、使用会计科目较少的单位。

第七节　思　考　题

一、思考题 A：基础知识题

1. （单选）企业的会计凭证、会计账簿、会计报表相结合的方式称为（　　）。
   A. 账簿组织　　　　　　　　　　B. 会计核算组织程序
   C. 记账工作步骤　　　　　　　　D. 会计组织
2. （单选）设计会计核算程序是（　　）的一项重要内容。
   A. 会计凭证设计　　　　　　　　B. 会计制度设计
   C. 会计账簿设计　　　　　　　　D. 会计报表设计
3. （单选）下列各项中，属于最基本的账务处理程序的是（　　）。
   A. 记账凭证账务处理程序　　　　B. 汇总记账凭证账务处理程序
   C. 科目汇总表账务处理程序　　　D. 日记总账账务处理程序
4. （单选）各种账务处理程序的相同之处表现为（　　）。
   A. 根据原始凭证编制汇总原始凭证
   B. 根据记账凭证和有关原始凭证或原始凭证汇总表登记明细分类账
   C. 根据记账凭证逐笔登记总分类账
   D. 根据总分类账编制财务报表
5. （单选）各种账务处理程序的主要区别是（　　）。
   A. 登记明细分类账的依据和方法不同　　B. 登记总分类账的依据和方法不同
   C. 总账的格式不同　　　　　　　　　　D. 编制会计报表的依据不同
6. （单选）在各种账务处理程序中，相同的会计账务处理工作是（　　）。
   A. 编制汇总付款凭证　　　　　　B. 登记总分类账
   C. 编制汇总收款凭证　　　　　　D. 编制记账凭证
7. （单选）下列各项中不属于我国经济单位采用的一般核算形式是（　　）。
   A. 分散核算形式　　　　　　　　B. 科目汇总表核算形式
   C. 记账凭证核算形式　　　　　　D. 日记总账核算形式
8. （单选）下列各项中，不属于设计账务处理程序原则的是（　　）。
   A. 应从本会计主体的实际出发　　B. 应以保证会计核算质量为立足点
   C. 多数单位采用的账务处理程序　D. 力求降低会计核算成本
9. （单选）下列各项中，设计会计核算组织程序的根本立足点是（　　）。
   A. 保证会计信息质量　　　　　　B. 节省核算时间

C. 节约核算成本 D. 提高核算工作效率

10. （单选）记账凭证核算形式下登记总账的根据是（　　）。
A. 记账凭证 B. 汇总记账凭证
C. 汇总原始凭证 D. 多栏式日记账

11. （单选）记账凭证账务处理程序的主要特点是（　　）。
A. 根据各种记账凭证编制汇总记账凭证
B. 根据各种记账凭证逐笔登记总分类账
C. 根据各种记账凭证编制科目汇总表
D. 根据各种汇总记账凭证登记总分类账

12. （单选）记账凭证核算程序与其他核算程序不同之处是要根据记账凭证逐笔登记（　　）。
A. 现金日记账 B. 银行存款日记账
C. 各种明细账 D. 总账

13. （单选）记账凭证账务处理程序不适合下列（　　）单位采用。
A. 规模较小的 B. 经济业务量较少的
C. 规模较大的，经济业务量较多的 D. 需要编制记账凭证不是很多的

14. （单选）下列各项中，不属于记账凭证核算形式优点的是（　　）。
A. 在记账凭证上能够清晰地反映账户之间的对应关系
B. 在总分类账上能够比较详细地反映经济业务的发生情况
C. 总分类账登记方法易于掌握
D. 可以减轻总分类账登记的工作量

15. （单选）会计凭证方面，科目汇总表账务处理程序比记账凭证账务处理程序增设了（　　）。
A. 原始凭证汇总表 B. 汇总原始凭证
C. 科目汇总表 D. 汇总记账凭证

16. （单选）科目汇总表账务处理程序的特点是（　　）。
A. 根据科目汇总表登记总账 B. 根据记账凭证登记总账
C. 根据日记总账登记总账 D. 根据汇总记账凭证登记总账

17. （多选）科学适用的会计核算组织程序能够（　　）。
A. 减少会计人员工作量 B. 不需登记总账
C. 节约人力和物力 D. 不需编制会计报表
E. 提高会计工作的质量和效率

18. （多选）汇总记账凭证核算组织程序的优点有（　　）。
A. 能反映账户对应关系 B. 能减少登记总账的工作量
C. 对于编制的汇总记账凭证的工作量小 D. 有利于会计工作的分工
E. 能起到入账前的试算平衡作用

19.（多选）各种会计核算组织程序下，登记明细账的依据可能有（　　）。
   A. 原始凭证　　　　　　　　　　B. 汇总原始凭证
   C. 记账凭证　　　　　　　　　　D. 汇总记账凭证
   E. 记账凭证汇总表

20.（多选）以记账凭证为依据，按科目贷方设置，将借方科目归类汇总的凭证编制法有（　　）。
   A. 汇总收款凭证编制法　　　　　B. 汇总付款凭证编制法
   C. 汇总转账凭证编制法　　　　　D. 科目汇总表编制法
   E. 汇总原始凭证编制法

21.（多选）采用汇总记账凭证核算组织程序，平时编制的记账凭证的要求有（　　）。
   A. 收款凭证为一借多贷　　　　　B. 付款凭证为多借一贷
   C. 转账凭证为一借多贷　　　　　D. 转账凭证为多借一贷
   E. 收款、付款、转账凭证均可为一借一贷

22.（多选）各种会计核算形式中，其账务处理程序相同的有（　　）。
   A. 根据原始凭证或汇总原始凭证编制记账凭证
   B. 根据原始凭证、汇总原始凭证、记账凭证登记总账
   C. 根据记账凭证逐笔登记总账
   D. 根据明细账及总账记录编制会计报表

23.（多选）日记总账核算组织程序的特点有（　　）。
   A. 设置日记总账　　　　　　　　B. 设置明细账
   C. 根据记账凭证逐笔登记总账　　D. 根据记账凭证逐笔登记日记总账
   E. 根据记账凭证登记日记账

24.（多选）规模大、业务多、使用会计科目多的单位，应该采用的核算组织程序有（　　）。
   A. 记账凭证核算组织程序　　　　B. 科目汇总表核算组织程序
   C. 汇总记账凭证核算组织程序　　D. 日记总账核算组织程序
   E. 以上各种核算组织程序均可以

二、思考题 B：判断题

1. 会计主体所采用的会计凭证、会计账簿、会计报表的种类和格式与一定的记账程序有机结合的方法和步骤，称为账务处理程序。（　　）

2. 不同的会计主体所采用的会计凭证、会计账簿和会计报表的种类及格式是相同的。（　　）

3. 同一个企业可以同时采用几种不同的账务处理程序。（　　）

4. 企业采用何种会计核算形式，不要求统一，应根据各单位规模大小、业务繁

简、工作基础强弱、经营业务特点而定。（　）
  5. 设计会计核算组织程序，应有利于建立会计工作岗位责任制。（　）
  6. 各种账务处理程序之间的主要区别在于登记总账的依据和方法不同。（　）
  7. 账务处理程序是指记账和产生会计信息的步骤和方法，所以，各个单位的账务处理程序是一样的。（　）
  8. 记账凭证账务处理程序的特点是直接根据汇总记账凭证登记总分类账。（　）
  9. 记账凭证账务处理程序因为省略了编制科目汇总表或汇总记账凭证的程序，故对于业务量小的企业而言，最为适用。（　）
  10. 记账凭证账务处理程序的总账，是根据各种记账凭证及其所附原始凭证登记的。（　）
  11. 以原始凭证汇总表作为登记总账的依据是科目汇总表账务处理程序的特点。（　）
  12. 在科目汇总表上按各个会计科目归类汇总其发生额，并计算其余额。（　）
  13. 科目汇总表只在月末编制。（　）
  14. 在科目汇总表账务处理程序下，总账与明细账不能进行平行登记。（　）
  15. 在各种账务处理程序中，由于科目汇总表账务处理程序优点较多，在实际应用中被广泛采用。（　）

第十二章

会计信息化与内部控制

在本章中你将——

了解会计信息化的含义及其组成要素；理解会计信息化的作用和实施问题；掌握内部控制的内容及其要素；理解和掌握内部控制在企业管理和会计控制中的作用。

在企业的会计处理中采用会计软件作为工具，将业务和会计一体化处理就是一个会计信息化问题，会计信息化的具体应用一般称为会计信息系统。为了保障会计信息的质量，所以还需要有一定的控制手段，而这些控制手段运用于企业内部，被称为内部控制。

第一节 会计信息系统

一、会计信息系统的概念

会计信息系统是由会计电算化的概念延伸过来的，会计电算化是从20世纪80年代初开始启用的。起初，会计信息系统软件由企业自制，后来出现了用友、金碟等财务软件公司，从此会计软件的发展逐渐走向规范与成熟。从20世纪90年代末，传统的会计软件的缺陷渐渐显现出来，企业不再简单地要求软件系统进行记账与报表输出，还要求软件系统能够提供业务相关的成本、利润及绩效等方面的支持信息，这就促使会计软件向ERP等高度集成化的软件发展，国内各大会计软件厂商也纷纷从单独的会计软件设计转型为ERP厂商。ERP是基于企业价值链的现代管理系统，它集企业的物流、资金流和信息流于一体。会计信息系统是ERP的重要组成部分，是ERP中的重心，是整合企业各个部门各种资源的最佳手段，完全实现了财务会计与管理会计的一体化以及财务和业务处理的一体化。ERP中会计信息系统与传统信息系统有明显的差异。主要是设计的着眼点不同。传统会计信息系统在设计时，是站在会计部门的角度去设计，而不是站在企业的角度去设计，这样设计出来的会计软件一般总是不能迈出会计部门的范围，这样的会计信息系统，其产生的信息流只能在会计部门内部流动，容易形成所谓的信息孤岛，而信息孤岛间的信息流动往往不能以原始的形式流动，而需要转换成纸制凭证。

二、会计信息系统的组成

1. 计算机硬件

硬件一般是指构成计算机物质实体的装置的总称，是会计信息的基础部分。主要包括输入设备、存储设备、输出设备和处理器四个部分。输入设备是指将会计数据输入到计算机内的各种设备，如键盘、鼠标和扫描仪等。存储设备是指用于储存会计数据的各种设备，分内存和外存两种。输出设备是指将存储设备中的会计数据进行输出的各种设备，如显示器、打印机等。处理器包括运算器和控制器。运算器对输入的机器代码信息进行算术运算或逻辑运算，并在控制器的控制下与存储器交换信息。控制器产生各种信号，以控制计算机的输入设备、输出设备、存储设备和运算器，指挥整个计算机协调工作。

2. 计算机软件

计算机软件包括系统软件和应用软件两类。系统软件是保证会计信息系统能够正常运行的基础软件，如操作系统、数据库管理系统等；在会计信息系统中应用软件主要指会计软件，它是专门用于会计核算和会计管理的软件，是会计信息系统中的重要组成部分，会计软件要依托操作系统和数据库管理系统来运行，拥有会计软件是会计信息系统区别于其他信息系统的主要因素。

3. 作业人员

作业人员是指会计信息系统的使用人员和管理人员，包括会计主管、系统开发人员、系统维护人员、单据录入人员、单据审核人员、会计档案保管人员等。作业人员也是会计信息系统中的一个重要组成部分，如果没有一支高水平、高素质的会计人员和系统管理人员队伍，那么有再好的硬件、系统软件、会计软件，会计信息系统也不能稳定、正常地运行。

4. 会计信息系统的运行规程

会计信息系统的运行规程是指与会计信息化有关的所有法律和规范的总称。企业实行会计信息化应严格遵守《中华人民共和国会计法》中关于电算化会计的有关规定，遵守国家颁布的《会计电算化管理办法》、《会计电算化工作规范》等法规文件的有关规定。此外，还应遵守会计主体根据上述法律和行政法规自行制定的电算化会计工作制度、操作制度以及内部控制方法。

在会计信息系统这个人机系统中，硬件设备是会计数据处理的重要物质条件，系统软件和应用软件共同构成了会计信息处理的必不可少的技术要素，从业人员是会计信息处理的不可或缺的人力要素，规章制度则起到规范和协调作用，能够保证会计信息人机系统的高速而有效地运行。

会计信息系统的运行规程是指保证会计信息系统正常运行的各种制度和控制程序，如硬件管理制度、数据管理制度、会计人员岗位责任制度、内部控制制度、会计和会计管理制度等。

三、会计信息系统与手工会计操作的共同点

1. 基本原理相同

电子计算机在会计上的应用，尽管引起了会计操作技术的变革，促进了会计手段的极大进步，但并没有改变会计的基本原理。电算化会计仍要遵循复式记账的基本原理，对发生的经济业务都要根据复式记账原理编制会计分录，登记有关账户，编制会计报表。

2. 会计的目标相同

电子计算机在会计上的应用，提高了会计信息的加工质量，提升了会计信息的传输速度，但会计的目标并没有发生根本性的改变。无论是电算化会计信息系统还是手工会计系统，最终的目标都是运用会计的手段和方法加工对于会计信息使用者有用的会计信息，为会计信息的使用者利用会计信息进行经济决策服务。在这方面，电算化会计信息系统比手工会计系统具有更大的优势。

3. 依据的会计理论和方法相同

会计理论是会计学科建立的基石，会计方法是完成会计任务的重要手段。无论是电算化会计信息系统还是手工会计系统，都应遵循会计核算的一般原则、会计核算的基本前提和会计等式等基本理论，采用填制和审核会计凭证、设置账户、复式记账、登记账簿和编制会计报表等会计方法对发生的经济业务进行处理。当然，电算化会计会引起会计理论和会计方法的变革，但这种变革是一个渐变的过程，而不是突变的过程。

4. 应遵守的会计法规和准则相同

国家制定的会计法规和会计准则，是所有会计工作都应严格遵守的规范。无论是电算化会计信息系统还是手工会计系统都应严格遵守。

5. 都必须妥善保存会计档案

会计档案是会计工作的重要历史资料，也是会计主体的重要经济档案，必须按照国家的有关规定妥善进行保管。在手工会计系统下，会计的档案多为纸介档案，看得见，摸得着，相对地易于检验与保管。在电算化会计信息系统下，会计档案则以磁介档案为主，备份消失和复制都十分容易。因此，更应注意加强保管。为保证会计档案的安全，除采用科学的方法加强磁介档案的管理外，对必要的会计档案资料，还应按照规定定期进行打印，并装订成册，妥善保管。

四、会计信息系统与手工会计操作的区别

1. 改变原有的组织体系

在手工会计操作中，以会计事务的不同性质为依据对会计工作组织体系进行划分，财务部门一般分为若干个业务核算小组；在会计信息系统中，是以数据的不同形

态为依据对会计工作组织体系进行划分，一般要设置数据录入、审核、处理、输出和维护等岗位。

2. 改进会计核算形式和方法

手工会计操作下的会计核算形式和某些核算方法并不是会计数据处理本身所要求的，而是为减少或简化计算工作量所致。而会计信息系统在符合国家统一的会计制度规定的前提下，可以从所要达到的目标出发，设计出业务流程更加合理、更适合计算机处理、效率更高、计算更精确的会计核算形式和核算方法。在使用时，作业人员不必再考虑具体的核算方法，只要会计软件提供的核算是正确的，执行指定的功能，计算机就可以快捷、及时、准确地完成相应的工作。会计信息系统本身已建立起了新的岗位责任制和严格的内部控制制度；会计软件增加了权限控制，各类会计人员必须有自己的操作密码和操作权限；系统本身增加了各种自动平衡校验措施等。

3. 改变原有的内部控制制度

在会计信息系统中，原来的内部控制方式部分被改变或取消。例如，原来的靠账簿之间互相核对来实现的查错、纠错控制基本上已经不复存在，而代之以更加严密的输入控制。控制范围已经从财务部门转变为财会部门和计算机处理部门，控制的方式也从单纯的手工控制转化为组织控制、手工控制和程序控制相结合的全面内部控制。

4. 改变账表存储方式和增加了输出过程

在手工操作中，总账、明细账、日记账都是严格区分的，并有其特定的格式，存储介质是看得见、摸得着的纸张。在会计信息系统中，类似于手工的凭证、账簿和报表的格式及数据在计算机中并不完全存在。账簿、报表所需的数据是以数据库文件的形式保存在光、电、磁介质上的。当需要查看这些账簿或报表时，需要执行相应的会计信息输出功能，系统按事先设计的程序，自动从数据库文件中取得数据并进行筛选、分类、计算、汇总，然后按照国家统一的会计制度规定的格式，将指定的凭证、账簿或报表在计算机屏幕显示或由打印机打印出来。

5. 进一步强化会计的管理职能

在手工环境下，许多复杂、实用的会计模型，如最优经济订货批量模型、多元回归分析模型等很难在企业管理中得以具体实施，大部分预测、决策工作需要依赖管理者个人的主观判断。在会计信息系统中，管理人员借助于先进的管理软件工具，可以将已有的会计管理模型在计算机中得以实现，同时又可以不断研制新的管理模型，使管理人员利用模型迅速地存储、传递以及取出大量会计信息，进行各种复杂的数量分析，并及时、准确、全面地进行会计管理和决策工作。

第二节 会计信息化的发展历程

根据会计信息化的不同发展程度，大体可分为以下几个阶段。

一、初级电算化会计阶段

初级电算化会计主要是利用电子计算机仅仅完成某一方面会计数据的处理。国内外在将电子计算机应用于会计工作的初期，主要是对那些计算方法简单、重复次数多、数据量比较大的单项会计业务，如工资的计算、材料的收发等，应用电子计算机把有关数据集中起来成批处理。在会计上使用电子计算机的目的是代替手工操作，各项业务相互独立地进行。在这种核算形式下，只要按相应的核算内容编制一个或一组程序，就可以满足会计核算的某些方面的需要。在这个阶段，各项会计业务之间在处理上没有什么联系，开发的会计核算软件颠覆面比较窄，属于局部性会计软件，其专用性很强，电子计算机强大的综合处理会计数据的功能并未充分发挥出来。

二、中级电算化会计阶段

中级电算化会计是将电子计算机在初级阶段的单项应用发展到系统应用，产生了电算化会计核算系统软件，即利用电子计算机对所有经济业务的全过程进行综合、系统的会计处理。从会计凭证的处理到登记账簿，计算成本，从账簿记录到编制各种会计报表，数据查询和输出等，实现了会计核算工作的连续化、一体化，电算化会计已经覆盖了会计核算的全部内容，有了完整版会计软件。但在这个阶段，电算化会计仍属于低水平的系统应用。一是开发的会计核算软件通用性较差，专用性仍然较强。一些较好的会计核算软件业只能在某一个行业通用，并不适用于所有的会计主体。二是会计数据的加工设计思路仍带有浓厚的手工会计核算痕迹。它的原则性、实用性、固化性和传统性太强，而灵活性、随机性、扩充性和创造性不足，无法充分体现会计核算手段现代化的巨大优越性。

三、高级电算化会计阶段

高级电算化会计是将电子计算机在中级阶段的低水平应用发展到高水平系统应用和网络应用。所谓高水平系统应用，是指吸收中级电算化系统应用的精华，保留实时会计核算，扩充随机会计核算，并实现了业务处理和会计处理的一体化作业。由于多个业务部门和财务部门要协同作业，就要借助计算机网络将各个作业点连接起来，形成网络会计。网络会计能根据需要对会计数据进行分散输入和集中处理。随着计算机和通信科技的发展，电算化会计还将进入远程网络工作方式，相互通信，资源共享，并实现多用户、多任务的同时操作。到这个阶段会计电算化就发展为会计信息化阶段。

四、ERP系统应用阶段

从20世纪末以来，大多数软件商把会计信息系统和企业其他管理信息系统融合起来，组合成ERP套装软件推向市场。今天，各个企业使用的会计软件主要就是

ERP 系统软件，它的中文名称是企业资源计划，它利用电子计算机和网络技术进行管理，建立起集计划、生产、营销和财务会计等子系统于一体的企业经营管理信息系统，它里面有很多个模块，各个企业可根据自己的需要从中选取若干个模块组成自己的会计信息系统，来处理自己的业务和会计信息，实现信息资源共享。

第三节　会计信息系统的一般操作原理

会计信息系统实现了各类经济业务的处理子系统化，并通过子系统的相互连接，进而实现全部会计信息和业务信息处理过程的系统化。在制造业企业，会计信息系统中一般应包括账务处理子系统、固定资产核算子系统、薪资核算子系统、材料核算子系统、销售核算子系统、成本核算子系统和会计报表编制子系统等。各子系统既是各自独立的，相互之间又有着密切的联系。

对电算化会计信息系统来说，其基本的工作过程是：首先，由账套主管人员进行系统初始化设置，即录入会计主体的各项基础信息，包括部门设置、财务处理和业务处理中的基础信息。其次，各个业务部门在自己的子系统中输入相关的业务单据，业务单据以各种凭证的形式将数据送到基本数据库储存；然后，由账务处理子系统按记账的要求处理，为其他子系统提供核算资料；之后，其他子系统核算的结果通过其产生的机制转账凭证与基本数据库和账户处理子系统连通，经过账务处理子系统的再处理和会计报表的子系统处理后输出各种结果。在整个处理过程中，账务处理子系统起到了联系其他各子系统的纽带作用。设立基本数据库是为了集中管理基本数据，减少各级账户的数据保存数量，也便于其他管理信息子系统共享。

第四节　内部控制

内部控制是指单位和经济组织在经济活动中建立的一种相互制约的业务组织形式和职责分工制度。为了实现其经营目标，保护资产的安全完整，保证会计信息资料的正确可靠，确保经营方针的贯彻执行，保证经营活动的经济性、效率性和效果性而在单位内部采取的自我调整、约束、规划、评价和控制的一系列方法、手续与措施的总称。内部控制的目的在于改善经营管理、提高经济效益。它是因加强经济管理的需要而产生的，是随着经济的发展而进一步完善的。最早的内部控制主要着眼于保护财产物资的安全完整、会计信息资料的正确可靠，它侧重于从钱物分管、严格手续、加强复核等方面进来行控制。但随着社会经济的发展和生产规模的扩大，经济活动日趋复杂化，才逐步发展成现代的内部控制系统。

一、内部控制目标

内部控制是现代管理的科学成果,只有几十年的历史,它是市场经济高度发展的产物,产生于加强企业管理与监督的需要。最早提及内部控制的文献是1929年美国会计师协会和联邦储备委员会(FBR)修订发布的《会计报表的验证》。最早定义内部控制的是1936年在上述基础上再次修订发布的《独立公共会计师对会计报表的审查》。该公告将内部控制定义为"为了保护公司现金和其他资产的安全、检查账簿记录准确性而在公司内部采用的各种手段和方法"。

迄今为止,对内部控制最具权威性的定义仍为COSO委员会1992年提出并于1994年修改的《内部控制——整体框架》中的描述:内部控制是由董事会、管理层及其他人员在公司内实施的,旨在为经营的有效性、财务报告的可靠性、适用法律法规的遵循性提供合理保证的过程。

在这个定义中,主要指出了内部控制的主体、目标和方式等内容。结合我国近年来对内部控制的研究成果,以及为建立现代企业制度而建立健全内部控制制度的实践分析,我们对内部控制也达成了一定的共识。内部控制,是指企业为了保证经营活动的有效进行,保护资产的安全和完整,保证会计信息的真实、完整,防止、发现、纠正错误与舞弊等而在企业内部形成的内部自我调节和控制系统。从广义上讲,一个企业的内部控制是指企业的内部管理控制系统,包括为保证企业正常经营所采取的一系列必要的管理措施。内部控制的职能不仅包括企业最高管理当局用来授权与指挥进行购货、销售、生产等经营活动的各种方式、方法,也包括核算、审核、分析各种信息资料及报告的程序与步骤,还包括为对企业经济活动进行综合计划、控制和评价而制定或设置的各项规章制度。因此,内部控制贯穿于企业经营活动的各个方面,只要存在企业经济活动和经营管理,就需要有相应的内部控制。

建立健全内部控制是任何企业管理当局的责任。一般而言,健全、有效的内部控制应当实现以下目标:

(1)有助于管理层实现经营方针和目标。
(2)保护单位各项财产的安全和完整,防止资源流失。
(3)保证业务经营信息和财务会计资料的真实性和完整性。
(4)保证单位内财务活动的合法性。

良好的内部控制虽然能够达到上述目标,但无论内部控制的设计和运行多么完善,它都无法消除其本身所固有的局限。这种局限性主要表现为:

(1)成本效益原则的局限。
(2)如果负有不同责任的职员忽视控制程序、错误判断,甚至互相勾结、内外串通舞弊等,往往导致内部控制失灵。
(3)管理层人员滥用职权,逾越控制,对设置或实施的内部控制不予理睬,也会使建立的内部控制形同虚设。

二、内部控制要素

管理者如何实现内部控制的上述目标呢？管理者应当负责设计并运用好五个内部控制要素来实现内部控制的目标。这些要素包括控制环境、风险评估、控制活动、信息与沟通和监督检查五个方面。

1. 控制环境

任何企业的内部控制都处于一定的控制环境之中。控制环境是指对建立或实施某项政策发生影响的各种因素，主要反映单位管理者和其他人员对控制的态度、认识和行动，控制环境的好坏直接决定着企业其他控制能否实施或实施的效果。它既可增强也可削弱特定控制的有效性。例如，人事管理中聘用了不值得信任或不具备胜任能力的员工，可能使得某项特定控制无法实施或无效。

控制环境的内容具体包括：管理者的管理思想和经营作风、单位组织结构、管理者的职能和对这些职能的制约、确定职权和责任的方法、管理者监控和检查工作时所采用的控制措施、人事工作方针及其实施、影响本单位业务的各种外部关系等。

2. 风险评估

每个企业都面临来自内部和外部的不同风险，这些风险都必须加以评估。评估风险的先决条件是制定目标。风险评估就是分析和辨认实现所定目标可能发生的危险，具体包括目标、风险、环境变化后的管理等。

3. 控制活动

企业管理阶层辨识风险，继之应针对这种风险发出必要的指令。控制活动是确保管理阶层的指令得以执行的政策及程序，如核准、授权、验证、调节、符合营业绩效、保障资产安全及职务分工等。控制活动在企业内的各个阶层和职能之间都会出现，这主要包括高层经理人员对企业绩效进行分析、直接部门管理、对信息处理的控制、实体控制、绩效指标的比较与分工。

4. 信息沟通

信息沟通是及时、准确、完整地收集与企业经营管理相关的各种信息，并使这些信息以适当的方式在企业有关层级之间进行及时传递、有效沟通和正确应用的过程，是实施内部控制的重要条件。信息沟通主要包括信息的收集机制及在企业内部和与企业外部有关方面的沟通机制等。

5. 监督检查

监督检查是企业对其内部控制制度的健全性、合理性和有效性进行监督检查与评估，形成书面报告并作出相应处理的过程，是实施内部控制的重要保证。监督检查主要包括对建立并执行内部控制制度的整体情况进行持续性监督检查，对内部控制的某一方面或者某些方面进行专项监督检查，以及提交相应的检查报告、提出有针对性的改进措施等。

三、内部会计控制原理

1. 会计控制是各要素组成的动态系统

内部控制的内容由最初的行为控制到最新的八要素的变化，说明了内部控制的关注重心由单一个体向系统整体发展，而且站在全局的高度统领企业整体。会计控制如同内部控制一样，并不是各种制度、措施的简单加总，也不能简单地停留在只用制度加以规范的阶段，致使制度流于形式，因此，应转变传统观念，以新的角度诠释和思考，应认识到会计控制不仅是由多个因素组成的系统，而且在这个系统中，这些因素相互关联，形成了动态的过程，即内部会计控制的构建不仅涉及部门内的具体岗位设置、业务操作等相对细节的问题，更为重要的是它需要相关各职能部门的通力协作，共同营造良好的控制环境、关注业务的风险评估、在各负其责的同时加强部门间的信息沟通，只有这样，才能不断促进会计控制的良性运行，真正达到防范资金风险确保资金安全的目的。

2. 内部环境的建设是基础

会计控制作为一个系统或机制，离不开所存在的环境，而且在不同的环境下，会计控制作用的发挥程度不尽相同，会计控制作用是否有效，很大程度上取决于单位管理层对内部会计控制的重视程度、全体员工对内部会计控制认识的影响，它是充分有效的内部会计控制体系得以建立和运行的基础及保证，因此，应逐渐认识到内部环境也是内部会计控制的一个组成部分。许多案件的深刻教训也警示我们，案件的发生不是没有制度，而是制度没有得到真正落实，制度之所以落实难的原因就在于，没有一个良好的环境来约束人的行为，防范人的道德风险。因此，内部环境是基础，必须从营造良好的环境做起，提倡风险管理文化，增强员工的诚实性和道德观，即将风险管理意识贯穿到每一个员工、每一个部门、每一个岗位，使风险意识深入人心，同时强调全员的参与，塑造企业文化，形成良好的内部环境氛围。

3. 风险要素的管理是关键

控制的目的就是要防范风险，若不存在风险也就没有实施控制的必要，COSO报告指出，所有的企业，不论其规模、结构与性质，其组织的不同层级都会遭遇风险，管理当局必须密切关注各层级的风险，并采取措施尽量将风险控制在可接受的水平。随着计算机技术在会计核算中的运用，会计控制所涉及的风险包括法律风险、声誉风险、资产风险、信息技术风险、效率风险和操作风险，这些风险与核算业务的流程息息相关，因此，内部会计控制的构建应从风险因素出发，加强对业务资金流程的分析，即首先要按业务性质进行归类，找出各个流程中的主要风险点；其次要按照业务风险的信息结构和风险源的性质，有针对性地制定出科学适用的风险计量方法，同时要结合控制流程的概念，找出相应的控制措施，建立一套完备的业务流程风险控制体系。

4. 事前事中的控制是切入点

内部控制的目标是从控制当事人的行为观到提高会计信息质量的信息观，最终到管理企业风险战略观的转变，这是从事中控制到事前管理的发展，是从降低风险到风险控制直至风险管理的一个过程。同样，会计控制中事后控制的出现就是对事前、事中控制的不信任，也就是说，若事前、事中真能够做到把握住风险，事后控制存在的意义不大；另一方面，事后控制一般只就会计核算的"结果"进行监督，前台在核算及业务处理过程中，是否全面、严格地执行有关制度，事后控制只从所提供的核算资料的形式上进行审验或被动地接受前台反映的结果，而且事后控制有其固有的局限性，即时间的滞后性，因此，要把风险在变为实际的损失之前降低到可接受的最低水平，真正做到防患于未然，就要加强事前、事中的控制，做到及早发现和识别，及早将风险消灭在萌芽状态。

5. 信息的沟通交流是保障

内部会计控制作为一个动态系统，它包括不同环节之间持续不断的信息流和资金流，且其每个控制环节都执行不同程序，并与其他环节相互作用与影响。因此，整体会计控制价值最大化的实现需要加强上下级之间、不同部门之间和同一部门内的交流和沟通，这就需要：一方面某部门牵头组织各成员间的沟通，以实现信息共享，优势互补，有针对性地开展工作，同时有助于消除部门间的误解和疑虑；另一方面，各职能部门要加强自身员工间的沟通，培养和提高员工参与会计控制的意识，以便开展自评。由此可以看出，信息交流渠道是否畅通，直接影响内部控制动态过程的实现，同时也有助于控制环境的完善、风险管理的加强；否则，相关职能部门将处于相对封闭的状态，各自为战，造成信息资源的过度浪费。实践中，最有效的解决方法就是促使信息沟通的制度化，形成一种约束机制，有利于各职能部门在明确各自职责的同时，从整体上实现会计控制的目标。

四、内部控制的设计与应用

内部控制可应用在企业管理的各个方面，如货币资金的控制、销售与收款的控制、采购与付款的控制、成本费用的控制等，但它们在具体应用时都从不同的角度出发并使用不同的手段。为了说明内部控制在企业中的设计与应用问题，本教材以货币资金的管控为例。

1. 货币资金内部控制制度的意义和目标

货币资金是指企业在生产经营过程中停留在货币形态的资金，包括库存现金、银行存款和其他货币资金三个部分。货币资金的流动性很强，与其他经济业务有着广泛的联系，容易招致非法挪用、侵吞等犯罪行为，国家对货币资金的宏观管理要求非常严格。为了加强货币资金的宏观管理，国务院颁布了《现金管理暂行条例》，中国人民银行发布了《银行账户管理办法》和《支付结算办法》等相关规定。根据《中华人民共和国会计法》等法律法规，财政部制定了《内部会计控制规范——货币资金》。

货币资金内部控制制度的主要目标包括如下方面：

（1）落实货币资金的经管责任。

（2）保证货币资金的安全。
（3）真实、完整地提供货币资金的会计信息。
（4）促进生产经营业务的正常运行。

2. 货币资金内部控制制度的内容

货币资金内部控制制度的主要内容是建立货币资金的职务分离制度、授权批准制度、严格的控制程序、稽核制度和相关的岗位责任制度。最基本的要求是负责货币资金收付业务的人员应与记账人员和负责审批的人员相分离。

具体地说，货币资金内部控制制度包括以下几个方面：

（1）货币资金业务的岗位责任制度。

单位应当建立货币资金业务的岗位责任制，明确相关部门和岗位的职责权限，确保办理货币资金业务的不相容岗位相互分离、制约和监督。主要包括以下方面：

①货币资金的收付及保管应由被授权批准的专职出纳人员负责，其他人员不得接触。

②出纳人员不能同时负责总分类账的登记和保管。

③出纳人员不得兼任稽核、会计档案保管。

④出纳人员不得兼任收入、支出、费用、债权债务账目的登记工作。

⑤单位不得由一人办理货币资金业务的全过程。

单位办理货币资金业务，应当配备合格的人员，并根据单位具体情况进行岗位轮换。办理货币资金业务的人员应当具备良好的职业道德，忠于职守，廉洁奉公，遵纪守法，客观公正，不断提高会计业务素质和职业道德水平。

（2）货币资金业务的授权批准制度。

单位应当建立严格的授权批准制度，出纳人员应与货币资金审批人员相分离，明确审批人对货币资金业务的授权批准方式、权限、程序、责任和相关控制措施，规定经办人办理货币资金业务的职责范围和工作要求。审批人应当根据货币资金授权批转制度的规定，在授权范围内进行审批，不得超越审批权限。经办人应当在职责范围内，按照审批人的批准意见办理货币资金业务。对于审批人超越授权范围审批的货币资金业务，经办人员有权拒绝办理，并及时向审批人的上级授权部门报告。

（3）货币资金业务的控制程序。

货币资金的内部控制可以分为收款内部控制、付款内部控制和备用金内部控制三种。对于任何一种货币资金内部控制都应当建立严格的控制程序。

①货币资金收款的控制程序。企业的货币资金主要来源于营业收入，对这些营业收入，必须根据企业自身组织形式和经营业务的特点制定相应的货币资金收款控制程序，以便于各职能部门相互协调，共同遵守。

对于货币资金的收款，除了建立严格的控制程序以外，还应当严格控制收款日期和收款金额，保证收入及时收取并送存银行，而且所有开出的收款收据和发票都必须连续编号，并建立详细的领用和回收制度。

②货币资金付款的控制程序。企业的货币资金付款主要有现金支出和银行转账支出两种方式,主要业务有支付购货款、支付有关费用和支付工资等。无论是现金支出还是银行转账支出,都必须根据企业支付业务的特点制定相应的货币资金付款控制程序。一般企业的货币资金付款控制程序应经过如下几个程序:

一是支付申请。单位有关部门或个人用款时,应当提前向审批人提交货币资金支付申请,注明款项的用途、金额、预算、支付方式等内容,并附有有效经济活动文件或相关证明。

二是支付审批。审批人根据其职责、权限和相应程序对支付申请进行审批。对不符合规定的货币资金支付申请,审批人应当拒绝申请。

三是支付审核。复核人应当对批准后的货币资金支付申请进行复核,复核货币资金支付申请的批准范围、权限、程序是否正确,手续及相关单证是否齐备,金额计算是否正确,支付方式、支付单位是否妥当等。复核无误后,交由出纳人员办理支付手续。

四是办理支付。出纳人员应当根据复核无误的支付申请,按规定办货币资金支付手续,及时登记现金和银行存款日记账。

在对货币资金付款进行控制时,还需要注意以下几个方面的问题:

第一,单位对于重要货币资金支付业务,应当实行集体决策和审批,并建立责任追究制度,防范贪污、侵占、挪用货币资金等行为。

第二,严格按照《现金管理暂行条例》规定的范围使用现金,尽可能多地使用银行转账方式支付款项。单位应当加强现金库存限额的管理,超过库存限额的现金应及时存入银行。现金收入应当及时存入银行,不得用于直接支付单位自身的支出。因特殊情况需坐支现金的,应事先报经开户银行审查批准。

第三,单位应当严格按照《支付结算办法》等国家有关规定,加强银行账户的管理,严格按照规定开立账户,办理存款、取款和结算;应当定期检查、清理银行账户的开立及使用情况,发现问题,及时处理;应当加强对银行结算凭证的填制、传递及保管等环节的管理与控制。

第四,单位应当严格遵守银行结算纪律,不准签发没有资金保证的票据或远期支票,套取银行信用;不准签发、取得和转让没有真实交易和债权债务的票据,套取银行和他人资金;不准无理拒绝付款,任意占用他人资金;不准违反规定开立和使用银行账户。

③备用金管理制度。备用金是指财会部门按企业有关制度规定,拨付给所属单位和企业内部有关业务与职能部门,用于日常业务零星开支的现金。为保证企业各有关职能部门业务管理职能的有效实施,使业务职能管理和财务报销制度有机地结合起来,企业可以实施定额备用金管理制度。在设置备用金时应着重关注以下几个问题:

一是备用金设置的范围与定额。哪些部门需要设置备用金,根据需要事先核定一个科学合理的定额,由使用部门填制借款单一次从财会部门领取现金。

二是备用金的日常管理。备用金实际上也是现金,必须对备用金指定专人管理,并明确管理人员应执行的现金管理制度,按规定的使用范围和开支权限使用,接受财会部门的管理及定期报账等责任制度。

三是备用金的审核入账。使用部门实际使用备用金后凭审核后的原始凭证向财会部门报销,再由财会部门补足其定额。对备用金报销的所有票据,财会部门要同样进行严格审核方能付款并记账。

四是备用金的清查盘点。财会部门必须对备用金建立定期与不定期相结合的清查盘点制度,防止挪用或滥用,保证备用金的安全、完整。

五、会计信息系统内部控制

会计信息系统内部控制指的是由于会计工作组织或业务实施等方面的原因,所导致的会计信息失真、不合理、不合法等一系列方面的控制问题。各级管理部门为了保护国家和企业的财产完整与安全,确保会计及其他数据的可靠,保证国家及企业所制订各项方针政策的贯彻与执行,以及查错防弊,加强管理等为提高经济效益所采取的一切制度、方针措施和管理程序,均属于会计内部控制的范畴。任何一家企业、事业单位或其他经济组织,不论其规模大小和业务性质,也不论其采取何种会计工作组织程序和信息处理方式,在其会计业务处理系统中,总是不同程度、不同方面地存在着一定的系统内部控制问题。企业的会计信息系统内部控制问题是企业整个管理系统中不可分割的重要组成部分。

1. 会计信息系统内部控制的新变化

会计信息化使得会计作业处理程序和工作组织发生了质的变化,由此引发会计信息系统内部控制体系也出现了一些新的特点和变化:

(1)计算机的使用改变了企业会计核算的环境。由于使用计算机处理会计和财务数据,会计部门的组成人员从原来由财务、会计专业人员组成,转变为由财务、会计专业人员和计算机数据处理系统的管理人员及计算机专业人员组成。会计部门不仅利用计算机完成基本的会计业务,还利用计算机完成各种原先没有的或由其他部门完成的更为复杂的业务活动,如采购监控、销售预测、人力资源规划等。随着远程通信技术的发展,使会计信息的网上实时处理成为可能,业务事项可以在远离企业的某个终端机上瞬间完成数据处理工作,原先应由会计人员处理的有关业务事项,现在可能由其他业务人员在终端机上一次完成;原先应由几个部门按预定的步骤完成的业务事项,现在可能集中在一个部门甚至一个人完成,因此,要保证企业财产物资的安全完整、保证会计系统对企业经济活动反映的正确和可靠、达到企业管理目标,企业内部控制制度的建立和完善就显得更为重要,内部控制制度的范围和控制程序较之手工会计系统更加广泛,更加复杂。

(2)会计信息化改变了内部控制的实施主体。在电算化条件下,尽管计算机不能取代全部人工条件下的所有会计工作,但是,关键的会计信息处理和业务核算工作已由会计信息化软件集中代替。于是，会计工作的执行主体演变为人与会计软件两个因素，且会计软件是主要的执行因素。这种变化使得会计信息系统中的内部控制实施主体也演变为人与会计软件两个因素，且会计软件导致的系统问题风险将成为会计系统中内部控制的主要风险。

（3）数据输入操作不当是会计信息系统中最关键的内部控制问题。在会计信息系统中，所有数据都源于凭证库，当凭证输入后，系统将自动进行多项业务处理。一旦输入操作不当，将会引发日记账、明细账、总账乃至会计报表等一系列的错误。因而，数据输入操作不当的问题控制将是整个会计信息化业务处理程序中最关键的控制环节。

（4）会计信息系统管理难度加大。随着计算机使用范围的扩大，利用计算机进行的贪污、舞弊、诈骗等犯罪活动也有所增加，由于储存在计算机磁性媒介上的数据容易被篡改，有时甚至能不留痕迹地篡改，数据库技术的提高使数据高度集中，未经授权的人员有可能通过计算机和网络浏览全部数据文件，复制、伪造、销毁企业重要的数据。计算机犯罪具有很大的隐蔽性和危害性，发现计算机舞弊和犯罪的难度较之手工会计系统更大，计算机舞弊和犯罪造成的危害和损失可能比手工会计系统更大，因此，电算化会计系统的内部控制不仅难度大、复杂，而且还要有各种控制的计算机技术手段。

会计信息系统的内部控制制度不同于手工会计系统的内部控制制度，它是控制范围大、控制程序复杂的综合性控制，控制的重点转变为职能部门和计算机数据处理部门并重的全面控制，是人工控制和计算机自动控制相结合的多方位控制。

2. 会计信息化对内部控制的要求

在信息化技术广为应用的时代，以网络经济为核心的全球经济一体化新形势下，对会计信息化的内部控制提出了更高更新的要求。

（1）内部控制设计应该具有集成性。会计信息是对企业经济活动的反映，其数据来源于业务部门，会计信息化后，大量的数据通过网络从企业各个子系统直接采集，并通过公共接口与有关外部系统（如银行、税务、经销商等）相联接，使会计系统不再是"孤岛"，绝大部分的业务信息能够实时转化，直接生成会计信息，会计数据处理呈现集成化趋势，内部控制也要求与之相对应，例如，以前管理软件中的模块都是针对部门级的应用而设计的，系统与系统之间，部门与部门之间信息流通不畅。流程控制型企业管理软件把企业作为一个整体，强调财务系统、购销系统、制造系统、人力系统以及决策支持系统的整体应用，这些系统之间采用整合式设计，数据共享，从而实现资金流、物流和信息流的统一。此时的内部控制设计也要有集成性的特点，如软件控制、硬件和数据控制、岗位控制、档案管理控制、输入控制、处理控制等需要相互结合。

（2）内部控制制度应具有柔性。在会计信息系统下，内部控制不应该只是一个固定的、一成不变的模式，它应该随着企业内外环境的变化而变化，即符合权变原则。因而在设计内部控制制度时，应考虑四个因素：

①软件与技术的结合：计算机信息处理的集中性、自动型，使传统职权分割的控制作用近于消失，信息载体的改变及其共享程度的提高，又使手工系统以记账规则为核心的控制体系失效。手工会计主要采用结构控制方法，包括设置相互牵制和制约的会计岗位，通过对会计业务的多重反映或者相互稽核关系进行控制。例如，总账、明细账、日记账分别记录，结果互相验证等。而现代信息技术给企业的内部控制赋予了新的内涵，会计控制也由人工控制变为人和计算机共同控制，计算机的控制如口令控制、数据加密、职能权限控制、访问时间权限管理、操作日志管理等。

②公司环境：特殊的公司环境因素决定了应采用什么样的控制系统，同时也决定了什么才是有效的。这些因素包括公司的地理位置分布，管理层的稳定性，公司规模和结构以及生产部门与职能部门的关系等。

③公司总体管理控制系统的结构和管理哲学：总体的控制系统和管理哲学一般会限制控制系统的选择。

（3）内部控制应将安全性放在优先地位。信息化系统的网络化面临的最突出的问题就是安全问题。首先，互联网所依托的 Internet/Intranet 体系使用的是开放式的 TCP/IP 协议，它以广播的形式向外传播，易被搭载侦听、口令字试探和窃取、身份假冒。其次，网络经济的最新发展是电子商务，电子商务涉及许多电子数据，如电子货币等，也很容易受到不法分子的攻击。再次，会计信息化已将财务管理和业务管理一体化，企业的经营管理几乎完全依赖于网络系统，如果企业对网络的管理和维护水平不高或者疏于管理监控，一旦网络系统瘫痪将严重影响企业的整体运作。因此，对于企业来说，内部控制极为重要。

六、会计信息系统内部控制的基本内容

（一）会计信息系统的一般控制

一般控制是指对任何会计信息系统都普遍适用的，为了系统的安全可靠而对系统构成要素（人、硬件、软件）及环境实施的控制。它主要包括以下几个方面：

1. 组织与管理控制

组织与管理控制是指通过部门的设置、人员的分工、岗位职责的制定、权限的划分等形式进行的控制，其基本目标是建立恰当的组织机构和职责分工制度，以达到相互牵制、相互制约、防止或减少错弊发生的目的。其中较重要的岗位有系统管理和审核岗位。

系统管理主要负责系统的硬、软件管理工作，从技术上保证系统的正常运行。包括掌握网络服务器及数据库的超级口令，负责网络资源分配，监控网络运行；按照主管人员的要求，对各岗位分配权限，对数据的安全保密负责；负责对硬件、软件、数据的管理与维护工作。系统管理岗位应保持相对稳定，若有变动应办理严格的交接手续。

审核岗位主要负责监督计算机及会计信息系统的运行，防止利用计算机进行舞弊。具体包括：审查机内数据与书面资料的一致性；监督数据保存方式的安全性和合法性，防止发生非法修改历史数据的现象；对系统运行各环节进行审查，防止存在漏洞等。

2. 应用系统开发、建立和维护控制

（1）应用系统开发控制是针对系统开发阶段而言的，具体包括：系统开发前应进行可行性研究和需求分析；开发过程中应进行适当的人员分工；按规范收集和保管有关系统的资料并加以保密等。

（2）系统建立控制则是针对系统建立阶段而言的，具体包括：资源的适当配置；系统的调试应有各岗位人员的参与；新的系统应与传统系统并行一段时间并经有关部门审批后才能替代传统系统使用；严格的验收程序等。

（3）系统的维护是指日常为保障系统正常运行而对系统硬件和软件进行的安装、修正、更新、扩展、备份等方面的工作。系统维护控制就是针对这些工作而实施的控制。

3. 系统操作控制

系统操作控制主要表现为操作权限控制和操作规程控制两个方面的内容。

①操作权限控制是指每个岗位的人员只能按照所授予的权限对系统进行作业，不得超越权限接触系统。系统应制定适当的权限标准体系，使系统不被越权操作，从而保证系统的安全。操作权限控制常采用设置口令来实行。

②操作规程控制是指系统操作必须遵循一定的标准操作规程进行。标准操作规程包括软硬件操作流程、作业运行规程、用机时间记录规程等。

4. 系统软件控制

系统软件控制是指为保证系统软件运行正常而预先在系统软件内部设计的各种处理故障、纠正错误、保证系统安全的控制。

5. 数据和程序控制

数据和程序控制主要是指对数据、程序的安全控制。程序的安全与否直接影响着系统的运行，而数据的安全与否关系到财务信息的完整性和保密性。

数据控制的目标是要做到任何情况下数据都不会丢失、不损毁、不泄露、不被非法侵入。通常采用的控制包括接触控制、丢失数据的恢复与重建等，而数据的备份则是数据恢复与重建的基础，是一种常见的数据控制手段，网络中利用两个服务器进行双机镜像映射备份是备份的先进形式。

程序的安全控制是要保证程序不被修改、不损毁、不被病毒感染。常用的控制包括接触控制、程序备份等。接触控制是指非系统维护人员不得接触到程序的技术资料、源程序和加密文件，从而减少程序被修改的可能性；程序备份则是指有关人员要注明程序功能后备份存档，以备系统损坏后重建安装之需。程序的安全控制还要求系统使用单位制定具体的防病毒措施，包括对所有来历不明的介质在使用前进行病毒检测，定期对系统进行病毒检测，使用网络病毒防火墙以防止各种各样的网络病毒侵入等。

6. 网络的安全控制

网络安全性控制包括数据保密、访问控制、身份识别、不可否认和完整性等方面的控制。针对这些方面，可采用一些安全技术，主要包括数据加密技术（数据的加解密、认证信息的加解密、数字签字、完整性）、访问控制技术、认证技术、隧道技术（VPN）等。数据加密技术的代表是秘密密钥系统技术和公开密钥系统技术；访问控制技术的代表是防火墙技术，特别是已融合了 VPN（虚拟专用网及隧道技术）的防火墙技术；认证技术的代表是 Kerberos 网络用户认证系统技术。其中，VPN 解决了财务信息在 Internet 上传输的安全问题。

网络传输介质、接入口的安全性也是应该引起注意的问题，尽量使用光纤传输，接入口应保密。

通过上述技术可确保财务信息在内部网络及外部网络传输中的安全性。

（二）会计信息系统的应用控制

应用控制是对会计信息系统中具体的数据处理活动所进行的控制。应用控制可划分为输入控制、计算机处理与数据文件控制和输出控制。

1. 输入控制

常用的控制方法包括：建立科目名称与代码对照文件，以防止会计科目输错；设计科目代码校验，以保证会计科目代码输入的正确性；设计对应关系参照文件，用来判断对应账户是否发生错误；试算平衡控制，对每笔分录和借贷方进行平衡校验，防止输入金额出错；顺序检查法，防止凭证编号重复；二次输入法，将数据先后两次输入或同时由两人分别输入，经对比后确定输入是否正确等。

2. 计算机处理与数据文件控制

常用的控制措施包括：登陆条件检验，即系统要有确认数据经复核后才能登陆的控制能力；防错、纠错控制，即系统要有防止或及时发现在处理过程中数据丢失、重复或出错的控制措施；修改权限与修改痕迹控制，即对已入账的凭证，系统只能提供留有痕迹的更改功能，对已结账的凭证与账簿以及计算机内账簿生成的报表数据，系统不提供更改功能等。

3. 输出控制

控制措施包括：控制只有具有相应权限的人才能执行输出操作，并要登记操作记录，从而达到限制接触输出信息的目的；打印输出的资料要进行登记，并按会计档案要求保管。

第五节 思 考 题

一、思考题 A：基础知识题

1. 会计电算化与会计信息化有何区别？

2. 会计信息化的发展历程大体经历了哪些阶段，各个阶段的主要特征是什么？
3. 根据电子计算机在会计工作中的应用程序，电算化会计大体可分为几个层次？
4. 会计信息系统的基本组成内容有哪些？
5. 会计信息系统与 ERP 系统是怎样的关系？
6. 会计信息系统与手工会计系统的不同点主要表现在哪些方面？
7. 你认为内部控制的定义应该如何确定？
8. 内部控制有哪几大要素？
9. 不同的企业内部控制有哪些方面的差异？
10. 货币资金内部控制制度的重要性体现在哪些方面？
11. 货币资金内部控制制度的内容包括哪些方面？如何正确设计货币资金收付的程序？
12. 银行存款的内部控制制度有何特点？
13. 会计信息系统的内部控制要达到怎样的目标？
14. 会计信息系统内部控制的基本内容由哪些方面组成？

二、思考题 B：分析题

1. 货币资金支出控制程序的设计

海达公司是一个生产汽车零部件的厂家，经常以货币资金支出的形式进行零星采购，因此建立了严格的货币资金支出控制程序，试述该公司的会计部门和出纳部门各自的业务有哪些？如果这两个部门不能独立，会出现什么情况？

2. 关于手工会计系统和会计信息系统的讨论

以下是海达公司的会计员王波和会计主管张冰之间的一段关于会计系统的对话：

张冰：王波，根据我们公司的实际情况，我在考虑我们应将公司的手工会计系统转换为会计信息系统，我想你可能需要学习一下会计软件的应用。

王波：会计信息系统是什么？

张冰：我也是接触不多，了解不多，但你应该准备好运用 ERP 软件。

王波：我不能确定我们是否需要一套会计信息系统，但我看过一些会计软件商所提供的范例报告，我没看出它比我们现在能做更多的东西。

张冰：你能具体说说吗？

王波：我们可以看一下这些报告。这里有客户报告，反映销售情况，类似于我们的收入日记账；还有存款报告，类似于我们的现金收款日记账。区别在于，会计信息系统将这些报告打印出来，比我们的手工系统要清楚一些，可我真看不出运用会计信息系统能给我们带来多大好处。

张冰：如果是这样，我认为会计信息系统不仅仅是漂亮的报告了，我相信它能够在更多地方节省我们很多的时间和精力。

王波：为什么？我们仍然要将交易录入到电脑中，如果有差别的话，那只是增加了我们的工作量。"

根据上面这段对话，阐明你的观点：你同意王波的观点吗？为什么会计信息系统要优于手工会计系统呢？

3. 加强企业内部控制的方法

王海最近受聘为海达公司的经理，海达公司是一家全国熟食连锁店。在王海第一个月作为商店的经理期间，他发现商店内部控制中的以下情况：

（1）海达公司有一台收款机。在王海到来之前，每一位员工都负责了公司的整个流程中的接受订单、收款和准备订单业务。王海对这一方式进行了改革，任命一个员工负责接受订单，另一个员工负责收款，而其他员工则准备订单。

（2）因为只有一个员工使用现金收款机，该员工便在换班时核对收款机的收款记录与收到的现金销售金额是否一致。王海希望每一位现金收款员每次核对时要精确到分。

（3）王海抓住了一位员工将一箱包括100小袋的土豆片搬上自己的车，王海没有对他发出警告，他笑着说："我还以为你是在将这些土豆片放在右边的橱架上，这些东西不是公司的？"这位职员马上把这箱土豆片放回了仓库。

你是否赞同王海处理每一问题的方法，并说出你的原因。

（本案例题选自中信出版社《会计学》一书，作者：卡尔－S.沃伦等）

第十三章

会计工作组织

在本章中你将——

理解会计工作组织的概念、意义和要求；掌握会计机构的设置，会计人员的职责与权限、会计工作岗位设置的基本知识；掌握会计工作交接制度、会计从业资格、会计专业技术资格与职务的基本知识；理解和掌握会计规范体系，会计岗位责任制以及会计档案管理的主要内容。

会计工作是一项综合性的管理工作，各单位所发生的各项经济业务，都要通过会计加以反映和监督管理，因而，会计工作就与其他经营管理工作有着密切的联系；会计工作也是一项政策性很强的工作，必须按照有关的财经政策、法规、制度的要求办理业务；会计工作还是一项严密细致的工作，会计所产生的数据信息要经过一连串的记录、计算、分类、汇总和分析等处理程序。因此，要做好会计工作，就必须建立专门的会计机构，配备专门的会计人员，并按照规定的会计制度开展日常的会计工作。

第一节 会计工作组织的基本内容

一、会计工作组织的含义

会计工作是指运用一系列会计专门方法，对会计事项进行处理的活动。会计是通过会计工作对各单位日常活动实施管理的，所以会计是经济管理的一个重要组成部分，会计具有管理的职能。会计管理是指会计机构和会计人员按照一定的目标，为满足国家宏观调控、企业所有权人以及企业管理当局的需要，对企事业单位的资金运动过程及结果进行控制、决策、计划、考核和分析等的总称。在不同的社会历史时期，由于所处的社会经济环境不同，导致作为核算和管理社会经济运行过程的会计的内容也有所不同，而且是随着社会经济的发展而发展，经历了从简单到复杂，从低级到高级的演变过程。

会计管理职能作用的发挥离不开会计工作组织的存在及其正常运行。所谓会计工作组织，就是为了适应会计工作的综合性、政策性、相关性和严密细致性的特点，对会计机构的设置、会计人员的配备、会计制度的制定与执行等项工作所作的统筹安排。

会计工作是一项复杂而细致的管理工作，同时又与其他管理工作诸如统计、审计等密切相关，为了做好会计工作，协调好会计工作与其他经济管理工作之间的关系，就要科学、合理地组织会计工作，以便具体实施对会计工作的有效管理。

二、组织会计工作的意义

科学地组织好会计工作，对于顺利完成会计的各项任务，保证实现会计目标，充分发挥会计的职能作用，促进国民经济健康、有序发展等方面都具有十分重要的意义。具体可概括如下：

（一）科学地组织会计工作，有利于保证会计工作的质量和提高会计工作的效率

会计通过对社会再生产过程中的经济活动和财务收支情况进行反映和监督，为管理者以及社会各界提供准确、可靠的会计信息。具体来说，对于各项经济活动及财务收支，会计是通过凭证到账簿，从账簿到报表，进行连续的记录、计算、分类、汇总并进一步分析检查的。全部过程包括了一系列的程序，需要履行各种手续，各程序及手续之间环环相扣、紧密相连。在任何一个环节上出现差错，都必然造成整个核算结果不正确或不能及时完成，进而影响整个会计核算工作的质量和效率。所以，必须要结合会计工作的特点，科学地设置会计机构并配备高素质的会计人员，认真制定并严格执行会计法规和会计制度，只有这样，才能保证会计工作正常、高效地运行，圆满完成会计的各项任务。

（二）科学地组织会计工作，有利于加强同其他经济管理工作的协调一致，提高企业整体管理水平

会计工作是企业单位整个经济管理工作的一个重要组成部分，它既有独立性，又同其他管理工作存在着相互制约、相互促进的关系。可以说，科学而完善的会计工作组织，需要其他经济管理工作的配合与协调，同时也能促进其他经济管理工作的顺利进行。因此，只有科学地组织好会计工作，才能处理好会计同其他经济管理工作之间的关系，做到相互促进、密切配合、口径一致，从而全面完成会计任务。

（三）科学地组织会计工作，有利于完善企业单位的内部经济责任制

前已述及，会计是经济管理的重要组成部分，而经济管理的一个重要手段就是实行各单位的内部经济责任制，所以实行内部经济责任制当然离不开会计。总而言之，科学地组织好会计工作，可以促使企业单位内部各有关部门管好、用好资金，增收节支，通过提高经营管理水平，达到提高经济效益、取得最佳经济效果的目的。

（四）科学地组织会计工作，有利于维护财经法纪，贯彻经济工作的方针政策

会计工作是一项错综复杂的系统工作，政策性又很强，必须通过核算如实地反映各单位的经济活动和财务收支，通过监督来贯彻执行国家的有关政策、方针、法令和制度。因此，科学地组织好会计工作，可以促使各单位更好地贯彻实施各项方针政

策，维护好财经纪律，为建立良好的社会经济秩序打下基础。

总而言之，会计工作是一项要求极高的综合性经济管理活动，科学、有效地组织和管理会计工作，对于贯彻执行国家的法律、法规，维护财经纪律，建立良好的社会经济秩序都具有十分重要的意义。

即问即答 简要阐述组织会计工作的意义。

三、组织会计工作应符合的要求

对会计工作进行组织和管理要符合一定的要求，或者说要遵循一定的原则。组织会计工作应符合的要求，是指组织好会计工作、提高会计工作质量和效率所应遵循的一些基本规律。它是组织好会计工作的基本保证，是提高会计工作质量和效率必须遵守的原则。

要保证科学、有效地组织和管理会计工作，必须遵循以下几项要求：

（一）统一性要求

统一性要求，是指组织会计工作必须按照《会计法》和《企业会计准则》以及其他相关会计法规制度对会计工作的统一要求，贯彻执行国家规定的法令制度，进行会计核算，实行会计监督，以便更好地发挥会计工作在维护社会主义市场经济秩序，加强经济管理，提高经济效益中的应有作用。

（二）适应性要求

适应性要求，是指组织会计工作必须适应本单位经营管理的特点。各单位应在遵守国家法规和准则的前提下，根据自身管理特点及规模大小等情况，制定出相应的具体办法，采用不同的账簿组织、记账方法和程序处理相应的经济业务，以适应企业自身发展的需要。

（三）效益性要求

效益性要求，是指在组织会计工作时，在保证会计工作质量的前提下，应讲求效益，节约人力和物力。会计工作十分繁杂，如果组织不好，就会造成重复劳动、浪费人力和物力。所以，对会计管理程序的规定，会计凭证、账簿、报表的设计，会计机构的设置以及会计人员的配备等，都应避免繁琐，力求精简，引入会计电算化，从工艺上改进会计操作技术，提高工作效率。应防止机构过于庞大、重叠，人浮于事和形式主义，避免影响会计工作的效率和质量。

（四）内部控制及责任制要求

内部控制及责任制要求，是指组织会计工作时，要遵循内部控制的原则，在保证贯彻整个单位责任制的同时，建立和完善会计工作自身的责任制，从现金出纳、财产物资进出以及各项费用的开支等方面形成彼此相互牵制的机制，防止工作中的失误和弊端。对会计工作进行合理分工，不同岗位上的会计人员各司其职，使得会计处理手续和会计工作程序达到规范化、条理化。

综上所述，组织会计工作，应在保证会计工作质量的前提下，尽量节约耗用在会计工作上的时间和费用。会计账、证、表的设计，各种核算程序的选择，有关措施的确定，会计机构的设置和会计人员的配备等，应做到成本与效果相结合，符合精简节约的原则，既要组织好会计工作，又要减少人、财、物的消耗。

第二节　会计机构与会计人员

建立健全各单位的会计机构，配备与工作要求相适应、具有一定素质和数量的会计人员，是在空间上保证会计工作正常进行，充分发挥会计管理职能的重要条件。《会计法》、《会计基础工作规范》等会计规范对会计机构设置和会计人员配备的相关要求作了具体的规定。

一、会计机构的设置

会计机构，是指各企事业单位内部直接从事和组织领导会计工作的职能部门。

企业、行政事业单位会计机构的设置，必须符合社会经济对会计工作所提出的各项要求，并与国家的会计管理体制相适应。同时，根据设置的会计机构，制定出符合国家管理规定，适合本单位具体情况的内部会计管理制度，以最大限度地发挥会计机构以及每个会计人员在经济管理过程中的应有作用。

单位是否需要设置会计机构，可以根据本单位会计业务的繁简情况决定，一般取决于如下因素：（1）单位规模的大小；（2）经济业务和财务收支的繁简；（3）经营管理的要求。

（一）办理会计事务的组织方式

各单位办理会计事务的组织方式有以下三种：

1. 单独设置会计机构

单独设置会计机构是指单位依法设置独立负责会计事务的内部机构，负责进行会计核算，实行会计监督，拟定本单位办理会计事务的具体办法，参与拟定经济计划、业务计划，考核、分析预算、财务计划的实行情况，办理其他会计事务等。会计机构内部应当建立稽核制度。

2. 有关机构中配置专职会计人员

不具备单独设置会计机构条件的，应当在有关机构中配置专职会计人员，并指定会计主管人员。会计主管人员是指不单独设置会计机构的单位里，负责组织管理会计事务、行使会计机构负责人职权的负责人。

3. 实行代理记账

没有设置会计机构且未配置会计人员的单位，应当根据《代理记账管理办法》委托会计师事务所或者持有代理记账许可证书的其他代理记账机构进行代理记账。

即问即答　简要说明单位设置会计机构的组织方式。

(二)代理记账

代理记账是指代理记账机构接受委托办理会计业务。代理记账机构是指依法取得代理记账资格,从事代理记账业务的机构。

1. 代理记账机构的设立条件

符合下列条件的机构可以申请代理记账资格:

(1) 为依法设立的企业;

(2) 持有会计从业资格证书的专职从业人员不少于3名;

(3) 主管代理记账业务的负责人具有会计师以上专业技术职务资格且为专职从业人员;

(4) 有健全的代理记账业务内部规范。

除会计师事务所以外的机构从事代理记账业务应当经县级以上地方人民政府财政部门批准,领取由财政部统一规定样式的代理记账许可证书。具体审批机关由省、自治区、直辖市、计划单列市人民政府财政部门确定。

会计师事务所及其分所可以依法从事代理记账业务。

申请人应当自取得代理记账许可证书之日起20日内通过企业信用信息公示系统向社会公示。

代理记账机构设立分支机构的,分支机构应当及时向其所在地的审批机关办理备案登记。

2. 代理记账机构的业务范围

代理记账机构可以接受委托人的委托办理以下业务:

(1) 根据委托人提供的原始凭证和其他相关资料,按照国家统一的会计制度的规定进行会计核算,包括审核原始凭证、填制记账凭证、登记会计账簿、编制财务会计报告等;

(2) 对外提供财务会计报告。代理记账机构为委托人编制的财务会计报告,经代理记账机构负责人和委托人签名并盖章后,按照有关法律、行政法规和国家统一的会计制度的规定对外提供;

(3) 向税务机关提供税务资料;

(4) 委托人委托的其他会计业务。

3. 委托代理记账的委托人的义务

(1) 对本单位发生的经济业务事项,应当填制或者取得符合国家统一的会计制度规定的原始凭证;

(2) 应当配备专人负责日常货币收支和保管;

(3) 及时向代理记账机构提供真实、完整的原始凭证和其他相关资料;

(4) 对于代理记账机构退回的,要求按照国家统一的会计制度的规定进行更正、补充的原始凭证,应当及时予以更正、补充。

4. 代理记账机构及其从业人员的义务

（1）遵守有关法律、法规和国家统一的会计制度的规定，按照委托合同办理代理记账业务；

（2）对在执行业务中知悉的商业秘密予以保密；

（3）对委托人要求其作出不当的会计处理，提供不实的会计资料，以及其他不符合法律、法规和国家统一的会计制度行为的，予以拒绝；

（4）对委托人提出的有关会计处理相关问题予以解释。

5. 法律责任

代理记账机构及其从事代理记账业务人员在办理业务中违反会计法律、行政法规和国家统一的会计制度规定的，由县级以上人民政府财政部门依据《中华人民共和国会计法》及相关法规的规定处理。

委托代理记账机构办理会计业务并不改变单位负责人对会计资料真实性和完整性承担的责任。

二、会计人员

会计人员是指在国家机关、社会团体、公司、企业、事业单位和其他组织中从事财务会计工作的人员，包括会计机构负责人（会计主管人员）以及具体从事会计工作的会计师、会计员和出纳等。合理地配置会计人员，提高会计人员的综合素质是每个单位做好会计工作的决定性因素，对会计核算管理系统的运行起着关键的作用。可以说，提高会计人员的素质是发展知识经济的需要，是中国加入世界贸易组织的需要，更是企业单位自身发展的需要。

为了充分调动会计人员的积极性，使会计人员在工作时有明确的方向和办事准则，以便更好地完成会计的各项工作任务，就应当明确会计人员的职责、权限和任免的各项规定。

（一）会计人员的主要职责

会计人员的职责也是会计机构的职责，具体包括以下几项内容：

1. 进行会计核算。会计人员应按照会计制度的规定，切实做好记账、算账、报账工作。各单位必须根据实际发生的经济业务事项进行会计核算，要认真填制和审核原始凭证，编制记账凭证，登记会计账簿，正确计算各项收入、支出、成本、费用、财务成果。按期结算、核对账目、进行财产清查，在保证账证相符、账账相符、账实相符的基础上，按照手续完备、数字真实、内容完整的要求编制和报出财务报告。

2. 实行会计监督。实行会计监督，即通过会计工作，对本单位的各项经济业务和会计手续的合法性、合理性进行监督。对不真实、不合法的原始凭证不予受理，对账簿记录与实物、款项不符的问题，应按有关规定进行处理或及时向本单位领导人报告；对违反国家统一的财政制度、财务规定的收支不予受理。此外，各单位必须依照法律和国家有关规定，接受财政、审计、税务机关的监督，如实提供会计凭证、会计账簿、会计报表和其他会计资料以及有关情况。

3. 编制业务计划及财务预算，并考核、分析其执行情况。会计人员应根据会计资料并结合其他资料，按照国家各项政策和制度规定，认真编制并严格执行财务计划、预算，遵照经济核算原则，定期检查和分析财务计划、预算的执行情况，遵守各项收支制度、费用开支范围和开支标准，合理使用资金，考核资金使用效果等。

4. 制定本单位办理会计事务的具体办法。会计主管人员应根据国家的有关会计法规、准则及其他相关规定，结合本单位具体情况，制定本单位办理会计事项的具体办法，包括会计人员岗位责任制、钱账分管制度、内部稽核制度、财产清查制度、成本计算办法、会计政策的选择以及会计档案的保管制度等。

（二）会计人员的主要权限

为了保障会计人员更好地履行其职责，《会计法》及其他相关法规在明确了会计人员职责的同时，也赋予了会计人员相应的权限，具体有以下三个方面的权限：

1. 会计人员有权要求本单位各有关部门及相关人员认真执行国家、上级主管部门等批准的计划和预算。严格遵守国家财经法律、会计准则和相应的会计制度。如果发现有违反上述规定的，会计人员有权拒绝付款、拒绝报销或拒绝执行，对于属于会计人员职权范围内的违规行为，在自己的职权范围内予以纠正，超出其职权范围的应及时向有关部门及领导汇报，请求依法处理。

2. 会计人员有权参与履行其管理职能，也就是有权参与本单位编制计划、制定定额，签订合同，参加有关的生产经营管理会议和业务会议，并以会计人员特有的专业地位就有关事项提出自己的建议和意见。

3. 会计人员有权监督、检查本单位内部各部门的财务收支、资金使用和财产保管、收发、计量、检验等情况，各部门应该大力支持和协助会计人员工作。

会计人员在正常工作过程中的权限是受法律保护的，《会计法》第四十六条规定，单位负责人对依法履行职责、抵制违反本法规定行为的会计人员以降级、撤职、调离工作岗位、解聘或者开除等方式实行打击报复，构成犯罪的，依法追究刑事责任；尚不构成犯罪的，由其所在单位或者有关单位依法给予行政处分。对受打击报复的会计人员，应当恢复其名誉和原有职务、级别。由此可见，任何人干扰、阻碍会计人员依法行使其正当权利，都会受到法律的追究乃至制裁。

（三）会计机构负责人（会计主管人员）的任职资格

1. 会计机构负责人（会计主管人员）的概念

会计机构负责人（会计主管人员）是指在一个单位内具体负责会计工作的中层领导人员。在单独设置会计机构的情况下，该负责人为会计机构负责人，比如财务处处长、财务科科长；不单独设置会计机构，而是在有关机构中设置会计人员的情况下，被指定为会计主管人员的人就是负责人。

2. 会计机构负责人（会计主管人员）的任职资格

《会计法》规定：担任单位会计机构负责人（会计主管人员）的，除取得会计从业资格证书外，还应当具备会计师以上专业技术职务资格或者从事会计工作 3 年以上经历。

（四）会计人员回避制度

回避制度是指为了保证执法或者执业的公正性，对可能影响其公正性的执法或执业的人员实行职务回避和业务回避的一种制度。

《会计基础工作规范》规定，国家机关、国有企业、事业单位任用会计人员应当实行回避制度；单位负责人的直系亲属不得担任本单位的会计机构负责人和会计主管人员；会计机构负责人、会计主管人员的直系亲属不得在本单位会计机构中担任出纳。

直系亲属包括夫妻关系、直系血亲关系（父母子女，祖父母、外祖父母和孙子女、外孙子女等）、三代以内旁系血亲（兄弟姐妹、叔侄等）以及近姻亲关系（岳父岳母和女婿，公婆和儿媳等）。

直系血亲关系还包括本来没有自然的或直接的血缘关系，但法律上确定其地位与血亲相等，如养父母和养子女之间的关系。三代以内旁系血亲关系包括自己兄弟姐妹及其子女与父母的兄弟姐妹及其子女。近姻亲关系则指配偶的父母、兄弟姐妹、儿女的配偶及儿女配偶的父母。

（五）总会计师制度

我国于 20 世纪 60 年代初期开始在规模较大的企业中试行总会计师制度，而真正确立这项制度是在 20 世纪 70 年代末期即 1978 年，国务院颁发施行了《会计人员职权条例》，其中就规定了企业应建立总会计师经济责任制，1984 年 10 月中共十二届三中全会通过的《关于经济体制改革若干问题的决定》中再一次强调了企业应设置总工程师、总经济师和总会计师，并对其职责作了相应的规定，1990 年国务院发布的《总会计师条例》进一步明确了总会计师制度的相关内容；全民所有制大中型企业设置总会计师；事业单位和业务主管部门根据需要，经批准可以设置总会计师。

《会计法》第三十六条第二款规定，国有的和国有资产占控股地位或者主导的大中型企业必须设置总会计师。总会计师的任职资格、任免程序、职责权限由国务院规定。为了更好地领导和组织企业的各项会计工作，大中型企业应设置总会计师职务，小型企业应指定一名副厂长（或相应级别）行使总会计师的职权。总会计师是企业厂级行政领导人员。

1. 总会计师的基本职责

（1）负责组织本单位的下列工作：编制和组织预算、财务收支计划、信贷计划；拟定资金的筹措和使用方案，开辟财源，有效地使用资金；进行成本费用预测、计划、控制、核算、分析和考核，督促本单位有关部门降低消耗，节约费用，提高经济效益；建立、健全经济核算制度；承办单位主要行政领导人交办的其他工作。

（2）负责对本单位财会机构的设置、会计人员的配备、会计专业职务的设置提出方案；组织会计人员的业务培训和考核；支持会计人员依法行使职权。

（3）协助单位主要行政领导人对企业的生产经营、行政事业单位的业务发展以及基本建设投资等问题做出决策;参与新产品开发、技术改造、科技研究、商品(劳务)价格和工资奖金等方案的制订;参与重大经济合同和经济协议的研究、审查。

一般来说,总会计师应由具有会计师、高级会计师技术职称的人员担任。

2. 总会计师的工作权限

(1) 对违反国家财经法律、法规、方针、政策、制度和有可能在经济上造成损失的行为,有权制止或者纠正;制止或纠正无效时,提请单位主要行政领导处理。

(2) 有权组织本单位各职能部门、直属基层组织的经济核算、财务会计和成本管理方面的工作。

(3) 主管审批财务收支工作。除一般的财务收支可以由总会计师授权的财会机构负责人或者其他指定人员审批外,重大的财务收支须经总会计师审批或者由总会计师报单位主要行政领导批准。

(4) 签署预算、财务收支计划、成本和费用计划、信贷计划、财务专题报告、会计决算报表须经总会计师签署;涉及财务收支的重大业务计划、经济合同、经济协议等在单位内部须经总会计师会签。

(5) 会计人员的任用、晋升、调动、奖惩应当事先征求总会计师的意见;财会机构负责人或者会计主管人员的人选,应当由总会计师进行业务考核,依照有关规定审批。

企业的总会计师由本单位主要行政领导提名,政府主管部门任命或者聘任;免职或者解聘程序与任命或者聘任程序相同。

实践证明,不断完善总会计师制度,有利于协调企业内部的各项管理工作,改善经营管理,提高经济效益。

三、会计工作岗位设置

会计工作岗位是指单位会计机构内部根据业务分工而设置的从事会计工作、办理会计事项的具体职位。无论单位是否设置单独的会计机构,均应根据会计业务需要设置会计工作岗位。

(一) 设置会计工作岗位的基本原则

对于会计工作岗位的设置,《会计基础工作规范》提出了如下示范性的要求:

1. 按需设岗。各单位会计工作岗位的设置应与本单位业务活动的规模、特点和管理要求相适应。

2. 符合内部牵制的要求。内部牵制是通过实施岗位分离自动实现账目间的相互核对来保证相关账目正确无误的一种控制机制。它是内部控制制度的重要内容之一,主要包括:(1) 内部牵制制度的原则,即机构分离、职务分离、钱账分离、物账分离等;(2) 对出纳等岗位的职责和限制性规定;(3) 有关部门或领导对限制性岗位的定期检查办法。

根据规定，会计工作岗位可以一人一岗、一人多岗或者一岗多人，但出纳人员不得兼稽核、会计档案保管和收入、费用、债权债务账目的登记工作。出纳以外的人员不得经管现金、有价证券、票据。

3. 要建立岗位责任制。会计岗位责任制是单位会计人员履行会计岗位职责，提高工作效率的有效保证。

4. 建立轮岗制度。对会计人员的工作岗位要有计划地进行轮岗，以促进会计人员全面熟悉业务和不断提高业务素质。

（二）主要会计工作岗位

会计工作岗位一般可分为：（1）总会计师（或行使总会计师职权）岗位；（2）会计机构负责人（会计主管人员）岗位；（3）出纳岗位；（4）稽核岗位；（5）资本、基金核算岗位；（6）收入、支出、债权债务核算岗位；（7）职工薪酬核算、成本费用核算、财务成果核算岗位；（8）财产物资的收发、增减核算岗位；（9）总账岗位；（10）财务会计报告编制岗位；（11）会计机构内部会计档案管理岗位；（12）其他会计工作岗位。开展会计电算化和管理会计的单位，可以根据需要设置相应工作岗位，也可以与其他工作岗位相结合。

对于会计档案管理岗位，在会计档案正式移交前，属于会计岗位；正式移交档案管理部门后，不再属于会计岗位。档案管理部门的人员管理会计档案，不属于会计岗位。医院门诊收费员、住院处部收费员、药房收费员、药品库房记账员、商场收款（银）员所从事的工作，均不属于会计岗位。单位内部审计、社会审计、政府审计等工作相关的岗位也不属于会计岗位。

即问即答　简要说明有哪些主要的会计工作岗位。

四、会计工作交接

会计工作交接，也称会计人员工作交接，是指会计人员工作调动、离职或因病暂时不能工作，应与接管人员办理交接手续的一种工作程序。

（一）交接的范围

1. 会计人员临时离职或因病不能工作，需要接替或代理的，会计机构负责人（会计主管人员）或者单位负责人必须指定专人接替或者代理，并办理会计工作交接手续；

2. 临时离职或因病不能工作的会计人员恢复工作时，应当与接替或代理人员办理交接手续；

3. 移交人员因病或其他特殊原因不能亲自办理移交手续的，经单位负责人批准，可由移交人委托他人代办交接，但委托人应当对所移交的会计凭证、会计账簿、财务会计报告和其他有关资料的真实性、完整性承担法律责任。

（二）交接的程序

会计人员工作调动或者因故离职，必须将本人所经管的会计工作全部移交给接替人员。没有办清交接手续的，不得调动或者离职。

具体办理会计工作交接，应按以下程序进行：

1. 提出交接申请

会计人员在向单位或者有关机关提出调动工作或者离职的申请时，应当同时向会计机构提出会计交接申请，以便会计机构早做准备，安排其他会计人员接替工作。交接申请的内容通常应当包括：申请人姓名、申请调动工作或者离职的缘由、时间、会计交接的具体安排、有无重大报告事项或者建议等。

2. 办理移交手续前的准备工作

会计人员在办理会计工作交接前，必须做好以下准备工作：

（1）已经受理的经济业务尚未填制会计凭证的，应当填制完毕；

（2）尚未登记的账目，应当登记完毕，结出余额，并在最后一笔余额后加盖经办人印章；

（3）整理好应该移交的各项资料，对未了事项和遗留问题要写出书面说明材料；

（4）编制移交清册，列明应该移交的会计凭证、会计账簿、财务会计报告、公章、库存现金、有价证券、支票簿、发票、文件、其他会计资料和物品等内容；实行会计电算化的单位，从事该项工作的移交人员应在移交清册上列明会计软件及密码、数据盘、磁带等内容；

（5）会计机构负责人（会计主管人员）移交时，应将财务会计工作、重大财务收支问题和会计人员等情况，向接替人员介绍清楚。对需要移交的遗留问题，应当写出书面材料。

3. 移交点收

移交人员离职前，必须将本人经管的会计工作，在规定的期限内，全部向接管人员移交清楚。接管人员应认真按照移交清册逐项点收。具体要求包括：

（1）库存现金要根据会计账簿记录余额进行当面点交，不得短缺。接替人员发现不一致或"白条抵库"现象时，移交人员在规定期限内负责查清处理。

（2）有价证券的数量要与会计账簿记录一致，有价证券面额与发行价不一致时，按照会计账簿余额交接。

（3）会计凭证、会计账簿、财务会计报告和其他会计资料必须完整无缺，不得遗漏。如有短缺，必须查清原因，并在移交清册中加以说明，由移交人员负责。

（4）银行存款账户余额要与银行对账单核对相符，如有未达账项，应编制银行存款余额调节表调节相符；各种财产物资和债权债务的明细账户余额，要与总账有关账户的余额核对相符；对重要实物要实地盘点，对余额较大的往来账户要与往来单位、个人核对。

（5）公章、收据、空白支票、发票、科目印章以及其他物品等必须交接清楚。

（6）实行会计电算化的单位，交接双方应在电子计算机上对有关数据进行实际操作，确认有关数字正确无误后，方可交接。

4. 专人负责监交

为明确责任，会计人员在办理会计工作交接手续时，必须由专人负责监交。

（1）一般会计人员办理交接手续，由单位的会计机构负责人（会计主管人员）监交。

（2）会计机构负责人（会计主管人员）办理交接手续，由单位负责人监交，必要时，主管单位可以派人会同监交。

5. 交接后的有关事宜

（1）会计工作交接完毕后，交接双方和监交人应在移交清册上签名或盖章，并应在移交清册上注明：单位名称，交接日期，交接双方和监交人的职务、姓名，移交清册页数以及需要说明的问题和意见等。

（2）接管人员应继续使用移交前的账簿，不得擅自另立账簿，以保证会计记录前后衔接，内容完整。

（3）移交清册一般应填制一式三份，交接双方各执一份，存档一份。

即问即答 简要说明会计工作交接的具体程序。

（三）交接人员的责任

交接工作完成后，移交人员所移交的会计凭证、会计账簿、财务会计报告和其他会计资料是在其经办会计工作期间内发生的，应当对这些会计资料的真实性、完整性承担法律责任，即便接替人员在交接时因疏忽没有发现所交接会计资料存在真实性、完整性方面的问题，如事后发现仍应由原移交人员负责，原移交人员不应以会计资料已移交而推脱责任。

五、会计从业资格

会计从业资格是指进入会计职业、从事会计工作的一种法定资质，是进入会计职业的"门槛。"从事会计工作必须持证上岗，这是我国会计管理工作的一项创新。

会计从业资格证书是具备会计从业资格的证明文件，在全国范围内有效。持有会计从业资格证书的人员不得涂改、出借会计从业资格证书。

（一）会计从业资格证书的适用范围

在国家机关、社会团体、公司、企业、事业单位和其他组织中担任会计机构负责人（会计主管）的人员，以及从事下列会计工作的人员应当取得会计从业资格：（1）出纳；（2）稽核；（3）资本、基金核算；（4）收入、支出、债权债务核算；（5）职工薪酬、成本费用、财务成果核算；（6）财产物资的收发、增减核算；（7）总账；（8）财务会计报告编制；（9）会计机构内会计档案管理；（10）其他会计工作。

单位不得任用（聘用）不具备会计从业资格的人员从事会计工作。不具备会计从业资格的人员，不得从事会计工作，不得参加会计专业技术资格考试或评审、会计专业技术职务的聘任，不得申请取得会计人员荣誉证书。

（二）会计从业资格的取得

1. 会计从业资格的取得实行考试制度

会计从业资格考试大纲、考试合格标准由财政部统一制定和公布。会计从业资格实行无纸化考试，无纸化考试题库由财政部统一组织建设。考试科目为：财经法规与会计职业道德、会计基础、会计电算化（或者珠算）。会计从业资格各考试科目应当一次性通过。

2. 会计从业资格报名条件

申请参加会计从业资格考试的人员，应当符合下列基本条件：（1）遵守会计和其他财经法律、法规；（2）具备良好的道德品质；（3）具备会计专业基本知识和技能。

《会计法》规定，因有提供虚假财务会计报告，做假账，隐匿或者故意销毁会计凭证、会计账簿、财务会计报告，贪污、挪用公款，职务侵占等与会计职务有关的违法行为，被依法追究刑事责任的人员，不得参加会计从业资格考试，不得取得或者重新取得会计从业资格证书；除前款规定的人员外，因违法违纪行为被吊销会计从业资格证书的人员，自被吊销从业资格证书之日起 5 年内，不得重新取得会计从业资格证书。

财政部负责全国会计从业资格考试工作，县级以上地方人民政府财政部门、新疆生产建设兵团财务局、中央军委后勤保障部、中国人民武装警察部队后勤部应当对申请参加会计从业资格考试人员的条件进行审核，符合条件的，允许其参加会计从业资格考试。

（三）会计从业资格的管理

1. 会计从业资格的管理机构

县级以上地方人民政府财政部门负责本行政区域内的会计从业资格管理。新疆生产建设兵团财务局应当按照财政部有关规定，负责所属单位的会计从业资格的管理。中央军委后勤保障部、中国人民武装警察部队后勤部应当按照财政部有关规定，分别负责中国人民解放军、中国人民武装警察部队系统会计从业资格的管理。

2. 信息化管理制度

会计从业资格实行信息化管理。会计从业资格管理机构应当建立持证人员从业档案信息系统，及时记载、更新持证人员下列信息：（1）持证人员的相关基础信息；（2）持证人员从事会计工作情况；（3）持证人员的变更、调转登记情况；（4）持证人员换发会计从业资格证书情况；（5）持证人员接受继续教育情况；（6）持证人员受到表彰奖励情况；（7）持证人员因违反会计法律、法规、规章和会计职业道德被处罚情况。

3. 监督检查制度

会计从业资格管理机构应当对下列情况实施监督检查：（1）从事会计工作的人员持有会计从业资格证书情况；（2）持证人员换发、调转、变更登记会计从业资格证书情况；（3）持证人员从事会计工作和执行国家统一的会计准则制度情况；（4）持证人员遵守会计职业道德情况；（5）持证人员接受继续教育情况。

会计从业资格管理机构在实施监督检查时，持证人员应当如实提供有关情况和材料，有关单位应当予以配合。

4. 持证人员继续教育制度

持证人员应当接受继续教育，提高业务素质和会计职业道德水平。持证人员参加继续教育采取学分制管理制度。

会计人员继续教育的形式包括接受培训、参加考试等形式。会计人员可以自愿选择参加符合规定的继续教育形式，每年参加继续教育取得的学分不得少于24学分，在全国范围内有效，但均在当年度有效，不得结转下年度。

会计从业资格管理机构应当加强对持证人员继续教育工作的监督、指导。单位应当鼓励和支持持证人员参加继续教育，保证学习时间，提供必要的学习条件。

5. 变更登记制度

持证人员的姓名、有效身份证件及号码、照片、学历或学位、会计专业技术职务资格、开始从事会计工作时间等基础信息、持证人员接受继续教育情况、持证人员受到表彰奖励情况发生变化的，应当持相关有效证明和会计从业资格证书，到所属会计从业资格管理机构办理从业档案信息变更。会计从业资格管理机构应当在核实相关信息后，为持证人员办理从业档案信息变更。

持证人员的其他相关信息发生变化的，应当登录所属会计从业资格管理机构指定网站进行信息变更，也可以到所属会计从业资格管理机构办理。

6. 调转登记制度

持证人员所属会计从业资格管理机构发生变化的，应当及时办理调转登记手续。

持证人员所属会计从业资格管理机构在省级财政部门、新疆生产建设兵团财务局各自管辖范围内发生变化的，应当持会计从业资格证书、工作证明（或户籍证明、居住证明）到调入地所属会计从业资格管理机构办理调转登记。

持证人员所属会计从业资格管理机构跨省级财政部门、新疆生产建设兵团财务局、中央军委后勤保障部和中国人民武装警察部队后勤部管辖范围发生变化的，应当及时填写调转登记表，持会计从业资格证书，到原会计从业资格管理机构办理调出手续。持证人员应当自办理调出手续之日起3个月内，持会计从业资格证书、调转登记表和在调入地的工作证明（或户籍证明、居住证明），到调入地会计从业资格管理机构办理调入手续。

7. 定期换证制度

会计从业资格证书实行6年定期换证制度。持证人员应当在会计从业资格证书到期前6个月内，填写定期换证登记表，持有效身份证件原件和会计从业资格证书，到所属会计从业资格管理机构办理换证手续。

8. 会计从业资格的撤销

有下列情形之一的，会计从业资格管理机构可以撤销持证人员的会计从业资格：

(1) 会计从业资格管理机构工作人员滥用职权、玩忽职守,作出给予持证人员会计从业资格决定的;(2) 超越法定职权或者违反法定程序,作出给予持证人员会计从业资格决定的;(3) 对不具备会计从业资格的人员,作出给予会计从业资格决定的。持证人员以欺骗、贿赂、舞弊等不正当手段取得会计从业资格的,会计从业资格管理机构应当撤销其会计从业资格。

参加会计从业资格考试舞弊的,两年内不得参加会计从业资格考试,由会计从业资格管理机构取消其考试成绩,已取得会计从业资格的,由会计从业资格管理机构撤销其会计从业资格。

9. 会计从业资格的注销

持证人员具有下列情形之一的,会计从业资格管理机构应当注销其会计从业资格:(1) 死亡或者丧失行为能力的;(2) 会计从业资格被依法吊销的。

即问即答 简要说明会计从业资格管理的主要内容。

六、会计专业技术资格与会计专业职务

(一) 会计专业技术资格

会计专业技术资格是指担任会计专业职务的任职资格,分为初级资格、中级资格和高级资格三个级别。

初级、中级会计资格的取得实行全国统一考试制度,符合报名条件的人员,均可报考。其中,初级会计资格考试科目包括:初级会计实务和经济法基础;中级会计资格考试科目包括:中级会计实务、财务管理和经济法。报考初级会计资格考试的人员必须具备会计从业资格证书以及教育部认可的高中以上学历。报考中级会计资格考试的人员除具备上述条件外,还必须有下列条件:(1) 取得大专学历的,从事会计工作满五年;(2) 取得大学本科学历的,从事会计工作满四年;(3) 取得双学士学位或研究班毕业的,从事会计工作满两年;(4) 取得硕士学位的,从事会计工作满一年;(5) 取得博士学位。

高级会计师资格的取得实行考试与评审相结合制度,符合报名条件的人员,均可报考。考试合格后,方可申请参加高级会计师资格评审。其中,专业考试科目为高级会计实务。参加考试并达到国家合格标准的人员,由全国会计专业技术资格考试办公室核发高级会计师资格考试成绩合格证,该证在全国范围内三年有效。报考高级会计师资格考试的人员需要符合的条件为必须具有会计师、审计师、财税经济师等中级专业技术资格或注册税务师、注册资产评估师资格之一,并从事会计、财税和相应管理工作的在职专业人员。

即问即答 简要说明各种会计专业技术资格的考试科目及报考条件。

(二) 会计专业职务

会计专业职务是区别会计人员从事业务工作的技术等级。会计专业职务分为高级会计师、会计师、助理会计师和会计员。其中,高级会计师为高级职务,会计师为中

级职务，助理会计师和会计员为初级职务。

会计从业资格、会计专业职务、会计专业技术资格是三个不同的概念。会计从业资格是会计人员从事会计工作的上岗证，是对会计人员最基本的要求；会计专业职务是一种技术职称；会计专业技术资格是担任会计专业职务的任职资格。持有会计从业资格证书并实际从事会计工作的人员才可以参加会计专业技术资格考试，取得会计专业技术资格后通过单位聘任或任命才能担任会计专业职务。

会计专业职务与会计专业技术资格的对应关系如表13-1所示：

表13-1

会计专业职务	会计专业技术资格
助理会计师或会计员	初级资格
会计师	中级资格
高级会计师	高级资格

国家对不同级别会计专业职务的任职条件及其基本职责都有明确规定。

1. 会计员的主要工作职责和任职条件

会计员的基本职责是：负责具体审核和办理财务收支、编制记账凭证，登记会计账簿，编制会计报表和办理其他会计事务。

担任会计员的基本条件是：（1）初步掌握财务会计知识和技能；（2）熟悉并能按照规定执行有关会计法规和财务会计制度；（3）能担负一个岗位的财务会计工作；（4）大学专科或中等专业学校毕业，在财务会计工作岗位上见习一年期满。

2. 助理会计师的主要工作职责和任职条件

助理会计师的基本职责是：负责草拟一般的财务会计制度、规定、办法，解释、解答财务会计法规、制度中的一般规定，分析、检查某一方面或某些项目的财务收支和预算的执行情况等。

担任助理会计师的基本条件是：（1）掌握一般的财务会计基础理论和专业知识；（2）熟悉并能正确执行有关的财经方针、政策和财务会计法规、制度；（3）能担负一个方面或某个重要岗位的财务会计工作；（4）取得硕士学位或者取得第二学士学位或研究生班结业证书，具备履行助理会计师职责的能力，或者大学本科毕业后在财务会计工作岗位上见习一年期满，或者大学专科毕业并担任会计员职务两年以上，或者中等专业学校毕业并担任会计员职务四年以上。

3. 会计师的主要工作职责和任职条件

会计师的基本职责是：负责草拟比较重要的财务会计制度、规定、办法，解释、解答财务会计法规、制度中的重要问题，分析、检查财务收支和预算执行情况，培养初级会计人才。

担任会计师的基本条件是：（1）较系统地掌握财务会计基础理论和专业知识；（2）掌握并能正确贯彻执行有关的财经方针、政策和财务会计法规、制度；（3）具有一定的财务会计工作经验,能担负一个单位或管理一个地区、一个部门、一个系统某个方面的财务会计工作;(4)取得博士学位并具有履行会计师职责的能力,或者取得硕士学位并担任助理会计师职务两年左右,或者取得第二学士学位或研究生班结业证书并担任助理会计师职务2—3年,或者大学本科或专科毕业并担任助理会计师职务四年以上;(5)掌握一门外语。

4. 高级会计师的主要工作职责和任职条件

高级会计师的基本职责是:负责草拟和解释、解答一个地区、一个部门、一个系统或在全国施行的财务会计法规、制度、办法,组织和指导一个地区或一个部门、一个系统的经济核算和财务会计工作,培养中级以上会计人才。

担任高级会计师的基本条件是:(1)较系统地掌握经济、财务会计理论和专业知识;(2)具有较高的政策水平和丰富的财务会计工作经验,能担负一个地区、一个部门或一个系统的财务会计管理工作;(3)取得博士学位并担任会计师职务2—3年,或者取得硕士学位、第二学士学位或研究生班结业证书,或者大学本科毕业并担任会计师职务五年以上;(4)较熟练地掌握一门外语。

即问即答 简要说明各种会计专业职务的主要工作职责和任职条件。

第三节 会计规范体系

一、会计规范的含义

会计是信息的生产者,信息是一种产品和资源,任何信息使用者都期望自己所得到的是对自己决策有效的信息,而信息的使用者很多,包括投资者、债权人、企业经营管理者、政府管理部门等,不同的信息使用者对信息的数量、质量、形式等的需求是不同的,而且外界的信息使用者与企业存在着信息不对称,这将危害在信息占有上处于劣势的一方以至违反公平原则。不论在何种经济条件下,会计主要是为信息使用者提供信息的,而提供会计信息就必须要规范信息提供者的行为。为了保证各公司财务会计信息之间的可比性,就必须有统一的、被普遍接受的会计规范来约束其信息的生产过程。

所谓会计规范,是指协调、统一会计处理过程中对不同处理方法作出合理选择的假设、原则、制度等的综合,它是会计行为的标准。

二、会计规范体系的总体构成及其特征

会计规范的内容繁杂多样,如果将所有属于会计规范的内容综合在一起表示,就构成一个体系。会计规范体系并不是简单地罗列这些规范的内容,而是将它们按照一定逻辑顺序、层次分明地、有机地联系起来所组成的一个框架结构图。

（一）会计规范体系的总体构成

从我国目前的实际情况来看，我国会计规范体系主要由以下几个方面构成：

1. 会计法律规范

会计法律规范包括与会计有关的法律和行政法规，是会计规范体系中最具有约束力的组成部分，它是调整经济活动中会计关系的法律规范的总称，是社会法律制度在会计方面的具体体现，是调节和控制会计行为的外在制约因素。我国目前与会计有关的法律主要有《会计法》《注册会计师法》以及其他有关法律；与会计有关的行政法规主要是国务院颁布的各种条例，如《企业财务会计报告条例》《总会计师条例》等。

2. 会计准则与制度规范

法律和制度都是一种社会制度，一种合理安排。会计准则与制度规范是从技术角度对会计实务处理提出的要求、准则、方法和程序的总称。从广义来看，会计制度是指国家制定的会计方面所有规范的总称，包括会计核算制度、会计人员管理制度和会计工作管理制度等。但狭义的会计制度仅指会计核算制度。会计准则与制度规范主要是由财政部根据会计法律和行政规范制定并发布的各种会计准则、会计制度。

3. 会计职业道德规范

会计职业道德规范是从事会计工作的人员所应该遵守的具有本职业特征的道德准则和行为规范的总称，是对会计人员的一种主观心理素质的要求，控制和掌握着会计管理行为的方向和合理化程度。会计职业道德规范是一类比较特殊的会计规范，采用道德的形式对会计人员进行理性规范，促使会计人员确立正确的人生观、会计观，使其行为符合社会习俗和惯例。

4. 会计理论规范

理论是实践的总结，它来源于实践，反过来又指导实践，促进实践的发展，会计理论现已形成了比较完备的概念框架和结构。从一般意义上看，整个成熟的会计理论都是会计规范体系的组成部分，包括会计目标、会计假设、会计要素、会计原则、会计处理程序和方法。它所要揭示和规定的是会计系统内在的特性问题，确定会计管理行为所要遵循的内在要求，是引导会计管理行为科学化、有效化的重要标准。尽管会计理论规范是会计规范体系中的重要内容，但作为指导实践的规范而言，没有必要也不可能单独制定会计理论方面的规范，只能是将其融入其他实务处理的规范中。如我国的《企业财务会计报告条例》和《企业会计制度》等都有各种会计理论的规范内容。

即问即答 简要说明我国会计规范体系的总体构成。

（二）会计规范体系的特征

1. 权威性

会计规范作为评价会计行为合理、合法的有效标准，必然具有充分的影响力和威望，能够让会计人员信服，而不管这种承认是自发的还是强制的，也不管这种规范是成文的还是惯例性的，通过这种标准，让人明白哪些行为是符合规范的，哪些行为是不符合规范的。权威性可以来自于会计规范的制定机关，如国家立法机关和行政机关，也可以来自社会的广泛支持。

2. 统一性

会计规范体系在一定范围之内是统一的，适用的对象不是针对具体和特定的某一单位、某一企业，而是广泛适用于全国范围内的；不是针对某一具体和特定的业务，而是适用于任何会计行为。当然，会计规范的适用也有一定的范围限制，如地方性会计法规只能适用于本地区；企业内部的会计管理制度只在本企业具有较强的约束力。

3. 科学性

会计是一门科学，会计规范体系更是需要有科学合理的特征。科学性是指会计规范体系能够体现会计工作的内在规律和内在要求。毋庸置疑，会计规律与会计所处的客观环境、条件要实现有机结合，体现高度科学性。

4. 相对稳定性

会计规范体系在一定时期、一定客观环境下是相对稳定的，但并不是一成不变的，随着社会政治经济条件的发展变化，一些会计规范可能不再适宜，或变得过时而需要进行修正甚至放弃，而一些新的会计规范逐渐被建立、被接受。因此，会计规范体系的建立和发展是一个动态的演进过程。

三、我国会计规范体系的具体内容

按照我国的国情（主要是经济环境），考虑到大多数人的传统观念与认识，我国会计规范体系应该选择广义的会计规范体系概念，即凡是对会计进行制约、限制和引导的规范都应作为会计规范体系的组成部分，鉴于此，我国会计规范体系的构成如图 13-1 所示。

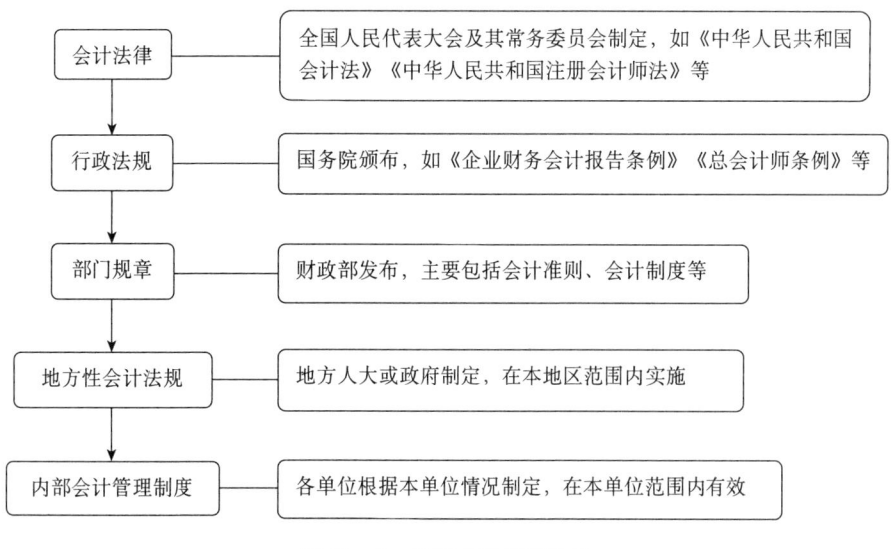

图 13-1 我国会计规范体系

从图 13-1 中可以看出，我国会计规范体系由五个层次构成，按照规范的强制力排列。其中，会计法律是由全国人民代表大会及其常务委员会制定的；行政法规是由我国最高行政机关——国务院颁布的；部门规章主要是指国务院财政部门根据法律、法规的规定发布的指导会计工作的具体规定；地方性会计法规是由省、市人大或政府制定的在本地区范围内实施的各种与会计有关的规范；内部会计管理制度是由各单位根据国家统一的会计制度，结合本单位实际情况制定的适合本单位使用的规范。

（一）会计法律

法律是由国家最高权力机关——全国人民代表大会及其常务委员会制定的。在会计领域中，属于法律层次的规范主要是指《会计法》和《注册会计师法》。它是会计规范体系中权威性最高、最具法律效力的规范，是制定其他各层次会计规范的依据，是会计工作的基本大法。

1. 《会计法》

我国的《会计法》经历了多次修改。最早的《会计法》是 1985 年 1 月 21 日经第六届全国人民代表大会常务委员会第九次会议通过，并于 1985 年 5 月 1 日实施的。此后，在 1993 年 12 月 29 日第八届全国人民代表大会常务委员会第五次会议上，对其进行了第一次修订。随着社会的发展和经济环境的变化，1999 年 10 月 31 日召开的第九届全国人民代表大会常务委员会第十二次会议对《会计法》进行了第二次修订，从 2000 年 7 月 1 日起施行，也就是现行的《会计法》。该法共七章五十二条：第一章，总则；第二章，会计核算；第三章，公司、企业会计核算的特别规定；第四章，会计监督；第五章，会计机构和会计人员；第六章，法律责任；第七章，附则。

2. 《注册会计师法》

《注册会计师法》于 1993 年 10 月 31 日经第八届全国人民代表大会常务委员会第四次会议通过，并于 1994 年 1 月 1 日施行。该法共七章四十六条：第一章，总则；第二章，考试和注册；第三章，业务范围和规则；第四章，会计师事务所；第五章，注册会计师协会；第六章，法律责任；第七章，附则。

（二）行政法规

行政法规是指由国家最高行政机关——国务院制定的。会计行政法规是根据会计法律制定的，是对会计法律的具体化或某个方面的补充，一般称为条例。

1. 《企业财务会计报告条例》

《企业财务会计报告条例》是国务院于 2000 年 6 月 21 日发布的，自 2001 年 1 月 1 日起实施。它共分六章四十六条：第一章，总则；第二章，财务会计报告的构成；第三章，财务会计报告的编制；第四章，财务会计报告的对外提供；第五章，法律责任；第六章，附则。

2. 《总会计师条例》

《总会计师条例》是国务院于 1990 年 12 月 31 日发布的，并自发布之日起施行。它共分为五章二十三条：第一章，总则；第二章，总会计师的职责；第三章，总会计师的权限;第四章,任免与奖惩;第五章,附则。

(三) 部门规章

部门规章是指国家主管会计工作的行政部门——财政部以及其他部委制定的会计方面的规范。制定会计部门规章必须依据会计法律和会计行政法规的规定,其效力低于宪法、法律和行政法规。

1. 国家统一的会计核算制度

国家统一的会计核算制度指的就是狭义的会计制度,它包括会计准则和会计制度两个层次。会计准则一般按会计对象要素、经济业务的特点或会计报表的种类分别制定,主要规范会计要素的确认、计量与报告,会计准则中一般不涉及会计科目和会计分录列示。会计制度和会计准则作为会计规范形式,关键在于确认、计量、报告的标准、方式和内容是否适应本国的社会和经济环境,是否趋同国际惯例和便于国际交流。

国家统一的会计核算制度的具体内容如图13-2所示。

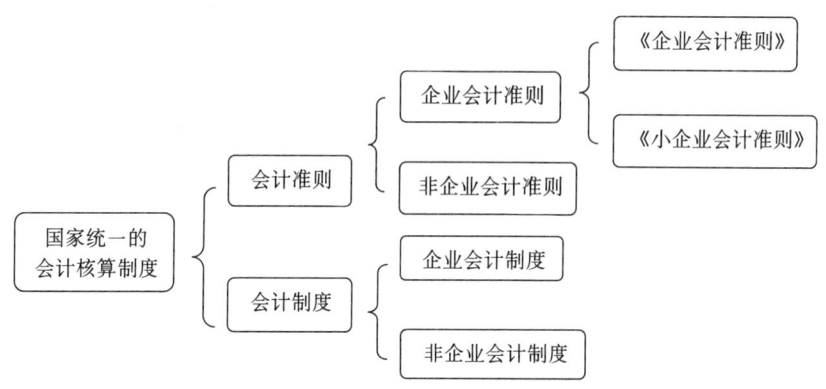

图13-2 国家统一的会计核算制度的构成示意图

(1) 会计准则。会计准则是对会计实践活动的规律性总结,是进行会计工作的标准和指导思想,是一个包括普遍性指导意义和具体指导会计业务处理意义在内的具有一定层次结构的会计规范。会计准则包括企业会计准则和非企业会计准则两个方面。

①企业会计准则。企业会计准则是规范企业会计确认、计量、报告的会计准则。现行的企业会计准则包括适用于小企业的《小企业会计准则》和适用于小企业以外其他企业的《企业会计准则》。《企业会计准则》包括基本准则、具体准则和应用指南三个层次。

②非企业会计准则。非企业会计准则是企业之外的其他单位使用的会计准则,主要包括《事业单位会计准则》,该准则于2012年12月5日经财政部部务会议修订通过、12月6日发布,共九章49条,自2013年1月1日起施行,同时废止1997年5月28日财政部发布的《事业单位会计准则(试行)》。

(2) 会计制度。

①企业会计制度。企业会计制度是关于企业会计核算的制度规范。关于企业会计制度的演变，我国经历了一个较长的历史时期。我国历来重视会计制度建设，近十年来，企业会计制度的改革与发展也折射出我国会计经济环境的变化对会计改革的影响。

②非企业会计制度。非企业会计制度是指除企业以外的其他单位适用的会计制度，主要包括《事业单位会计制度》（于2012年进行了修订，自2013年1月1日起施行，同时废止1997年7月17日发布的《事业单位会计制度》）；《行政单位会计制度》（于2013年12月18日由财政部以财库［2013］218号印发，自2014年1月1日起施行，共十章46条，同时废止1998年2月6日财政部印发的《行政单位会计制度》）；《财政总预算会计制度》（1997年6月25日发布，自1998年1月1日起执行）等。

除了上述会计准则和会计制度之外，财政部还根据会计实务的需要，对会计准则和会计制度中没有规定或者虽有规定但已经不能适应新情况的会计问题，作出了暂行规定或补充规定。它们也属于国家统一的会计核算制度的范畴。

2. 国家统一的会计监督制度

作为会计两大基本职能之一的会计监督，在我国会计规范体系中占有重要的地位。在会计规范体系的第一层次《会计法》中，专门有一章来规定"会计监督"。在这一章中，第二十七条明确规定："各单位应当建立、健全本单位内部会计监督制度。"其他各条分别就会计监督的基本要求、内容、方式、责任等做了规定。

财政部根据《会计法》的规定，制定了《会计基础工作规范》。在规范中，要求各单位的会计机构、会计人员对本单位的经济活动进行会计监督。

3. 国家统一的会计机构和会计人员制度

现行的国家统一的会计机构和会计人员管理制度主要包括：

（1）《会计从业资格管理办法》。为了加强会计从业资格管理，规范会计人员行为，根据《会计法》及相关法律的规定，于2012年12月5日经财政部部务会议修订通过、12月6日发布了《会计从业资格管理办法》（中华人民共和国财政部令第73号），自2013年7月1日起施行，共五章37条，同时废止2005年1月22日发布的《会计从业资格管理办法》。

（2）《会计人员继续教育暂行规定》。为加强会计人员继续教育管理，推进会计人员继续教育工作科学化、规范化、信息化，培养造就高素质的会计队伍，提高会计人员专业胜任能力，适应会计人员继续教育方式、技术手段等新变化，2013年8月27日财政部以财会［2013］18号印发《会计人员继续教育规定》，自2013年10月1日起施行，共八章38条，同时废止2006年11月20日发布的《会计人员继续教育规定》。

4. 国家统一的会计工作管理制度

现行的国家统一的会计管理制度主要包括：

（1）《会计档案管理办法》。为了加强会计档案管理，有效保护和利用会计档案，根据《中华人民共和国会计法》《中华人民共和国档案法》等有关法律的规定，在原《会计档案管理办法》（征求意见稿）的基础上，中华人民共和国财政部、国家档案局于2015年12月11日修订通过了《会计档案管理办法》，自2016年1月1日起施行。《会计档案管理办法》共31条，主要就会计档案的概念、内容与种类，会计档案管理的基本要求，会计档案的归档、保管、销毁、移交，会计档案的保管期限等作了明确规定。

（2）《企业会计信息化工作规范》。为推动企业会计信息化，节约社会资源，提高会计软件和相关服务质量，规范信息化环境下的会计工作，根据《会计法》《财政部关于全面推进我国会计信息化的指导意见》的要求，财政部于2013年12月6日以财会［2013］20号发布了《企业会计信息化工作规范》，自2014年1月6日起施行，共五章49条，同时废止1994年6月30日发布的《会计电算化管理办法》和1996年6月10日发布的《会计电算化工作规范》。

（四）地方性会计法规

地方性会计法规是指由省、自治区、直辖市人民代表大会或常务委员会在同宪法、会计法律、行政法规和国家统一的会计准则制度不相抵触的前提下，根据本地区情况制定发布的关于会计核算、会计监督、会计机构和会计人员以及会计工作管理的规范性文件。如《云南省会计条例》于1997年1月14日制订通过，并于2004年7月30日进行了修订。

此外，实行计划单列市、经济特区的人民代表大会及其常务委员会，在宪法、法律和行政法规允许范围内也可制定会计规范性文件。

（五）内部会计管理制度

内部会计管理制度是指各单位根据国家会计法律、法规、规章和制度的规定，结合本单位经营管理和业务管理的特点及要求而制定的旨在规范单位内部会计管理活动的制度、措施和办法。

各单位内部会计管理应建设哪些制度。各项制度应包括哪些内容，并无统一规定和要求。不同地区、不同部门和行业的会计单位可根据自身会计核算和业务管理的需要，根据自身内部控制系统的状况以及查错防弊的设计，作出不同的选择。

根据《会计基础工作规范》的规定以及我国会计核算和管理的实践经验，内部会计管理制度主要包括以下内容：内部会计管理体系、会计人员岗位责任制度、账务处理程序制度、内部牵制制度、稽核制度、原始记录管理制度、定额管理制度、计量验收制度、财产清查制度、财务收支审批制度、成本核算制度以及财务会计分析制度等。

即问即答 简要说明我国会计规范体系的具体内容。

第四节 会计岗位责任制

一、会计岗位责任制的含义

会计工作的岗位责任制，就是在财务会计机构内部按照会计工作的内容和会计人员的配备情况，进行合理的分工，使每项会计工作都有专人负责，每位会计人员都能明确自己的职责的一种管理制度。

《会计基础工作规范》第八十七条规定："各单位应当建立会计人员岗位责任制度。主要内容包括：会计人员的岗位设置；各会计工作岗位的职责和标准；各会计工作岗位的人员和具体分工；会计工作岗位轮换办法；对各会计工作岗位的考核办法。"为了科学地组织会计工作，应建立健全会计部门内部的岗位责任制，将会计部门的工作划分为若干个工作岗位，并根据分工情况为每个岗位规定其各自的职责要求。分工可以一岗多人、一岗一人，也可以一人多岗。各个岗位的会计人员，既要认真履行本岗位职责，又要从企业全局出发，相互协作，共同做好会计工作。

二、会计岗位责任制的具体内容

不同的企业单位，可以根据自身管理的需要、业务的内容以及会计人员配备情况，确定各自的岗位分布。

《会计基础工作规范》第十一条规定："会计工作岗位可以分为：会计机构负责人或者会计主管人员、出纳、财产物资核算、工资核算、成本费用核算、财务成果核算、资金核算、往来结算、总账报表、稽核、档案管理等。"

（一）会计机构负责人工作岗位

负责组织领导本单位的财务会计工作，完成各项工作任务，对本单位的财务会计工作负全面责任；组织学习和贯彻党的经济工作的方针、政策、法令和制度，并根据本单位的具体情况，制定本单位的各项财务会计制度、办法，组织实施；组织编制本单位的财务成本计划、单位预算，并检查其执行情况；组织编制财务会计报表和有关报告；负责财会人员的政治思想工作；组织财会人员学习政治理论和业务知识；负责对财会人员的工作考核等。

（二）出纳工作岗位

出纳工作岗位的具体职责是负责办理现金收付和银行结算业务；登记库存现金、银行存款日记账；保管库存现金和各种有价证券；保管有关印章、空白收据和空白支票。

（三）财产物资核算工作岗位

按财务会计有关法规的要求，会同有关部门制定本企业材料物资核算与管理办法；负责审查材料物资供应计划和供货合同，并监督其执行情况。会同有关部门制订和落实储备资金定额，办理材料物资的请款和报销业务，计算确定材料物资采购成本。严格审查核对材料物资入库、出库凭证，进行材料物资明细核算，参与库存材料、物资的清查盘点工作。对于固定资产的核算，负责审核、办理有关固定资产的购建、调拨、内部转移、盘盈、盘亏、报废等会计手续，配合固定资产的管理部门和使用部门建立固定资产管理制度。进行固定资产的明细核算，参与固定资产清查，按规定正确计算提取固定资产折旧，以真实地体现固定资产价值。制订固定资产重置、修理计划,指导和监督有关部门管好、用好固定资产。

(四) 工资核算工作岗位

负责计算职工的各种工资和奖金,办理职工的工资结算,并进行有关的明细核算,分析工资总额计划的执行情况,控制工资总额支出;参与制订工资总额计划。在由各车间、部门的工资员分散计算和发放工资的组织方式下,还应协助企业劳动工资部门负责指导和监督各车间、部门的工资计算和发放工作。

(五) 成本费用核算工作岗位

负责编制成本、费用计划,并将其指标分解落实到有关责任单位和个人。会同有关部门拟订成本费用管理与核算办法,建立健全各项原始记录和定额资料,遵守国家的成本开支范围和开支标准,正确地归集和分配费用,计算产品成本,登记费用成本明细账,并编制有关的会计报表,分析成本计划的执行情况。

(六) 财务成果核算工作岗位

负责编制收入、利润计划并组织实施。随时掌握销售状况,预测销售前景,及时督促销售部门完成销售计划,组织好销售货款和回收工作,正确地计算并及时地解缴有关税费。负责收入、应收款和利润的明细核算,编制有关收入、利润方面的会计报表,并对其进行分析和利用。

(七) 资金核算工作岗位

负责资金的筹集、使用和调度。资金核算岗位的人员应随时了解、掌握资金市场的动态,为企业筹集生产经营所需资金并满足需要,同时应合理安排调度使用资金,本着节约的原则运用好资金,以尽可能低的资金耗费取得尽可能好的效果。

(八) 往来结算工作岗位

负责办理应收、应付款项的往来结算业务,对于各种应收、应付、暂收、暂付等往来款项,要随时清理结算,应收的抓紧催收,应付的及时偿付,暂收暂付款项要督促清算;负责备用金的管理和核算,负责其他应收款、其他应付款和备用金的明细核算;管理其他应收款和其他应付款项的凭证、账册和资料等。

(九) 总账报表工作岗位

负责总账的登记与核对,并与有关的日记账和明细账相核对,依据账簿记录编制有关会计报表和报表附注等相关内容,负责财务状况和经营成果的综合分析,收集、整理各方面经济信息以便进行财务预测,制订或参与制订财务计划,参与企业的生产经营决策等。

(十) 档案管理工作岗位

负责制定会计档案的立卷、归档、保管、查阅和销毁等管理制度,保证会计档案的妥善保管、有序存放、方便查阅,严防损毁、散失和泄密。

(十一) 稽核工作岗位

负责确立稽核工作的组织形式和具体分工,明确稽核工作的职责、权限,审核会计凭证,复核会计账簿、报表。

上述会计工作岗位的设置并不是固定模式，企业单位可以根据自身的需要合并或重新分设。总而言之，应做到各项会计工作有岗有责，各司其职，必要时可以将岗位人员进行适当的轮换，以便提高会计人员的综合能力，也有利于各岗位之间的相互协调与配合。开展会计电算化和管理会计的单位，可以根据需要设置相应的工作岗位，也可以与其他工作岗位相结合。

即问即答 如何理解会计岗位责任制？

第五节 会计档案管理

会计档案是指单位在进行会计核算等过程中接收或形成的，记录和反映单位经济业务事项，具有保存价值的文字、图表等各种形式的会计资料，包括通过计算机等电子设备形成、传输和存储的电子会计档案。

一、会计档案的内容

1. 会计凭证：包括原始凭证、记账凭证；
2. 会计账簿：包括总账、明细账、日记账、固定资产卡片及其他辅助性账簿；
3. 财务会计报告：包括月度、季度、半年度、年度财务会计报告；
4. 其他会计资料：包括银行存款余额调节表，银行对账单，纳税申报表，会计档案移交清册，会计档案保管清册，会计档案销毁清册、会计档案鉴定意见书及其他具有保存价值的会计资料。

各单位的预算、计划、制度等文件材料属于文书档案，不属于会计档案。

二、会计档案的管理部门

财政部和国家档案局主管全国会计档案工作，共同制定全国统一的会计档案工作制度，对全国会计档案工作实行监督和指导。

县级以上各级人民政府财政部门和档案行政管理部门管理本行政区域内的会计档案工作，并对本行政区域内会计档案工作实行监督和指导。

三、会计档案的归档

单位的会计机构或会计人员所属机构，负责定期将应当归档的会计资料整理立卷，编制会计档案保管清册。

四、会计档案的归档

1. 单位内部会计档案移交

当年形成的会计档案，在会计年度终了后，可由单位会计管理机构临时保管一年，再移交单位档案管理机构保管。因工作需要确需推迟移交的，应当经单位档案管理机构同意。单位会计管理机构临时保管会计档案最长不超过三年。

出纳人员不得兼管会计档案。

单位会计管理机构在办理会计档案移交时，应当编制会计档案移交清册，并按照国家档案管理的有关规定办理移交手续。

纸质会计档案移交时应当保持原卷的封袋。电子会计档案移交时应当将电子会计档案及其元数据一并移交，且文件格式应当符合国家档案管理的有关规定。特殊格式的电子会计档案应当与其读取平台一并移交。

2. 单位之间会计档案移交

单位之间交接会计档案时，交接双方应当办理会计档案交接手续。

移交会计档案的单位，应当编制会计档案移交清册，列明应当移交的会计档案名称、卷号、册数、起止年度、档案编号、应保管期限和已保管期限等内容。

交接会计档案时，交接双方应当按照会计档案移交清册所列内容逐项交接，并由交接双方的单位有关负责人负责监督。交接完毕后，交接双方经办人和监督人应当在会计档案移交清册上签名或盖章。

电子会计档案应当与其元数据一并移交，特殊格式的电子会计档案应当与其读取平台一并移交。

即问即答 简要说明会计档案归档的主要内容。

五、会计档案的查阅、复制和借出

单位应当严格按照相关制度利用会计档案，在进行会计档案查阅、复制、借出时履行登记手续，严禁篡改和损坏。

单位保存的会计档案一般不得对外借出。确因工作需要且根据国家有关规定必须借出的，应当严格按照规定办理相关手续。

单位的会计档案及其复制件需要携带、寄运或者传输至境外的，应当按照国家有关规定执行。

六、会计档案的保管期限

会计档案的保管期限分为永久和定期两类。永久即是指会计档案须永久保存；定期是指会计档案保存应达到法定的时间，定期保管期限一般分为10年和30年。

会计档案的保管期限，从会计年度终了后的第一天算起。

各类会计档案的具体保管期限如表13-2所示。

七、会计档案的销毁

1. 会计档案的鉴定

单位应当定期对已到保管期限的会计档案进行鉴定，并形成会计档案鉴定意见

表 13-2　　　　　　　企业和其他组织会计档案保管期限表

序号	档案名称	保管期限	备注
一	会计凭证		
1	原始凭证	30 年	
2	记账凭证	30 年	
二	会计账簿		
3	总账	30 年	
4	明细账	30 年	
5	日记账	30 年	
6	固定资产卡片		固定资产报废清理后保管 5 年
7	其他辅助性账簿	30 年	
三	财务会计报告		
8	月度、季度、半年度财务会计报告	10 年	
9	年度财务会计报告	永久	
四	其他会计资料		
10	银行存款余额调节表	10 年	
11	银行对账单	10 年	
12	纳税申报表	10 年	
13	会计档案移交清册	30 年	
14	会计档案保管清册	永久	
15	会计档案销毁清册	永久	
16	会计档案鉴定意见书	永久	

书。经鉴定，仍需继续保存的会计档案，应当重新划定保管期限；对保管期满，确无保存价值的会计档案，可以销毁。

会计档案鉴定工作应当由单位档案管理机构牵头，组织单位会计、审计、纪检监察等机构或人员共同进行。

2. 会计档案的销毁程序

经鉴定可以销毁的会计档案，应当按照以下程序销毁：

（1）单位档案管理机构编制会计档案销毁清册，列明拟销毁会计档案的名称、卷号、册数、起止年度、档案编号、应保管期限、已保管期限和销毁时间等内容。

（2）单位负责人、档案管理机构负责人、会计管理机构负责人、档案管理机构经办人、会计管理机构经办人在会计档案销毁清册上签署意见。

（3）单位档案管理机构负责组织会计档案销毁工作，并与会计管理机构共同派员监销。监销人在会计档案销毁前，应当按照会计档案销毁清册所列内容进行清点核对；在会计档案销毁后，应当在会计档案销毁清册上签名或盖章。

电子会计档案的销毁还应当符合国家有关电子档案的规定，并由单位档案管理机构、会计管理机构和信息系统管理机构共同派员监销。

3. 不得销毁的会计档案

保管期满但未结清的债权债务会计凭证和涉及其他未了事项（如超过会计档案保管期限但尚未报废的固定资产购买凭证等）的会计凭证不得销毁，纸质会计档案应当单独抽出立卷，电子会计档案单独转存，保管到未了事项完结时为止。

单独抽出立卷或转存的会计档案，应当在会计档案鉴定意见书、会计档案销毁清册和会计档案保管清册中列明。

即问即答 简要说明会计档案销毁的一般程序。

第六节 相关案例、会计热点与本章小结

一、会计案例：中国平安集团的后援集中共享服务

1. 中国平安集团的战略目标及其管理理念

"建设国际领先的综合金融服务集团"是中国平安集团既定的战略目标，所涵盖的金融服务范畴跨越保险、银行、投资等多个领域。然而，如此庞大的集团和如此繁杂的业务，如何要众多机构在讲究效率的同时执行同样的标准，并在降低成本的前提下管控风险以支持目标的达成？21世纪初，平安集团确定了实施后援集中的战略目标，引入了共享服务理念，其主要是对企业内部各独立公司的后台服务职能进行集中整合，建立统一的后台服务共享中心，以实现组织、人员、信息和系统等方面的集中运营管理，从而达到标准统一、成本节约、效率提升、风险可控的目的。2004年中国平安在上海张江的后援中心开建，2008年中国平安数据科技（深圳）有限公司（以下简称"平安数科"）正式挂牌。

目前在不到10年的时间里，平安数科已经成为国内金融业建立较早、规模较大、业务较全的共享服务中心，为平安集团及旗下各专业公司提供后台运营服务，业务涵盖以承接服务外包方式从事系统应用管理和维护、信息技术支持管理、软件开发、呼叫中心、数据处理、银行及其他金融机构信贷审核业务及逾期账款催告通知、财务结算等信息技术和业务流程外包服务；经济信息咨询；会计代理记账业务、外语翻译等业务。作为中国金融运营服务供应商的领军企业，平安数科与各专业公司之间，通过谈判确定服务价格，在质量、时效、产能、成本等多个方面按照市场化的模式来运作。这种市场机制自2008年以来发挥了很大的作用。平安数科不断扩大服务范围，而运营费用占集团整体收入的比例在历年下降。

2. 中国平安集团的会计组织架构：财务集中共享服务

在平安数科的共享服务平台中，财务共享平台是非常重要的一个组件。财务的通用性好，共享性高，财务集中是平安后援集中的最早项目之一。在平安数科的架构下，财务作业中心专职承担财务共享服务平台的运营。就服务的对象而言，财务作业中心从最初的寿险机构试点开始，逐步扩大到保险类、银行类、资产类的各家专业公

司。2012年服务对象已涵盖平安集团及旗下所有25家专业公司。财务共享服务平台，包括会计服务和资金服务等主要模块。在共享服务的模式下，各家专业公司客户把可以集中或想要集中的财务业务交给数科财务作业中心，由后者进行拆分或打包，交给这个平台上的各条服务线，由他们按照客户要求完成财务处理或提供财务服务。这种模式的核心是在先进网络系统支持下的标准化、集约化——通过标准化把复杂的工作变得简单、规范、单一；通过集约化把琐碎的工作合并，降低平均成本。财务作业中心最初只负责费用审核和报销，之后将服务的范围延伸到资金收支及核算、总账核算、账户开立变更、投资交割、固定资产的新增统计和报告、税金远程申报等业务，甚至还扩展到投资产品的估值核算。目前在财务共享服务平台上有17条服务线，45项服务子目。2012年财务共享平台提供的服务达到近700万笔，资金往来约有7 000亿元，已经成为整体服务价值链中不可或缺的重要环节。

此外，针对集团内部的一些小型公司，财务作业中心尝试推动全委托模式，除承担现有的会计核算、资金往来业务外，还涵盖预算编制、会计报表编制、日常税务申报、出纳审计等工作，提供整套财务管理服务。

鉴于上海的运营成本日益增高，同时单一地区具有系统性风险，财务作业中心在深圳、成都、内江和合肥逐步设立了四个分中心，以降低成本并分散风险。五个中心的职能各有侧重：上海作为管理中心，承担部门总体规划、运营管理、业务接洽、重点资金业务等工作，并为上海的公司总部提供现场服务；深圳为平安集团深圳总部提供现场服务，以及预算审批、投资类资金往来服务；成都、合肥、内江则是主要的会计类、资金类标准服务提供地区，并相互作为业务备份。当一地遇上突发事件暂停工作，其他地区可以迅速承接起来，保持服务持续性，避免对整个业务运转造成致命影响。在集中共享和分中心运营的模式下，如何科学有效地设置管理架构和组织体系成为财务作业中心必须面对的挑战。结合业务管理实际，财务作业中心采用了矩阵式组织架构，部门负责人下辖数位服务线经理，分别管理不同的服务流程。各个地区设置现场运营经理，承担该地区的人事、行政等运营管理。例如资金服务线经理，负责资金服务线的业务承接、标准制定、计划安排、过程监控、目标分析等，成都分中心运营经理则要负责在当地服务线（包括资金服务线）之间的资源协调、人员人事及行政管理等。一位管流程和技术，另一位管人员，确保各分中心执行统一的流程和标准。在各分中心的业务一线，每个人都按照客户与服务线经理确定的《操作手册》进行会计业务处理。现场10人到15人设一位组长，三位组长设一位区域主管，区域主管向现场的运营经理汇报，形成基层团队管理架构。服务线经理、现场运营经理以及基层管理团队，不仅形成了人员成长和发展的内部通道，同时也是对各专业公司财务部管理岗位的合适人才输出基地。

3. 财务集中共享的经验和挑战

财务集中是对过去分散管理方式的变革。任何变革，背后一定有利益的重组和冲突，没有高层的推动，没有自上而下的强大执行力，变革很容易夭折。在向共享财务模式的转变过程中，集团和专业公司高层领导的推动力起到了不可替代的决定性作用。在推进过程中需要不断争取业务部门的认同，平安集团的务实文化让这样的沟通更加顺畅。大家均比较客观务实地去谈可能面临的问题。例如，一个在集中流程的设计讨论中列出了300多个问题，需要大家非常客观地就每一个问题进行深入讨论。流程有误或者系统设计上有不方便客户的地方，就需立即采取行动修改；还有一些暂时改不了但目前可能还可以接受的地方，必须清楚说明几时可以完成改造。

当然，任何远程的集中运营模式也有赖于社会科学技术的支持，平安集团也有着一个非常强大的信息技术团队，可以支持并确保他们的系统需求完全顺利地予以开发和实施。在集团提出"科技引领传统金融"的目标下，在共享服务领域，服务创新和新科技应用是工作的重点。为此他们一直在思考，如何去把服务体验做得更完善，同时如何依靠一些新科技的应用，让流程更加合理或者让成本更加节约。财务共享服务平台如何适应新的变化，如何利用新的技术，如何满足新的业务需求，如何为专业公司和客户提供超越期望的服务，既是财务共享平台于未来所面临的新挑战，也是持续发展和成长的新机遇。

即问即答 简要说明财务集中共享服务如何构建？

二、会计热点：财务共享中心的建立，90％的财务人员将面临失业？

财务共享服务将集团公司下属各单位财务部门的人员和标准化、同质化的财务会计业务集中于一个新的成本中心或利润中心，依托财务信息系统，结合IT技术再造业务流程，为集团内不同单位（有的还包括财务外包单位）提供专业化的财务服务。开展财务共享服务下财务人员转型理论研究，对推动传统财务人员转型具有重要的指导作用。

本书为传统财务人员设计了三种转型方向，以期帮助财务人员明确转型目标，支持财务共享建设，加快企业财务转型。自建财务共享服务中心的企业原有财务人员可以向三个方向转型：战略财务——财务管理、共享财务——财务会计和业务财务——管理会计。

（一）战略财务——财务管理

1. 优秀的财务人员向战略财务转型

传统财务会计人才中优秀的财务人员是指学历层次最高，受过高等教育，本科以上财务专业毕业；管理知识储备深厚，既掌握财务会计实务，又懂得战略规划、对财务管理以及其他经济类业务具有深入研究；实务经验比较丰富，精于预算管理、绩效评价、资本运作等，可作为公司战略财务人才培养，主要从事财务管理工作。

战略财务人员主要集中于公司集团层面，以财务管理为核心内容，作为集团层面的战略支持者，主要分为三个层次：一是与企业规划、战略决策相关，包括集团及集团下属单位总会计师、总经济师、精算师和集团财经部门负责人等，属于财务人员中的顶尖人才，工作方向侧重于财务决策。二是与企业运营过程控制相关，包括预算、绩效、资产管理以及资本运作等体系构建与维护，属于战略财务的中坚力量，包括集团层面财经部门的正副科长和集团下属单位的财经部门负责人等。三是集团公司层面与企业经营活动分析、评价相关,包括业绩评价、投入产出效益分析等数据汇总统计,管理信息提炼,属于战略财务中的基础工作,为财务管理提供数据支持,工作方向侧重于研究决策行为的结果,为决策行为提供有效信息。

2. 财务管理为核心的战略财务职能

战略财务主要承担财务管理的核心职能,包括体系构建与维护、资本管理、资源配置、决策支持和价值管理等,立足集团公司层面,主要发挥财务指导性作用。

体系构建与维护主要涉及财务数据和管理信息的提报、汇总统计等体系设计,财务制度、政策体系,成本、预算、绩效管理体系,风险与内部控制体系的构建与维护;资本管理包括资金管理、资本筹集、投资管理和资本结构优化等;资源配置是在财务分析、预测的基础上,结合国家经济形势、市场环境变化和企业经营计划等影响因素,规划资产负债配置方案,结合技术、人才等资源规划等提出建议;决策支持主要包括提供战略决策所需要的财务信息,参与产业价值链研究、行业研究,科学评估战略风险,支撑企业构建符合自身特色的盈利模式,向董事会和管理层提供决策需要的信息等;价值管理主要包括参与公司治理,公司理财,研究投融资决策、资本结构、资本成本与企业价值之间的关系,评估企业价值,研究提升企业价值的方法和管理工具等。

3. 战略财务人员的知识和技能要求

战略财务人员扮演战略支持者的角色,是企业价值创造管理和战略风险管理的主角。战略财务人员应该围绕企业价值评估战略方案,纵观企业全局,结合行业发展趋势,规划有限的财务资源,为实现战略目标提出建设性意见。

战略财务人员必须具有一定的战略思想与宽阔的视野,在知识结构上,除了要具备财务分析、财务预测、成本、预算、风险管理和绩效管理等专业知识,更多地需要具备财务体系设计与维护、投融资规划、资本管理、战略管理、价值管理能力,具备人际关系管理技能等。

(二) 共享财务——财务会计

1. 普通财务人员的转型

普通财务人员是指学历层次不高,一般为财会中专、大专或后续财会本科学历,财务专业技能水平有限,但年龄不大,掌握新技能、学习新知识的能力较强,又具备一定财务会计实务操作经验的财务人员。这些财务人员长期在一线从事财务基础工作,在原始单据审核、会计记账、凭证录入、交易结算、资金收付等方面积累了丰富的实战经验,可通过培训,选拔到财务共享中心从事财务会计工作,作为公司共享财务人才培养。进入财务共享服务中心的财务人员可以分别向财务操作者、关键技术人员和共享中心运营管理者三个方向转型,以财务会计工作为核心,作为财务基本信息提报者,按照财务核算、结算等标准流程,主要完成财务会计及相关工作。

财务人员向财务会计人员的转型,一方面,发挥了传统财务人员的会计核算优势，实现财务集中核算，大幅提高了财务效率；另一方面，财务共享中心还能够作为财务人才培养基地，为战略财务和业务财务输送人才。

2. 财务会计为核心的共享财务职能

共享财务主要承担财务会计的核心职能，按照企业会计准则，服务协议和标准操作流程完成会计核算、交易处理、资金结算、报表编制，报送财务信息等财务会计工作，发挥财务执行和财务监督职能。

共享财务的主要职责包括财务报账、审核、记账，应收应付财务处理、财务对账，资金的收付、记录、银行账户管理，会计报表编报，财务数据查询服务，财务信息提报，企业财务制度和政策执行情况的监督，相关信息的反馈和优化财务共享服务中心的运营管理流程，提高财务共享服务效率等。

3. 共享财务人员的知识和技能要求

向财务共享服务中心转型为共享财务人员，具体可以分为三类，即：财务操作人员、关键技术人员和运营管理人员。他们各自需要具备必要的知识和技能。财务操作人员是财务共享服务中心的直接生产者，类似传统工厂的工人。财务操作人员只需要按已有的标准流程，进行会计核算、资金结算等财务操作。对于财务共享中心的财务操作人员，其专业技能和基本素质的要求不太高，只需要具备一定的财务知识、英语基础和计算机操作技能，通过培训就能够消除转型障碍。

关键技术人员是财务共享服务中心的核心员工。技术人员应该既是财务信息化、标准化、流程优化的行家里手，又是成本控制、绩效管理和内部风险管理的专家，在财务共享服务中心具有难以替代的作用。传统财务人员直接向关键技术人员转型困难较大，建议从财务操作人员做起，通过经验积累，知识技能拓展，实现二次转型成为财务共享中心的技术人员。

运营管理人员主要负责财务共享服务中心的日常运营管理。其不仅需要具备财务会计基础，深入了解其管理的业务特点，还需要具备项目团队沟通、协调、组织等综合技能。对于财务共享服务中心建设初期的企业，该岗位的人才比较匮乏，常常倾向于外部招聘。随着财务共享服务中心的发展和成熟，具备财务共享内部运营管理经验的员工，其职业选择具备更多优势，GE、Oracle、ABB等大型跨国集团在建立财务共享服务中心后，其运营管理人员成为炙手可热的人才。传统财务人员可以通过学习新知识、参加培训、进修等方式融入财务共享中心，逐步积累经验，实现转型。

（三）业务财务——管理会计

1. 复合型财务人员向业务财务转型

传统财务人员中复合型财务人员分为两类，一类是年富力强但目前还不能上升到战略财务——财务管理层次的财务人员，这些财务人员学历教育层次较高、专业知识较为丰富；另一类是财务专业本科以上毕业生、进入公司时间不长，具备较高财务理论的人员。开展财务共享服务后，以核算为主的财务会计集中到共享中心，只需要少数财务人员就可以完成，剩余的大部分财务人员需要向业务前端转型，尤其在业务与财务融合的各关键环节，需要培养业务财务人才，设置对应的管理会计岗位。

2. 管理会计为核心的业务财务职能

业务财务的主要职能是在公司长期战略目标指引下，深入业务前端，针对企业研发、供应、生产和营销等各环节进行财务分析、预测、规划、监控、激励和评价等，加快财务与业务的融合，为管理者提供财务与非财务信息，着眼于企业短期目标的实现。也就是说，业务财务职能主要是通过管理会计实现的，管理会计运用各种管理工具和方法，协助业务对标、管理风险、激励和服务业务，达成经营目标。

3. 业务财务人员的知识和技能要求

转型为业务财务的人员除必须掌握传统财务知识外，还需要掌握计算机科学、统计学、运筹学和管理学等基础知识，能够运用信息论、控制论、系统论和各类财务工具与方法，需要深度了解企业研发、供应、生产、营销及售后服务等各价值链的业务流程，还要求具备贸易、金融、风险管控等其他领域的知识和良好的沟通协调能力。

思考题：结合上述内容并查阅有关的文章，谈谈你对财务人员未来发展趋势的认识。

三、本章小结

会计工作组织的含义及意义：会计工作组织，就是为了适应会计工作的综合性、政策性、相关性和严密细致性的特点，对会计机构的设置、会计人员的配备、会计制度的制定与执行等项工作所作的统筹安排。科学地组织好会计工作，对于顺利完成会计的各项任务，保证实现会计目标，充分发挥会计的职能作用，促进国民经济健康、有序发展等方面都具有十分重要的意义。

会计机构与会计人员：会计机构，是指各企事业单位内部直接从事和组织领导会计工作的职能部门。会计人员是指在国家机关、社会团体、公司、企业、事业单位和其他组织中从事财务会计工作的人员，包括会计机构负责人（会计主管人员）以及具体从事会计工作的会计师、会计员和出纳等。

会计工作岗位是指单位会计机构内部根据业务分工而设置的从事会计工作、办理会计事项的具体职位。无论单位是否设置单独的会计机构，均应根据会计业务需要设置会计工作岗位。会计工作岗位一般可分为：总会计师（或行使总会计师职权）岗位；会计机构负责人（会计主管人员）岗位；出纳岗位；稽核岗位；资本、资金核算岗位；收入、支出、债权债务核算岗位；职工薪酬核算、成本费用核算、财务成果核算岗位；财产物资的收发、增减核算岗位；总账岗位；财务会计报告编制岗位；会计机构内部会计档案管理岗位；其他会计工作岗位。

会计人员工作交接，是指会计人员工作调动、离职或因病暂时不能工作时，与接管人员办理交接手续的一种工作程序。会计工作交接是会计工作中的一项重要内容，办好会计工作交接，有利于保持会计工作的连续性，有利于明确各自的责任。

会计从业资格、会计专业职务、会计专业技术资格是三个不同的概念。会计从业资格是会计人员从事会计工作的上岗证，是对会计人员最基本的要求；会计专业职务是一种技术职称；会计专业技术资格是担任会计专业职务的任职资格。持有会计从业资格证书并实际从事会计工作的人员才可以参加会计专业技术资格考试，取得会计专业技术资格后通过单位聘任或任命才能担任会计专业职务。

会计规范的含义及体系构成：会计规范，是指协调、统一会计处理过程中对不同处理方法做出合理选择的假设、原则、制度等的总和，是会计行为的标准。目前我国会计规范体系主要由会计法律、行政法规、部门规章、地方性会计法规和内部会计管理制度等构成。

会计岗位责任制：就是在财务会计机构内部按照会计工作的内容和会计人员的配备情况，进行合理的分工，使每项会计工作都有专人负责，每位会计人员都能明确自己的职责的一种管理制度。

会计档案管理：会计档案是指单位在进行会计核算等过程中接收或形成的，记录和反映单位经济业务事项的，具有保存价值的文字、图表等各种形式的会计资料，包括通过计算机等电子设备形成、传输和存储的电子会计档案。会计档案管理的具体内容包括：归档、移交、查阅、复制、借出、保管期限和销毁。

第七节 思 考 题

一、思考题 A：基础知识题

1.（单选）组织会计工作应符合的要求中，不包括（   ）。
   A. 统一性   B. 效益性
   C. 适应性   D. 可比性

2.（单选）下列各项中，属于会计法律的是（   ）。
   A.《会计法》   B.《企业会计准则》
   C.《总会计师条例》   D.《企业财务会计报告条例》

3.（单选）进行会计核算，实行会计监督，属于会计人员的（   ）。
   A. 权限   B. 职责
   C. 职业道德   D. 任务

4.（单选）设立代理记账机构，其持有会计从业资格证书的专职从业人员应不少于（   ）名。
   A. 2   B. 3
   C. 4   D. 5

5.（单选）能担负一个单位或管理一个地区、一个部门、一个系统某个方面的财务会计工作，是对（   ）。
   A. 会计员职务的要求之一   B. 助理会计师职务的要求之一

C. 会计师职务的要求之一　　　　D. 高级会计师职务的要求之一

6. （单选）下列各项中，不属于会计档案的是（　　）。
   A. 会计档案移交清册　　　　　　B. 会计档案保管清册
   C. 财务会计报告　　　　　　　　D. 年度工作计划

7. （单选）某单位会计张某与接替者王某在财务科长李某的监交下办妥了会计工作交接手续。5天后，财政部门对该单位进行检查时，发现张某所记账目中有严重的会计造假行为，而接替者王某因疏忽并未发现这一问题。财政部门依据有关法规对该单位进行了处罚，并追究有关人员的责任。对该单位的上述违法行为应承担责任的是（　　）。
   A. 张某、李某和王某　　　　　　B. 单位负责人、张某、李某和王某
   C. 单位负责人、张某和王某　　　D. 单位负责人、张某和李某

8. （单选）下列各项中，属于会计主管人员办理交接手续时作为监交人员的是（　　）。
   A. 单位负责人　　　　　　　　　B. 会计机构负责人
   C. 财政部特派人员　　　　　　　D. 审计部特派人员

9. （单选）根据《会计法》的规定，担任单位会计机构负责人的，除取得会计从业资格证书外，还应当具备的法定条件是（　　）。
   A. 具备会计员专业技术职务资格或从事会计工作三年的经历
   B. 具备助理会计师专业技术职务资格或从事会计工作三年的经历
   C. 具备会计师以上专业技术职务资格或从事会计工作三年以上的经历
   D. 具备注册会计师资格或者从事会计工作两年的经历

10. （单选）A公司在香港登记注册，A公司在南昌建立了一家全资子公司B，A公司的出纳兼任B公司的出纳，以下（　　）可以不要求具有会计从业资格证书。
    A. 兼任的B公司出纳人员　　　　B. 稽核人员
    C. 生产成本统计人员　　　　　　D. 会计档案管理人员

11. （多选）各单位是否设置会计机构，主要取决于（　　）。
    A. 单位规模的大小　　　　　　　B. 经济业务和财务收支的繁简
    C. 上级部门的要求　　　　　　　D. 经营管理的要求

12. （多选）下列各项中，属于会计工作岗位设置要求的有（　　）。
    A. 按需设岗　　　　　　　　　　B. 建立轮岗制度
    C. 建立岗位责任制　　　　　　　D. 符合内部牵制的要求

13. （多选）下列各项中，属于会计岗位的有（　　）。
    A. 出纳岗位　　　　　　　　　　B. 会计机构内部档案管理岗位
    C. 稽核岗位　　　　　　　　　　D. 单位内部审计

14. （多选）会计人员在办理会计工作交接进行移交点收时，应保证完整无缺，不得遗漏的资料有（　　）。
    A. 会计账簿　　　　　　　　　　B. 其他会计资料

C. 财务会计报告　　　　　　D. 会计凭证

15. （多选）某单位会计人员在审核一张购买原材料的原始凭证时，发现凭证上单价和金额有涂改痕迹，且材料单价明显高于市场价格，对于该凭证下列说法正确的有（　　）。

A. 不真实的原始凭证

B. 不准确的原始凭证

C. 会计人员有权不予接受，并向单位负责人报告

D. 应予退回，并要求按规定更改补充

16. （多选）国有企业的单位负责人的（　　）不得担任本单位的会计机构负责人（会计主管人员）。

A. 妻子　　　　　　　　　　B. 儿女

C. 兄弟　　　　　　　　　　D. 伯父

17. （多选）根据《会计法》的规定，下列各项中，单位出纳人员不得兼任的工作有（　　）。

A. 稽核　　　　　　　　　　B. 会计档案保管

C. 银行存款日记账登记工作　　D. 费用账目登记工作

18. （多选）下列属于必须设置总会计师的单位有（　　）。

A. 国有企业

B. 国有大、中型企业

C. 国有资产占控股地位或者主导地位的大、中型企业

D. 大、中型企业

19. （多选）在办理会计工作交接时，交接双方要按照移交清册列明的内容，进行逐项交接，具体要求有（　　）。

A. 库存现金要根据会计账簿记录余额进行当面点交，不得短缺

B. 有价证券的数量要与会计账簿记录一致，有价证券面额与发行价不一致时，按照市场价格交接

C. 移交人员经管的票据、印章及其他会计用品等，必须交接清楚

D. 所有会计资料必须完整无缺

20. （多选）下列各项中，属于会计专业职务的有（　　）。

A. 会计员、助理会计师　　　B. 总会计师

C. 高级会计师　　　　　　　D. 注册会计师

21. （多选）关于会计专业职务和会计专业技术资格，以下说法正确的有（　　）。

A. 会计专业职务，是区别会计人员业务技能的技术等级

B. 总会计师不属于会计专业中的高级职务

C. 会计员不属于会计专业中的初级职务

D. 初级、中级和高级会计专业技术资格的取得，均实行全国统一考试制度

22.（多选）下列各会计档案中，需要保管 30 年的有（　　）。
A. 总账账簿　　　　　　　　　　B. 明细账账簿
C. 会计档案保管清册　　　　　　D. 银行日记账账簿

二、思考题 B：综合题

1. 20×6 年 3 月，某市财政局派出检查组对市区属某国有企业的会计工作进行检查。检查中了解到以下情况：

（1）20×5 年 10 月，公司领导调换，新的负责人林总上任后，将其儿子林进调入该厂会计科任出纳，兼任会计档案保管工作。林进没有会计从业资格证书。

（2）20×5 年 11 月，会计张某申请调离该厂，厂人事部门在其没有办清会计工作交接手续的情况下，即为其办理了调动手续。

（3）20×6 年 1 月 6 日，该厂档案科会同会计科编制会计档案销毁清册，经厂长签字后，按规定程序进行了销毁。经核实，销毁的会计档案中有一些是保管期满但未结清债务的原始凭证。

要求：分析上述情况是否符合有关规定，并说明理由。

2. 某有限责任公司是一家中外合资经营企业，20×6 年度发生了以下事项：

（1）1 月，公司接到市财政局通知，市财政局将要来公司检查会计工作情况。公司董事长兼总经理胡某以公司为中外合资经营企业为由，不接受财政部门的检查。

（2）3 月，公司会计科一名档案管理人员生病临时交接工作，胡某委托单位出纳员李某临时保管会计档案。

（3）5 月，公司会计科科长退休。公司决定任命自参加工作以来一直从事文秘工作的办公室副主任王某为会计科科长。

（4）6 月，公司有一批保管期满的会计档案，按规定需要进行销毁。公司档案管理部门编制了会计档案销毁清册，档案管理部门的负责人在会计档案销毁清册上签了字，并于当天由档案管理部门进行了销毁。

要求：分析该公司有哪些做法不符合法律规定，并说明理由。

3. 20×5 年 8 月份航华股份有限公司成立并招收了 4 名财会专业毕业的大学生和两名其他企业的会计人员作为财会部工作人员，20×6 年企业年检时发现下列情况：

（1）因为 4 名大学生没有取得会计从业资格证书，有关部门认为其编制的会计报表不具有法律效力。

（2）因为 20×5 年业务不多，账簿记录较少，因此公司总分类账的账簿没有更换，20×6 年 1 月份和 2 月份的账都在上一年度账簿中记录。

（3）公司的会计主管也是刚刚毕业的大学生。

要求：根据上述情况，分析该公司在哪些方面违反了我国的会计法规？

第十四章

会计职业道德

在本章中你将——

了解职业道德的概念及特征；理解会计职业道德的概念、特征和作用；掌握会计职业道德与会计法律制度的关系；理解和掌握会计职业道德规范的主要内容、会计职业道德教育形式及内容。

会计职业道德主要包括会计职业道德的概念和特征、会计职业道德的作用、会计职业道德与会计法律制度的关系、会计职业道德规范的主要内容、会计职业道德教育。本章从会计职业道德的概念引入，主要介绍会计职业道德规范的主要内容和会计职业道德教育形式及内容，了解掌握会计职业道德的相关内容。

第一节 会计职业道德概述

一、职业道德的概念与特征

1. 职业道德的概念

职业道德的概念有狭义和广义之分。狭义的职业道德是指在一定职业活动中应遵循的、体现一定职业特征的、调整一定职业关系的职业行为准则和规范。广义的职业道德是指从业人员在职业活动中应该遵循的行为准则，涵盖了从业人员与服务对象、职业与职工、职业与职业之间的关系。

不同行业的职业活动、职业特征不同，其职业道德内容也不尽相同，但是，基于社会的共同价值标准和取向，各行业的职业道德都有其共同的基本内容。我国《公民道德建设实施纲要》提出了职业道德的基本内容："爱岗敬业、诚实守信、办事公道、服务群众、奉献社会"。

2. 职业道德的特征

职业道德是道德在职业行为中的反映，除了道德的常见特征之外，还具有以下特征：

（1）职业性（行业性）。职业道德的内容与职业实践活动紧密相连，反映着特定职业活动对从业人员行为的道德要求。所以，职业道德的行业性很强，不具有全社会的普遍适用性。一定的职业道德规范只适用一定的职业活动领域；有些具体的行业道德规范，只适用本行业，其他行业就不完全适用，或完全不适用。

（2）实践性。职业行为过程，就是职业实践过程，只有在实践过程中，才能体现职业道德的水准。因此，根据职业实践经验概括出来的职业道德规范，具有较强的针对性、实践性，容易形成条文。它一般用行业公约、工作守则、行为须知、操作规程等具体的规章制度形式，来教育、约束本行业的从业人员，并且公诸于众，让行业内外人员（包括服务对象）检查、监督，有的甚至被纳入法律规范，如《中国注册会计师职业道德基本准则》就是以财政部部门规范性文件的形式颁布的，可以直接指导、规范注册会计师的职业活动。

（3）继承性。职业道德作为社会意识形态的一种特殊形式，是由社会经济关系所决定，随着社会经济关系的变化而改变。但是，由于职业道德与职业活动紧密结合，即使在不同的社会经济发展阶段，同样一种职业因服务对象、服务手段、职业利益、职业责任和义务相对稳定，职业行为的道德要求的核心内容将被继承和发扬。因此，职业道德具有较强的相对稳定性和历史继承性的特点。例如，教师"诲人不倦"、医生"救死扶伤"、商人"买卖公平"等道德要求，就在这些行业世代相传，并且得到不断丰富和发展。

（4）多样性。职业道德与具体的职业相联系，而社会上的职业是复杂多样的，它们各有自己的特殊活动方式和特点，在社会生活中起着不同的作用。因此，有多少种职业就有多少种职业道德。例如，经商有"商德"，行医有"医德"，执教有"师德"，从艺有"艺德"。即使在同一行业中又有不同的岗位，这些不同的岗位又有更多具体的职业道德要求。而且随着生产力和社会的发展，新兴行业不断产生，与之相适应的职业道德也就层出不穷，职业道德就越来越多样，越来越丰富。

二、会计职业道德的特征与作用

1. 会计职业道德的概念

会计职业道德是指在会计职业活动中应当遵循的、体现会计职业特征的、调整会计职业关系的职业行为准则和规范。其含义包括以下几个方面：

（1）会计职业道德是调整会计职业活动中各种利益关系的手段。会计工作的性质决定了在会计职业活动中要处理方方面面的经济关系，包括单位与单位、单位与国家、单位与投资者、单位与债权人、单位与职工、单位内部各部门之间及单位与社会公众之间等经济关系，这些经济关系的实质是经济利益关系。在我国社会主义市场经济建设中，当各经济主体的利益与国家利益、社会公众利益发生冲突的时候，会计职业道德不允许通过损害国家和社会公众利益而获取违法利益，但允许个人和各经济主体获取合法的自身利益。会计职业道德可以配合国家法律制度，调整职业关系中的经济利益关系，维护正常的经济秩序。

（2）会计职业道德具有相对稳定性。会计是一种专业技术很强的职业。在其对单位经济事项进行确认、计量、记录和报告中，会计标准的设计、会计政策的确定、会计方法的选择，都必须遵循其内在的客观经济规律和要求。由于人们面对的是共同的客观经济规律，因此，会计职业道德在社会经济关系中诚实守信、客观公正等是对会计人员的普遍要求。没有任何一个社会制度能够容忍虚假会计信息，也没有任何一个经济主体会允许会计人员私自向外界提供或者泄露单位的商业秘密。

（3）会计职业道德具有广泛的社会性。会计职业道德的社会性是由会计职业活动所生成的产品决定的。特别是在所有权和经营权分离的情况下，会计不仅要为政府机构、企业管理层、金融机构等提供符合质量要求的会计信息，而且要为投资者、债权人及社会公众服务，因其服务对象涉及面很广，提供的会计信息是公共产品，所以会计职业道德的优劣将影响国家和社会公众利益。会计信息质量直接影响着社会经济的发展和社会经济秩序的健康运行，因此，会计职业道德必然受到社会关注，具有广泛的社会性。

2. 会计职业道德的特征

会计作为社会经济活动中的一种特殊职业，除了具有职业道德的一般特征外，与其他职业道德相比还具有如下特征：

（1）具有一定的强制性。法律是具有强制性的，要求人们"必须这样或那样做"；而道德一般不具有强制性，要求人们"应该这样或那样做"。但在我国，会计职业道德和其他道德一样，许多内容都直接纳入了会计法律制度，如《中华人民共和国会计法》、《会计基础工作规范》等都规定了会计职业道德的内容和要求。因此，会计职业道德是一种"思想立法"，已经超出"应该怎样做"的界限，跨入"必须这样做"的范围。如果不按照"守则"、"准则"、"条例"去做，虽谈不上犯罪，但也是违反职业纪律的，更是职业道德所不允许的。会计职业道德的这种独特的强制性，是由会计工作在市场经济活动中的特殊地位所决定的。当然，会计职业道德的许多非强制性内容仍然存在，而且也在发挥着作用。例如，会计职业道德中的提高技能、强化服务、参与管理、奉献社会等内容虽然是非强制性要求，但其直接影响到专业胜任能力、会计信息质量和会计职业的声誉，也要求会计人员遵守。

（2）较多关注公众利益。会计职业的一个显著特征是会计职业活动与社会公众利益密切联系。在会计工作中，会计确认、计量、记录和报告的程序、标准和方法，在选择和运用上发生任何变化，都会使与经济主体有关的各方经济利益受到直接的影响。由于会计人员自身的经济利益往往与其所处的经济主体的利益一致，当经济主体利益与国家利益和社会公众利益出现矛盾时，会计人员的利益指向如果偏向经济主体，那么，国家和社会公众的利益就会受损，便产生了会计职业道德危机。因此，会计职业的特殊性，对会计职业道德提出了更高的要求，要求会计人员客观公正，在会计职业活动中，发生道德冲突时要坚持准则，把社会公众利益放在第一位。

3. 会计职业道德的作用

(1) 会计职业道德是规范会计行为的基础。动机是行为的先导，有什么样的动机就有什么样的行为。会计职业道德对会计的行为动机提出了相应的要求，如诚实守信、客观公正等，引导、规劝、约束会计人员树立正确的职业观念，建立良好的职业品行，从而达到规范会计行为的目的。

(2) 会计职业道德是实现会计目标的重要保证。从会计职业关系角度讲，会计目标就是为会计职业关系中的各个服务对象提供真实、可靠的会计信息。由于会计职业活动既是技术性的处理过程，同时又涉及对多种经济利益关系的调整。会计目标能否顺利实现，既取决于会计从业者的专业技能水平，也取决于会计从业者能否严格履行职业行为准则，如果会计从业者故意或非故意地提供了不真实、不可靠的会计信息，就会导致服务对象的决策失误，甚至导致社会经济秩序混乱。因此，依靠会计职业道德规范约束会计从业者的职业行为，是实现会计目标的重要保证。

(3) 会计职业道德是对会计法律制度的重要补充。在现实生活中，人们的很多行为很难由法律作出规定。例如，会计法律只能对会计人员不得违法的行为做出规定，不宜对他们如何爱岗敬业、诚实守信、提高技能等提出具体要求，但是，如果会计人员缺乏爱岗敬业的热情和态度，缺乏诚实守信的做人规则，没有必要的职业技能，则很难保证会计信息达到真实、完整的法定要求。很显然，会计职业道德是其他会计法律制度所不能代替的。会计职业道德是对会计法律规范的重要补充。

(4) 会计职业道德是会计人员提高素质的内在要求。社会的进步和发展，对会计职业者的素质要求越来越高，会计职业道德是会计人员素质的重要体现。一个高素质的会计人员应当作到爱岗敬业、诚实守信，提高专业胜任能力，这不仅是会计职业道德的主要内容，也是会计职业者遵循会计职业道德的可靠保证。倡导会计职业道德，加强会计职业道德教育，并结合会计职业活动，引导会计职业者进一步加强自我修养，提高专业胜任能力，有利于促进会计职业者整体素质的不断提高。

三、会计职业道德与会计法律制度的关系

会计职业道德与会计法律制度都属于会计人员行为规范的范畴，两者既有联系，也有区别。

1. 会计职业道德与会计法律制度的联系

会计职业道德与会计法律制度有着共同的目标、相同的调整对象，承担着同样的职责，两者联系密切。主要表现在：

(1) 两者在作用上相互补充、相互协调。在规范会计行为中，我们不可能完全依赖会计法律制度的强制功能而排斥会计职业道德的教化功能，会计行为不可能都由会计法律制度进行规范，不需要或不宜由会计法律进行规范的行为，可通过会计职业道德规范来实现。同样，那些基本的会计行为必须依靠会计法律制度强制遵守。

(2) 两者在内容上相互借鉴、相互吸收。最初的会计职业道德规范就是对会计职业行为约定俗成的基本要求，后来制定会计法律制度时收纳了这些基本要求，便形成了现在的会计法律制度。由此可知,会计法律制度是会计职业道德的最低要求。会计法律制度中含有会计职业道德规范的内容;同时,会计职业道德规范中也包含会计法律制度的某些条款。在特定情况下,当某些会计职业道德需要会计法律制度强制力保证实施的情况下,也会形成会计法律制度的条款。

总之,会计法律制度和会计职业道德在实施过程中互相作用,会计职业道德是会计法律规范实施的重要的社会和思想基础,会计法律制度是促进会计职业道德规范形成和遵守的制度保障。

2. 会计职业道德与会计法律制度的区别

(1) 两者的性质不同。会计法律制度反映统治者的意志和愿望,因而在同一社会内,只允许存在一种会计法律制度,并通过国家机器强制执行。凡违反者,轻者被罚款,重者触犯法律的则被判刑,失去人身自由乃至失去生命。会计法律具有很强的他律性。而会计职业道德并不都代表统治者的意志,很多来自职业习惯和约定俗成。在同一社会里,会计职业道德不是唯一的。会计职业道德依靠会计从业人员的自觉性,自愿地执行,并依靠社会舆论和良心来实现,基本上是非强制执行的,具有很强的自律性。

(2) 两者作用范围不同。会计法律制度侧重于调整会计人员的外在行为和结果的合法化,具有较强的客观性。会计职业道德不仅要求调整会计人员的外在行为,还要调整会计人员内在的精神世界,其调节的范围远比法律广泛。会计人员某些错误的行为,只要还不到触犯会计法律的地步,法律可以不予追究、制裁,但从道德方面来说,却要受到社会舆论的批评、谴责。可以这么说,受到会计职业道德谴责的,不一定受到会计法律的制裁;而受到会计法律制裁的,一般都会受到道德的谴责(某些过失犯罪除外)。

(3) 两者表现形式不同。会计法律制度是通过一定的程序由国家立法部门或行政管理部门制定和颁布的,其表现形式是具体的、正式形成文字的成文条款。而会计职业道德源自会计人员的职业生活和职业实践,日积月累、约定俗成。其表现形式既有明确成文的规定,也有不成文的只存在于会计人员内心的意识和观念。即使是那些成文的会计职业道德,与会计法律制度相比,在表现形式上也缺乏具体性和准确性,通常只是指出会计人员应当或不应当作某种行为的一般原则和要求。

(4) 实施保障机制不同。会计法律制度由国家强制力保障实施;会计职业道德既有国家法律的相应要求,又需要会计人员自觉地遵守。

(5) 两者的评价标准不同。会计法律是以会计人员享有的权利和义务为标准来判定其行为是否违法。会计法律规定会计人员享有一定的权利,如果这种权利遭受侵犯,造成不良后果,那么侵权者就要受到会计法律制裁;会计法律同时规定了会计人员要承担的义务,如果会计人员不尽义务,造成不良后果,同样要受到会计法律的制裁。而会计职业道德则以善恶为标准来判定人们的行为是否违背道德规范。如果一个会计人员的职业行为符合会计职业的道德规范,就是善的,就会受到社会舆论的赞扬、鼓励，自己内心也会受到激励；反之，就是恶的、不道德的，就会受到社会舆论的批评、谴责，其内心将是痛苦的，感到内疚不安。一般地说，道德重在确认人们的义务，而不讲权利，即不以谋取个人某种权利作为履行义务的前提和归宿，这点与兼顾权利与义务的法律规范也是不同的。

即问即答　试述会计职业道德与会计法律制度的联系与区别？

第二节　会计职业道德规范的主要内容

会计是一种专门的职业，应该有与之相适应的道德标准或要求。会计职业道德规范，是指在一定社会经济条件下，对会计职业行为及职业活动的具体要求或明文规定。根据我国国情和现有的会计职业道德规范，结合国际上会计职业道德的一般要求，我国会计职业道德规范主要包括以下八个方面：爱岗敬业、诚实守信、廉洁自律、客观公正、坚持准则、提高技能、参与管理和强化服务。

一、爱岗敬业

爱岗敬业指的是忠于职守的事业精神，这是会计职业道德的基础。爱岗就是会计人员应该热爱自己的本职工作，安心于本职岗位，稳定、持久地在会计天地中耕耘，恪尽职守地做好本职工作。敬业就是会计人员应该充分认识本职工作在社会经济活动中的地位和作用，认识本职工作的社会意义和道德价值，具有会计职业的荣誉感和自豪感，在职业活动中具有高度的劳动热情和创造性，以强烈的事业心、责任感，从事会计工作。

爱岗敬业是爱岗与敬业的总称。爱岗和敬业互为前提，相互支持、相辅相成。"爱岗"是"敬业"的基石，"敬业"是"爱岗"的升华。如果会计人员对所从事的会计工作不热爱，工作中就难以做到兢兢业业，就不会主动刻苦钻研业务，更新专业知识，提高业务技能；就不会珍惜会计这份工作，努力维护会计职业的声誉和形象；就无法具备与其职务相适应的业务素质和能力，更谈不上坚持准则、客观公正、文明服务，维护国家和集体的利益，为国家和企业承担责任。反之，会计人员虽有热爱会计职业的一腔热情，但如果没有勤奋踏实的工作作风和忠于职守的实际行动，敬业也就成为一句空话。

爱岗敬业是会计人员干好本职工作的基础和条件，是其应具备的基本道德素质。会计人员要做到爱岗敬业就要履行下列四个基本要求：

第一，热爱会计工作，敬重会计职业。人们是根据自己的爱好、兴趣和特长来选择职业的，通常都对所选职业充满情感，喜爱这一职业。但是，任何环境、任何时候都难以绝对保证人们所选择的职业是自己满意的。因此，在所从事的职业与自己的兴趣、爱好不一致时，要求人们对其所从事的职业有一个正确的认识态度。如果做了会计，就应该热爱会计工作，敬重会计职业。"爱"是"敬"的源泉，只有热爱会计职业，才会有职业乐趣，才会全身心地投入会计事业。

第二，严肃认真，一丝不苟。会计工作是一项严肃细致的工作，这就要求会计人员具备严肃认真的工作态度和一丝不苟的工作作风，对技术精益求精。严肃认真，一丝不苟的职业作风贯穿于会计工作的始末。

第三，忠于职守，尽职尽责。忠于职守就是忠实地履行自己的岗位职责，即忠实于服务主体，忠实于社会公众、忠实于国家。尽职尽责表现为会计人员对自己承担的责任和义务所表现出来的责任感和义务感。

第四，正确认识会计职业，树立职业荣誉感。爱岗敬业精神，自始自终都是以人们对职业的认识程度以及所采取的态度作为行动的指导并体现在实际工作中的。会计人员只有正确地认识会计本质，明确会计在经济管理工作中的地位和重要性，树立职业荣誉感，才有可能去爱岗敬业。这是做到爱岗敬业的前提，也是首要要求。

二、诚实守信

诚实守信就是忠诚老实，信守诺言，是为人处事的一种美德。所谓诚实，就是忠诚老实，不讲假话。诚实的人能忠实于事物的本来面目，不歪曲，不篡改事实，同时也不隐瞒自己的真实思想，光明磊落，言语真切，处事实在。诚实的人反对投机取巧，趋炎附势，吹拍奉迎，见风使舵，争功诿过，弄虚作假，口是心非；所谓守信，就是信守诺言，说话算数，讲信誉，重信用，履行自己应承担的义务。诚实和守信两者意思是相通的，是互相联系在一起的。诚实是守信的基础，守信是诚实的具体表现，不诚实很难做到守信，不守信也很难说是真正的诚实。诚实侧重于对客观事实的反映是真实的，对自己内心的思想、情感的表达是真实的。守信侧重于对自己应承担、履行的责任和义务的忠实，毫无保留地实践自己的诺言。

市场经济越发达，职业越社会化，道德信誉就越重要。市场经济是"信用经济"、"契约经济"，注重的就是"诚实守信"。可以说，信用是维护市场经济步入良性发展轨道的前提和基础，是市场经济社会赖以生存的基石。

诚实守信的基本要求是：首先，做老实人，说老实话，办老实事，不弄虚作假。做老实人，要求会计人员言行一致，表里如一，光明正大。说老实话，要求会计人员说话诚实，如实反映和披露单位经济业务事项。办老实事，要求会计人员工作踏踏实实，不弄虚作假，不欺上瞒下；其次，执业谨慎，信誉至上。诚实守信，要求注册会计师在执业中始终保持应有的谨慎态度，维护职业信誉及客户和社会公众的合法权益。最后，保密守信，不为利益所诱惑。在市场经济中，秘密可以带来经济利益，而会计人员因职业特点经常接触到单位和客户的一些秘密。因而，会计人员应依法保守单位秘密，这也是诚实守信的具体体现。

三、廉洁自律

廉洁自律是指会计人员公私分明、不贪不占、遵纪守法、清正廉洁。廉洁自律是中华民族的一种传统美德，也是会计职业道德规范的重要内容之一。在会计职业中，"廉洁"要求会计从业人员公私分明、不贪不占、遵纪守法，经得起金钱、权利、美色的考验。不贪污挪用、不监守自盗。"自律"是指会计人员按照一定的具体标准作为具体行为或言行的参照物，进行自我约束、自我控制，使具体的行为或言论达到至善至美的过程。会计职业自律包括两层意思：一是会计行业自律，这是会计职业组织对整个会计职业的会计行为进行自我约束、自我控制的过程；二是会计从业人员的自我约束，会计从业人员的自我约束是靠其科学的价值观和正确的人生观来实现的，每个会计从业人员的自律性强，则整个会计行业的自律性也强。

廉洁自律是会计职业道德的前提，这既是会计职业道德的内在要求，也是会计职业声誉的"试金石"。"打铁还需自身硬"，会计工作的特点决定了廉洁自律是会计职业道德的内在要求，是会计人员的行为准则。

廉洁自律的基本要求可以概述如下：第一，树立正确的人生观和价值观；第二，公私分明，不贪不占；第三，遵纪守法，一身正气。

四、客观公正

客观公正是指会计人员端正态度，依法办事，实事求是，不偏不倚，保持应有的独立性。客观是指按事物的本来面目去反映，不掺杂个人的主观意愿，也不为他人意见所左右，既不夸大，也不缩小；公正就是公平正直，没有偏失，但不是中庸。

在会计职业中，客观公正是会计人员必须具备的行为品德，是会计职业道德规范的灵魂。客观要求会计人员在处理经济业务时必须以实际发生的交易或事项为依据，如实反映企业的财务状况、经营成果和现金流量。公正要求会计准则不偏不倚、一视同仁。客观公正，不只是一种工作态度，更是会计人员追求的一种职业境界。

客观公正的基本要求是：首先，端正态度。做好会计工作，不仅要有过硬的技术和本领，也同样需要有实事求是的精神和客观公正的态度；其次，依法办事。当会计人员有了端正的态度和知识技能基础之后，他们在工作过程中必须遵守各种法律、法规、准则和制度，依照法律规定进行核算，并作出客观的会计职业判断；再次，实事求是，不偏不倚，保持独立。

五、坚持准则

坚持准则，是指会计人员在处理业务过程中，要严格按照会计法律制度办事，不为主观或他人意志所左右。这里所说的"准则"，不仅指会计准则，而且包括会计法律、法规、国家统一的会计制度以及会计工作相关的法律制度。坚持准则是会计职业道德的核心。坚持准则是会计人员胜任本职工作的基础。

会计人员在进行会计核算、实施会计监督的过程中，要以准则作为自己的行动指南，在发生道德冲突时，应坚持准则，以维护国家利益、社会利益和正常的经济秩序。注册会计师从事审计业务时，应当严格按照独立审计准则的有关要求和国家统一会计制度的规定，出具客观、公正的审计报告。

坚持准则的基本要求是：首先，熟悉准则。会计工作不单纯是进行记账、算账和报账，在记账、算账和报账过程中会时时、事事、处处涉及政策界限、利益关系的处理，需要遵守准则、执行准则、坚持准则。只有熟悉准则，才能按准则办事，才能保证会计信息的真实性和完整性；其次，坚持准则。会计人员应认真执行国家统一的会计准则和制度，依法履行会计监督职责，发生道德冲突时，应坚持准则，对法律负责、对国家和社会公众负责，敢于同违反会计法律制度和财务制度的现象作斗争，确保会计信息的真实性、完整性。

六、提高技能

会计是一门不断发展变化、专业性很强的学科，它与经济发展有密切的联系。近年来，随着市场经济体制的日益完善和经济全球化进程的加快，需要会计人员提供会计服务的领域越来越广泛，专业化、国际化服务的要求越来越高，会计专业性和技术性日趋复杂，对会计人员所应具备的职业技能要求也越来越高。会计职业技能的内容主要包括：一是会计专业基础知识；二是会计理论、专业操作的创新能力；三是组织协调能力；四是主动更新知识的能力；五是提供会计信息能力等。提高技能，就是指会计人员通过学习、培训等手段提高职业技能，以达到足够的专业胜任能力的活动。

提高技能的基本要求是：首先，增强提高专业技能的自觉性和紧迫感。会计人员要适应时代发展的步伐，就要有危机感、紧迫感，要有不断提高专业技能的自觉性。只有具备专业胜任能力，才能适应会计工作以及会计职业道德的要求。其次，勤学苦练、刻苦钻研。现代会计是集高科技、高知识于一体的事业，会计理论不断创新，新的会计学科分支不断出现，如跨国公司会计、国际税收会计、金融工具及衍生工具会计、知识产权会计以及会计电算化和网络化的发展，都要求会计人员去不断地学习与探索。

七、参与管理

参与管理，就是为管理者当参谋，为管理活动服务。会计工作或会计人员与管理决策者在管理活动中分别扮演着参谋人员和决策者的角色，承担着不同的职责和义务。会计人员在参与管理的过程中，并不直接从事管理活动，只是尽职尽责地履行会计职责，间接地从事管理活动或者说参与管理活动。

会计人员要树立参与管理的意识，积极主动地做好参谋。具体说，应积极主动地做好以下几方面的工作：

第一，在做好本职工作的同时，努力钻研相关业务。做好本职工作，要求会计人员要有扎实的基本功，使自己的知识和技能适应所从事工作的要求，从而做好会计核算的各项基础工作，确保会计信息真实、完整。

第二，全面熟悉本单位的经营活动和业务流程，主动提出合理化建议，协助领导决策，积极参与管理。会计人员要充分利用掌握的大量会计信息去分析单位的管理，从财务会计的角度渗透到单位的各项管理中，找出经营管理中的问题和薄弱环节，把管理结合在日常工作之中，从而使会计的事后反映变为事前的预测分析，真正起到当家理财的作用，成为决策层的参谋助手，为改善单位内部管理、提高经济效益服务。

八、强化服务

强化服务是指会计人员树立服务意识，提高服务质量，努力维护和提升会计职业的良好社会形象。强化服务是现代经济社会对劳动者所从事职业的更高层次的要求，它表现为人们在参与对外工作交往和组织内部协调运作过程中，人与人之间人际关系的融洽程度和与之相对应的工作态度。

强化服务的基本要求是：

第一，强化服务意识。会计人员要树立强烈的服务意识，为管理者服务、为所有者服务、为社会公众服务。只有树立了强烈的服务意识，才能做好会计工作，履行会计职能，为单位和社会经济的发展做出应有的贡献。强化服务意识要求会计人员做到谦虚谨慎，要时刻将自己放在与普通群众平等的位置上，要充分尊重别人的意见；做到态度和蔼，语言文明；做到以诚相待，尊重事实；做到团队协作，以和为贵。

第二，提高服务质量。强化服务的关键是提高服务质量。单位会计人员的服务质量表现在，是否真实地记录单位的经济活动，向有关方面提供可靠的会计信息，是否积极主动地向单位领导反映经营活动情况和存在的问题，提出合理化建议，协助领导决策，参与经营管理活动。

会计职业强化服务的结果，就是奉献社会。如果说敬业是前提，爱岗是基础，那么强化服务就是表现。如果说，"忠于职守"是爱岗敬业的内在品质，那么强化服务就是爱岗敬业的外在表现。如果说将爱岗敬业看作是会计职业道德的出发点，奉献社会作为职业的崇高责任就是职业道德的基本要求和最终归宿。

以上八项，是每一个会计从业者从事会计工作应具备的基础职业道德，会计从业者应在实践中自觉遵循、不断充实和发扬光大。

即问即答 会计职业道德规范包括哪几个方面？

第三节 会计职业道德教育

一、会计职业道德教育的含义

会计职业道德教育是指根据会计工作的特点，有目的、有组织、有计划地对会计人员施加系统的会计职业道德影响，促使会计人员形成会计职业道德品质，履行会计职业道德义务的活动。会计职业道德教育是通过一定的教育方式和方法，把会计职业道德观念灌输到会计人员的头脑中，逐渐培养其会计职业道德情感，是提高会计人员职业道德的基础。只有加强会计职业道德教育，才能使会计人员树立诚信观念，从情感上对会计职业道德规范有正确的认识；只有从总体上提高会计职业道德水平，才能使会计信息真实可靠。通过会计职业道德教育，树立会计人员的职业道德观念，引导会计人员加强自我修养，将法制的外在约束和道德内在约束结合起来，共筑法律和道德防线。

二、会计职业道德教育的作用

会计职业道德教育的作用在于把社会意识中得到反映和论证的一定的会计职业道德管理原则、规范和观念灌输到会计人员的意识之中，引导会计人员既能够实行自我监督、调整自身行为，也能够参与社会行为的调整过程。同时，能对其他会计人员提出道德品质要求和会计道德评价。良好的职业道德是会计人员能力正常发挥的保障，会计职业道德教育是会计从业者维护其职业威信和正直观的关键因素。

首先，市场经济的有序运行需要完善的法律体制，用法律制度来规范会计行为，可以在很大程度上减少会计不规范事件的发生。但是单纯依靠刚性的法规制度来约束会计人员的行为显然是不够的，还需要透过强化职业道德教育使之在潜移默化中提升个人修养，进而把依法处理会计业务变成一种自觉的行为。

其次，虽然会计人员每年都要参加继续教育培训，但是这种培训远远不能满足需要，目前我们国家正处于一个经济快速发展的时期，各种新业务不断涌现，国家的各项法规制度也在不断完善更新，在这种情形下，会计人员把更多的精力投向了解法规制度，从而轻视了对职业道德素质的提高。

再次，会计工作的特殊性要求会计人员不仅要有很高的专业技能，更要具备很强的职业道德素养。会计人员不是生活在"真空"里，周围环境的诱惑难免会侵蚀一些人脆弱的神经，所以必须对会计人员的行为加以控制和引导，加强职业道德教育，规范会计行为，提升自我修养。

近几年来，国家也陆续出台了一系列的规章制度来规范会计行为，但也只能是对会计事项作框架式的规定，而无法对千变万化的经济行为进行约束。此外，虽然可以利用市场调节对法规制度进行补充，但仍然还是会出现一些盲区，这就使得提升会计人员职业道德修养成了最后防范的屏障。

三、会计职业道德教育的形式

会计职业道德教育的主要形式包括接受教育和自我教育。

1. 接受教育

接受教育即外在教育，是一种被动学习、被动接受教育，是指通过学校或培训单位对会计从业人员进行以职业责任、职业义务为核心内容的正面灌输，以规范其职业行为，维护国家和社会公众利益的教育。接受教育具有导向作用，行业部门或行业协会通常是职业道德教育的组织者，由其对从业人员开展正面职业道德教育和灌输。

2. 自我教育

自我教育是内在教育，是从业人员自我学习、自我改造、自身道德修养的行为活动。自我教育是把外在的职业道德的要求，逐步转变为会计人员内在的职业道德情感、职业道德意志和职业道德信念的教育。要大力提倡和引导会计人员自我教育，在社会实践中不断地加强职业道德修养，养成良好的道德行为，从而实现道德境界的升华。

内在约束结合起来，共筑法律和道德防线。

四、会计职业道德教育的内容

1. 会计职业道德观念教育

会计职业道德观念教育就是在社会上广泛宣传会计职业道德基本常识，其教育目的是使广大会计人员了解会计职业道德的含义，以及会计职业道德对社会经济秩序、会计信息质量的影响，并认识到违反会计职业道德将受到的惩戒和处罚。《公民道德建设实施纲要》指出："社会是进行公民道德教育的大课堂。党政各部门、社会各方面以及城市社区、农村基层组织在公民道德教育中，有着义不容辞的责任。要结合各自的工作职能，运用多种形式和手段，大力宣传基本道德知识、道德规范和必要礼仪，使之家喻户晓、人人皆知"。普及会计职业道德基础知识，是会计职业道德教育的基础，也是重要的一环。应把会计职业道德教育同社会教育、学校教育、家庭教育结合起来。采用广播电视、报刊杂志等媒介普及会计职业道德知识，形成会计人员遵守职业道德光荣，不遵守职业道德可耻的社会氛围。

2. 会计职业道德规范教育

职业道德规范教育是指对会计人员开展以会计职业道德规范为内容的教育。会计职业道德规范的主要内容是爱岗敬业、诚实守信、廉洁自律、客观公正、坚持准则、提高技能、参与管理和强化服务等。这是会计职业道德教育的核心内容，涵盖的内容非常广泛，应贯穿于会计职业道德教育的始终。

3. 会计职业道德警示教育

会计职业道德警示教育是指通过对违反会计职业道德行为和违法会计行为典型案例进行讨论和剖析，警示会计人员，从而可以提高会计人员的法律意识和会计职业道德观念，提高会计人员辨别是非的能力。

4. 其他与会计职业道德相关的教育

其他与会计职业道德相关的教育包括形式教育、法制教育、政策教育、反腐斗争的教育、业务素质及心里素质等方面的教育。

即问即答 试述会计职业道德教育的形式和内容？

第四节 相关案例、会计热点与本章小结

一、会计案例 A：会计人员挪用公款炒股被判刑

王某是山东省某投资公司的一名会计，丈夫是一家国有企业的技术工人，有一个活泼可爱的小男孩。王某一家像城市中的许多人一样，过着平淡而充实的生活。当汽车、洋房成为都市人追逐的时尚的时候，王某他们对此没有太多的选择。安平乐道，平安是福，在简单而又枯燥的生活中她有着自己的追求——梦想自己的孩子也像有钱人的孩子一样上名校、考大学、出国留洋。在一次同学聚会时，王某看到自己的同学，发财的发财、升官的升官，想想自己学习不比他们差，水平不比他们低，结果工作单位平平，要地位没地位，要钱财没钱财，心里很不平衡。闲谈中听到同学李小虎"炒股"发了大财，一年赚了100多万元，心里羡慕极了，也想炒点股票试一试，可是资金哪里来呢？同学们你一言，我一语，出谋划策。其中有个同学说："王某，你真是一个死心眼，你不是管着单位的钱吗？先拿来用一用，等赚了钱再还回去不就行了，这有什么难的，公款炒股，公款私存，不是很正常的吗？"听了同学的话，王某动摇了。第二天就挪用50万元资金投进了股市。贪婪一旦战胜理智，就如同洪水猛兽一般，一发而不可收。到事情败露前的5年间，王某利用提取现金不记账等手段累计挪用资金249.7万元，非法获利87.6万元。

一失足成千古恨。这位已为人母的王某，今后将有6年时间在铁窗中度过。漫长的牢狱生活分明在告诫人们：会计人员应该自尊、自爱，自觉遵守国家的财经法规，廉洁自律，切记：手莫伸，伸手必被捉。（资料来源于百度文库）

即问即答 会计职业道德规范的主要内容是什么？

二、会计案例 B：会计师面对董事长等人授意，没有坚持准则，从事会计造假

某公司是一家大型国有企业。2002年12月，公司总经理针对公司效益下滑、面临亏损的情况，电话请示正在外地出差的董事长。董事长指示把财务会计报告做得漂亮一些，总经理把这项工作交给公司总会计师，要求按董事长意见办。总会计师按公司领导意图，对当年度的财务会计报告进行了技术处理，虚拟了若干笔无交易的销售收入，从而使公司报表由亏变盈。经诚信会计师事务所审计后，公司财务会计报告对外报出。2003年4月，在《会计法》执行情况检查中，当地财政部门发现该公司存在重大会计作假行为，依据《会计法》及相关法律、法规、制度，拟对该公司董事长、总经理、总会计师等相关人员进行行政处罚，并分别下达了行政处罚告知书。公司相关人员接到行政处罚告知书后，均要求举行听证会。在听证会上，有关当事人作了如下陈述：公司董事长称："我前一段时间出差在外，对公司情况不太了解，虽然

在财务会计报告上签名并盖章,但只是履行会计手续,我不能负任何责任。具体情况可由公司总经理予以说明。"公司总经理称:"我是搞技术出身的,主要抓公司的生产经营,对会计我是门外汉,我虽在财务会计报告上签名并盖章,那也只是履行程序而已。以前也是这样做的,我不应承担责任。有关财务会计报告情况应由公司总会计师解释。"公司总会计师称:"公司对外报出的财务会计报告是经过诚信会计师事务所审计的,它们出具了无保留意见的审计报告。诚信会计师事务所应对本公司财务会计报告的真实性、完整性负责,承担由此带来的一切责任。"

此案中,总会计师面对董事长等人的授意,并没有坚持准则,而是听从安排,从事会计造假,事后推卸责任。按照《会计法》的规定,单位负责人应对本单位财务会计报告的真实性、完整性负责,该公司董事长、总经理及总会计师都应为编造假账承担相应的法律责任。(资料来源于百度文库)。

即问即答 坚持准则的"准则"包括哪些法律、法规?

三、会计热点:调查显示会计职业须适应数字化时代要求

近日,英国一项针对会计人员的调查显示,受访会计人员中有83%的人认为,对于会计工作本身来说,懂科技与懂会计专业知识一样重要。

由施乐(Xero)会计软件公司所做的该项调查发现,71%的受访者认为,财会领域的自动化知识是其未来五年事业成功的关键。该调查显示,目前,英国有48%的会计专业人士打算学习有关科技知识的内部课程,15%的会计专业人士准备钻研这方面的外部课程,这些课程的学习能够确保其掌握包括智能技术在内的各种新技术。

该调查显示,受访的1/3小企业主认为,"技术能力"作为一项重要技能是商业顾问必不可少的。同时,将近半数受访的英国会计人员表示,风险分析技能与管理咨询方面的专业知识是财会领域所必须的,特别是随着科技的不断创新,到2025年后,财会人员必须要掌握上述技能。

然而,该报告强调指出,尽管受访的众多会计人员认识到掌握新科技与新技能并使自己的知识结构与时俱进的重要性,但大多数受访者似乎并没有在这方面花更多时间与心思去进修。

该调查还发现,随着云技术水平的不断提高,传统"朝九晚五"的工作时间会有所改变。40%的受访会计专业人士表示,科技已经让自己的工作时间更加灵活多变。同时,75%的受访人员则认为,如能自由安排工作时间的话,他们或许会比现在做得更好。

此外,93%的受访会计人员称,更加灵活的工作时间受益最多的是家人,尤其是父母。很多老年人都期盼着能在平时和儿女团聚。

该调查报告最后显示,16%的受访小企业主希望在不久的将来能够利用会计软件来完成所有会计工作。10%的受访者则希望通过即时音频与视频技术完成日常会计工作。仅有42%的受访者认为,他们仍会在未来通过人与人之间面对面的交流才能完

成日常工作。(资料来源：中国会计网，2016 年 12 月 2 日)

思考题：云技术的发展对企业及会计人员的意义，谈谈你的看法。

四、本章小结

会计职业道德的概念和作用：会计职业道德是指在会计职业活动中应当遵循的、体现会计职业特征的、调整会计职业关系的职业行为准则和规范。会计职业道德是规范会计行为的基础、会计职业道德是实现会计目标的重要保证、会计职业道德是对会计法律制度的重要补充、会计职业道德是会计人员提高素质的内在要求。

会计职业道德与会计法律制度的关系：两者既有联系，也有区别。

会计职业道德规范主要包括以下八个方面：爱岗敬业、诚实守信、廉洁自律、客观公正、坚持准则、提高技能、参与管理和强化服务。

会计职业道德教育是指根据会计工作的特点，有目的、有组织、有计划地对会计人员施加系统的会计职业道德影响，促使会计人员形成会计职业道德品质，履行会计职业道德义务的活动。

会计职业道德教育的主要形式包括接受教育和自我教育。

会计职业道德教育内容：会计职业道德观念教育、会计职业道德规范教育、会计职业道德警示教育、其他与会计职业道德相关的教育。

第五节 思 考 题

1. （多选）会计职业道德的作用有（　　）。
   A. 对法律制度的补充　　　　　　B. 规范会计行为的基础
   C. 实现会计目标的重要保证　　　D. 会计人员提高素质的内在要求
2. （单选）下列关于会计职业道德与会计法律制度的区别说法正确的是（　　）。
   A. 性质相同　　　　　　　　　　B. 内容相同
   C. 作用范围相同　　　　　　　　D. 表现形式不同
3. （单选）下列各项中，属于首次以法律的形式明确了会计人员需要遵守会计职业道德，将我国会计职业道德提高到法律规范高度的是（　　）。
   A. 《中华人民共和国会计法》　　B. 《会计基础工作规范》
   C. 《企业会计制度》　　　　　　D. 《会计从业资格管理办法》
4. （多选）以下（　　）属于诚实守信的基本要求。
   A. 热爱会计工作，敬重会计职业　B. 严肃守信，一丝不苟
   C. 保密守信，不为利益所诱惑　　D. 执业谨慎，信誉至上
5. （多选）以下（　　）属于会计职业道德规范的内容。
   A. 爱岗敬业　　　　　　　　　　B. 诚实守信

C. 廉洁自律　　　　　　　　　D. 参与管理

6. （单选）下列（　　）是做人的基本准则，也是职业道德的精髓。
   A. 爱岗敬业　　　　　　　　　B. 诚实守信
   C. 办事公道　　　　　　　　　D. 奉献社会

7. （单选）会计人员在工作中"懒"、"惰"、"拖"的不良习惯和作风，是会计人员违背（　　）会计职业道德的体现。
   A. 爱岗敬业　　　　　　　　　B. 诚实守信
   C. 办事公道　　　　　　　　　D. 客观公正

8. （单选）以下（　　）属于坚持准则的基本要求。
   A. 坚持准则，依法办事　　　　B. 树立正确的人生观
   C. 坚持会计工作原则　　　　　D. 自尊自爱，严格要求

9. （多选）以下（　　）属于客观公正的基本要求。
   A. 端正态度　　　　　　　　　B. 依法办事
   C. 实事求是，不偏不倚　　　　D. 自尊自爱

10. （多选）以下（　　）属于爱岗敬业的基本要求。
    A. 热爱会计工作，敬重会计职业　　B. 严肃认真，一丝不苟
    C. 忠于职守，尽职尽责　　　　D. 诚实守信

11. （单选）以下（　　）属于会计职业道德教育的内容。
    A. 职业道德的理念教育　　　　B. 职业道德的普及教育
    C. 职业道德的规范教育　　　　D. 职业道德的价值教育

12. （多选）提高技能既是会计职业道德的基本要求，也是会计人员胜任本职工作的重要条件。下列各项中，属于会计技能的内容有（　　）。
    A. 自动更新知识能力　　　　　B. 会计实务能力
    C. 职业判断能力　　　　　　　D. 沟通交流能力

13. （单选）要求会计人员应具备"参与管理"的职业道德，简单地讲就是（　　），为管理者当参谋，为管理活动服务。
    A. 直接参加管理活动　　　　　B. 间接参加管理活动
    C. 经常直接参加管理活动　　　D. 偶尔间接参加管理活动

14. （多选）会计职业道德教育形式有（　　）。
    A. 接受　　　　　　　　　　　B. 岗位轮换
    C. 自我教育　　　　　　　　　D. 单位培训

15. （多选）会计职业道德中强化服务规范对会计人员的要求包括（　　）。
    A. 树立服务意识
    B. 提高服务质量
    C. 保持应有谨慎性
    D. 努力维护和提升会计职业的良好社会形象